SOBREVIVIR HONDURAS
Adrienne Pine

Adrienne Pine es antropóloga egresada de la Universidad de California Berkeley. Actualmente se desempeña como docente en American University. Ha realizado varias investigaciones académicas en Honduras, México, Corea del Sur, Estados Unidos, Egipto y Cuba. Desde el golpe de Estado en Honduras en 2009, la doctora Pine viene colaborando con varios movimientos de base hondureños en sus esfuerzos por llamar la atención de la comunidad internacional sobre a la violencia de estado que se desató y continúa hasta la fecha en el país. Su trabajo de solidaridad a favor de la lucha del pueblo hondureño lo realiza mayormente en Washington D.C., que es donde también se originan muchas de las políticas de violencia en contra de la mayoría de la población de ese país. *Working Hard, Drinking Hard: On Violence and Survival in Honduras* (título original de esta obra) es su primer libro.

SOBREVIVIR
HONDURAS

—⁓⁓—

ADRIENNE PINE

Prólogo de Rodolfo Pastor Fasquelle

Traducción de Marcela Carías

casasola
www.casasolaeditores.com

Título: *Sobrevivir Honduras*.
Título original: *Working Hard, Drinking Hard:*
On Violence and Survival in Honduras ©
Autora: Adrienne Pine
Traducción al español: Marcela Carías©
Prólogo ¡Chambeando duro y chupando duro!: Rodolfo Pastor Fasquelle©
Diseño y cuidado editorial: Óscar Estrada y Mario Ramos.
Fotografía de portada: Hugo Bautista
Fotografía de contraportada: Laura Jung
Primera edición: University of California Press, 2008.
Primera edición en español, Casasola Editores.
335 páginas. 6x9 pulgadas

ISBN-10: 1942369107
ISBN-13: 978-1-942369-10-3

Casasola LLC
1619 1st St. NW, Apt. C Washington, DC 20001
Apartado postal 2171, Tegucigalpa, Honduras

www.casasolaeditores.com

—ɯ—

Para Gracielita y Anarella

ÍNDICE

—᠁—

INTRODUCCIÓN A LA PRESENTE EDICIÓN

Escribo estas palabras siete años después de la publicación de este libro en inglés y seis años después del golpe de Estado del 28 de junio de 2009. El golpe, que eufemizaron en su momento como "sucesión constitucional", conflicto, crisis o simplemente como "eventos", transformó muchos elementos del contexto que había descrito en mi libro, y atrincheró otros. El período pos golpe liminal y un tanto confuso se caracterizó simultáneamente por la represión del Estado golpista y la esperanza casi eufórica que engendró el movimiento de la Resistencia colectiva y masiva, movimiento que nadie (aún menos yo) había anticipado.[1]

Una pregunta central de mi libro fue: "¿Por qué el pueblo hondureño no resiste más ampliamente la violencia del imperialismo neoliberal?" El surgimiento de la Resistencia, si bien no dio respuesta, reconfiguró profundamente la interrogante. De repente estaban resistiendo de forma colectiva y contundente, como parte de un movimiento masivo que unía las luchas relativamente aisladas de los grupos más excluidos por la violencia racista neoliberal y por

---

1 No cabe acá una bibliografía completa, pero los mejores análisis escritos sobre el golpe y sus secuelas, y sobre las resistencias hondureñas vienen, por supuesto, de hondureños, entre ellos Juan Almendares, Fred Alvarado, Divina Alvarenga, Óscar Amaya Armijo, Jorge Alberto Amaya Banegas, Mario Ardón, Isolda Arita, Nelson Ávila, Eduardo Bähr, Karen Bähr Caballero, Marvin Barahona, Héctor Longino Becerra, Eleana Borjas Cuello, Roberto Briceño Jiménez, Álvaro Cálix, Galel Cárdenas, Melissa Cardoza, Lety Elvir, Julio Escoto, Fabricio Estrada, Óscar Estrada, Darío Euraque, Recaredo Fernández, Víctor Fernández, Brayan Flores, Ramón Hernández Torres, Ronnie Huete Salgado, Héctor Leyva, Allan McDonald, Yesenia Martínez, Joaquín Mejía, Thelma Mejía, Iris Mencía, Luis Méndez, Wilfredo Méndez, Breny Mendoza, Claudia Mendoza, Omar Menjívar Rosales, Dina Meza, Víctor Meza, Andrés Molina, Guillermo Molina Chocano, Ismael Moreno, Hugo Noé Pino, Edmundo Orellana, Hugo Noé Pino, Pavel Núñez, Maritza Paredes, Rigoberto Paredes, Rodolfo Pastor Fasquelle, Suyapa Portillo Villeda, Roberto Quesada, Víctor Manuel Ramos, Francesca Randazzo, Vita Randazzo, Gilberto Ríos Mungía, Natalie Roque, Ricardo Salgado, Leticia Salomón, Jessica Sánchez, Carolina Sierra, Gilda Silvestrucci, Edgar Soriano, Eugenio Sosa, Hermilo Soto, Gerardo Torres, Samuel Trigueros, Walter Tróchez, Helen Umaña, Anarella Vélez Osejo, y David Vivar; también se deben incluir en esta lista las organizaciones y colectividades que frecuentemente publican excelentes análisis sin atribución a autores individuales por cuestiones de estrategia y seguridad, como por ejemplo el OFRANEH, COPINH, Radio Progreso, ERIC, Vos El Soberano, MADJ, CDM, Conexihon, C-Libre, Cofadeh, *El Libertador,* Colectivo Josefa Lastiri.

tanto más militantes y horizontales (Copinh, Ofraneh, etc.) con las luchas sindicales y estudiantiles (tradicionalmente vanguardistas), movilizando también a cientos de miles (¿millones?) de hondureñas y hondureños, previamente no organizados y aún poco definidos. Los espacios de organización comunitaria (patronatos, juntas de agua, etc.) se volvieron espacios de lucha y de nuevas alianzas inesperadas. Cada miembro de la Resistencia eliminó un sinnúmero de contactos golpistas de su red de relaciones y de su Facebook, y tan pronto como lo hizo, encontró otros amigos para reemplazarlos. Hasta las familias se reconfiguraron. Oenegeístas e individuos previamente sin afiliación se organizaron en nuevas colectividades, agrupándose por oficios (Artistas en Resistencia, Abogados en Resistencia, Enfermeras en Resistencia) o identidades (Feministas en Resistencia, Diversidad en Resistencia), cada grupo prestando un enfoque al movimiento desde su perspectiva o lucha particular.

Cuando escribí este libro, recurrí al concepto foucaultiano de subjetivación para describir los procesos violentos que la población hondureña —al final de los años noventa y a inicios del nuevo siglo— llegó a mal reconocer (la *méconnaissance* de que habla Bourdieu) la violencia estructural que había internalizado o *encarnado*.

Pregunté: ¿Por qué un amplio sector de la población celebra las políticas de seguridad que matan a sus familiares? En lugar de señalar la violencia estructural, y por tanto invisible, se obsesionaron con sus síntomas inmediatos y sangrientos: las maras, las barras de fútbol, la violencia de la calle. Traté de explicar cómo llegaron a creer que la fuente de tal violencia radicaba en ellos mismos —en su cultura, en sus familias, en sus propios cuerpos. Con melancolía, cité la única mención que logré encontrar en los escritos de Foucault acerca de la posibilidad de la desubjetivación —la liberación encarnada que acompañaría la visibilización, tal vez causada por una ruptura, de los procesos y estructuras normalmente invisibles de violencia— cosa que parecía en aquel momento una entelequia, una mera posibilidad académica, una fantasía inalcanzable.

Sin embargo, un año después de la publicación de este libro, presencié lo que me pareció una desubjetivación masiva, que otros llamaban concientización. Los procesos que habían conspirado para invisibilizar la violencia estructural dejaron de funcionar. "Se quitaron las máscaras", decían. Por un tiempo, escuché con más frecuencia las palabras "oligarquía" y "poderes fácticos" (Meza 2008), en lugar de "mareros"; por primera vez en muchos años las maras no se entendieron como la peor lacra de la sociedad y la causa de todo mal. Los grafitis en las ciudades grandes y aun en las aldeas manifestaron otra comprensión. "Cuando los medios callan, las paredes gritan". Y a pesar de que los dueños de la mayoría de los medios de comunicación de masa, periódicos, canales televisivos y emisoras de radio (la población sabe cuáles) intentaron desesperadamente convencer al público de que el movimiento de la Resistencia era un grupúsculo de delincuentes financiado por Hugo Chávez ("No somos cinco, no somos cien, prensa vendida, cuéntanos bien"), no lograron controlar el *zeitgeist*.

Lo que yo describía en ese momento como desubjetivación no era universal: sobraban golpistas en todos los sectores. Además, la dicotomía discursiva popular del momento —o eras golpista o eras resistencia— en realidad ocultó procesos y subjetividades más complejos. Tampoco se sostuvo de manera continua, pues un momento desubjetivante no puede revertir totalmente el *habitus* encarnado en toda una historia de subjetivación, por muy fuerte que sea el golpe. Pero fue un momento en el cual por primera vez en muchos años se pudo ver (de forma colectiva) al emperador desnudo, y un sector significativo de la sociedad hondureña se atrevió a imaginar cambios estructurales emancipatorios, un más allá del horizonte...

Me siento honrada de que mi querido amigo y colega, el historiador Rodolfo Pastor Fasquelle, haya escrito tan hermoso prólogo para esta traducción del libro. No merezco la templanza de su crítica, pues este texto tiene muchos más defectos de los que él correctamente señala. Al libro le falta historia. No entra suficientemente en conversación con las importantes tradiciones de teoría social latinoamericana y de la reflexión que la población hondureña ha hecho sobre su propia condición, privilegiando a las y los teóricos del imperio (aunque sean antiimperialistas). Aunque el doctor Pastor, por caballero, no lo expresa así, este último hecho se debe reconocer como acto de violencia simbólica de mi parte. No fue intencional (la violencia simbólica casi nunca lo es), pero tampoco tiene perdón, y me apena ahora que he tenido el privilegio de compartir con tantas y tantos colegas hondureños sumamente brillantes, que cité a tan pocos de ellos en este, mi primer intento de libro. También hay que confesar que tardé mucho en solicitar la traducción del libro (estoy muy agradecida con la profesora Marcela Carías por el excelente trabajo), pues es un deber ético de las y los antropólogos hacia nuestros interlocutores, compañeras y compañeros en el mal llamado "campo" compartir los resultados de nuestros estudios. No volveré a cometer estos errores y espero que, en adelante, mis colegas de Honduras y Latinoamérica me admitan y permitan participar más activamente en sus importantes debates teóricos y políticos.

El doctor Pastor alega que fue con "el golpe de 2009 que Adrienne Pine terminó de entender este misterio que es Honduras" pero, de hecho, eso no pasó sino cuatro años después. En 2013, para el Año Académico "Roberto Sosa Murillo", tuve la suerte de trabajar en Tegucigalpa como docente junto a las destacadas profesoras y excelentes estudiantes de la carrera de Antropología de la Universidad Nacional Autónoma de Honduras (UNAH). Fue durante ese período que realmente empecé a comprender aquellos "misterios" que para mí habían sido intratables —pero tal vez evidentes para cualquier hondureña u hondureño.

En el 2013 y 2014, la euforia de la Resistencia que no se desgastó había sido aplastada entre los juegos sucios del oenegeísmo con su enfoque en la "sociedad civil" y sus proyectos de la llamada democratización (con financiamiento de la USAID, el NDI y otros organismos financieros extranjeros) y la represión estatal, también facilitada económica y políticamente por el gobierno estadounidense. Las esperanzas electorales de muchos, concentradas en el partido Libertad y Refundación (Libre) —nacido del movimiento de Resistencia y del Frente Nacional de Resistencia Popular (FNRP)— y en la candidata presidencial Xiomara Castro de Zelaya, se volvieron decepciones con las elecciones fraudulentas, militarizadas y violentas de noviembre de 2013, legitimadas por múltiples organismos internacionales (National Lawyers Guild 2014; Trucchi 2013; Weisbrot 2013; Pine 2013a; Spring 2013). El proceso electoral de 2012 y 2013 filtró a la mayoría de precandidatos del partido Libre que provenían de los movimientos de base, dejando viables casi exclusivamente candidatos que provenían del partido Liberal. Ahora también se sabe que el partido ganador y el mayor beneficiario de la ideología neoliberal de inseguridad se financió con el saqueo del Instituto Hondureño de Seguridad Social (IHSS).[2] Esta trampa vuelve a aclarar lo que la "seguridad" significa para los dueños del país. Para ellos, la seguridad no es el derecho ciudadano a la salud, ni a la educación, ni al trabajo digno, ni a la tierra, al agua, a los procesos democráticos o a la vida misma. Los servicios del Estado son pretextos y ocasiones para reproducir el poder de su partido y su beneficio personal.

Aunque un golpe de Estado normalmente se entiende como ruptura ("la consciencia me nació de golpe" —decían), con el golpe del 28 de junio de 2009 se fortalecieron la impunidad y la violencia estructural lo suficiente para garantizar el continuismo golpista. El golpe fue una declaración cínica de poder, fue un instrumento para reafirmar el control sobre un pueblo que exigía participación democrática, fue un medio para asegurar dominio, para armar y blindar el privilegio y propiedad de los sectores de clase beneficiados del sistema. Por muy popular que sea el lenguaje de corrupción al exponer escándalos como el del IHSS, el problema de la "gobernabilidad" hondureña rebasa la corrupción, que es una consecuencia y un modus operandi del sistema. Cuando las estructuras estatales (impuestas en muchos casos por la embajada estadounidense, como se vio claramente evidenciado por los cables de *WikiLeaks*) existen para saquear al pueblo, lo que solemos llamar "corrupción" viene a ser el cumplimiento del mandato oficial, no lo contrario. Otra vez el escándalo del IHSS lo demuestra.

Tras un breve período de desenmascaramiento, y gracias al aplastamiento de la Resistencia, después de las elecciones de 2013, Honduras volvió a una especie de mal reconocimiento (*méconnaissance*) colectivo. En el discurso popular la criminalidad se entendía de nuevo como cosa de pobres o narcos, como si estos fuesen ajenos, y combatir el delito volvió a ser la meta principal y la justificación del poder. El hecho de que Honduras sea el país

---

2 En mayo del 2015 salió a luz pública que más de 300 millones de dólares habían sido desviados del sistema de salud público por medio de contratos fraudulentos y la adquisición de productos y servicios sobrevaluados. Fondos millonarios provenientes del IHSS podrían haber financiado las campañas políticas del presidente Juan Orlando Hernández y sus correligionarios nacionalistas en las elecciones nacionales del 2013. Se estima que el robo masivo al IHSS causó (hasta mediados del 2015) la muerte de más de 3,000 personas.

más homicida del mundo se planteaba en los medios (sin generar tanto debate como en 2009 o 2010) como problema cultural, falta de medidas de seguridad neoliberal (guardias de seguridad, tecnologías de seguridad, "barrios seguros") o incluso como resultado residual de la política de tolerancia de Manuel Zelaya antes del golpe. Si uno creyera en los medios, las tasas de criminalidad nada tenían que ver con la impunidad otorgada a las fuerzas represivas de seguridad, ni con la violencia de la política extractivista del narcoestado pos golpe, ni con el engranaje del crimen organizado en la política, ni con la historia.

Durante la campaña electoral de 2013, igual como había pasado previo a las elecciones de 2005, creció la criminalización de la pobreza y de la disidencia política. Se incrementó el número de masacres sospechosamente oportunas para el partido que más promueve la política de "mano dura", pena de muerte y militarización. Los asesinatos extrajudiciales se volvieron más histriónicos, más inquietantes, parecieron burlas puestas en escena. Al final de septiembre de 2013, por ejemplo, colgaron del Puente Estocolmo que conduce entre Tegucigalpa y su ciudad hermana, Comayagüela (Pine y Vivar 2011), a un hombre de mi edad. Había sido recién deportado de los Estados Unidos, donde vivió desde que tenía siete años, secuestrado días antes por policías encapuchados, mientras conducía el bus "rapidito" con el que ahora se ganaba la vida. En los medios hablaron de sus tatuajes y los titulares le llamaron "presunto marero", repitiendo sin crítica el discurso de la misma policía que al parecer lo desapareció, torturó y asesinó. Especularon los periódicos hondureños, que por las tácticas usadas podría indicar la presencia de los Zetas u otra organización mexicana, o tal vez colombiana.

En un artículo del diario *El Tiempo* la mayoría de los comentarios celebraron la muerte de Omar Antonio Cáceres Contreras. Un usuario llamado "gato" tecleó con muchas faltas ortográficas:

"Me parece que la limpiesa ya comenso, que bueno una la lacra menos. Agarrence malditas ratas que seran fumigadas. pepito complacenos con dar una fumigadita con fueguito en la PN y el de SPS te lo bamos agradecer mucho.."

En Honduras, tal discurso no se debe entender como hipérbole. El incendio que mató a más de 360 reos y sus familiares en el Día de San Valentín de 2012 en Comayagua no fue planificado como truco electoral por el gobierno de Lobo, pero sí fue utilizado como parte de una estrategia de inseguridad que incluyó otras masacres aprovechadas para legitimar el mensaje de "mano dura".

Otro usuario con el nombre "D_Governator" expresó una política de seguridad neoliberal ideológicamente parecida a la que manejó su tocayo Arnold Schwarzenegger ("The Governator"), como gobernador de California. Aparentemente sin ironía comentó:

"Si es que están limpiando por favor usen bolsas de basura. Me imagino que todo turista internacional en aquel hotel que está en la distancia pudo ver este cuerpo. Esto no es una buena imagen de un país que depende del turismo y está en gran necesidad de inversionistas extranjeros."

Yo caminaba todos los sábados por la mañana sobre el Puente Estocolmo para ir de compras a la Feria del Agricultor del "mayoreo", frente al Estadio Nacional "Tiburcio Carías Andino". Aquél sábado, el amigo que me acompañaba (miembro fiel de la Resistencia) no paraba de recordarme que el día anterior habían colgado al tipo ahí mismo. Tres cuadras, dos cuadras y una cuadra antes, cruzando y saliendo del puente me lo repitió. Evidentemente, la pornografía de muerte mediatizada y el terror encarnado regía de nuevo entre los vulnerables. Desde mi casita polillosa en La Leona (cerro colonial y céntrico, hermoso, tradicionalmente burgués, pero menos popular entre la nueva élite por su carencia de rejas y guardias de seguridad), escuchaba a diario disparos. Aprendí a diferenciar entre los "cuetes", disparos de pistola y ruidos de los escapes de autos subiendo la calle de abajo, cerca de mi casa. Al inicio me desperté gritando por las madrugadas. Mi hija de dos años se atormentaba con cada estallido. "¿'Cuchaste, mamá?" —me preguntaba—, "¿'cuchaste?".

Sin embargo, mantenía mi convicción de que el apoyo popular que gozaban los discursos y prácticas de seguridad neoliberal se basaba en una malinterpretación de los hechos. Era, según yo, el mal reconocimiento (*bourdieuiano*) de la violencia estructural que provocó la violencia simbólica de las personas que apoyaron políticas dañinas hacia ellas mismas. Era entendible, creí, pero carecía (aunque evité decirlo como tal) hasta cierto punto de lógica. Entre los misterios que menciona el doctor Pastor Fasquelle, el más enigmático para mí había sido la lógica de la seguridad. Yo insistía neciamente en que jamás habría justificación para la pena de muerte o para los asesinatos de mareros, ni de narcos ni de nadie. Lo sigo insistiendo. Pero resistía en aquel entonces, al escribir este libro, la lógica tan común de tantas amigas y amigos hondureños quienes decían que por no haber sufrido yo como sufren ellos, no eran adecuados mis argumentos en contra de la "mano dura". Por no haber visto morir a un hermano en manos de mareros, por no haber encontrado a un vecino descuartizado, por no haber vivido el terror diario que vive la población, por mis privilegios de clase y de nacionalidad, yo jamás podría entender (decían) por qué defendían la llamada "limpieza de las calles",[3] ejecutada por escuadrones de muerte y justificada con discursos oficiales desde el Estado.

Me frustraba con esa estrategia retórica que me negaba el derecho a opinar. Obviamente —decía yo—, no podía sentir lo que sienten ellos al sobrevivir el terror diario acumulado a través de una vida entera. No pretendía sentir su dolor, ni siquiera empatizar, pues estaba de acuerdo con que no era posible. Si lo intentara no podría más que caer en la vergonzosa ficción de "volverme nativa". Basé mi derecho a opinar (sólo a opinar, nunca a imponer, pero las voces de privilegio siempre se escuchan a más volumen) en mis años de trabajo de campo etnográfico, en mi solidaridad con el pueblo hondureño que compartía la rabia que siempre he sentido en contra del gobierno de mi país, en la opción preferencial por los pobres (Binford 2004). Entendí los argumentos de mis amistades como una ceguera comprensible; intentaron callarme con *doxa* porque la política de terror encarnada carecía de argumentos lógicos.

Más que el golpe de Estado de 2009, fueron tres muertes cuatro años después —una mujer querida, un hombre desconocido y una gata— las que me obligaron a reanalizar el apoyo popular del que gozan en Honduras medidas de seguridad represivas como la "mano dura". Lo que había interpretado al escribir este libro como *doxa*, ahora entiendo como lógica. No justifica el asesinato. Pero ya no creo que es simplemente producto del mal reconocimiento; es la lógica de la encarnación de la impunidad en Honduras.

A mediados del último período académico de 2013, fue asesinada

---

3 Yo la llamo "genocidio invisible" en este libro, utilizando el concepto introducido por Nancy Scheper-Hughes.

una mujer que admiraba mucho y por quien sentía amor, a pesar de haberla conocido en pocas ocasiones. Abandoné a mis estudiantes para acompañar a la familia de Lety durante el novenario. A sus familiares ofrecí mi apoyo para navegar el proceso penal, hablar con la fiscal, ayudar a buscar evidencias y testigos y encontrar al autor (o la autora, como llegamos a sospechar) intelectual del crimen y asegurar que enfrentaría la justicia. Durante los primeros días de mi estancia, las hermanas y sobrinas de Lety, jefas de hogar, se mostraron agradecidas por mis promesas de ayuda. Nos reunimos para hablar de estrategia, me juraban que no descansarían hasta que hubiera justicia. En medio de la angustia familiar sentí que tal vez podía ser útil, que no era una impostora. Sin embargo, en cuestión de una semana ya había cambiado de opinión. Un dizque agente empezó a llamar para pedirles el pin del celular de Lety, pero era de otra región y no daba razón, los policías locales dijeron haber detenido al taxista que ayudó al asesino a escapar, pero fue mentira, surgieron otras irregularidades. Ya no querían justicia, me dijeron, en este país no se puede confiar en la policía ni en el sistema judicial. Son todos corruptos; si continuaban con el caso iban a acabar muertos todos. Mejor dejarlo así. Y lo dejé así.

Mientras tanto, los hijos de Lety se desbarataron. Pasé un mes en la casa de ellos, apenada por el comportamiento de mi hija, que insistía en soplar y gritar *happy birthday*! cada vez que encontraba una vela prendida para Lety y no se quedaba quieta durante las misas diarias del novenario. Quería apoyar a la familia (que nos recibió con generosidad y paciencia), pero sin poder ayudar de alguna forma que no fuera financieramente, volví a sentirme una impostora, forastera, gringa inútil. Además, ¿cómo apoyar al hijo mayor de 25 años en cuyos brazos se desangró su madre? ¿Qué decirle cuando, sonámbulo, rompió todos los vasos de la cocina aquella madrugada? ¿Qué decirle la siguiente noche cuando, dormido, soltaba aquellos gritos bestiales de luto, hablando con palabras que yo no entendía? ¿Qué contestarle cuando insistía en que no saliera a la letrina a orinar por la noche, por el peligro? (Empecé a tomar menos agua por la tarde, a mear en un vasito de plástico a escondidas). A cualquier hora encontraba al hijo menor de 15 años, un joven dulce y aún más niño que adolescente, en algún rincón de la casa llorando en silencio. Meses después, vinieron los tres hermanos a visitarme en mi casa del barrio La Leona, se emborracharon y se quedaron a dormir. Al siguiente día, sintiendo que mis notas de campo no bastaban, escribí un poema (en inglés, acá la traducción pero preservando las palabras originales de Josué en español):

Marvin suele gritar dormido
a veces rompe cosas y no recuerda haberlo hecho por la mañana
esta noche su hermano Josué solloza a todo volumen
le compré demasiada cerveza porque dijo que quería cerveza
no sabía qué más hacer
¡Mamá! grita con voz ronca, desesperada

Bajo las gradas, le toco el hombro
lo siento, me dice
pide perdón por la molestia
me permite abrazarlo y me dice
Este es el único regalo que tengo de ella
mire, dice, mostrándome el celular que le dio
ahí está ella en su foto de fondo
tan pálida
su lipstick parece demasiado rojo

Antes de que murió
me dice
siempre en cualquier momento le llamaba
si tenía tos le llamaba
'Mamá tengo tos'
ahora ¿a quién voy a llamar cuando tenga tos?

Le puse como título "86 por 100,000". En todos los años que tenía de hacer trabajo de campo en Honduras, nunca me había sentido tan inútil. Había conocido a un sinnúmero de sobrevivientes, pero jamás había presenciado el dolor así, tan de cerca. Tampoco lo había compartido.[4] Y me di cuenta de algo que ya sabía, algo obvio, pero que hasta entonces no creo haber entendido. La estadística

---

4 No pretendo haber sufrido como sus familiares lo hacían ni tampoco pretendo entender su dolor. Pero de que me dolió, me dolió.

que mejor aproxima el daño colectivo de la impunidad no es la tasa de homicidio en sí, sino el número de sobrevivientes de los 86 por 100,000 habitantes por año, asesinados extrajudicialmente en Honduras (en el 2013). En mis clases y en conferencias, empecé a preguntar a los asistentes cuántos habían perdido familiares o amistades muy cercanos por asesinato. La respuesta (poco científica pero abrumadora) oscilaba entre el 70 y el 100 por ciento.

¿Qué significa cuando la mayoría de la población vive a diario el doble sufrimiento de terror y luto? En inglés se habla de PTSD (Post-Traumatic Stress Disorder), diagnóstico médico que se ha traducido al español como trastorno por estrés postraumático (TEPT). Desde las ciencias sociales se ha escrito mucho sobre el significado cultural del concepto, originalmente concebido como "shell shock" (neurosis de guerra). Aunque el diagnóstico médico tiene el fin de evidenciar la victimización del ex-soldado (normativamente masculino), para evitar estigmatizarle como loco, también se ha criticado la medicalización de los procesos político-militares, estructurales e imperialistas como *disorders* (palabra más parecida en su sentido literal a desorden, irregularidad o patología que a "trastorno") del individuo, que se resuelven con medicamentos psiquiátricos. Pero, ¿será cierto que enloquecerse por el trauma profundo es patológico? Empecé a creer que la reacción más normal que podría tener un ser humano al perder a un ser querido por asesinato en un contexto de impunidad total, sería volverse un poco loco. Preocupan más los que no reaccionan así. Y, ¿qué pasa cuando la guerra no es reconocida como tal, cuando tiene traumatizada a la mayoría de la población, y cuando no tiene fin? Más que PTSD, diagnóstico médico despolitizante, si en Honduras se tiene que diagnosticar el trauma colectivo, propongo que lo nombren OETC —Orden de Estrés del Trauma Continuo.[5]

Pero me voy por las ramas. En Honduras, aunque se reconocen los efectos dañinos a la salud mental de la violencia,[6] la mayoría de las personas traumatizadas ni siquiera tienen acceso al mal nombrado diagnóstico de PTSD (mucho menos al tratamiento correspondiente)

---

5 Cabe mencionar que el estrés también es un síndrome cultural, que no se puede traducir.

6 Redacción. 2011. "Hospitales psiquiátricos, casa de hondureños entre la demencia y el abandono." *Proceso Digital*. March 24. http://www.proceso.hn/component/k2/item/55001.html.

porque se ha aniquilado el sistema de salud pública. Cuando el sufrimiento individual, encarnado y agudo, es generalizado como lo es hoy en Honduras, las soluciones psicofarmacéuticas no bastan. Para tratar el OETC, diagnóstico político, se requiere justicia y para que haya justicia, hay que ponerle fin a la impunidad. Como aprendí con las hermanas y sobrinas de Lety, si no se acaba con la impunidad, no tiene caso esperar ni imaginar una justicia que no sea ojo por ojo.

Meses después, mi gata amada, compañera constante de más de catorce años, fue atacada por un perro de raza cerca de mi casa. Me avisaron que estaba muriendo y corrí a buscarla, incrédula. Ahí la tenían en una caja, su cuellito sangriento y roto. Apenas respiraba, sus ojos no me veían. Cargándola en mis brazos, pregunté cuál había sido el perro que la atacó. Me contestaron, y sin pensarlo dos veces empecé a patear al animal con la plena intención de matarlo. El dueño, un joven que me había dicho antes del ataque que su animal era tranquilo, salvó a su perro de mi rabia. "¡Usted es un mentiroso, me dijo que su perro era tranquilo!" —grité, desconsolada— "¡Maldito hijo de PUTA! ¡Nunca jamás vaya a volver acá! ¡NUNCA!" Con voz miedosa, me dijo mientras salía corriendo: "Le juro que no, se lo juro. Se lo juro que no volveré".

Salí a buscar taxi para ir al veterinario (nunca llegamos), y un amigo del dueño del perro me siguió, preguntando si podía ayudar. Le respondí con la misma rabia, gritando "¡No! Y decile a tu amigo que si vuelvo a ver a ese maldito perro, ¡lo mato!".

"Se lo digo", contestó.

"Y que no vuelva él tampoco, lo mataré igual".

"Se lo digo", repitió.

En ese momento se me ocurrió de forma totalmente racional que sería buena idea (y fácil por cierto) contratar un sicario para matar al perro y a su dueño. Me asustó la idea, incluso mientras la iba formando, pero a la vez me gustó. Los quería muertos.

Pasó el momento. No quiero matar a nadie, y me asombra el hecho de que se me vino la idea tan naturalmente. Pero me hizo cuestionar que si al analizar el apoyo popular del que gozaban programas de limpieza social había usado un marco teórico incompleto. Tal vez no era Bourdieu (con su teoría de violencia simbólica) sino Rosaldo (con su análisis de duelo y rabia entre cazadores de cabezas de la tribu Ilongot en las Filipinas) quien ofrecía el mejor modelo para interpretar la sed de sangre que resulta de la encarnación de la historia y el presente tan violentos, y de la estructura de total impunidad que se vive en Honduras. Escribe Rosaldo:

"Si preguntas a un anciano Ilongot del norte de Luzón en las Filipinas por qué caza cabezas humanas, su respuesta es breve, y ningún antropólogo puede profundizar con facilidad: dice que la furia, nacida del dolor del luto, le obliga a matar a seres humanos como él. Indica que necesita un lugar para 'cargar su rabia'. El acto de amputar y botar la cabeza de su víctima le permite, dice, desahogarse, y lo que espera es que le permitirá deshacerse del dolor. Aunque la labor del antropólogo es hacer entendibles las culturas ajenas, al hacer más preguntas uno se da cuenta de que no hay explicación más allá de la corta declaración del hombre. Para él, el dolor del luto, la rabia y el acto de cazar cabezas son una combinación obvia. O lo comprendes o no. Y de hecho, durante mucho tiempo no lo comprendí". (1993, 1–2, la traducción es mía).

Sólo después de perder a su esposa en un accidente, Rosaldo llegó a entender que la necesidad de *cazar cabezas* no era metáfora sino realidad encarnada para los hombres Ilongot. Tal vez, si yo hubiera tomado a Rosaldo en mi marco teórico inicial, habría tomado más en serio los argumentos de mis interlocutores hondureños.

En los días después de perder a mi gata, cuando ya se me había pasado el "instinto" homicida, empecé a preguntar a mis amigas y amigos, a mis colegas, a mis estudiantes y a otros conocidos, si alguna vez habían considerado contratar a un sicario. Muchos de ellos me contestaron afirmativamente (todos negaban haberlo hecho, y a la mayoría les creo). Me dijeron que sería muy fácil, que hay poco riesgo, que es la única justicia que existe en Honduras. Bromeando le dije a un amigo que si alguien lo matara, yo contrataría un sicario para aniquilar a su asesino. Me abrazó agradecido, como si le hubiera regalado flores.

Vinieron a visitarme los hijos de Lety y me preguntaron por la gata. Les comenté lo que había pasado y respondieron con empatía. "¿Por qué no nos llamó?" —preguntaron— "¡Hubiéramos venido a matar al perro!" Traté de responder con lógica sobria, preguntándoles de qué servía más muerte, si ya estaba muerta la gata, y que además sólo fue el instinto del perro, que la culpa la tenía el dueño. Y que él, por lo menos, se había mostrado apenado, no defendía los actos de su mascota. Pero insistían. Me di cuenta de que no era por violentos sino por mostrarme amor que ofrecían la muerte del perro, igual como cuando ofrecí matar al hipotético asesino de mi amigo (¡qué clase de bromas se da en el contexto hondureño!).

No propongo que mi dolor al perder una mascota amada equivale al dolor que siente una persona hondureña al perder a un ser querido, asesinado. Claro que no (aunque dolió muchísimo). Tampoco sostengo que la impunidad generalizada me afectó de forma directa en ese caso. Pero tenía ya muchos meses de estar viviendo en medio del terror diario, muchos meses de estar compartiendo el dolor causado por la combinación de la violencia diaria y la impunidad.[7] Fue por Sy (mi gata) que por primera vez entendí lo que me habían dicho mis amigos: en un contexto de impunidad, agravado hoy por el golpismo continuo, a veces la mejor lógica y la que más satisface, es la lógica del asesinato. Me reclama el doctor Pastor Fasquelle en el prólogo de este libro, escribe que "has querido imaginar que solamente nos imaginamos violentos, pero somos". Pero él tambien indica, las ganas de venganza mortal, ya sean directas o simbólicas (lógica genocida, como mis deseos perrocidas que duraron varias semanas después de la muerte de Sy) no son característicamente hondureñas ni tampoco son fundamentalmente culturales; son la encarnación de la impunidad (por lo menos así he logrado reconciliar las percepciones de Rosaldo con la violencia simbólica de Bourdieu en mi análisis actual).

Varios meses después de la muerte de Sy, iba caminando desde el parque central de Tegucigalpa hacia Café Paradiso para reunirme con Óscar Estrada, director general de Casasola Editores. Una cuadra arriba del Hospital Viera pasé frente a dos hombres conversando. Escuché que uno dijo "acaban de matar a un hombre por ahí". No me afectó mucho la noticia, pues tantas veces al día se oyen declaraciones como esa en las ciudades hondureñas. Seguí caminando, perdida en mis pensamientos. Pero poco después vi la multitud de espectadores. A una señora le pregunté qué había pasado y me dijo: "Mataron a ese señor en el parqueo. Sólo venía

---

7 Hasta dónde una se puede empatizar teniendo antecedentes y *habitus* (como lo concibe Bourdieu) tan distintos...

a sacar su carro y le dispararon en la frente". Fue asesinato simple, dijeron los testigos, no hubo robo ni discusión. Volteé a ver y ahí estaba, un hombre cincuentón y corpulento, su cuerpo acostado de lado sobre el pavimento, su cara volteada hacia nosotros. Sus shorts de cintura alta acentuaron su barriga prominente y sus muslos gordos. Me dio lástima. La indignidad de su apariencia en la muerte me pareció particularmente cruel. En ese momento juré siempre maquillarme y vestirme bien por si me tocara ser asesinada.

Pero no fue que el señor, cuyo nombre nunca descubrí (no publicaron nada en los periódicos), carecía de dignidad. Fue violencia simbólica de mi parte interpretarlo así. Me quedé ahí mirándolo, imaginándome en su lugar junto a un centenar de hondureñas y hondureños quienes (supuse) hacían lo mismo. Comentaron sobre la fragilidad de la vida, sobre la vulnerabilidad en que se vive en el país. Mi reacción fue mía, subjetiva e individual, pero a la vez compartida y estructurada, producto de mi subjetivación por los procesos violentos que se viven a diario en Honduras.

Media hora después, estaba tomando una cerveza cuando llegó Óscar a Paradiso. "¡Hay un muerto!" exclamó emocionado al entrar. Me recordó la emoción que, según el antropólogo Mark Pedelty, expresaban los periodistas durante la guerra de los ochenta en El Salvador al escuchar noticias de víctimas de asesinatos políticos (Pedelty 2004). Pues era "chamba".[8] Pero cuando le describí la indignidad del muerto (ya me había puesto lipstick en el baño del café, pensando en mi mortalidad), alegó que existe una diferencia fundamental entre los muertos "apolíticos" (ficción dóxica pero hegemónica) hondureños de hoy y las muertes de guerrilleros, mujeres y hombres que mueren por causas dignas. "Los ejecutados de Honduras carecen de dignidad", afirmó.[9]

Dijo: "Aquí en Honduras, como dice mi abuela, la vida es prestada." Y es cierto. Cuando la muerte violenta es estructuralmente inevitable, la única acción social (agencia) que se puede tomar es tratar de influenciar su fin. Faltando un movimiento revolucionario desubjetivante (nacional e internacional) que enfrente de forma colectiva y coherente la dictadura del Estado (y del imperio)

8 Chamba: trabajo.

9 Después del golpe se reconocían decenas de mártires de la Resistencia, pero por falta de movilización revolucionaria no existe tal identidad dignificante para los asesinatos de hoy.

neoliberal de "seguridad" militar, ¿qué se puede hacer para minimizar las muertes y recuperar la dignidad? Construir más rejas, y maquillarse para morir.

Siempre existe el riesgo de que la autoetnografía se vuelva narcisismo, o como ha dicho la crítica de la tendencia posmoderna dentro de la antropología (incluso yo), en ombliguismo. Pero tampoco se puede negar que dentro de la metodología antropológica, la investigadora también es sujeto. Me criticaban mis amigos por no reconocer su verdad, su lógica propia, basada en su interpretación de la subjetividad hondureña como sujetos hondureños. Por no ser hondureña —decían— no podía entender. Y era cierto. Al escribir este libro entendí mucho a nivel teórico y creo que las conclusiones que saqué en este libro, en su mayoría, superan el paso del tiempo. Pero no fue hasta varios años después del golpe de Estado que llegué a somatizar los procesos violentos que vive la población hondureña al punto de empezar a entender la profundidad del trauma, la lógica legítima del sicariato, y la naturaleza de la agencia individual en el contexto actual hondureño (Pine 2013b).[10]

Hoy mientras escribo estas palabras el pueblo hondureño está saliendo de nuevo a la calle, pero con un mensaje muy distinto al que tenía el FNRP (Pine 2015). Sale en contra de la corrupción del gobierno actual, motivado específicamente por el escándalo del saqueo al IHSS (de donde pudo haber provenido dinero para financiar la campaña electoral del Partido Nacional en 2013). Desde una perspectiva política económica dejan mucho que desear las luchas anti-corrupción; tienen como premisa la idea de que si sólo se sacara a los corruptos, el sistema funcionaría. Pero esas luchas, como el discurso en pro de la transparencia, suelen cumplir otros fines. Por ejemplo, la supuesta lucha en contra de la corrupción policíaca encabezada por la actual rectora de la UNAH, Julieta Castellanos y la Asociación para una Sociedad más Justa (ASJ),[11] no sacudió a los corruptos pero sí ayudó a justificar la implementación de la policía

---

10 Mantengo que, aunque la lógica del sicariato sea legítima, el asesinato en sí (ya sea judicial o extrajudicial) jamás lo es.

11 ONG evangélica cristiana y representante de Transparencia Internacional en Honduras, financiada por el Departamento del Estado estadounidense, fundada por Kurt ver Beek; ver crítica en este libro y (Pine 2015).

militar (ya que no se podía confiar en los "chepos").[12][13] Cuando no hay participación democrática ni equilibrio de poderes dentro de una llamada democracia estatal, la corrupción se convierte en un problema estructural. No se puede sacudir a los corruptos de un sistema diseñado para robarle al pueblo. Sin embargo, la energía de las protestas y la pasión del pueblo son genuinas y admirables. Y hay mucha gente que participa y entiende que el problema no es tan simple como lo proponen los nuevos protagonistas, personas que no se sumaron a la Resistencia contra el golpe pero que ahora lideran la lucha anti-corrupción.

Las movilizaciones actuales del pueblo (cualquiera sea su resultado a corto y largo plazo) demuestran la importancia de los procesos históricos en la formación del *habitus* y en la formación de subjetividades hondureñas. La desubjetivación parcial que resultó de la Resistencia en contra del golpe de Estado, si bien para la población no pudo revertir la historia de subjetivación violenta, dio a luz nuevos modelos de lucha y de solidaridad nacional e internacional, modelos nuevamente encarnados como *habitus*, modelos que volvían hasta cierto punto a ser instinto. Ahora más que cuando escribí este libro, a pesar de los enormes obstáculos que enfrentan, creo que para la mayoría es "natural" reconocer la violencia estructural e histórica como tal (y en eso los estadounidenses tenemos mucho que aprender de las mujeres y los hombres del pueblo "catracho"). Por tanto, es más "natural" querer luchar de forma colectiva para refundar su nación.

Es decir, la tradición es fuerte y la violencia que nos sujeta como seres humanos nunca abandona por completo el *habitus*: "Árbol que crece torcido, jamás su tronco endereza". Sin embargo, el proceso de subjetivación no tiene punto final. Lo que alguna vez fue debilidad se puede volver fortaleza y por haber encarnado el golpe de Estado en 2009 y todo lo que ha venido después, el pueblo hondureño no es lo que fue cuando escribí este libro. Y los árboles más hermosos y más fuertes son los que nos cuentan (si es que nos ponemos a leer las íntimas historias de sus anillos) una vida de lucha y resistencia.

---

12 Chepos: policías

13 Recordemos que la implementación de la "Cero Tolerancia" también se hizo posible por la movilización política alrededor del asesinato del hijo de una figura prominente, el entonces candidato, luego presidente (2002-2005) y después protagonista del golpe de 2009, Ricardo Maduro Joest.

El doctor Pastor Fasquelle pregunta en su prólogo: "¿Una gringa? ¿Podrá entender algo? ¿Qué puede agregar?". Es muy generoso, como siempre, con su respuesta, pero hay muchas formas de responder a la interrogante. Este libro escrito por una antropóloga del imperio, a pesar de sus muchas imperfecciones (tanto las del libro como las de la autora), está arraigado en un profundo amor por el pueblo hondureño y un compromiso solidario con sus luchas. Tal vez nunca entenderé los procesos sobre los cuales escribo; mi privilegio y condición de extranjera son innegables. Pero por haber compartido los procesos subjetivantes, por haber compartido el terror del Estado militarizado, el dolor del luto, de la rabia y de la impotencia de ver amistades asesinadas, por haber compartido la euforia y el humor negro de la resistencia y de la Resistencia, por haberme emborrachado con "bolos" de la oligarquía y de los barrios marginales (no soy tan fina como mi querido ministro, me da igual que sea whisky o Tatascán), por haber inhalado los mismos gases lacrimógenos (de origen estadounidense), mi compromiso solidario más que intelectual, es somático. No soy, ni nunca seré hondureña, pero llevo algo de Honduras dentro de mí.

En fin, no sé si este libro será un aporte de valor teórico o práctico, eso lo decidirá el pueblo hondureño. Agradezco la oportunidad que me da esta editorial y sus directores, Óscar Estrada y Mario Ramos, de compartirlo. Aunque salga mi nombre como autora, como cualquier obra académica (y en particular etnográfica), este libro ha sido un proyecto colectivo. Todo error es mío, pero todo lo que sea de utilidad es producto del apoyo intelectual y práctico que me han brindado otros. Además de las personas mencionadas en los agradecimientos del libro original, debo reconocer a mis colegas y compañeros que hicieron posible la publicación de esta versión traducida. Estoy endeudada con Marcela Carías quien, con mucho amor, emprendió el enorme proyecto de traducir este libro: nadie lo hubiera hecho mejor. Agradezco a mi colegas de la carrera de Antropología de la UNAH, que me acogieron y guiaron con tanta generosidad durante mi última estancia en Tegucigalpa, y también a mis estudiantes, de quienes he aprendido muchísimo, es en gran parte gracias a nuestras conversaciones que llegué a mi interpretación teórica actual. Este libro (tanto la traducción como lo nuevamente agregado) no se hubiera realizado sin el apoyo de muchísimas personas, pero agradezco especialmente a Suny Arrazola, musa y editora fenomenal; a Karen Spring, de cuyo análisis dependo plenamente; a Rodolfo Pastor de María y Campos, Asís Castellanos Álvarez, Natalie Roque y Marek Cabrera por echarme la mano con esta introducción; a Dauny López y Annie Bird, por su apoyo con el análisis y todo lo demás; y a la familia de Lilia, por haberme enseñado tanto.

Adrienne Pine
Agosto de 2015

PRÓLOGO
¡CHAMBEANDO DURO Y CHUPANDO DURO![1]

CIENCIAS, SUJETO Y MÉTODO

Rastreando inscripciones, la historia se orienta a entender lo específico en su contexto y en la larga duración. La antropología generaliza sobre la observación particular y la comunicación directa y busca ahondar en el sentido de la práctica cultural. Tienen lógicamente enfoques distintos y usan métodos y fuentes diferentes. Pero las ciencias sociales son cepas de una *especie* que estudia el mismo sujeto, las sociedades humanas, su devenir, su concepto y conciencia de si mismas y expresiones, su forma de ubicarse en y de entender sus entornos, sus relaciones entre si y con otras. Todas las ciencias están obligadas a ser históricas y a tomar en cuenta la cultura, el *ethos* del conjunto. Un denominador de interés común es la identidad. Por sus experiencias y ubicaciones variadas, las sociedades humanas se diferencian unas de otras, desarrollan personalidades colectivas que evolucionan pero que han probado ser persistentes aunque, hasta hace poco, se predecía que desaparecerían para dar paso a una cultura universal homogénea.

En busca del hondureño quinta esencial de hoy, este libro —derivado de la tesis doctoral de antropología social de Adrienne Pine— rastrea los orígenes inmediatos de los problemas que nos definen, condicionan y desorientan, la dependencia y dominación extranjera, la opresión de las elites y la explotación del modelo. Su marco teórico parte de un marxismo refinado y actualizado, recurre a la teoría de la alienación de Marx, a la sociología simbólica de P. Bourdieu y a los conceptos de construcción de comunidades imaginativas en B. Anderson.[2]

Es obligado advertir que —en parte sin duda por mi origen de clase,

---

1 Traducción de *Working Hard, Drinking Hard*, de Adrienne Pine, Universidad de California, Berkeley, 2008, 254 pág.

2 Entiende que *una idea que se posesiona de la masa tiene una fuerza incontrastable* y entreví que, aunque sea una necesidad hermenéutica, la idea que la masa no capta es una inconsecuencia política. No sirve para movilizarla. El estado hondureño no ha conseguido captar la imaginación de su pueblo.

burgués —que solamente es un *primer referente*, como cualquier *definición estática* y porque soy historiador y *liberal*— tengo con esta autora desde el inicio, un par de discrepancias, metodológicas y fundamentales. 1) Pienso que aunque sea desigual, el comercio global brinda una oportunidad y un beneficio al tercer mundo también y que la libertad de comercio puede ser fuente de empleo y prosperidad, 2) Creo que el *estado* —poder formal que idealmente expresa un pacto social, aunque sea asimétrico— está llamado a garantizar derechos universales y una ley indispensable que no puede —en la práctica— ser si no la expresión de las relaciones de clase, y prefiero vivir en un estado de derecho cuando lo hubiera.

Dicho eso, mi amiga Adrienne Pine se sonríe cuando yo le confieso mi admiración por su libro y le digo que ella es una *Casandra*, es decir una profetiza. Dra. Pine debe haber terminado de escribir el original de este libro a principios del 2006, inaugurándose el gobierno de Manuel Zelaya R., en quien muchos entonces no creían, ni ella tampoco, siendo radical y *mujer que sabe latín*. (Aunque desde entonces debió entender que éramos quienes andábamos con Mel quienes nos oponíamos a la militarización así como a la continuidad del modelo concesionario de los gobiernos anteriores. Hoy Pine entiende a Mel y lo defiende, a veces.) El libro lo publicó originalmente la Universidad de California en 2008. Y especulo que, si entonces lo hubiéramos leído con atención, por las explicaciones que da —sobre la violencia estructural del sistema y sobre la disolución y la conflictividad social— aun sin prevenir nada, que es difícil, hubiéramos quizás atisbado algunas de las cosas insospechadas que estaban a punto de acontecernos ante la crisis del modelo exportador, el quiebre de la democracia impostada, el golpe y subsecuentemente la represión, el agravamiento de la crisis social.

Un lustro después cuando todavía estamos tratando de salir del barranco al que nos empujaron esos problemas, la lectura de este libro, lleno de inteligencia y de misericordia (que es preciso que caminen juntas) debería servirnos de advertencia contra la estupidez de los falsos remedios que siguen vendiéndonos los merolicos de la política y de la religión: la militarización, el nacionalismo naif que se somete a la voluntad hegemónica junto con el pietismo y la reproducción del modelo neoliberal, que aumenta la desigualdad y genera pobreza.

LA PROFETIZA DESCIENDE A INHALAR
LOS VAPORES DEL ABISMO

Ciertamente misterioso, el tema de *la identidad*, sus resortes y dinámicas, la mentalidad y los conceptos en que se cimienta, los *hábitos*, modales y comportamientos derivados, que la expresan y las relaciones entre culturas distintas y sus malentendidos son temas antropológicos, a la vez que históricos y por supuesto políticos.[3] Sobre ese complejo cultural influyen no solo la educación formal y la *paideia*, si no también las presiones del medio económico y hoy de los medios de comunicación masiva, controlados por grupos corporativistas y las nuevas iglesias. Y no puedes descifrar sus claves internas de la identidad, sin remontarse a ese contexto ni entender las relaciones de clase en que se despliega.

En busca de ese vellocino hirsuto y en compañía de otras pupilas del posgrado, Dra. Pine *entra a las Honduras* (es un decir) por Expocentro[4] en feria. Ante ese portal de privilegio al submundo local Pine visualiza el laberinto entre los stands, y decide desafiarlo. Portal privilegiado, digo, siempre y cuando entres por ahí, con los ojos abiertos y con el instrumental intelectual para prevenirte contra tus propios prejuicios (en su caso, de Dra. Pine, la estética alta californiana y el sentido moralista del puritano, del que algo siempre queda, aun en la goma). De repente cae, aspira en el tufo de la cerveza y..., los humos del abismo y desciende al hondo inframundo presentido.

¿En que momento de su caída se percata de que no va a llegar *a las Honduras* a través del agujero, si no que Honduras *es* el hoyo? ¿En que momento luego del sobresalto, alcanza el fondo, *Alicia* Pine?

---

3 Al tiempo de comunicarme que yo sería su ministro de cultura, Carlos R. Reina me dijo (con una ingenuidad de hombre bueno) *¡su tarea será restaurar la identidad nacional!* Nada menos. Todavía creo que algo se puede hacer pero recuerdo haberle respondido con otra clase de ingenuidad, que el Ministerio de Cultura no tenía capacidad para tanto, que eso lo tenía que hacer el Ministerio de Educación.

4 Centro de exhibición comercial al Norte de San Pedro Sula perteneciente a la Cámara de Comercio e Industria de Cortés, que goza de un ambiente festivo y ruidoso de mucha música y altoparlante y afluencia masiva de gente que compra en los stands todo tipo de mercancía, una especie de mercado temporal o eventual bajo techo.

Y entonces toma la pócima mágica del raciocinio, encuentra la puerta de salida en que cabe y escapa, aunque no ilesa. Escape mental claro, de una mazmorra también mental, de una pesadilla. Pine ve la trampa, denuncia la quimera del sombrerero loco y de la autocracia demente y homicida de esa reina de baraja que es la burguesía local. Y habiendo escapado, apenas y cimbrada por esa experiencia, decide aclarársela a sí misma. Estudiar la identidad evanescente del nativo cautivo en la mazmorra no se sabe bien si ¿en proceso de adaptación o de extinción?

Descubre así Pine esta relación ambivalente del hondureño con el trabajo y el ocio, con el alcohol y con el gringo, descubre lo que va a llamar la fetichización de lo extranjero como modernidad no sólo económica —ojo— y, por otro lado, revela una falla primordial, la ausencia de referentes, la falta *de **una agenda propia** (de los hondureños) **que les provea respuestas automáticas*** dice literalmente, haciendo eco de una preocupación difundida. *(Should we really have such a thing?* **Una imagen país,** *dice la nueva retórica oficial,* **una marca de país, a country brand** *(¿como la que Juan Orlando extrañamente le ha comisionado a una empresa de lobby estadounidense por no sé cuántos millones?* **Is it really indispensable?**) Quizás mejor algo que he llamado en algún lugar o discurso, *la falta de un mito fundador* (de una historia comun asimilada), la falta —ante estructuras duras de dominación— de un mínimo de solidaridad fincada en la conciencia de un dilema común y de un *proyecto consensuado* libertador, que pudiera aportar un mínimo de cohesión civilizada.

Para estudiarnos a la luz del día, la autora se instala entre La Lima y Choloma, entre las cuales viaja en autobuses, me la imagino sudorosa, asustada sin reconocérselo a sí misma, seducida por el duende en el *rapidito*.[5] Visita las fábricas, se presenta en una oficina de Derechos Humanos cuyo director la acosa como a las obreras, hace amigos(as) que le platiquen, de toda calaña, toma unas fotografías poco artísticas con que ilustra su texto y argumento. Y escribe este libro, ¡con una ruta de escape!

---

5 Rapiditos, son los buses urbano e interurbanos que corren a alta velocidad, de menor tamaño que los tradicionales buses escolares estadounidenses reciclados como transporte colectivo en Honduras.

LA IDENTIDAD ALIENADA
COMO MANIFESTACIÓN DEL SUBDESARROLLO

Ese descubrimiento de Adrienne Pine, del *problema de la identidad del hondureño,* es un tema que nos ha preocupado a los pocos historiadores, antropólogos nativos y algunos intelectuales ágrafos desde hace una generación, un misterio que venimos discutiendo dilatadamente muchos, sin terminar nunca de dilucidarlo. Más tarde, Pine leerá los estudios de Marvin Barahona y las conversaciones de Darío Euraque sobre la raza en el s. XIX. Imagino que conoce menos las disquisiciones de Murillo Selva… Nunca escuchó la genialidad de Juan Domingo Torres (QDEP). Un tema (*la falla de la identidad*) que hemos llevado a los medios de comunicación muchas veces, del cual hablan sin entenderlo bien, incluso los políticos y los periodistas. Pero ¿una gringa?¿Podrá entender algo? ¿Qué puede agregar? Pues Pine trae un *kit.* Empieza por recordar que la identidad es construcción histórica, y que la construimos o nos la construyen.

¿Quiénes son? ¿Cuándo empezaron a llamarse así los *hondureños,* a sí mismos? Hasta las postrimerías del siglo XIX eran gracianos y santabarbarenses, comayaguas, copanecos, texiguats u olanchanos. Y fue más bien desde los 1870s que, a sangre y fuego, como casi todas las nacionalidades, se forjó a una *hondureñidad*… la identidad un tanto brutal de los *catrachos,* termino que deriva de "los de Xatruch" (oficial del campo del ejercito de Guardiola enviado a combatir al filibustero) famosos por ejecutar el llamado *corte de chaleco,* que consistía en decapitar al contrario en batalla con machete, aunque no se atreve Pine a mencionarlo ¿Qué clase de gente es esta desde entonces?

¿Quiénes somos los hondureños? ¡Qué difícil! Además de *mestizos acomplejados* como insinúa D. Euraque, *consuetudinariamente marginados,* como pudo haber dicho —desprevenido— Severo Martínez P. ¿Cómo se nos puede reconocer? ¿Cuál es el núcleo de la identidad?

Los hindúes aseguran que, porque en positivo es muy difícil, para definir a *dios* más bien tienes que ir diciendo que cosa *no es (neti)*… no es esto y no es aquello, *neti, neti.* Aunque las diferencias no anulan la filiación, al final del día, se nos diferencia a la legua y en la lengua de los *ticos* y los *chapines*, y aun somos distintos de los esforzados *guanacos* y de los alegres *nicas*, con quienes compartimos la geografía y una región lingüística, pero que fueron mejor indoctrinados en la primera colonia y enraizaron de otra forma y resistieron de otro modo.

Como también dentro de la propia nacionalidad hay componentes discretos, identidades regionales diversas que no se excluyen. El costeño, el negro, el indio, el turco, el inglés, el criollo del interior, de ese ombligo que es Tegucigalpa (a la cual Adriana, Alicia descubre, ¿columbra? y desciende tardíamente), que afirma como en una fabula sin mascaras *el verdadero hondureño soy yo.* Los restantes *sois* desviaciones o traiciones, rémoras o equívocos.

Más fácil es decir en general *cómo* somos. *Provincianos igualados* decía Connie Aparicio, y le asegura también una obrera informante de A. Pine. *Valeverguistas, aunque apasionados* dice Murillo Selva, *Insolidarios, más sentimentales.* Notablemente *escépticos (no creemos en nadie, ni en dios) pero supersticiosos*, porque creemos en el duende, en el jinete sin cabeza, en la mano peluda, en Rafael Leonardo y en todos los santos. *Escandalosos y amorrados. Cobardes y temerarios. Reaccionarios*, porque a muchos preguntas *¿qué novedad?* y te responden que *gracias a dios ninguna.* Pero *¿anárquicos e irresponsables* como se autodefinía Mario R. López? *Ladrones y asesinos todos* expresaba, exagerando un poco, el Capi L. A. Fiallos. Indispuestos a vender los mangos *"porque no hay quien los baje"* según otro estereotipo de un vecino más diligente. *Ignorantes y primarios.* Exhibicionistas *impúdicos y velones* pero *¿tiernos y bellos salvajes nobles?* Permítaseme padecer estas imputaciones contradictorias. Para nosotros, esta identidad no puede ser objeto neutro de estudio... duele.

Quizás otra vez por mi origen étnico y de clase, porque me crie dentro del grupo social[6] y en la región geográfica mas *americanizada* de la región, porque salí a los doce años a estudiar y permanecí tanto tiempo en EUA que me hice profesional, también los he visto alguna

---

6 Pese a la nariz de judío errante que es un accidente de la genética, yo soy como el 95% de mis paisanos, mestizo, con carta de ciudadanía de la burguesía local, la más alienada de todas las que conozco y soy visto por esa clase social muchas veces como *traidor*, aunque soy también el más fiel a su principio teórico y ética fundadora mientras que aunque me considere a mí mismo hoy la esencia misma de la hondureñidad, la plebe me mira como extranjero.

vez, a mis compatriotas, sorprendido y hasta perturbado. Me tomó —al retorno— un tiempo más que prudencial sentirme cómodo entre, no digamos pensar que yo era *uno de ellos*. Y no terminaba de aceptar sus insolencias, hasta que de repente, sin reflexionarlo mucho, un día como otro, me sentí hermanado, enamorado y me identifiqué por capilaridad y osmosis y me encontré a mí mismo renunciando —como en un teatro del absurdo— a ser distinto, ciudadano del mundo, civilizado, y aceptando el yugo de esta convención, el gozo y el mote.[7]

Pero varios extranjeros, entre ellos artistas, humanistas, especialistas de la cultura pero particularmente varios antropólogos[8] nos ayudan a entendernos, a vernos como un conjunto, con mayor profundidad de la que se alcanza sin sus enfoques, espejos o lentes y sin esa sagacidad de la antropología como *ciencia del hombre*, siempre y cuando sea, como debe ser, un acto de inquisición amorosa, y de empatía crítica.[9]

Teresa Campos, mi esposa, etnóloga mexicana, fue la primera y la más importante ayuda que tuve para descubrir yo (siéndolo) al hondureño como tradición precaria, como pervivencia inconsciente de lo mesoamericano antiguo y de lo colonial. Después, la que me ha ayudado más en la tarea de entender cómo evoluciona en el siglo XX esta frágil hondureñidad, sujeta a presiones de la nueva colonización y a esta bárbara compulsión de modernidad, ha sido la lectura de la antropóloga Pine. Porque, como todas, siendo histórica y compleja, la identidad hondureña tiene que aceptar de continuo

7 De manera espontánea y gozosa me ayudó a identificarme como hondureño mi mara, esta primera generación que se salvó. Porque nuestros antecesores desde R. Rosa hasta J. Fontana, Turcios y el primer Travieso sucumbieron. Hermanos y hermanas, pecadores y pecadoras, aparte de los mencionados R. Sosa y R. Castillo, E. Bhar y J. Escoto, R Paredes y R Sierra, R. Rivera y D. Fanconi, E. Padilla y V. Guardiola, Hellen Umaña, Guadalupe Funes, Olga Joya, Gabriela Carias, Rocío Tábora, Isadora Paz, Yesenia Martínez, Rebeca Becerra, Juana Pavón, y las Marielos, que como toda mara, me hicieron sentir que ser uno de ellos era ser superior.

8 La antropología imperialista del s. XIX dejó de ser útil hace tiempo. Pine cita al amigo difunto Marcel Dans, sociólogo. Igual sirven los textos de Atanasio Herranz lingüista y de Augusto Serrano, filósofo. A mí me sirven Las fotografías de B. Fash, las disquisiciones atrevidas de R Viel, las majaderías del cónsul Wárner.

9 Me refiero la antropología decimonónica racista e imperialista cuyos lentes imperialistas eran como espejos concavos o convexos... de la que aún descendían unos arqueologos de los 1960s y aún 1970s.

nuevos fraccionamientos múltiples, permanecer abierta, negociarse a la vuelta de cada esquina. Nadie puede acapararla o congelarla en el tiempo, ni perpetuar nada más allá de la circunstancia que lo explica o lo exige.

Siempre hay nostálgicos extremos y hasta absurdos. (*Ud. tiene que prohibir el concurso de la camiseta mojada*, me decían, cuando fui ministro de cultura. *Tiene que volver a poner el concurso de la india bonita.* Claro, asegurándome que son doncellas las concursantes y exigirles a estos jodidos que coman pupusas sin chicharrón, porque el cerdo es europeo y que vistan taparrabo y hablen lenca aunque nadie ha podido encontrar, en mi generación, al último hablante lenca.)

Paradójicamente, este libro (por su oficio y por su método, respeto y compromiso, porque la autoría al fin conoce mejor algunos modelos que influyen en esta evolución) deviene esencial para quienes nos interesamos en este tema exótico de la identidad en vilo. En la asimilación, en la relación dinámica entre imaginarios, originales e inducidos, las culturas étnicas y de clase social y contextos cambiantes del ser social sometido a un régimen y a un modelo importado de los que nos esta costando liberarnos, a un lavado de cerebro.[10]

Ahora, ¿cómo conseguirlo, liberarnos? ¿Cómo salir? Si no entendemos la naturaleza del problema. Si seguimos pensando que el *atraso* es solamente un *rezago*, como reza el término, una posición temporal y relativa demorada, con respecto a otras, y que está *en nuestras manos acelerar.*[11] Un día, reloj en mano, ¿la liebre alcanzará a la tortuga, de regreso? Cuando más bien es un barranco, *el subdesarrollo*, una caverna o mejor (por hechizo) un boquete —oculto— en que caímos, un socavón que se profundiza y se abisma bajo nuestros pies, en cuyo vacío caemos, nos morimos de hambre y nos matamos literalmente por las migajas que caen junto con nosotros. Este irrespeto mutuo, de todos contra todos, joder, este desorden mental y material, esta incapacidad para la mínima cooperación, esta inhabilidad para la solidaridad con cualquiera más allá de la

---

10 No hay mucho más al respecto de éste tema de la ideología nacional. El libro de Julio Escoto, *El Ojo Santo, La ideologia en las religiones y la televisión*, Centro Editorial, San Pedro Sula 2013, se publicó con posterioridad e ignora a Pine.

11 Pine cita al respecto a Marcel D'Ans, sociólogo francés que a muchos hondureños tambien les descubrió esta alucinación del progreso.

mara. ¡Cómo si no fuera obvia la necesidad de alguna civilidad para sobrevivir! Y como si para ser, no fuera preciso desacomodarnos, tomarnos de la mano, rebelarnos.

Pine pasó su prueba de fuego, escapó y ha aprendido mucho después. Nosotros todavía estamos de este lado del espejo, de la página. Pero la lectura de este texto crítico puede servir de antídoto contra la tóxica prédica del fundamentalismo religioso absurdo y la propaganda nacionalista, ponzoñosas ambas más que el opio o el alcohol, y dañinas.

¡Tinieblas terribles! ¡Que lejos de la luz! Esta ingenuidad descriteriada. ¡Esta religiosidad locuaz *sin caridad* la que, decía Gandhi, es una de *las causas de los males del mundo*! Este machismo entúpido y el concepto de que las diferencias se resuelven a golpes. ¿Esta patria sin derechos ni límites? Este nacionalismo sin nación, sin gente dispuesta, idea ni ilusión. Esta voracidad convencida de que no tiene consecuencias, de que el progreso es la maquila y la minería a cielo abierto y la derogatoria de las leyes que protegen el derecho ambiental y del obrero. Esta mentira de la "*nueva Honduras*" que *está en tus manos* y *está cambiando* con que nos quieren atosigar Juan y TVC.

Y me dispuse a prologar este libro porque desnuda esas ficciones y creo que puede servir no sólo como lección sobre el pasado reciente, si no también como perspectiva para enfrentarnos a nuestro dilema actual. Ms. Pine le ayuda a uno a encontrarse y a desvelizar lo oculto evidente.

CRÍTICA DE LA OBRA

No porque lo creyera perfecto. Me hacen falta preguntas históricas. ¿Cómo influyó la *ocupación estadounidense* de las primeras décadas del siglo XX en la conformación de lo hondureño actual, *indeed* lo centroamericano? ¿Como incidió en este proceso de identificarnos, solidarizarnos e imaginarnos nación, la presión salvaje y falaz de la primera guerra fría desde 1948 a 1964, que nos dividía a intelectuales y obreros entre diz que *demócratas* buenos y malos *comunistas*? ¿Cómo afectaron a la hondureñidad la *cuarta globalización*[12] y el neoliberalismo de los 1980s? ¿En qué medida la

12 Primero está la globalización que se da en la era de los descubrimientos, del

presión externa neoliberal que —ahora si— desestructura al estado y a la sociedad explica nuestra patética disociación, alienación lamentable?

Esa es una cábala opaca de historia reciente, a la que te acercas intuitivamente. No porque no haya información si no porque hay demasiada, estamos inmersos en ella y no sabemos como represarla y seleccionarla. Esa trama se condensa en lo real cotidiano pero se nos escapa entre los dedos de la mano. Hasta que llega una *aguadora* como esta y te da un guacal, samaritana.

Aunque ahora me parece obvio, fue con Pine (usando a P, Bourdieu) que entendí al fin que, cuando el extranjero desprecia al nativo así como cuando la elite local desprecia a sus subalternos, evaden su responsabilidad, culpando con mala fe a quien no puede cambiar las estructuras que lo determinan y que cuando esos subalternos nativos, después, en vez de rebelarse agachan la cabeza, se desprecian a si mismos, se inmovilizan, ceden a *la violencia suprema que les impone su complicidad en el auto sometimiento.* Y eso pasa aquí cotidianamente. ¡La gente lee los sociales de *La Prensa*! Y los chismes de la farándula y celebridades. Se emboba con las tontas telenovelas de Televicentro. Recibe en estadios a los predicadores coreanos. Asiste a las concentraciones. Y admira en general a quienes se burlan de ella!

En otro ejemplo, Pine me explicó que, al mismo tiempo que les provee a las mujeres de un *"corolario religioso para la disciplina que se les exige"* el fundamentalismo identificado con la maquila y la modernidad (un pastor coreano que trajo el Toro[13] incluso asegura que *cura a la gente por medio del internet*) las exime y les proporciona una manera de *reafirmar su feminidad* amenazada por la percepción de que son ipso facto (porque salen a la calle a trabajar) sospechosas, mujeres de la calle y, como consecuencia, ¿inmorales? ¿contagiosas? ¿condenadas? y las solaza con la idea de que ellas mismas han escogido esa disciplina. Del mismo modo en

---

siglo XVI, luego la del XVIII por vía de reforma comercial e imperial ilustrada, después la globalización *Liberal* de las últimos décadas del s. XIX y la cuarta es la de Reagan y de Bush, la neoliberal... impulsada con la revolución de las comunicaciones...

13 *El Toro Colorado* es el apodo con que se conoce al religioso evangélico y empresario de los medios de comunicación y políco liberal Esteban Handal Pérez. (Nota del editor)

que el control riguroso de sus cuerpos y sus mentes las consuela de no tener la mas mínima injerencia sobre sus condiciones laborales o… (¿Por qué no?) Sobre el tipo de sociedad y política que les venden en raya, y deben soportar y aplaudir y votar.

¿Una crítica general del libro? Hay otros manejos teóricos que quizas no acabo de entender. ¿Excesos? ¿Qué cosa es vivir como el marero *una existencia híper incorporada*? ¿Carencias? ¿Lagunas? Nadie nunca va a dominar toda la información y cada uno de nosotros escoge la que le resulta precisa para sus fines cuando escribe.[14] Siempre que un historiador lea un libro de antropología social va a reclamar más profundidad en el tiempo. Esto sería lo esencial. Una comprensión cabal de la violencia en Honduras precisa un dominio más profundo de su historia. Es más viejo el cuento. Mientras leo, constantemente me asaltan preguntas históricas que, aunque no tenía la autora obligación de responder, exigen conciencia de ese pasado profundo.

Enfrentada a un presente crudo e irreductible, Pine se acuerda sólo de la historia más reciente. A mí me gustaría recomendarle y a sus lectores aquí los añejos pero clásicos ensayos del brasileño también antropólogo Darcy Ribeiro que, para explicar las *identidades latinoamericanas*, las rastrea a la era fundacional, de la *colonia primera*.[15] Las convenciones colonialistas (*colonial tropes*) obvio, son elementos históricos sincréticos que se originan ahí. Por ejemplo en el tema de la religiosidad. Conoce el tema Pine. ¿Por qué no un capítulo?

Por otro lado aunque toca muchas veces al cuerpo, observa claramente que el marero vive una vida hiper incorporada, gesticula su nombre, su identidad y escribe jeroglíficos sobre su cuerpo, y que en la maquila la obrera aprende a convertir su cuerpo en *un apéndice de la maquina* con que costura, y es entrenada para controlar su

14 Hay —en la versión inglesa que he leído— y empezando con la introducción errores factuales, de comisión y omisión, ¿podría no haberlos? Errores de fechas, nombres propios, cifras que quizá se corrijan en la edición hondureña que esta nota prologa. Me rehúso a constatarlo o a más que mencionarlos preventivamente porque no son pertinentes a los argumentos. No quiero que se me acuse de pasarlos por alto.

15 *El Dilema de Nuestra America*, 1971 y *Configuraciones* 1972…, véase como introducción, Sonia Vargas, *Identidad, Sujeto yResistencia en America Latina*, Revista Confluencia, Año 1, Número 1, 2003, Mendoza Argentina. *La Cuestión de la Identidad de America Latina, Homenaje al Profesor Darcy Ribeiro*, 1966, Univerrsidad de La República de Uruguay.

cuerpo, comer y desahogarse y dormir *al ritmo de esa máquina*, el libro tampoco cruza el umbral del tema relacionado, de la sexualidad, claro, delicado, pero que salta a la vista en la publicidad, en el acoso a la obrera por el supervisor y por el comisionado, en el crimen pasional del alcohólico. ¿No hay una forma cultural específica de ejercitar la sexualidad bruta que necesita explicarse aquí y contribuye a iluminar la identidad?

Creo entender por qué evade la autora esos temas. No cuesta, lo dice ella misma, que la gente hable del alcohol y la violencia y menos aún del trabajo de cada día. Hablar en cambio de religión es delicado, tanto como de la política. Es mas difícil aún conseguir que se hable del sexo, peor cuando fallido. De haberlo abordado, Pine ¿hubiera descubierto que, del mismo modo en que exageramos nuestro alcoholismo, los hondureños exageramos nuestra sexualidad ostentada? ¿Se entienden el guaro, la violencia o el cuerpo sin el sexo, sin la frustración de la sexualidad, ese ocultamiento compartido más pusilánime que culpable? Tampoco quiso explicitar Pine su impresión de la política vernácula.

Adrienne decidió analizar sólamente tres temas, la mara, el guaro y la maquila. Sigámosla en sus términos. Después de todo es SU libro. Lo primero son los golpes, la violencia del marero, del bolo[16] y de la fábrica *Los hondureños se imaginan violentos* dice Pine con audacia *para aceptar un sistema económico, político y social violento*.

LA MARA Y LA VIOLENCIA DENUNCIADAS

La mara es lo primero que llama su atención. Yo que he buscado, no he encontrado nada mas lúcido sobre la mara que el libro de A. Pine que ahonda en los orígenes mitificados de esta parentela pero también se mete al barrio para estudiar cómo funciona y se hace amiga de los chavos, cuya corta historia de vida trata de seguir. Aunque todavía me hubiera gustado entender más y mejor los tatuajes y las escarificaciones, las gesticulaciones y el lenguaje cifrado al que me acerca, lo importante es que entendí. La mara es violenta. No es cuestión de negarlo o defenderla. Lo tiene claro. Pero usamos esa condición para encubrir la violencia estructural a la cual están respondiendo los jóvenes entre los pobres que las

---

16 Bolo: borracho, alcoholico.

forman. Y para dejar de ver porqué surgió y se volvió necesaria.

No le hemos dado oportunidad de educarse a la mayoría de los jóvenes y tampoco hay empleo para ellos en el mercado que decimos que es la solución... y luego tratamos de resolver el problema que plantea por la vía del exterminio. Pine documenta los atropellos a los derechos humanos más elementales de los jóvenes, especialmente (aunque hay antecedentes) desde el año 1999 para acá, atropellos sistemáticos y extraordinarios por parte de la policía y otras autoridades, de los que se ha tenido que preocupar incluso NNUU. La información que llegó a Nueva York sobre el dilema de los jóvenes hondureños exigió una *misión*, una visita para profundizar y proferir ayuda en el 2000.

Pine reproduce partes del *Informe* de la *Relatora Especial* de NNUU y UNICEF sobre el escándalo de ese maltrato. Y dentro de ese *Informe* las explicación del Señor Ministro de Seguridad de Flores Facusse, (¿fuiste vos Gautama?) quien le expuso a la Relatora su teoría personal. *Lo que pasa es que nuestros jóvenes maduran sexualmente en forma precoz* (otra vez el sexo) *y por tanto no se les puede tratar como menores,* ¿ni respetar su integridad? ¡Como son muy alebrestados, los *cipotes* se extralimitan y hay que ponerlos en su lugar, quietos, tras las rejas o bajo tierra! No es que esté dicho todo. Gautama ciertamente entendía el misterio de las musarañas gesticuladas con que se comunicaban cuando alguna vez se les acercó y otros factores concomitantes

Pudo haber agregado el Ministro que la nueva economía de maquila impulsó la migración interna que desestructuró aún más a la familia, y que la crisis socio ambiental que detonó a su paso el Huracan Mitch en 1998 aceleró la migración interna y externa y agudizó la miseria de los que se quedaron. A tal punto que allá tuvieron que inventar el TPS. Y con el retorno de los deportados por entonces la mara proliferó como la *monilia*. Pine recuerda el contexto.

Atravesamos una crisis, pero la violencia extrema y difundida no es nueva. Tiene una historia larga en Honduras. Se remonta, puesto que sabemos aún menos acerca de antes, a oscuros tiempos antiguos cuando se fortificaron Cerro Palenque y Tenampua. Fueron violentas las guerras crueles de la conquista española con perros y cañones y con los achies[17] antropófagos y las técnicas de *tierra arrasada* de Tonatiu, desde 1507 hasta 1537, la violencia del esclavismo con que los conquistadores decimaron a la población. Después hubo violencia extrema en la mina de placer del s. XVI y de parte de los piratas y de los miskitu en el s. XVII, y fue tan escandalosa la violencia en los obrajes de añil y la mina de socavón que La Corona prohibió el servicio del indio en ellos. Los regímenes de trabajo forzoso posteriores, los repartimientos de indios, la esclavitud de los negros, de renovada importación en el siglo XVIII y las leyes contra vagancia del s. XIX encarnan la violencia estructural de la dominación siglos antes de la maquila.

Después de la celebrada Independencia, la violencia de las montoneras decimonónicas de 1826 en adelante, de las guerras que pudiéramos llamar Morazánicas. ¿Será cierto que Morazán decapita al suegro de Carrera, fríe su cabeza en aceite y la despliega en una pica como advertencia contra los bárbaros indios de La Montaña, porque esa era la forma en que se hacía la guerra en 1836?[18] Y empeoró la violencia luego de la disolución del primer estado centroamericano, de 1838.

Ya rastreamos la historia de los primeros catrachos. Después de cierta *paz* impuesta con sangre y astucia por *Medinón* (1861-1875) y por los reformadores que lo sucedieron (y lo fusilaron sin seguirle un proceso), continuó la violencia de las *revoluciones* del primer cuarto del siglo, la de 1903, la de 1911 a 1913, la de 1919 a 1924... Y pese a la invocación de principios abstractos de la democracia y la alternancia, la mayoría de las veces esos movimientos —armados por los bananeros estadounidenses— buscaban quitar o encumbrar a un caudillo que habría negado o prometido una concesión. Y esas guerras depredaban al campesino al que le robaban el chancho y la vaca y el macho y el grano en la troje (para sobrevivir hasta la siguiente cosecha), le violaban a la mujer y a la hija y secuestraban al hijo como recluta, provocaban saqueos de los comercios e incendios en las pequeñas ciudades y fusilamientos perfectamente arbitrarios de los contrarios. Y después, la violencia estructural de la

---

17 Indígenas mayances que no llevaban provision a la guerra ni la buscaban porque se alimentaban de la población derrotada.

18 En su obra maestra sobre Carrera R L. Woodward cita evidencia de ese dato, sin cuestionarla. Y si no es cierto es una pieza precoz de propaganda de guerra.

colonización bananera, la *prisión verde,* la represión de las huelgas y la persecución de opositores políticos en el Cariato de 1931 a 1948. Esa violencia se internaliza.

Y si no, miren otra vez esa emblemática pintura de Pablo Zelaya Sierra, de circa 1932 titulada —creo— *hermano contra hermano.* Cuando yo era niño en los 1950s tempranos doy fe, cada domingo y fiesta había en cada pueblo y campamento a la orilla de la vía férrea o de las pocas carreteras, tendaladas de macheteados por venganzas, por ofensas, reales o imaginadas en los humos del guaro, que se vendía con estampilla fiscal o del otro. Una violencia reprimida precedió a los golpes de estado de 1956 y de 1963, a la guerra de 1969 y al golpe militar de 1971, a propósito de los eventos puntuales en una línea de tiempo ¡que se intersecta con *nuestra era y la era de Pine!*

Tampoco es completamente novel la carencia y falencia de la familia. La hondureña es la sociedad centroamericana con la estructura familiar más débil desde la época colonial, primero por la despoblación extrema, luego porque concomitantemente tuvo la estructura eclesial más débil, tanto que la misión fue incapaz de imponer el modelo de matrimonio y finalmente porque la *modernización* debilitó aún más a las familias tradicionales, cuestionadas, desde el estado y desde la Iglesia, por desviarse del modelo y ¡carecer del sello y el registro!

Esta antigüedad del problema para nada contradice la explicación de Pine. Porque la violencia de los 1980s *es nueva,* claro que sí, en otros sentidos igual que la disolución de la familia. ¿Supera a esos antecedentes en magnitud absoluta y quizás también en perversidad relativa? La militarización de los 1970s puso esta nueva violencia en la escena. ¿Sabes quién fue Rixy Mabel, Adrienne? ¿Has oído de las violaciones colectivas, que eran pactos de omerta castrense? El antecedente directo de las muchachas que felizmente sobreviven para denunciar que han sido violadas por la afamada policía militar, porque el problema es que el femicidio no tiene de nuevo más que la denuncia. El cuerpo de Ricci muerta a turuncazos, luego de superviolada nos despertó una empatía aun si poco duradera, que fue un vaticinio.

¿Conoces los estudios sociológicos de las universidades centroamericanas en los mid 1980s que demuestran ahora sí, fría estadística y cualitativamente, que siendo la única que escapó de la guerra civil, la hondureña era *la* sociedad *menos solidaria* del istmo? Recuerdo un ensayo de José Ortega y Gasset que atribuye *los orígenes de la guerra* a las asociaciones primitivas de jóvenes para depredar y robar muchachas en la vecindad. Si los militares secuestran para violar a muchachas adolescentes, ¿Por qué no lo harán sus pares en el barrio?

Retomo y resumo su libro. La nueva violencia se gesta, y esto lo tiene claro, en las guerras secretas de Ronald Reagan en los tempranos 1980s, en *la contra*, con los *supermercados secretos de armas* y el tráfico de drogas que primero fue de los militares, en el entrenamiento en contrainsurgencia y la formación del Batallón 3-16. Simultáneamente en esos años la población pasa a ser mayormente urbana, se generan los cinturones de miseria, los bordos. Nace armada la violencia del vientre esquelético de la privación extrema, de la cada vez más evidenciada polarización, injusticia que eclosionan en alienación y creciente disolución del orden social, de las instituciones que pierden legitimidad y de la exclusión. Es ese contexto específico llegan hacia 1984 como tabla de salvación dos industrias nuevas, la maquila y el narcotráfico, introducido y organizado en gran escala por los cruzados, industrias que desmoralizan, corrompen, disocian, disuelven todos los controles.

Los jóvenes aprenden a asociarse para defenderse y para conseguir cualquier cosa. En las nuevas concentraciones cuasi urbanas en que sólo hay trabajo para las chavalas, la mara de los jóvenes varones florece en estructuras cada vez mas estresadas, se vincula al narco.

Junto con y a la par de la violencia del crimen organizado y de los locos que produce, sufrimos desde entonces la violencia policiaca y de los militares, junto con la impunidad y el nuevo miedo social concretizado con alambre galvanizado, las ciudades amuralladas de la élite desde los 1980s, el miedo del dueño al pueblo. La nueva violencia desborda por completo los límites de la violencia histórica. Ya no escapan los niños, ni las mujeres, ni los muchachos ni los ancianos, las reinas de belleza son víctimas colaterales igual que las trabajadoras del sexo. Y entonces diecisiete años después de que Pine llegara, Honduras tiene la tasa de muertes violentas más alta del mundo si eximimos a los países que están en guerra, diez veces el promedio de un par de vecinos.

Pine valiente mira esa violencia de frente y estudia la mara por dentro. Su formación casi militar y solidaria. ¿Efectivamente la sempiterna organización de los jóvenes?[19] Se hace amiga de los mareros y sigue sus (cortas) historias de vida. Captura su lenguaje, que imagino que moderan para ella. (Uno incluso le habla inteligentemente en inglés sanangelino, puntuado con el tic de la palabra *like*, que connota la aproximación en vez de la equivalencia de la expresión a lo expresado o algo análogo), lenguaje del barrio, *slang* dicen en inglés. Alcanza a entender su lógica y su funcionamiento en contexto. Explica cómo se proyectan en sus cuerpos tatuados los mareros. Y deja a la simple vista la hipocresía del entorno, del sistema.

Paradójicamente entonces, a pesar de su deformación moral, la fraternidad de la mara es un modelo, es lo que debería ser la familia, que le ha dado la espalda porque no puede más, lo que debería de ser la organización social más amplia, la comunidad, una red de seguridad, para garantizar la sobrevivencia, al menos de unos cuantos, los de más rango, porque los *soldados* tienen altísima mortalidad y hace la mara lo que aquella (la sociedad nacional) debería hacer, ocupar, proteger, integrar, motivar y movilizar a los jóvenes a un propósito.

La sociedad en general evade la obligación de atender a los jóvenes. Aunque se habla mucho carburo sobre ¿los valores? no se plantea siquiera una política para fortalecer realmente la funcionalidad de la familia en un contexto alterado. ¿La familia hondureña? (Si los padres ganan suficiente pueden retener a sus hijos en el hogar, si tienen leyes que protejan ese ingreso pueden atenderlos, mandarlos a estudiar e inspirarles la esperanza en el estudio y el trabajo.) *No hombre*, si Honduras es una entelequia. Y la meritocracia del trabajo y la virtud es un cuento de hadas en una sociedad corrupta de castas. Eso es cierto allá, por eso hay que irse para allá.

No hay colegios, ni los que hay enseñan destrezas pertinentes para adelantar tampoco. No hay dinero para eso dicen los ofis, se precisa para infraestructura cara, para el repago, para comprar armas.

---

19 Ortega y Gasset, Sobre los Orígenes de la Guerra, en un ejercicio de antropología especulativa este ensayo breve postula que las redadas organizadas por los jóvenes de las bandas primitivas para conseguir mujeres estaba en el origen de la guerra y destaca un prejuicio de la civilización contra los jóvenes.

La mara sustituye entonces a una familia disuelta por la migración, por la ocupación de las madres en las maquilas, una familia tradicional vuelta disfuncional en tiempos neoliberales. Forma, la mara, una nueva clase de cofradía o de *hermandad completamente solidaria y comprometida a lo interno*. Como casi todos los ejércitos,[20] una red de protección mutua, común, compartida, a la que los jóvenes recurren para asegurar techo y sustento y lazos de identidad, que señalizan en tatuajes, y *donde caer muertos*. Al menos eso. Al menos la mara se encarga de los gastos funerarios que las familias pobres no podrían afrontar, caja, carroza, lote en el cementerio para el caído.

Importante, porque además los mareros viven existencias ligadas a su cuerpos, escriben sobre ellos en vez de escribir sobre papel, despliegan sobre sus cuerpos los símbolos de la mara. Los tatuajes son precolombinos, como la pintura corporal y la escarificación, como la deformación cranial o dental de las élites de antaño (porque las de hoy día prefieren el *buttox* y pintura facial o de cabello). La mara es la respuesta, desviada, a la sociedad insolidaria articulada exclusivamente en torno a la ganancia del capital y la extracción de plusvalia, genera solidaridad aunque sea a partir de la complicidad criminal, porque la sociedad en que viven sus miembros no les garantiza nada en absoluto. Y entonces ¿qué es lo que estamos esperando que hagan estos chavalos? ¿Que se junten en las iglesias o se sienten en las aceras a morirse de hambre pero en obediencia de la ley humana y divina, sin perder la fe, la esperanza o la caridad? ¿De verdad?

No se interesan los *padres de la patria* y otros políticos en proveer esa clase de protección social real. Les interesa el show, la publicidad televisiva de con *chamba ahorita*, los spots de los chafas[21] ¿victoriosos? pisando con botas reforzadas de acero las espaldas desnudas de los mareros capturados y tendidos en el suelo, o amarrados como garrobos en las pailas de *la chepa*,[22] el presidente Maduro con chaleco antibalas sobre vehículo militar en los asaltos

---

20 Para seguir con la analogía histórica, como las cofradías coloniales, también perseguidas desde el Estado y la Iglesia en el S. XVIII y por el Estado Liberal que termino de desarticularlas y desamortizar sus bienes en el s. XIX.

21 Chafas: soldados.

22 Chepa: policía

a los barrios y los Presidentes Lobo y Hernández con cascos, los lemas y los símbolos de las ideologías de la mano dura y el puño de acero, que engendran leyes como la que penaliza la asociación con veinte años de cárcel. Las que ahora rebajan la edad punible y aumentan las penas de sentencia contra quienes atenten contra oficiales y funcionarios. Asi la nueva violencia también deja de ser personal, pasa a ser violencia de casta.

Y aplica una vieja receta política, la *cero tolerancia* y *pena de muerte* —recuerda Adrienne Pine, del puño de acero contra los malos— que proponía Lobo en 2005 aunque "*no redujo la violencia en ninguno de los muchos lugares en que se la implementó alrededor del mundo.*"

No es que no funcione la *cero tolerancia* porque no detiene la violencia sino que su propósito es otro, es establecer el control, imponer el miedo social, obligarnos a aceptar la tesis absurda de que los buenos son los militares y los policías que reprimen, los jueces y los fiscales nombrados por los políticos. El planteamiento engendra y encubre la sociopatía de la "*limpieza social*" que justifica y legitima. Afean las calles, como los pobres en general, ahuyentan el turismo. Los mareros. Si hacen gestos que no entiendo (que los diferencian) que se pudran o se hagan ceniza en los penales. Nosotros somos una sociedad nacional homogénea, hablamos la misma lengua, somos los buenos y somos más.

Con Óscar Álvarez[23] como Ministro de Seguridad ¿cuántos jóvenes murieron en las calles? ¿Cuántos más en los penales? ¿Cuánto disminuyó entre 2002 y 2006 el crimen organizado? Pero si tratas de ponerte sus lentes ideológicos, no había buenos en los penales y después de consumidos por las llamas los malos, se consolidarían nuestra mayoría de buenos. Como hacían los escuadrones del Tigre,[24] enviados por el Ministro a limpiar calles y barrios.

Pero desde antes, desde los cincuentas, sabemos acerca de, y cada día trasciende más información sobre el involucramiento de la policía nacional y militares desmoralizados e involucrados en

---

23 Óscar Álvarez, sobrino del General Gustavo Álvarez, el ideólogo de la guerra sucia y quien fuera entrenado en el Batallon 3-16, favoritos ambos él y su tío antes de él, de la Embajada Americana.

24 Juan Carlos "El Tigre" Bonilla, alto oficial y ex comandante de la policía implicado, según organismos de Derechos Humanos, en dirigir escuadrones de la muerte vinculados a la policía.

abusos y ejecuciones ilegales, su participación en bandas delictivas, de secuestro y extorsión y robo de vehículos, de tráfico de armas y trata de blancas en toda Centroamérica. Ese cáncer.

Ese tipo de degeneración institucional condujo a la clase de crimen que finalmente trascendió cuando una patrulla de policías asesinó al hijo de la rectora Castellanos el año antepasado y se desató un escándalo que finalmente exigió una nueva depuración de la policía, la última de varias en los últimos tiempos (Callejas había anunciado y empezó una segunda reforma de la DIN[25] después que pescaron a varios de sus oficiales ametrallando a sus socios criminales y el expresidente Carlos Roberto Reina creó la DIC.) Entonces a ver, otra vez ¿cual es la asociación para delinquir?, o ¿cuál es la peor y mas peligrosa? ¿la de los jóvenes tatuados, con chimbas o la de los uniformados con placa y arma oficial? La corrupción del aparato de justicia, incluyendo a la policía y la milicia, es la peor lacra nacional, que no la mara, ¡dundo! Son ellos quienes destruyeron la paz.

A la mara la usan para espantarnos a la tolerancia obligada de sus crímenes. Porque además la mara no sólo es lo que es. También es lo que quieren que parezca, y la cócora que se usa para satanizar a los jóvenes, mareros o no, para ejercitar el terror impunemente. Creo que Dra. Pine no lo dice, pero quienes hemos andado por ahí sabemos que, igual como se exagera el alcoholismo, se exagera sistemáticamente a la mara, sobre la cual hay escasísima información fidedigna. Y entonces dependiendo de la fuente se dice en 2006 ¡que hay treinta mil mareros o setenta mil mareros o más de cien mil mareros! Y se usan las cifras a conveniencia porque si son cien mil, están a punto de alzarse con el país, pero si sólo son treinta mil los buenos somos mas y los podemos hacinar en instalaciones penales que arden una y otra vez para incinerarlos vivos, en San Pedro, en La Ceiba, La Esperanza y después, en tiempos de Lobo, en Comayagua. Es más fácil contar cadáveres calcinados, más allá del reconocimiento por ADN, lo que tiene que ser terrible para quien tanta importancia daba al cuerpo. Hay cifras que son más bien exactas.

---

25 DIN: DNI, Dirección Nacional de Investigación. Entidad de la policía que regulaba, hasta mediados de los noventa, la investigación criminal. Fue famosa en los ochenta por su papel en la persecución y tortura a personas vinculadas con la izquierda. La DNI se disolvió en 1994 y pasó a conformarse la DIC, Dirección de Investigación Criminal, supuestamente más científica.

No tiene que recoger Adrienne la estadística de la limpieza en la calle. Se la han recogido por años las denuncias de *Casa Alianza* —siempre vista como *enemiga* por el gobierno de turno— que detectó el fenómeno de los asesinatos de niños y adolescentes que ya alcanzaban la ya escandalosa cifra de unos trescientos por año en los últimos dos años del siglo pasado y hacia 2005, se dispara a quinientos cincuenta y cinco por año, diez por ciento de ellos muertos por *el carro asesino*. (Es decir un puñado de idiotas pasan en un vehiculo cerca de donde esta un grupo de muchachos, a los que se presume peligrosos por asociación, como reza la ley, bajan las ventanas polarizadas y disparan contra ellos.) El amigo Tom Hayden anota en *Street Wars* (cita Pine) que, *ajustada en proporción a la población, la cantidad de jóvenes asesinados en Honduras entre 2000 y 2005 equivaldría a unos cuarenta mil jóvenes estadounidenses anuales.* ¡Pero dicen que la escandalosa es Pine! y ¡se escandalizan cuando los chavalos —después— compran armas y disparan de regreso! Se trata de un problema como dicen, *vigente*, continuado.

Cuatro mil hondureños menores de edad han sido victimados por esa violencia en los primeros tres lustros del siglo. Y esa tendencia se acelera cada día. A diez años del cómputo que escandalizó a A. Pine, de trecientos por año en 2004, este año Casa Alianza dice que son mas de mil los jóvenes asesinados de 2014. La mayoría varones no vinculados a la mara ni a nada y muchos, otra vez, asesinados desde vehículos de lujo, mientras el Ministro de Seguridad Corrales Álvarez (otro) se ufana de la *mejora estadística de la seguridad* y en el respeto a los derechos humanos.

Incluso los más conservadores republicanos en la legislatura estadounidense se han rehusado a soltar los fondos para la policía hondureña desde que trascendiera su corrupción profunda. Y los americanos que han impulsado e inspirado esa política (Giuliani y *el Sheriff* George W. Bush) de *mano dura*, en 2002 y 2010 se escandalizan de que, a la vuelta de otro lustro —mediando el golpe que produce pérdidas masivas a la economía y deslegitima el orden público— migren masivamente a partir de 2010 los chavalos hacia EUA, hasta alcanzar la cifra monstruosa de dieciocho mil menores de edad en ruta o detenidos en la frontera de EUA, un fenómeno que no había empezado cuando este libro fue impreso, pero que se pudo haber previsto también. ¿Qué iban a hacer? Porque tener hambre y estar amenazado de muerte pueden no ser buenas razones para que violes mis procedimientos migratorios. Pero tambien debe ser obvio que son móviles incontrastables para desplazar a la gente a dónde sea… empujarla a migrar a como dé lugar.

Si genocidio es exterminar a una etnia ¿cómo llamar al exterminio de una generación? Pine no se atreve a plantearlo así ante la academia o a decirles lo que les voy a decir, pero lo sabe. No matan a los jóvenes por delincuentes (aunque muchos lo sean), ni porque están entrenados para matarlos, sus ejecutores, mecánicamente o por deporte, los matan por ordenes superiores y porque es una forma de debilitar a quienes representan. Es decir, que aunque lo nieguen mil veces, sí es una política, matarlos aunque no se sepa (y es peor por eso) bien a bien de quién, escondido en qué parte del Estado. Los matan porque saben que vienen más sanos, que traen más de conocimiento del mundo y porque saben que van a reclamar derechos como los que tienen sus congeneres en otras partes. Es prevención. Matan para prevenir, para eliminar resistencia. Los matan para intimidar, para controlarlos y para controlarnos. Porque no vamos a reclamar.

También esa es una práctica antigua,[26] pero en Honduras empezó en los ochentas. Y como no se puede o no conviene matarlos a todos, hay otras formas de embrutecer a la gente, el guaro y la prédica fundamentalista son las más baratas y las más tóxicas, junto con la telenovela, la manipulación de la prensa, sus reportajes conducidos, sus encuestas manipuladas, su propaganda de la pizza y la teletón. Has querido imaginar que sólamente nos imaginamos violentos, pero somos. Y no nos vamos a despertar mañana de otro modo. Para dejar de ser violentos necesitamos un sistema menos violento y una nueva evangelización, no en la prédica fundamentalista irracional, si no en valores derivados de un pacto humanitario, racional, político democrático, una culturización, una enculturación, una indoctrinación en el respeto a la vida, la libertad y la dignidad del otro, de todo otro.

---

26 Es lo que hacían los pelotones secretos de soldados del estrato dominante de la sociedad militarizada espartana con los jóvenes hijos de los campesinos, asesinarlos en secreto por las noches, para entrenarse y aterrorizar a sus números y asegurar el continuado pago de los impuestos… y la sumisión, una técnica política del estado castrense.

DE LA CAÑA SE HACE EL GUARO

La autora quiere profundizar después en el alcoholismo. No se cree el cuento, de que los hondureños somos más bolos que otros (*but we are, darling,* unos más que otros) y que eso es porque estamos alejados de Dios (estamos) y porque somos enfermos, lo que también es cierto, llenos de parásitos a los que el guaro alborota, sin restaurar la *mollera caída.* Muchos somos alcohólicos. Es un problema grave.

No va a poner en duda que bebemos, pero observa que hay una tendencia generalizada a exagerar esta condición, igual entre quienes lo condenan o sólo lo toleran como entre quienes lo padecen, y la invocan como pretexto. Exageran el alcoholismo del mismo modo en que exageran a la mara, y por razones análogas o para fines parecidos. En el país hay *un millón de alcohólicos* le dice una amiga, lo cual supondría que uno de cada siete residentes lo somos y otra informante le asegura enfáticamente que *más del 90% de los hondureños son alcohólicos.* Bueno y eso ya quizás sí sea exagerado de verdad y en todo caso le da una pista a la colega. Claramente es un problema en cuanto lo definimos así, de percepción y de representación, que es útil a diversos partidos.

Todo el mundo opina al respecto y el consumo compulsivo del alcohol se enmarca en una mentalidad, que lo visualiza como una enfermedad y una dependencia fisiológica, una falta de disciplina, un usar el problema como explicación de última instancia para otros males sociales. ¿No es un concepto que viene de las teorías médicas y raciales del siglo XIX? Creo que sí. Se asegura también que los bolos son pobres porque son bolos y son bolos porque son pobres. Y luego mira de frente a la analogía entre el *modelo de enfermedad* con que *Alcohólicos Anónimos* concibe y trata al alcoholismo con el *modelo de pecado* (*consuetudinario* y *no original*) que manipulan las iglesias fundamentalistas, y que quizás pudiera concebirse como pecado de posesión, porque es el mismo Satanás el que se esconde en la botella. Dos modelos que se combinan a menudo aun con la contradicción de que para el modelo de enfermedad el bolo no tiene culpa mientras que para los fundamentalistas tiene la responsabilidad, el pecador, de resistir a la tentación. Aunque el diablo sea más fuerte, ¿No? Aunque es más facil que venza al debil de carácter.

En la práctica, asegura Pine, ambas concepciones se usan y combinan para someter y controlar a los alcohólicos y a la gente a su alrededor, es decir los demás, que somos todos. Y termina confesando su sorpresa al comprobar que quienes estamos en algún momento cuerdos, sobrios, tratamos con mucha circunspección al bolo con que nos cruzamos, evitando conflictos y violencias. Otra vez, hay un problema de historia. La arqueología de Honduras tiene abundantes muestras de la fabricación y el consumo masivo de bebidas alcohólicas aunque menos fuertes desde tiempos pretéritos. Las mismas profesoras de A. Pine descubrieron en Puerto Escondido, las vasijas que contuvieron fermentos *de cacao*, que datan de unos mil quinientos años antes de Cristo. Cientos de vasijas antiguas tienen esos residuos.

En varios museos impresionan las grandes vasijas *chicheras* para guardar o transportar la *chicha de maíz* que todavía hoy es parte del ritual lenca como de la fiesta miskitu y paya. Estos mismos investigadores han encontrado los fragmentos de miles de vasijas quebradas, se dice que con fines rituales también, y en las que se había consumido la chicha, en *basureros* especialmente densos junto a los juegos de pelota. ¿Beer and Sports? Guaro mejor que ópio. Desde la más remota antigüedad los hondureños consumen el *vino de coyol* que es una sabia fermentada. Y las crónicas españolas se escandalizan de la borrachera que atestiguan al momento del descubrimiento. Aunque no eran del todo singulares en estos vicios los habitantes de la antigua Honduras.[27] Y me atrevería (me criticarán por ello) a una especulación adicional, aventurada pero pertinente. También histórica. ¿Los conquistaron porque estaban bolos o se embolaron porque los conquistaron?

El alcoholismo que por supuesto está relacionado con violencia, es quizás más antiguo y estuvo más difundido aquí, en Honduras, que en el resto de Mesoamérica. Porque los mesoamericanos de la sregiones centrales o nucleares (desde el Altiplano hasta Yucatán o Guatemala) restringían severamente el uso del alcohol a las ocasiones

---

27 En las mismas publicaciones de los datos sobre las vasijas funerarias con licor de cacao del Valle de Sula, el Dr, Macgovern del Museo de Antropología de la Universidad de Pennsylvania asegura que también habían descubierto residuos de bebidas alcohólicas diversas en la cerámica de la antigua China protohistórica y del Medio Oriente, en donde también se asociaba ese consumo al ritual y a las nacientes élites.

ceremoniales y a determinados grupos de edad y quizas a los grupos de élite según sabemos del clásico y posclásico. Mientras que en los territorios periféricos, como Honduras, que tenían estructuras sociopoliticas menos rígidas, quizá eran más relajados los controles. *Chupando chupete de chicha nos criaban.*

No puedo si no pensar en una crónica del siglo XVI (¿es Herrera?) en que el misionero se escandaliza de encontrar que los originales pobladores de nuestras latitudes, mayormente lencas y de Área Intermedia, consumían grandes cantidades de chicha en prologados bacanales en que además bebían desde los niños hasta los ancianos y se metían todos con todas y todos, sin respetar edad ni condición como dice una canción, en interminables orgías. (Otra vez la sexualidad. También se escandalizaban los misioneros de la prevalencia de la homosexualidad, el "pecado nefando" entre los hondureños. ¡No podía si no ser así, siendo del diablo la religión que celebraban! Puesto que ya se sabe que el sexo también es del diablo. Y sólo puede santificarse en su función reproductiva.) ¿O no? *No es por vicio Señor no es por vicio.*

Si no es por dar un hijo a tu servicio. Chupando chupete de chicha nos criaban. No sé si Adrienne ya pueda entender esa frase, sin que alguien se la explique, ni sé si se la podrían explicar sus colegas nativas... tan chismosas como frívolas e ignorantes. Pero eso aseguran también los primeros cronistas, que las madres de los hondureños originarios eran grandes consumidoras de chicha y destetaban a los niños con *chupetes de chicha.* Lo que debe haber sido eficaz para que no chillaran. Y cuando entienda esa frase Adrienne apreciará su sentido del humor. (Tiene esa gracia. Toma nota de que a sus madrinas angelicales cuando suben al escenario de un auditorio, los alcohólicos anónimos las comparan con "diversas cosas edibles", frutas o verduras, supongo la papaya o el siguampero[28]). Y quizás capte con mayor profundidad el problema de la antigüedad del guaro. Y reconsidere el *colonial trope.* Somos bolos desde antes, desde tiempo inmemorial, desde siempre. El aporte colonial es el destilado.

Tampoco en la primera era colonial pudo ser muy severa la sanción social contra el alcoholismo. Ya lo dijimos. Era tan pobre

---

28 Siguampero. En Honduras es un Bejuco leñoso de las Asclepiadáceas, relativamente largo. La semilla del fruto se come asada al horno.

Honduras que no había suficiente iglesia para vigilar y castigar e imponer el modelo. Ni suficiente estado o autoridad como para estorbar más tarde la producción del alcohol destilado, que era un monopolio del Rey. Quizás en Guevara Escudero[29] pudiera encontrar (aunque es un contrabando a menudo clandestino) datos indicativos de la escandalosa producción y el tráfico del guaro colonial y decimonónico. Tiene que haber datos duros desde el momento en que pronto después, en la era de La Reforma Liberal, el pago de la estampilla que certificaba en la botella la autorización oficial de la venta, era el ingreso público más importante del Estado. Esa era también la industria más importante de prósperas comunidades, amplias como la capital criolla de Gracias, Lempira y de sus familias más honorables.[30]

Estudiando nuestro alcoholismo, el de los hondureños actuales, Pine comienza a sospechar que nos entendemos a nosotros mismos como enfermos y pecadores otra vez encarnados, como el marero, atrapados en nuestros cuerpos mortales intoxicados, dependientes, irredentos para excusarnos de mil barbaridades, pretextando que estábamos bolos, como si eso no más bien agravara el grado de culpa.

Ciertamente la autora denuncia con gran lucidez la manera en que —en vez de enfrentarlo como una desviación del comportamiento socialmente aceptable— al alcoholismo se lo manipula por parte del discurso oficial, de la prensa y de la retórica religiosa, como una condición general que explica la miseria supuestamente inevitable de estos bolos degenerados, demostrativa en todo caso de la inferioridad social, moral y física del pueblo y como justificación del control (panacea o redención capitalista) de la represión y la denegación de derechos y de atención al reclamo social.[31] Como somos incontinentes se precisa contenernos. No parece consciente Pine de que también es alcohólica la burguesía. (Muchos de sus miembros mas connotados sufrieron agudamente recién en la boda de Yusuf, musulmán fiel a la

---

29 Guevara Escudero, La Economía de Honduras en el siglo XIX.

30 Buscar en Guevara Escudero, La Economía de Honduras en el siglo XIX.

31 Muchas veces el alcohol esta vinculado a los reclamos. Recuerdo a un campesino que sobrio era buen mozo y mejor agricultor pero bolo azotaba las piedras del camino con el poco equilibrio que le quedaba y gritaba "yo soy liberal hijos de puta", una frase que no sé si decir que lastimosamente ha perdido toda su fuerza, porque ya nadie persigue como en otro tiempo a los liberales de modo que proclamarse como tal ya no constituye un reto al poder. Y nadie los mata.

prohibición de Mahoma y *magnate maquilador de cuarta generación que hoy construye un reino en Centroamérica.*) Y es que el guaro suelta el cuerpo. Aunque entonces una de las diferencias (hay que investigar) pudiera ser que la burguesía tiene menos tolerancia. Se repudia a la dama que se emborracha, al ministro y al magistrado. Sin clemencia. Mucho más que al bolo necio en la paila del pick up.

En el proceso de estudiarnos, Adrienne Pine descubre también la clara relación entre la mara, el guaro y la maquila. Y aquí es donde se aplica esa máxima que versa sobre que nos imaginamos violentos para aceptar un sistema de producción violento, un empleo que nos violenta. La mara tiene nombre de muchacha y es la huérfana destetada con chupete de chicha de la maquila. Los muchachos tienen que chupar o fumar mariguana porque no hay trabajo para ellos.

HISTORIA VERDADERA DE LA MAQUILA

En la maquila chambean duro una mayoría de mujeres jóvenes y muchas madres solteras (*solteras de día, hijo,* decía una vieja resentida) porque se discrimina si no excluye del todo de la contratación a los jóvenes varones y a todos los mayores de 35 años. A propósito de romance, es en una cantina de Choloma que Lesly, lidereza de las obreras de la maquila conoce al chavalo más joven de quien se enamora y que al parecer es insoportable. ¿Por qué bajo influencia del alcohol no se dio cuenta de la condición de oportunista del enamorado o perdió el sentido de su propia condición? Y Pine se pregunta entonces en tercer lugar ¿Cómo comprenden estas poblaciones a su alrededor, a la maquila? ¿Cómo asimilan su retórica y su control? ¿Cómo es que siendo violenta la maquila, se la llega a considerar la mejor opción de empleo y la redención?

Dije atrás que el libro de Pine es lo mejor que he leído sobre la mara, más aún, sin hipérbole, es lo mejor que he leído sobre los problemas sociales y culturales que acarrea la maquila. Es un análisis brillante y profundo de la manera en que el trabajo industrial de estos enclaves transforma a la obrera, la somete, la libera pero paradójicamente, la vuelve peligrosa por su libertad y entonces le exige una nueva sumisión, una conversión (*Jesus in the factory*) … y en el proceso cambia a toda la sociedad, sin tocar lo esencial, la dominación y la explotación ni modernizar nada.

Para el nuevo régimen que tiene que imponer, el nuevo tipo de persona social que requiere (obrera industrial disciplinada) la nueva industria para exportación exenta de impuestos se vale del fundamentalismo. Pine reconstruye una entrevista al pastor Evelio Reyes de la iglesia *Vida Abundante* quien certifica, ante un locutor en el aeropuerto, que *Honduras es maravillosa*, que lo que hace falta es que la familia hondureña cambie de mentalidad, se convierta a su fe, para cosecharle abundancia, como han conseguido los japoneses, ¿budistas? y los alemanes ¿los más secularizados de los europeos? La autora porque padece eso que se llama delicadeza femenina no lo explicita pero es claramente torpe el argumento y el intelecto que lo produce.

En su marco de referencia histórico, Ms. Pine recuerda el cuadro más amplio, que las plantaciones de banano se transformaron a plantaciones de palma mayormente, para mostrar a las maquiladoras, las supuestas salvadoras del capitalismo neocolonial, junto con las minas nuevas y de nuevo tipo (porque se agotaron los viejos socavones y ahora hay que llevarse de encuentro a los cerros y destruir lo que haya en ellos, ¿en aras del progreso? No joda, don J ¿el progreso de quién? ¿de la gente que vive ahí? ¿de los accionistas canadienses? ¿de sus banqueros locales? y dice Ud. que están contentos y sufren cuando se van. *Como estaban contentos los esclavos que ya no se podían imaginar otra forma de conseguir el pan de cada día que someterse al látigo del mayordomo.* ¿Acaso no hay casi una simetría en la historia económica y un patrón de imposición desde afuera de un modelo violento del capitalismo, igual en la colonización de principios del siglo XX (que Pine solo dice que nos convirtió en *república bananera* (1910-1954) que antes nos había hecho *república Áurea* (de 1875-1910) y esta nueva colonización de la maquila que nos convierte en *república maquilera*, de 1985 hasta cuándo?

Le niega eternidad pero *La maquila* dice Pine incontrovertiblemente *es la nueva versión de empresa colonial.* Un modelo de desarrollo basado en la industria y el comercio global, en este último caso concebido como parte de y surgido de la estrategia de R. Reagan como acompañante de su guerra para *revertir el avance del comunismo en Centroamérica y el Caribe*, abrazada también por los demócratas, todos convencidos de que el problema de fondo era la pobreza y de que estas empresas y su comercio eliminarían la pobreza. (At least they said they believed that) Clinton había votado a favor de las leyes de Reagan. ¡Ah la historia y su eterno retorno! Nos abríamos otra vez al libre comercio y aceptábamos que los foraneos usaran nuestro territorio, nuestra infraestructura y servicios generales, sin que pagaran impuestos, para que emplearan a nuestra gente. Y como en EUA a toda empresa se le exige ademas de los impuestos una ética laboral, pues los coreanos sirven felices de intermediarios para abaratar costos.

Igual que las plantaciones de la colonización bananera (1905-1954), la maquila (1985-2015) depende fundamentalmente de capital extranjero, interesado sobre todo en concesiones (inconcebibles en el mundo desarrollado) y en los salarios relativamente bajos, es decir de la mano de obra barata que podamos proveer y que se disponga a una nueva disciplina. (Quizás en la comparación, las maquilas son peores que las plantaciones de 1900, hacen menos por sus obreros y por nosotros porque las bananeras daban escuela y servicio de salud a las familias, drenaban los pantanos y construían ferrocarriles proveyéndonos al menos de nueva infraestructura. Y las maquilas sólo aprovechan, sin aportar siquiera al costo de mantener la infraestructura que los demás costeamos, y más bien limitan el acceso a la educación como queda aquí demostrado.)

Y del mismo modo en que la colonización bananera inicialmente nos trajo recursos y tecnología, empleo y dinamismo social (migración, concentración de los obreros y asociatividad), creación de riqueza para la exportación, y después depauperación de los productores independientes y un concomitante desplazamiento y desmoralización de las élites anteriores, de la clase política y no sólo de los subalternos, y desestructuración de la institucionalidad, puesto que el estado, hacia 1920, quedaba imposibilitado para responder a los retos noveles, ¿todo eso ha vuelto a suceder desde 1986 por la maquila? En el mismo orden y de manera análoga, en los albores del siglo XXI, cuando en las economías centrales, el sector manufacturero cedió al sector de servicios y se recurrió al libre comercio para que el capital transnacional trasladara las fábricas ahora con el aliado nacional mas favorable y con la connivencia de los políticos locales, como en aquel entonces también, y ello trajo desplazamientos y migración, interna y externa, riqueza concentrada en el sector del capital maquilador, un vaciamiento de las instituciones, corrupción y deslegitimación del estado que no puede dar respuestas mínimas y así degeneró en conflictividad e inestabilidad política, como en un ciclo de eterno retorno, luego de un cuarto de siglo de bananeros intervencionistas.

¿Acaso el mas reciente golpe de 2009 es el primer golpe concomitante e inevitable de los mineros, petroleros y maquiladoras de AMCHAM, y durante otro cuarto de siglo vamos a estar sujetos a sus nuevas injerencias? ¿Cuántas veces tiene que sucedernos antes que perdamos esta terrible inocencia de la amnesia? Pine documenta cómo la maquila se insertó en un modelo luego de que George Bush la convirtiera, con el acompañamiento de la clase política estadounidense, en la vía rápida hacia el desarrollo a través del DR CAFTA que permitía la libre importación de las manufacturas baratas que pudiera generar.

Ah *The clean, orderly and well lit sweatshop*. Exclama la autora. En cuyo interior sin embargo, Pine se marea después de una hora y estoy seguro que yo aguantaría menos. La prisión gris iluminada. Plena del zumbido interminable de las máquinas en eterno movimiento, en donde los supervisores ejecutan a los operarios encerrados para que trabajen *más y más rápido* porque al parecer no lo consigue por si solo el pago del trabajo a destajo, ¡en donde tantos jóvenes y más mujeres que varones, de una generación, en las últimas décadas, han vivido los mejores años de sus vidas en medio de una nube de tamo fibroso casi invisible que les estorba respirar! Confieso de entrada que no me gustaría que mis hijos tuvieran que trabajar en ella.

Olvidadas del pueblo de origen, la provincia y la comida sana que necesitaba el tiempo del fogón, relegados casi siempre padre y madre, ancianos, abandonadas, muchas veces del compañero de hogar y del hijo desertado en la mara, no digamos de la comunidad, o de espaldas a su condición de ciudadanas, ¡porque incluso se las quiere —una y otra vez— inducir a un voto contra sus propios intereses! Pine documenta también que los obreros organizados y más lúcidos previeron lo que sucedería y protestaron en Honduras, en Costa Rica, y se manifestaron en las calles contra los nuevos tratados que a cambio del acceso al mercado más importante del globo nos obligaría a importar sin impuestos el cerdo y el pollo, los granos y los lácteos que allá se producen subsidiados. Mientras la mayor parte de nosotros aplaudía

No, yo no olvido el año viejo ni los ciento veinte mil empleos que generó aquí la maquila en los primeros veinte años de su surgimiento y cada vez más desde 2005. Y entiendo perfectamente la propaganda que pregunta *¿qué haría Honduras con 120 mil desempleados más?* Duele, porque es cierto. ¿Se habría disuelto ya el país bicentenario? Entiendo que la gente tiene que comer. Claro que el hambre es peor que casi cualquier cosa, pero ¿por qué tenemos que escoger entre tales extremos?

Quizás por mi origen burgués no quiero ser ingrato con el capital nacional o internacional dispuesto a invertir, a aventurarse, que tiene otras opciones y que necesita de ciertas condiciones para competir en los mercados. Por un tiempo, quizás no corto, los necesitaremos y tendremos que acomodarlos. Pero no tenemos que amarlos. Soy, lo dije desde el inicio, menos romántico que Pine y los jóvenes de UNITE. (Me encanta que la autora descubra esos activismos postizos, igual de inducidos, como el de Lesly la muchacha a la que un activista sindical estadounidense entrena para relatar ante la opinión pública y los comités del congreso estadounidense *la historia que quieren oír*, pobre, la Rigoberta del patio, contrapartida de la propaganda del lobby, que al final termina contradiciéndose aunque por supuesto que tiene agravio y razón y aun personifica el problema y la capacidad de respuesta.)

Y por mi condición de historiador comprendo que *el modelo impuesto* responde a una necesidad histórica. No optamos por un modelo exportador, no tenemos alternativas, y si no, ¿como importaríamos el petróleo y en nuestro caso la medicina, la informática y la programación televisiva? La globalización no nos pidió permiso. Dije que era lo mejor que habia leído al respecto, el texto de Pine, no que fuera perfecto o que estuviera de acuerdo en todo. Le falta historia.

Permítaseme resumir un poco lo que descubrió Mudo MaCleod. Desde la época colonial el problema es *cómo impulsar una economía que nos permita sobrevivir en una articulación obligada con el exterior.* Y crecer para acomodar la nueva población. Precisaba encontrar un *producto motor*, que moviera a los demás y para el cual tuviéramos alguna ventaja relativa y recurso específico. El colonialismo original es el de 1537, y lo esencial de la lógica colonial ya esta ahí.

Primero se esclavizó a los vencidos, se exportó a muchos y se puso a los demás a lavar el oro en los ríos. Se les exigió que cultivaran y entregaran el cacao, y después se los organizó y repartió por la fuerza para producir el añil que requería la industria textil europea, aunque se enfermaban en las pilas de los obrajes, y para cavar el socavón de la mina original. (La maquila no es exactamente el obraje colonial de tela otra vez, en que encadenaban a los condenados judiciales. Con la diferencia de que sólo eran obligados a trabajar ahí los reos. Y la corona a veces exigió que se mejorasen las condiciones, mientras que a las obreras entrevistadas por A. Pine, en el Ministerio de Trabajo siempre les contestan que esos regímenes especiales de trabajo son *prerrogativas del maquilador.* ¿Será? Y mientras que la religión tambien opuso alguna resistencia al obraje colonial, en el caso de la maquila, la novel religiosidad fundamentalista reforza la posición de los patronos.)

Trabajad y seréis libres. Es la falsa promesa inscrita en hierro forjado en los portones de entrada de un campo de exterminio nazi. Después a partir de 1860 fue más bien el café "la salvación" de modo que hubo que sacar a los indios de las tierras altas y luego obligarlos a trabajar para la finca con leyes *contra la vagancia.* Y entonces llegó el guineo en 1900 y se trajo gente del interior a los humedales. Y hoy otra vez son la palma africana y la maquila. El *produit* motor. Y hay que sacar a los *garífunas* del Litoral y de Barra Vieja para que no molesten y sacar a los *lencas* de Río Blanco y a los *tawakas* del Patuca y concentrar en Choloma a las muchachas… Aunque las estadísticas dicen que los *negociones* de Centroamérica hoy son la exportación de migrantes para conseguir remesas. Y el traslado de la coca desde el Caribe hasta distintos Nortes. ¿Otro imperativo económico? ¿Cuál hubiera sido el PIB en los últimos diez años sin la utilidad de la coca, más concentrada? O sin la remesa.

Y así como en el s. XVI, se alió el encomendero español con el cacique, en la segunda, de principios del siglo XX, se alió el bananero (Zemurray) con el caudillo (M. Bonilla o Carias), para conseguir concesiones lesivas al interés general de largo plazo, y de estos rubros y relaciones subsecuentes salen hoy, como de aquellos mencionados ayer, las grandes fortunas nuevas. Y los extranjeros que han venido a construir aquí *reinos nuevos* como Yusuf o Juan o *Maiki* y Daniel y el Chapo Guzmán, hablan con un inextinguible acento extranjero y vienen aliados con políticos modernos, como

Montoya y Callejas, Carlos Flores, Maduro y Juan Hernández y Oliva que les otorgan nuevas concesiones. Y Adrienne mira claramente la manera en que esos gobernantes aprovecharon cada ocasión para ensanchar la maquila y exaltar el modelo, los privilegios y ventajas de la concesión, el ámbito geográfico en que se la puede instalar, le construyeron nueva infraestructura, la eximieron de varias leyes y la consintieron. Hasta llegar hoy a la ZEDE.

Para beneficio del lector, la autora (Pine) resume los argumentos económicos y sociológicos que se esgrimen a favor y en contra de este nuevo modelo industrial, desde diferentes sectores interesados y enfoques ideológicos en los propios EUA. Desde el idealismo absolutista que muestra la desventaja del obrero de maquila frente a su congenere en las economías centrales, hasta el relativismo oportunista que afirma la ventaja que tiene estar empleado en la maquila sobre la inanición, pasando por la reflexión aquí del marero retornado en defensa del machismo y la del taxista en exaltación de la *liberación femenina en la maquiladora.* Y termina enfrentándose a la propaganda de la maquila y del neoliberalismo.

Cuando se han esgrimido todas las opiniones y barajado los datos Pine concluye que, en efecto, *la maquila no libera a nadie, no saca a la gente de la pobreza,* ni siquiera le enseña un oficio que pudiera aprovechar fuera de la nave y eso sí, la vuelve, a la gente vulnerable al acoso y a las enfermedades del taller, físicas y sicológicas y debilita sus redes sociales tradicionales. Y aun se puede extrapolar el argumento para dejarlo claro que tampoco saca al país del subdesarrollo, la maquila. (Habría necesitado Pine para una demostración irrefutable la compañía de un economista). Porque a estas alturas debería estar claro que la maquila puede sostenernos respirando en el fondo pero no nos saca del socavón. Ha desmentido el mito del paradigma neoliberal. No funcionó. En vez de despegar el desarrollo de nuestros países se volvió mas incierto e inestable. En vez de menos hay más emigración. En vez de menos hay más violencia… mara, alineación.

Aunque además la autora hace, a partir de estas observaciones una critica fundamentada de todo el aparato técnico de indicadores de desarrollo (los de PNUD, a su vez referidos a un concepto lineal teórico abstracto de progreso) y una crítica de las estadísticas nacionales manipuladas para demostrar lo que se proponen, y demuestra con su prosa clara la necesidad de tomar en cuenta la naturaleza propia del subdesarrollo, la manera en que un modelo afecta a las vidas de la gente y la intersección de la historia que es más bien una línea de tiempo punteada de hechos concretos... golpes, fraudes, actos escandalosos de corrupción que el oficialismo esconde y no le conviene a NNUU (hecha de estados) delatar, porque ahí están todos en esa danza, los dictadores africanos, la CIA, el Mossad y la burocracia internacional más acendrada.

Ella ha cumplido con su deber de académica solidaria y sincera. (Es una antropóloga, no es una conductora de masas ni ideóloga del Partido.) De lo que se trata es de entender, como ella lo explica, sin olvidar por un instante que hoy es indispensable que la maquila *no nos va a redimir,* no nos va a sacar del subdesarrollo. De terminar con esa inocencia salvaje para que empecemos a buscar nosotros mismos alternativas que efectivamente consigan esos propósitos: impulsar otro modelo, para salir como país de la dependencia extrema, como sociedad de la explotación inhumana y como personas y familias, de la pobreza.

Que no nos endulcen mas la píldora de cicuta, que no nos quieran hacer creer que la maquila es *el progreso* y que con su madrina, la modernidad que exige renunciar a la maternidad, y que se manifiesta en todo su encanto de oropel, en el consumo de baratijas, de joyas falsas, de perfumes químicos, en la desobligación y la irresponsabilidad frente a la familia y la comunidad. Que no nos hagan olvidar que antes de este zumbido ensordecedor y estas diez horas al día y estos días continuos de disciplina y rutina y estos supervisores acosadores..., antes de los desmayos y las infecciones urinarias y el resurgimiento de la tuberculosis entre mujeres jóvenes, a muchas de las cuales se exige controles químicos de sus cuerpos... había otra vida, se podía vivir de otra manera, aunque más austera. Para concluir que puede haber otra.

Sin olvidar (y eso es lo que enseña la historia) que las madres o abuelas de esas muchachas no eran haraganas improductivas si no que eran campesinas y agricultoras que sacaban alimentos nutritivos y sanos de las huertas alrededor de sus hogares, insumos del hogar (el sebo y el jabón de negrito), que criaban aves para el huevo y cerdos sin antibióticos porque había deleite en ello y satisfacción, y eran artesanas que fabricaban con sus manos muchos de sus utensilios y vestidos que requería la familia y objetos bellos y únicos de barro y guaje y palma y puros, que fumaban desnudas, mientras lavaban ropa en las pozas de los ríos y quebradas, y panes y roscas y tortas para las fiestas, productos que no les granjeaban afluencia monetaria y cuya venta eventual no les hubiera permitido ciertos consumos, esos de los que ahora se ufanan sus nietas y aun consideran necesarios, de jeans de segunda y comida rápida, celular y cosméticos baratos, pero les permitían vivir con sus familias, una forma de vida distendida, libres del reloj y el silbato de la fábrica y del apremio de un extraño, vivir en campos sanos de aire limpio, consumir agua del manantial vecino que no requería de compañías transnacionales, ni de la electricidad con que se abreva a los tugurios y ciudades perdidas, invasiones insalubres, urbes sin urbanismo. Aunque ese idilio no pueda volver a ser y no queremos regresar. Para saber que queremos rescatar y entender que es lo que rechazamos de esta falsa salida hay que recordar y valorar aquello.

No se trata de exigirle a ningún visitante o expatriado que nos formule otro modelo de desarrollo, uno que por fin no pase por estos rigores y no requiera esta distorsión total de la vida social. Porque es cierto que una vez entendido el dilema, entendido que el modelo no tiene una solución de continuidad, la necesidad es la madre de la creatividad, y hay que volver a inventar el mundo. O por lo menos hay que volver a inventar a Honduras y al hondureño. Pero para eso antes tiene que desvelizarse y entenderse la falsificación de esta propaganda de avance y progreso, que no estamos ni vamos a estar mejor y que tenemos que desarrollar alternativas para los docientos mil empleados que la maquila tiene ahora y para los que vienen después prestos y dispuestos, embobados por la publicidad y acorralados por la falta de alternativas y de una alternativa para el país que no nos aísle. Cuya forja es la asignatura pendiente de quienes presumimos de ser líderes. ¿A dónde vas Honduras? Parece preguntar Pine, para que nos lo preguntemos.

¿CONCLUSIONES POLÍTICAS?

Adrienne no estar en contra de que yo haga una extrapolación difícil de justificar en términos académicos, política. Hay cosas que se concluyen en este libro y no me parece que queden demostradas, ni sé si pudiera demostrar que los hondureños

¿necesitamos imaginarnos violentos ¿en vez de serlo? ("*Por comerse un tomate, matan a comisario*" reza el titular de la prensa hoy) para aceptar una modernidad violenta, una *forma violenta del capitalismo*? ¿Pudiera ser esa una buena definición de la maquila que alaba como solución al desempleo el inocente Obispo de San Pedro? ¿Cuáles son la formas libres y pacíficas del capitalismo? Es grave nuestra condición.

Volvamos a la identidad que —como la personalidad— sólo podemos descubrir (y es otra alegoria hindú) deshojándola como deshojamos una cebolla, hasta que no queda nada. La necesitaremos, pura.

Los políticos del patio (y sus analistas de marras) pregonan la más increíble de las patrañas. Predican que aunque no compartan sus distintos estratos sociales más que el susto o la suspicacia que inspira la *nueva Honduras*, de la que se viene hablando desde el Mitch, la que Televicentro le compró a Flores Facusse "está en nuestras manos" a diferencia de la vieja, que *está cambiando* y supuestamente para bien. Cuando desde hace tiempo lo único que conocemos es una entelequia de la que nos hemos desengañado casi todos, este paisaje de violencia y muerte, de injusticia.

Proclaman que los hondureños formamos —y lo repiten cientos de periodistas y predicadores— una gran familia nacional, aunque no tengamos ni *mito fundador* ni una *agenda común* más que el remoto recuerdo de la nueva agenda.

Los hondureños *tendríamos que refundarnos sobre una aceptación honesta de lo que hay y sobre un anhelo compartido*. Pero no nos engañamos. Por eso tienen que repetirnos tantas veces esas mentiras que de ser cierto no necesitarían más que un ocasional recordatorio. Somos (es otra característica nacional) sumamente realistas. No creemos (como los argentinos y los gringos) que vengamos del otro lado del mar, ni de las cuevas de Cibola, como los antiguos mexicas, ni de la antigüedad y su seno como los mexicanos o los europeos… No sabemos justo de dónde venimos, pero sabemos —felizmente diría yo— que no es de ahí. (La mayanización al final no funcionó quizá nunca del todo y el sincretismo católico siempre débil, dejó de funcionar hace tiempo, se disolvió entre la predica fundamentalista, la pederastia y la TV.) Sabemos que no somos el pueblo escogido, descendiente de las tribus perdidas, ni iguales entre nosotros, ni una familia. No somos.

En términos históricos, sabemos que nuestros ancestros radicaron aquí, se mestizaron con sus conquistadores y dejaron de ser lo que eran antes. Pero no nos queda claro cuando empezaron a imaginarse el *pueblo mas macho*, descendiente del valiente Lempira y de la India Virgen del Himno Nacional. Ya sólo los últimos lencas y Juan Orlando creen que Lempira fue su padre y murió traicionado.[32] No creemos en los milagros de Subirana, pobre loco. Hace rato (¿cuándo exactamente?) dejó de creer la mayoría (algunos con nostalgia) en la leyenda de la Reforma Liberal, que invocaba a Morazán y que nos dio una ley fundamental coherente a la que —por un par de siglos— han fingido "reconocer" las potencias.

No tenemos por lo mismo, repito, *memoria común atesorada ni agenda* propia, *compartida, colectiva, muchas veces tampoco una individual.*

No sabemos de dónde venimos, no entendemos el mundo en que estamos ni tampoco estamos claros en qué queremos, dónde queremos ir aunque, por lo pronto, pocos queremos quedarnos aquí. Nos vamos por necesidad y también por desesperanza. Por un desarraigo comprensible y por la necesidad de imaginar que podemos tener algo, aunque sea un poco de tranquilidad en otro lado. Aquí *no hay tierra sin dueño*, lugar ni oportunidad, ni resquicio sereno. No se puede vivir. No hay sentido del respeto mutuo, menos de consideración.

Y muchos están dispuestos a invadir al vecino próximo o lejano y a emprender cualquier travesía, enfrentar todos los obstáculos y riesgos, para ir a cualquier lado o a ninguno, cruzar desiertos y fondear ríos y golfos bravos con tal de llegar a la *tierra de Oz*, violar todas las leyes y por una compulsión de fuga y también por una ansia de curiosidad, para ver si podemos, para ver hasta dónde llegamos y contar.

Viajamos también para averiguar si ¡tal vez ahí sí! Por inocencia. Por incredulidad y naifte, que no somos gente de fe. No creemos en la Virgencita de Suyapa ni tampoco en la migra, ni en la Bestia, ni en los Zetas hasta que los tenemos en frente. Ni creemos que el mundo se acabe en el 2012, ni en el 2888 o cuando nos atrapen y deporten.

---

32 Juan Orlando Hernandez, presidente de Honduras 2014-2018, es originario del departamento de Lempira, llamado así por ser la tierra del legendario cacique que enfrentó a los españoles en el siglo XVI.

En el peor de los casos, si nos retornan la vida sigue igual. Si no que será como este, otro comienzo.

Pero los que no tenemos a donde ir hemos comenzado a formarnos en distintos bandos, en partidos genuinos, para el desconcierto de los falsos padres de la patria, los que creían tener a todos sus clientes en el bolsillo, ya fuera de izquierda o de derecha, hubieran querido que siguiéramos aceptando, que nos dijeran primos o parientes sin sentirse obligados por el parentesco a respetar el mínimo derecho. La conciencia de que el problema es político es una novedad.

En los mismos meses antes del golpe —en que salía a la luz pública el libro de A. Pine, en el 2008— otra compañera igualmente brillante, politóloga y economista española de quien le he perdido la pista, Ana Bellver, lideraba el equipo que escribía un *Informe* para el Banco Mundial sobre Honduras (un *Country Report* le llaman en la jerga del Banco)[33] en que se explica históricamente que el sistema político hondureño tradicional muy estable tenía sin embargo muy poco o ningún espacio efectivo para la manifestación de programas ideológicamente diferenciados, mucho menos para la interlocución entre, o el debate sobre ideas contrarias. ¿Cómo puede que no? Pero no, no había y no dejaron que se abriera. No se puede, ni siquiera se pueden comunicar quienes no compartan un lenguaje con denominadores.

Tambien nos hubiera convenido *illo tempore* conocer y discutir ese texto. Que para explicar la particularidad del sistema político hondureño repite la vieja tesis de la falta de élites locales tempranas, señala el papel histórico de los caudillos y los extranjeros y sin embargo consigna que en el s. XX se formó, en Tegucigalpa, una élite terrateniente minera que ha dominado a ambos partidos tradicionales desde entonces. Y sobre todo explica que la falta de diferencias programáticas entre los partidos, por un lado, fortalece a los grupos fácticos de poderosos intereses creados muy bien organizados, mientras que por otro lado dificulta la organización eficiente de otros grupos de sociedad civil, cuyo accionar se orientaría a exigir

---

33 Ana Bellver lideraba el equipo responsable de todo el *Informe*, muy apoyado técnicamente pero además es señalada como principal autora del *Primer Capítulo del Segundo Volumen* que discute este tema del sistema político a profundidad. *Institutional Governance Review,* (IGR) *"Strengthenning Performance Accountability in Honduras"* Volumen II, World Bank, 2008, pp 25 a 28.

las reformas y las acciones necesarias para asegurar el bien común.[34]

Estaábien cantar el himno y hablarles a los niños de la patria. Pero no se puede ser una nación sin un sistema educativo de calidad abierto a todos, un código moral común, no se puede vivir en paz sin definiciones e ilusiones concomitantes compartidas. Y no se puede ser una democracia sin una pluralidad de organizaciones e ideas contrastables.

Impostar una sociedad gentilicia para mantener unida a *la familia hondureña* con un salario mínimo de menos de 180 dólares mensuales, cuando la canasta básica cuesta más, no se puede. Más bien pareciera que, para ser nación, en vez de un himno y un mito o una agenda nacional que nos provea de *respuestas automáticas*, para volver a identificarnos entre nosotros y reencontrarnos en propósitos comunes, para forjar una gobernanza funcional, vamos a tener que empezar de nuevo por contrastar nuestros intereses grupales y debatir y concertar un haz de principios refundadores y negociar una ruta, una estrategia y una serie de metas de justicia y libertad. Y esta conciencia nos la terminó de aclarar la crisis (que claro que hubo) y luego el golpe de 2009 con que Adrienne Pine terminó de entender este misterio que es Honduras, después de publicado el libro. Y muchos de nosotros también… vimos los problemas estructurales que necesitan remedio.

Queda claro que a pesar de las presiones hegemónicas, hay dimensiones y sectores (como el energético) en que necesitamos integrarnos mejor entre centro y latinoamericanos para escapar de la dependencia transnacional, y que por otro lado necesitamos una gama de productos industriales y artesanales y agrícolas y pecuarios que impulsen la democratización económica, una mayor equidad, una mejor distribución de la riqueza y que a la vez garanticen la seguridad alimentaria. En el caso hondureño el café ha sido muy beneficioso, pero alcanzó ya un límite ambiental. No hay dónde más sembrarlo, en forma redituable. La palma no puede ser panacea porque la escala requiere de grandes capitales y el cultivo se extiende más allá de las geografías aptas, invadiendo a campesinos y a grupos étnicos. Tenemos que diversificar más la producción nacional, racionalizar en función de un proyecto de país y no sólo de una momentánea pulsión del mercado, llevar a cada geografía las

---

34 Idem, pp 57 60

alternativas idóneas de tecnología e inversión. Hay que ayudarle al mercado y a la gente, fomentar.

Necesitamos cooperar para producir y exportar artesanías de cuero y madera, de piedra y metal, y de metal precioso, el oro y la plata deben servir para hacer objetos de arte como en Tasco, como en Guatemala, en vez de mandarse en broza a las Smeltings, necesitamos producir frutos orgánicos con ventajas relativas, flores de mimé (*whatever they might be*) y cacao, productos elaborados con nuestras propias materias primas a través de *cooperativas* y organizaciones como las *empresas virtuales* a cuyo financiamiento debe apoyar la banca. Claro que sí, hay mercado. Esas son las alternativas de la maquila a futuro, las que pueden dar empleo digno a nuestro jóvenes.

Quizás también, cuando caemos en cuenta de la antigüedad de los males que se viene de discutir, llegamos a la conclusión de que, si no están dispuestos a negociar los dueños, habrá que hacer una revolución, capaz de revertir siglos de imposiciones violentas en un nuevo milenio de paz. Para asegurarnos de que —según reza la vieja constitución— como somos iguales en derecho, los hondureños, tendremos la formación y salud necesaria para desarrollar nuestras capacidades y las oportunidades para aprovecharlas. Y aún si no socializamos los medios de producción, que hay varios tipos de propiedad que hay que respetar, para forjarnos una nación, vamos a tener que compartir, de modo que el obrero se sienta genuinamente identificado con el proceso de producción y el empresario comprometido con la mejora de la población y todos compartamos la fiesta y el brindis y nadie sienta necesidad de pegarle al prójimo ni menos de matar a la niña. Tendremos que cambiar el *habitus* del hondureño, su disposición a pensar, imaginar y actuar y a respetarse a sí mismo y a su vecino. Leer con los ojos abiertos los estudios de los académicos como A. Pine y A. Bellver es una buena forma de empezar, para salir de nuestras rutinas mentales. Y he dicho. Es innecesario y puede ser peligroso seguir o decir más.

Rodolfo Pastor Fasquelle
Enero de 2015

RECONOCIMIENTOS

Deseo expresar mi agradecimiento, en primer lugar, a todas las personas cuyas historias se narran en estas páginas, en especial a Rebeca, Teto y doña Elodia; este libro fue posible gracias a que tuvieron a bien compartir sus hogares y vidas con una extraña —que con el tiempo se convertiría en amiga.

Miguel García Portillo, Jacqueline Guillén, Lesly Rodríguez, Alicia Almendárez e Itsmania Pineda Platero, se cuentan entre los muchos hondureños y hondureñas con quienes me encuentro en deuda por sus aportes y colaboración.

Tengo la fortuna de haber recibido un enorme apoyo de mis profesores y mentores. La obra y la trayectoria de lucha de Laura Nader han constituido una profunda inspiración para mí, y me honra haber sido su alumna. Stanley Brandes me brindó sólida orientación académica e institucional, así como una experiencia enriquecedora de trabajo colaborativo y aprendizaje. El estímulo y apoyo de Philippe Bourgois, así como su magnífica obra etnográfica, han sido particularmente significativos para mí. Dwight Heath fue quien me introdujo al estudio de la antropología; sus persuasivas conferencias y escritos me indujeron a trabajar en Latinoamérica, así como a considerar el consumo de alcohol desde una perspectiva antropológica. La influencia de Liza Bakewell, quien contribuyó a configurar mi concepción sobre el género, está muy presente en estas páginas. Rosemary Joyce fue la primera en animarme a desarrollar investigación en Honduras, me facilitó una vivienda en ese país e indicaciones útiles para mi primera estadía prolongada. Lee Kaskutas me incentivó a examinar en mayor profundidad el consumo de bebidas alcohólicas en Honduras, y me proporcionó un consistente apoyo académico y moral. Don DeMoro me condujo con paciencia y perseverancia hacia una comprensión más exhaustiva de las complejidades de la política laboral. Harley Shaiken me ayudó a construir un pensamiento más crítico en torno a la dinámica global de la industria maquiladora. Trabajar y estudiar con Nancy Scheper-Hughes ha sido fundamental para el desarrollo de mi conocimiento sobre violencia. Asimismo, estoy en deuda con Gene Hammel, quien me enseñó a considerar el nacimiento, la muerte y la migración (entre otras cosas) bajo una nueva perspectiva.

Son muchos los amigos y colegas que han conspirado para hacer posible este libro. Estoy profundamente agradecida con Jim Quesada por su atenta lectura del manuscrito y sus oportunas sugerencias, que he intentado seguir lo mejor posible. Mi buen amigo Raphael Allen ha apoyado y defendido este libro. Agradezco la impecable asesoría que Dorothy Brown me ha dado para poder cumplir con todas las reglas del proceso de escritura, que yo no conocía por carecer del capital simbólico apropiado. Gracias a Juli Kang y Alison Oestreicher llegué a adoptar una nueva perspectiva sobre mi propio trabajo de campo, y ello cambió significativamente el curso de esta investigación. Seth Holmes contribuyó a la cristalización de mis conocimientos sobre muchos de los temas tratados en este libro, y su obra ha constituido una importante motivación para mí. El firme apoyo de Mike Seltzer durante el proceso de publicación, así como su amistad y aliento, han sido determinantes para el acabado final del libro. Hojoon Hwang leyó y criticó magistralmente cada uno de los capítulos de las primeras versiones del manuscrito; le estaré siempre agradecida por su apoyo y amistad. Fhar Miess hizo lo propio para las últimas versiones, a la vez que me brindó un firme y resuelto respaldo moral. Byron Hamann ha desafiado mi percepción sobre los límites de la amistad al dejar de lado su propio trabajo en repetidas ocasiones, por días inclusive, para intervenir de manera brillante durante las crisis surgidas a raíz de la redacción del manuscrito.

Agradezco el apoyo de Enrique Dussel Peters de la UNAM, autor de un buen trabajo sobre la industria maquiladora hondureña; él a su vez me presentó a Juan Manuel Ciudad, del PNUD de Honduras, quien prestó su colaboración en diversos aspectos de este proyecto. Estoy agradecida con el personal del IHADFA y con don Francisco, de Alcohólicos Anónimos, quienes me proporcionaron información valiosa sobre el consumo de alcohol en Honduras, tanto a través de sus publicaciones como de sinceras entrevistas. Debo mencionar también a Yu Ye, del Grupo de Investigación sobre el Alcohol (*Alcohol Research Group*), por la importante información estadística facilitada.

Wilfredo Flores, a quien considero un buen amigo a pesar de conocerle sólo por correo electrónico, me aportó nuevas percepciones sobre la política y la subjetividad hondureñas. Jon Carter, cuya investigación sobre las pandillas (o maras) en Honduras es verdaderamente extraordinario, ha sido un valioso aliado y camarada. El trabajo de Jeff Boyer ha sido inspirador; fue él quien me recibió cuando visité por primera vez Honduras, diez años antes de comenzar a realizar trabajo de campo ahí. He admirado a Dan Graham; he aprendido de su trabajo de investigación y de su resistencia comprometida y apasionada junto a los hondureños —también he disfrutado plenamente de sus relatos sobre bandidos y otros bribones.

Mark Bonta organizó en 2002 una sesión de la Asociación de Geógrafos Americanos (AAG, por sus siglas en inglés) sobre violencia en Honduras, que me ayudó a sopesar muchas de las cuestiones sobre las que había venido cavilando; también leyó y criticó a profundidad una primera versión de este libro. Manuel Fernández-Alemany me facilitó algunos de mis primeros contactos y me ayudó a entender las complejidades de la política de género e identidades *queer* en Honduras. El extraordinario personal de *Radio Progreso*, que incluye a la reportera Alicia Reyes y al reconocido antropólogo Padre Ricardo Falla, me impresionó repetidamente por su coraje, determinación y solidaridad con las luchas de los trabajadores y los pobres —a pesar de las muchas amenazas que recibían de parte de personas muy capaces de cumplirlas.

Quisiera extender mi más sincero agradecimiento a Naomi Schneider, mi editora en la *University of California Press,* así como a Valerie Witte y Jacqueline Volin, por su comprensión y apoyo. De igual manera, estoy profundamente agradecida con mis evaluadores anónimos —hubo comentarios positivos y otros bastante críticos—, cuyo análisis exhaustivo de esta obra ha sido tremendamente constructivo.

Estoy en deuda con todas estas personas y muchas más. Sin su ayuda este libro no hubiese sido posible. Cualquier error en la exposición de hechos, el análisis o la interpretación de los mismos, recae estrictamente bajo mi responsabilidad.

El financiamiento para la investigación fue otorgado por las siguientes entidades: *Social Science Research Grant* (Universidad de California, Berkeley), *Lowie Award* (Universidad de California, Berkeley, Departamento de Antropología), *Center for Latin American Studies Summer Research Grant* (Universidad de California, Berkeley), y la Fundación Andrew W. Mellon a través de RAND, Programa de pequeñas ayudas para la investigación en América Central. El financiamiento para el proceso de escritura del libro fue otorgado por el Grupo de Investigación sobre el Alcohol del *Graduate Research Training on Alcohol Problems*, NIAAA (Beca #5 T32 AA07240-25).

INTRODUCCIÓN A LA PRIMERA EDICIÓN

El 30 de junio de 2000 fui a dar un vistazo a la Expocentro de San Pedro Sula junto a mis amigos Juli Kang y Rafael Espinoza. Dentro del recinto nos recibieron enormes Ricky Martins de cartón en actitud de "¡Pide más!", y unas jóvenes adolescentes enfundadas en vestidos de color azul brillante e imitación de piel de cocodrilo, que servían muestras gratis de Pepsi. Cerca de ellas, en el puesto de Lovable se exhibía su línea de ropa interior *hecha-en-Honduras*, y una librería cristiana competía por espacio con las chicas "impulsadoras" de vodka Finlandia. Frente a un puesto en el que vendían medicamentos contra el dolor menstrual, se encontraba el mostrador de Embutidos California. Su logo: un cerdo feliz bajo una Estrella de David.

Afuera del recinto el ambiente era festivo. La música de los Backstreet Boys zumbaba en el nocturno aire tropical perfumado de dulce de algodón. Unos payasos, que resultaron ser amigos de Rafael, presentaron por el altavoz a la *gringa* y a la *china* al numeroso público presente, a la vez que nos invitaban a participar en su programa de televisión.

Contiguo al edificio principal del Expocentro se había erigido una caseta temporal que albergaba al Club Budweiser. Aunque el club se anunciaba como exclusivo, Juli y yo utilizamos la videocámara para entrar de gratis. En mis notas de campo escribí:

Chicas Bud con cara de aburridas deambulan o juegan futbolín con los clientes; sus vestidos son brevísimos y ajustados, con broches King-o-beers rojos que titilaban unos centímetros arriba de su pezón izquierdo. En el gran escenario frontal una banda canta "I am a man who will fight for your honor" ("Soy un hombre que luchará por tu honor"). De los cables sobre nuestras cabezas cuelga parafernalia inflable de Budweiser, de todas las formas y tamaños. Vemos algunos chinos jugando billar... Un hombre le grita a Juli, "¡Aquí! ¡Hey, me encanta Japón! ¡Sayonara!". Algunos hombres empiezan a seguirnos por el local e intentan invitarnos a bebidas (las mujeres escasean aquí), así es que concluimos la filmación y salimos de ahí.

En 1857 el explorador y prospector William V. Wells escribió: "Quien pueda viajar durante un año por Honduras sin divertirse a cada paso, debe ser alguien incapaz de apreciar lo absurdo en miles de incidentes y escenas".[1] De haberme acompañado Wells a la Expo 2000 de San Pedro Sula, sin duda la habría contado entre una de tales escenas. La Expo *fue* chocante para mí y para Juli (y para nuestra estética "altacaliforniana"); también fue trágica en varios sentidos. Sin embargo, llamarla absurda sería negar su lógica, la lógica de una conciencia de la identidad y de las subjetividades hondureñas, mediadas por procesos de consumo y producción.

Una de las tareas del antropólogo es convertir lo extraño en familiar y lo familiar en extraño. En este libro me propongo volver familiares los procesos mediante los cuales los hondureños llegan a entenderse a sí mismos como personas: mujeres, hombres, pobres (o no), borrachos, sobrios, obreros y, sobre todo, hondureños. Al hacerlo pretendo convertir en extrañas algunas de las cosas que la gente puede considerar familiares; espero que al terminar el libro, el lector encuentre sus propias preconcepciones sobre la naturaleza de la seguridad, las pandillas, el alcohol, y las ropas que compra, menos coherentes que al emprender su lectura.

Comienzo con una introducción a Honduras y algunos de los hondureños que llegué a conocer; la organizo alrededor de los tres temas centrales que retomaré en los capítulos subsiguientes: identidad, subjetividad y neoliberalismo.

SELLANDO LA NACIÓN, ABANDERANDO LA IDENTIDAD

La "hondureñidad" es una categoría elusiva, en constante y abierta negociación. Al abordar la identidad en este libro, me refiero a la categoría de la práctica de Bourdieu —en el sentido de categoría nativa—; por tanto, no la asumo como una categoría de análisis. Utilizo los términos identidad e identificación para hablar sobre actos autoconscientes y articulados de denominación y reconocimiento: cómo las personas se ven a sí mismas y cómo ven

---

1 William V. Wells. *Explorations and Adventures in Honduras, Comprising Sketches of Travel in the Gold Regions of Olancho, and a Review of the History and General Resources of Central America* (New York: Harper & Brothers, 1857), 158

a los otros (y son vistas por ellos). Sigo aquí a Frederick Cooper y Rogers Brubaker, quienes argumentan que utilizar "identidad" *como un término analítico* puede conducir a atrincherar aún más categorías que en el mejor de los casos tienen poco que ofrecer al análisis, y en el peor pueden constituir una forma de violencia contra la gente de tal manera identificada.[2] El proceso de identificación —dicen— debe ser reconocido como agenciamiento y no de acuerdo con la condición estática que se implica en el término identidad.

Las cifras de las Naciones Unidas muestran que 77.3% de los hondureños vivían en condiciones de pobreza en 2002-3 (carecían del ingreso mínimo necesario para satisfacer sus necesidades básicas).[3] En consecuencia, las relaciones de clase en Honduras difieren de las de países que cuentan con una distribución más equitativa de la riqueza; y, de hecho, estas relaciones constituyen identificadores importantes. Las empresas y medios de comunicación del país están concentrados en manos de unas pocas familias, las mismas de las que también provienen los políticos más poderosos de Honduras. Por ejemplo, la familia del expresidente Carlos Flores Facussé (periodo 1998-2002) es propietaria de la Cervecería Hondureña, varias maquiladoras, y del influyente periódico nacional *La Tribuna*. La familia del expresidente Ricardo Maduro Joest (periodo 2002-6) fundó el Bank of Honduras, del cual el propio Maduro era presidente justo antes de asumir la presidencia de su país. Jaime Rosenthal, dueño de ZIP Continental (un parque industrial de La Lima), y del periódico nacional *El Tiempo*, es una influyente figura política y excandidato presidencial; su hijo Yani fue también precandidato presidencial en las elecciones primarias del Partido Liberal en 2012.

2 Frederick Cooper, con Rogers Brubaker. "Identity", en *Colonialism in Question: Theory, Knowledge, History*. Por Frederick Cooper (Berkeley: University of California Press, 2005).

3 ECLAC. "Social Panorama of Latin America, 2002-2003" (Economic Commission for Latin America and the Caribbean, United Nations, Santiago, Chile, 2004), 19. El informe establece: "El método utilizado en este informe para estimar la pobreza clasifica a una persona como 'pobre' cuando el ingreso per cápita del hogar en el que él o ella vive está por debajo de la 'línea de pobreza', o del ingreso mínimo que los miembros de un hogar deben tener para poder satisfacer sus necesidades básicas. Las líneas de pobreza se basan en el cálculo del costo de una particular canasta de bienes y servicios, por medio del método de 'costo de las necesidades básicas'."

HONDURAS STAMPS

HOMENAJE DE LA
REPUBLICA DE
HONDURAS
AL PUEBLO DE LOS
ESTADOS UNIDOS DE
AMERICA
1776 – 1976

PRODUCCIONES
izapro
P.O.Box 3 , Tel. 66 2200
El Progreso , Honduras

Figura 1.
Estampillas hondureñas emitidas
en honor al bicentenario de los
Estados Unidos.

Facussé, Maduro, y Rosenthal pertenecen a un importante grupo de descendientes de inmigrantes judíos y palestinos que en el siglo pasado se convirtieron en actores centrales del comercio, la política y la cultura de Honduras. Aunque un buen número de miembros de estos grupos se han casado con hondureñas y hondureños, y forman parte integral de la cultura e identificación del país, todavía hay muchos que consideran que judíos y árabes —como se les denomina localmente— son distintos y sospechosos.[4]

En Honduras el proceso de identificación de grupo emerge principalmente en lo negativo. Como en todas partes, los hondureños construyen sus ideas de sí mismos, en gran medida, en oposición a lo que no son—su Otro. La mayoría se percibe diferente de la clase dominante, étnicamente marcada; pero, primordialmente, los hondureños están conscientes de no ser estadounidenses. Los Estados Unidos, además de constituir el principal poder militar y político en Honduras, es también el destino más importante de los

4 Nancie L. Solien González. Dollar, Dove, and Eagle: *One Hundred Years of Palestinian Migration to Honduras* (Ann Arbor: University of Michigan Press, 1992); Jorge Alberto Amaya Banegas. *Los árabes y palestinos en Honduras* (Tegucigalpa, Honduras: Editorial Guaymuras, 1995); Jorge Alberto Amaya Banegas. *Los judíos en Honduras* (Tegucigalpa, Honduras: Editorial Guaymuras, 2000); Thelma Mejía. "Honduras: Governed by Vested Interests" Inter Press News Service Agency. December 15, 2006. Disponible en www.ipsnews.net (consultado en septiembre de 1997).

migrantes de este país.[5] En 2002 los US$704.3 millones en remesas enviadas por los hondureños en el extranjero fue mayor que las ganancias generadas por la industria maquiladora, en consonancia con lo que Ramor Ryan ha denominado una "república de remesas".[6]

De acuerdo con Charles Taylor, "Durante más de un siglo la política del nacionalismo se ha alimentado, en gran medida, de la percepción que las personas tienen de ser menospreciadas o respetadas por otros."[7] Los sentimientos ambivalentes de los hondureños con respecto a la relación entre su país y los Estados Unidos son esenciales en las formas en las que se identifican a sí mismos como individuos y como miembros de una nación. Estos sentimientos se evidencian en los símbolos que emplean, en sus interrelaciones y en su discurso sobre sí y los otros hondureños; así como en sus interacciones con los estadounidenses.

En 1997, cuando viajé por primera vez a Honduras para realizar trabajo de campo, me desconcertó la misma extraña familiaridad de situaciones contradictorias que años después hiciera de la visita a la Expo de 2000 un episodio tan incómodo. Las calles lucían repletas de autobuses *Blue Bird*, iguales a los que yo había tomado para asistir a la escuela primaria en New Hampshire en la década de 1970 (la mayoría de estos autobuses no cumpliría hoy con los *Estándares Federales de Seguridad de Vehículos Motores* para autobuses escolares, ni con los requerimientos de las leyes ecológicas de muchos países). En Honduras se utilizan para el transporte público urbano e interurbano, y en muchos de ellos todavía se lee el nombre del respectivo distrito escolar de los Estados Unidos. Los autobuses hondureños suelen decorarse con citas evangélicas o de fe religiosa, pinturas de águilas y banderas estadounidenses, nombres de figuras

5 Véase Silvia González Carías, Rosa Margarita Montenegro, y Pastoral Social/ Cáritas (Honduras). *Sueños truncados: La migración de hondureños hacia Estados Unidos.* 1era. Ed. (Tegucigalpa, Honduras: Pastoral Social/ Cáritas, 2003); y Leah Schmalzbauer. *Striving and Surviving: A Daily Life Analysis of Honduran Transnational Families.* (New York: Routledge, 2005).

6 Banco central de Honduras. "Indicadores económicos" (Tegucigalpa, Honduras: Banco Central de Honduras, 2003); Ramor Ryan. *Clandestines: The Pirate Journals of an Irish Exile* (Oakland, Calif.: AK Press, 2006), 241.

7 Charles Taylor. "The Politics of Recognition." En *Multiculturalism: A Critical Reader.* Ed. David Theo Goldberg (Cambridge, Mass.: Blackwell Publishers, 1994), 97.

influyentes ("Stalin", "Che", o "El Comandante"), los de la(s) novia(s) o esposa del conductor, o el logo de Nike.

La importancia en Honduras de los símbolos corporativos modernos, como el logo de Nike, subraya la fuerza del consumismo en el país y su influencia en las identidades hondureñas —a pesar de que la mayoría de la población carece del poder adquisitivo correspondiente. Aunque en general los hondureños no puedan costear productos de marca, ello no significa que sean ciegos al poder del logo corporativo. En todas partes se puede encontrar falsificaciones, imitaciones o versiones de productos de marcas reconocidas, con nombres tales como "Naik" y "Geuss". El logo de Nike aparece pintado en carros y muros, tatuado en los cuerpos y garabateado en cuadernos escolares; algunos hondureños me explicaron que el símbolo de Nike ha significado poder desde siempre, y que por esa razón Nike lo eligió— no al revés.

Asimismo, los símbolos de patriotismo estadounidense se fusionan con nociones más abstractas de poder. Es común ver escaparates pintados de extremo a extremo con la bandera de los Estados Unidos —por lo general se trata de tiendas donde se vende ropa "americana" de segunda mano—. La fetichización y reapropiación de símbolos identificados con los Estados Unidos se extiende al lenguaje. Por ejemplo, los hondureños suelen poner nombres en inglés a sus hijos, incluyendo muchos que incorporan las letras "w" y "k", que no forman parte del alfabeto español. A finales de septiembre de 2000, el Tribunal Nacional de Elecciones de Honduras solicitó al Legislativo que prohibiera nombrar a niños y niñas según partes de carros o celebridades en cualquier lengua. Sin embargo, esta medida llegó tarde para los primos de mi amigo Teto, llamados Hillary Clinton y Saddam Hussein. Un gran número de tiendas y restaurantes tienen nombres en inglés, y los apóstrofes —que tampoco son propios del español— se utilizan de manera indiscriminada en palabras de ambos idiomas. Estos usos me resultaron chocantes cuando comencé a desarrollar la investigación —tan familiares y tan fuera de lugar al mismo tiempo.

Mis interacciones con los hondureños resultaban matizadas por las identidades que nos asignábamos mutuamente. Mi estatus elitista de antropóloga blanca norteamericana constituyó a la vez una ayuda y un obstáculo para la investigación. En asuntos prácticos, como tener acceso a entrevistas o a servicios sanitarios en los hoteles, mi apariencia y nivel educativo suponían una ventaja. A menudo se me otorgaba (para mi decepción) un trato de celebridad. En una ocasión Rafael me acompañó, junto a mis amigas Juli y Alison, a lo que se suponía sería una simple visita a las instalaciones de un canal de televisión, pero acabamos siendo presentadas como invitadas especiales en dos programas en vivo. Durante uno de estos programas, los payasos que habíamos conocido en la Expo me sorprendieron con una carga de dulces y vítores a los Estados Unidos: era el cuatro de julio (nosotras habíamos perdido noción de la fecha). Una hora más tarde me entrevistaron en el noticiero de la noche, sencillamente por ser una antropóloga estadounidense. En otra ocasión, un compañero de la Universidad de Berkeley, Daniel Graham, y yo protagonizamos un anuncio para promover el turismo en Honduras. Se nos acercó un productor en la calle porque teníamos aspecto de "turistas realmente típicos" y se nos ofreció un desayuno en pago por nuestro trabajo espontáneo.

La identidad que se me ha asignado en Honduras es compleja, variada y ligada a la historia del imperialismo estadounidense. Me fue más difícil, y más gratificante, hacer amigos ahí que en mi país. Debido a mis privilegios (asumidos y reales) y al hecho de que mis sujetos carecían de ellos, el modelo potencial cliente-patrón parecía agazaparse tras la mayoría de mis relaciones con hondureños y hondureñas. Este presunto estatus quedaba confirmado con mis apariciones en la radio y la televisión, y por mi fácil acceso a las élites. A pesar de que vivía con personas pobres, dicho estatus me dificultaba entablar el tipo de amistades a las que estoy acostumbrada en los Estados Unidos, en las que los diferenciales de poder se negocian sutilmente para hacerlos parecer triviales o inexistentes. En julio y agosto de 1997 viví con un grupo de arqueólogos de Berkeley en una pequeña ciudad llamada La Lima, a unos 20 kilómetros de la "Capital Industrial" de Honduras, San Pedro Sula. Ahí conocí a Rebeca, quien trabajaba como cocinera para el equipo de arqueólogos y quien se convirtió en una de mis amigas e informantes más cercanas. Rebeca tenía tres hijas y un hijo; todos ellos me enseñaron mucho sobre lo que significa ser hondureño. Aquel verano Rebeca vivía con su familia en una casita de cemento; al otro lado del río Chamelecón colindante con Lima Nueva, en donde está ubicada la Zona Americana. Ésta fue construida, originalmente, para los dueños y gerentes de las plantaciones de banano cercanas; es una ciudad amurallada con casas de madera estilo Nueva Orleans de principios del Siglo XX, en las que aún residen las élites provenientes de diferentes países y sectores. Siempre que necesité entrevistar a los gerentes de las maquiladoras coreanas, sabía que con seguridad les encontraría en el campo de golf de la Zona.

A las hijas de Rebeca —Vanesa, Sabrina y Dulce Cristina— les encantaba burlarse de los habitantes y patrones de la Zona. Entre sus bromas más frecuentes, al inicio de nuestra amistad, estaba la de preguntarme si no me resultaría mejor quedarme en la Zona que con ellas en su humilde hogar. Pronunciaban "Zona" con la zeta castellana para enfatizar el esnobismo de aquel lugar. Quizás fue por estas burlas amistosas que no les mencioné, en un principio, que en varias ocasiones —en tardes de calor insoportable— me escabullí para bañarme en la piscina de la Zona. Al final se los confesé, el día en que me echaron de allí por no poseer membrecía. Al respecto, escribí en mis notas de campo:

Se lo dije a Vanesa y a su amiga Elysa la semana pasada luego de que me echaran... no había querido mencionarlo porque me sentía culpable de sacar ventaja de mi privilegio racial de manera tan descarada. Pero cuando se aclaró que en este caso no existía tal privilegio (después de todo, me habían echado) me pareció que sería una historia divertida. En efecto, la anécdota les fascinó porque ellas habían hecho exactamente lo mismo el año pasado, y el mismo guardia de seguridad las había echado también. Nos hicimos muy amigas gracias a esto. Le decían a todo el mundo: "¡la gringa atrevida!", y los vecinos disfrutaban con el cuento de cuando a Adriana la echaron de la Zona.

Mi expulsión de la Zona logró que me pareciera más a Rebeca y su familia. Sin embargo, unos días después de haberles referido el incidente, recibí un mensaje de un representante del Club de la Zona, en el que me decía que había sido un grave error echarme y que, por supuesto, era bienvenida cuando quisiera. No mencioné estas nuevas a Rebeca y su familia, tampoco hice uso de mi membrecía honoraria.

Para la mayoría de los limeños, la Zona representaba un privilegio inaccesible e inalcanzable. Visité a la familia de Rebeca en enero de 1999, pocos meses después de que el huracán Mitch convirtiera a esta pequeña ciudad en un pantano —todavía resultaba imposible cruzarla sin calzar botas de hule hasta las rodillas—. "¡Mitch lo destruyó todo!" me dijo Dulce Cristina, la hija menor de Rebeca. "¡Ni a la Zona respetó!" En efecto, el campo de golf de la Zona lucía como un paisaje lunar lleno de lodo agrietado, y se podía ver varias casas destruidas. Vanesa y Sabrina se rieron de la ingenua apreciación de Dulce Cristina y parecían disfrutar con el poder igualitario del huracán en La Lima. Sin embargo, el poder de Mitch fue sólo destructivo, y más que impulsar una nueva era de relaciones de clase, blindó aún más las existentes. En julio de 1999 el campo de golf de la Zona estaba de nuevo verde y en funcionamiento, mientras en Lima Vieja fluían todavía ríos abiertos de cloacas. La familia de Rebeca perdió todas sus pertenencias y su vivienda, por lo que aquel verano se alojaban todos juntos en una habitación en casa de su madre.

Mi relación con Rebeca y su familia oscilaba entre la de patrón-cliente y la de amistad al estilo estadounidense. Sus bromas parecían un indicio de que me habían aceptado, a pesar de "pertenecer" a otro lugar. No obstante, el desdén burlón (¿lo era?) que a veces me dedicaban no se igualaba al desdén real demostrado hacia su propia gente y país.

1997 fue un año electoral en el que el proceso de registro de votantes experimentó un cambio significativo. En una demostración abierta del poder identificador del Estado, se expidió a los ciudadanos cédulas que les identificaban como votantes y que les serían requeridas en los centros de votación. La información sobre cómo adquirir y utilizar estas cédulas se presentaba con frecuencia en los noticieros y en campañas públicas, pero en la práctica muchos hondureños encontraban dificultades para obtenerlas. Todo esto constituía un tema de conversación para Rebeca y sus vecinas. Una tarde, la joven hija de una vecina me preguntó: "Adriana, ¿vas a sacar tu cédula para votar?" Rebeca le explicó que yo tenía que ser ciudadana hondureña para poder ejercer el voto. El error de la joven causó hilaridad entre todos los presentes, que continuaron haciendo chistes sobre cuán estúpida tendría que ser una norteamericana para querer volverse hondureña. En todo caso, decían, sería a la inversa.

La supuesta deficiencia moral y cultural de los hondureños (y la concomitante superioridad de los estadounidenses y otros extranjeros) se ventila con frecuencia en las páginas editoriales de los periódicos locales. Uno de esos editoriales, escrito por un ciudadano hondureño que vive en Bosnia, llamado Tony García Carranza, apareció en el periódico sampedrano *La Prensa* el domingo 1 de agosto de 1999. Se titulaba "Un poquito de nacionalismo, por favor." García Carranza escribió:

> *Sin querer pecar ni propiciar el nacionalismo desmedido, el cual ha hecho tanto mal en la historia del mundo, estoy convencido que en Honduras nos hace falta una dosis de nacionalismo. Cuando comparo a Honduras con países como China, México y Francia en la expresión y orgullo de su nacionalidad, la verdad, que andamos mal. Y atención, no estoy hablando de desarrollo económico (que también andamos mal). China, por ejemplo, se representa en jeroglíficos chinos como un cuadro con un punto en el centro. El cuadro representa el mundo y ese punto es China, el centro del mundo. Los franceses están persuadidos que su idioma es el más bello, su cultura la más rica y la cocina francesa la más exquisita del mundo. Cualquier mexicano les dirá que* como México no hay dos. *Yo recuerdo de niño haber escuchado más de una vez, que* Honduras es el país donde el plomo flota y el corcho se hunde, *que en el extranjero a Honduras no lo pintan ni en el mapa,* que *el hondureño es haragán, un Juan Vendémela,* etcétera. *Creo que no es necesario alargar este tipo de ejemplos, los cuales son muy penosos.*[8]

García Carranza continúa sugiriendo que los hondureños, como los bosnios y croatas, deberían izar la bandera en las bodas. De esa manera, afirma, se comprende que "cada vez que se funda una familia en el altar, se está al mismo tiempo, extendiendo y prolongando la vida de la nación". Argumenta que el día de la Independencia hondureña debería también celebrarse con mayor fervor. Concluye que los graves problemas de Honduras, "especialmente la inseguridad y el desempleo", pueden solucionarse con un nacionalismo más acendrado.

Existen falencias obvias en la argumentación de García Carranza;

8 Tony García Carranza. "Un poquito de nacionalismo, por favor". *La Prensa*, 1 de agosto, 1999.

entre ellas, el hecho de que difícilmente se pueda sostener que los efectos del nacionalismo hayan sido beneficiosos para la antigua Yugoslavia, y que mucho más que un cambio de actitud, es necesario revertir problemas estructurales tales como el desempleo. Sin embargo, esta línea de razonamiento —en la que los hondureños se recriminan por su falta de fe y fuerza de voluntad— es común.

En un artículo titulado "*Siglo XX: No todo es desalentador en nuestra historia*", publicado en un semanario en lengua inglesa, Mario R. Argueta intenta ofrecer un sustento histórico para el tipo de orgullo patriótico que García Carranza propone —a pesar de que ya el título sugiere que la mayor parte de la historia hondureña *no* lo respalda.[9] Argueta enumera diez ejemplos concretos de hondureños que no cedieron ante las demandas de los poderes colonialistas, con el fin de probar que en el país ha habido un avance hacia "la armonía y el imperio de la justicia".

A lo largo de los años el gobierno de Honduras ha pretendido concebir símbolos y discursos estimulantes para avivar el patriotismo, a la manera del indigenismo mexicano. Sin embargo, estos esfuerzos por inculcar el tipo de orgullo nacional por el que claman editoriales como los arriba citados, han fracasado en su intento. Un símbolo nacional primordial es Lempira, figura legendaria que —según se dice— lideró la lucha para impedir el avance de los colonizadores españoles. El 20 de julio se celebra el Día de Lempira: es una fiesta nacional que incluye desfiles y ferias escolares en las que los niños y niñas se visten como "indios" (al estilo de las películas norteamericanas del "oeste") y compiten por el título de "india bonita" o "indio guapo".

En 1926 se instituyó el Lempira como moneda nacional de Honduras; ello se decidió en una votación del Congreso Nacional en la que el héroe indígena resultó ganador por un estrecho margen respecto del héroe de la Independencia, Francisco Morazán. Darío A. Euraque ha demostrado que esta elección se vio influenciada por la política racializada de las plantaciones bananeras, en las que los trabajadores hondureños identificados como no-negros promovían la identificación con el héroe indígena para distinguirse de sus jefes yanquis y de los trabajadores provenientes de la Costa Norte y de las

9 Mario R. Argueta. "*XX Century: Not Everything Is Discouraging in Our History*". *Honduras This Week*, January 31, 2000.

Indias Occidentales. Este racismo, esencial al nacionalismo mestizo de aquellos trabajadores y alentado por el Estado, se orientaba a una mezcla racial que excluyera a los negros; ello, a su vez, se plegaba a los intereses de las compañías bananeras, pues coadyuvaba a evitar que los trabajadores se organizaran sin distingos de su identificación racial. [10]

La apariencia de Lempira no ha sido consistente. En los billetes emitidos a principios del Siglo XX era representado como un hombre delgado, de baja estatura, con el torso desnudo, vistiendo taparrabos y, sobre el cabello corto, un tocado con tres plumas frontales. En monedas posteriores aparece de perfil, su expresión es más digna, y sus hombros están cubiertos. En billetes de décadas más recientes, las plumas han desaparecido de su tocado, su cabello es más largo, y todo él ha adquirido un aire de idealismo inocente.

No ha habido un muralista en Honduras que ofreciera una imagen perdurable del héroe nacional, quien —a pesar de su omnipresencia en la cultura numismática— no resuena de manera especial entre la mayoría de los hondureños urbanos que conozco. Aunque en años recientes los pueblos indígenas de Honduras han llevado a cabo bien publicitadas y clamorosas luchas por la reivindicación de sus derechos territoriales, entre otros, los "indios" en la actualidad continúan siendo estructural y discursivamente marginalizados. Al día de hoy, Lempira es el único indígena reconocible para muchos hondureños; así lo descubrí una tarde en San Pedro, cuando me encontré con una estatua de un indio en el portal de un hotel y pregunté a mi amigo Teto a quién representaba: "Si ves una estatua de un indio", me respondió, "es Lempira."

El proyecto nacionalista hondureño (tal como se enseña en las escuelas y se promulga a través de otras instancias gubernamentales) también promueve lo que el geógrafo Daniel A. Graham ha denominado *patriotismo binomial*, en el cual se infunde una fuerte identificación con la región centroamericana y con el Estado hondureño, a pesar de que Honduras sea vista de menos

10 Darío A. Euraque. "The Threat of Blackness to the Mestizo Nation: Race and Ethnicity in the Honduran Banana Economy, 1920s and 1930s". In *Banana Wars: Power, Production, and History in the Americas*. Ed. Steve Striffler and Mark Moberg (Durham, N.C.: Duke University Press, 2003).

como "el eslabón más débil de la Cadena Centroamericana."¹¹ De manera similar, el gobierno hondureño ha intentado fomentar la identificación con los Estados Unidos, como se evidencia en los sellos postales emitidos en homenaje a este país en el año de su bicentenario. El gobierno hondureño, sin ironía, de manera formal y ardorosa, celebra la independencia del país que ejerce ocupación militar en el suyo, y que históricamente le ha negado a Honduras su propia independencia política.

En 1999, en su mensaje de año nuevo a la nación, el presidente Carlos Flores advirtió: "No habrá una nueva Honduras para nadie si no hay un diferente hondureño."¹² Exhortar a los hondureños a someterse a una reforma identitaria constituye un recurso fácil de la élite, que convierte en chivos expiatorios a aquéllos que carecen de poder como individuos para transformar problemas estructurales. Cuando tal exhortación proviene de la mayoría pobre, constituye una forma de violencia simbólica —"violencia ejercida sobre un agente social con su complicidad."¹³

QUEMANDO LA CARTA DE MALA FE

El proceso de identificación, como categoría de la práctica, conduce a "identificar(se)" de una manera autoconsciente, marcada, y articulada. Sin embargo, de acuerdo con Cooper y Brubaker, un análisis de definiciones estáticas ("somos hondureños", "ella pertenece a una mara", "él es borracho", "la antropóloga es gringa") no puede ofrecer una adecuada comprensión de la experiencia encarnada de una persona: quién es él o ella dentro de una jerarquía de poder —su subjetividad.

La subjetividad resulta de las formas sutiles, "potentes e insidiosas", que modelan y determinan a las personas que viven en un mundo

---

11 Daniel A. Graham. "Globalization at the Level of the People: The Plan Puebla-Panamá." Manuscrito, Berkeley, Calif. Diciembre 20, 2011, 11.

12 "Flores en mensaje de año nuevo: No habrá una nueva Honduras para nadie si no hay un diferente hondureño". *La Prensa*, 6 de enero, 1999.

13 Pierre Bourdieu y Loïc J. D. Wacquant. *An Invitation to Reflexive Sociology*. (Chicago: University of Chicago Press, 1992), 167.

social.[14] Aunque es fácil describir la propia identidad (blanca, mujer, bisexual, etc.), es difícil describir o hablar sobre la propia subjetividad. La subjetividad está directamente vinculada con lo que Pierre Bourdieu ha denominado habitus: nuestras disposiciones son determinadas por "un entorno homogéneo simbólicamente estructurado, sin agentes o momentos especializados, que ejerce una acción pedagógica anónima y difusa." [15] Al igual que la identidad, la subjetividad debe entenderse como parte de un proceso — subjetivación— y no como una condición cosificada, aislada. Mi objetivo al emplear el concepto foucaultiano de subjetivación es enfatizar que esta "acción pedagógica anónima y difusa", descrita por Bourdieu, no constituye un proceso benigno de aculturación que pueda enmarcarse en el paradigma del relativismo cultural.[16] Más bien, la subjetivación suele involucrar desigualdades de poder y actos de violencia. "La experiencia de convertirse en sujeto", escribe Veena Das, "está ligada de manera importante a la experiencia de subyugación."[17] La forma en la que la gente pobre crece y vive en Honduras, cómo aprenden a sentir, pensar y comportarse, involucra un juego de circunstancias y entornos simbólicamente estructurados e infinitamente diferentes de los experimentados por las élites hondureñas.

Por ejemplo, los muchos hondureños que siguen el consejo optimista de los editoriales y de los omnipresentes pastores evangélicos, en lo que respecta a tener fe, trabajar duro y proyectar una identidad más positiva para así mejorar su estatus económico y social, ven frustrados sus esfuerzos a causa de la violencia estructural.

La violencia estructural es un aspecto integrado en "el entorno homogéneo simbólicamente estructurado" en el que viven los pobres: "la violencia de la pobreza, el hambre, la exclusión social y

14 Ibíd.

15 Pierre Bourdieu. *Outline of a Theory of Practice*. Trans. Richard Nice (Cambridge: Cambridge University Press, 1977), 87

16 Paul Farmer. "On Suffering and Structural Violence: A View from Below". In *Violence in War and Peace: An Anthology*. Ed. Nancy Scheper-Hughes and Philippe I. Bourgois, Blackwell Readers in Anthropology (Malden, Mass.: Blackwell, 2004), 287.

17 Veena Das. Life and Words: Violence and the Descent into the Ordinary. (Berkeley: University of California Press, 2007), 59

Figura 2.
Protestantes quemando la carta
de intenciones que el gobierno de
Honduras acuerda con el F.M.I.

la humillación."[18] Es más difícil articular y reconocer la violencia
estructural que hacer lo propio con la violencia física, fácilmente
identificable —como ocurre con la violencia simbólica. La violencia
en todas sus formas, física, estructural y simbólica, forma parte de
"la acción pedagógica anónima y difusa" por medio de la cual se
construyen las subjetividades.[19]

La corrupción del Estado, la explotación del trabajador sancionada
por el Estado, la falta de acceso a la educación, la carencia de tierras
como resultado de la agricultura extensiva, la construcción de
represas, y otros esquemas de desarrollo, son formas de violencia
estructural que han conducido a los hondureños al fracaso cada vez
que han buscado un mejoramiento de sus condiciones de vida a
través de la proyección de nuevas identidades. Estas experiencias
han llevado a los hondureños a conceptualizarse repetidamente
como un pueblo que vive en la "cultura de la pobreza", misma que
les condena a ser pobres a causa de su propia pobreza.

18 Scheper-Hughes y Bourgois, eds. *Violence in War and Peace, 1.*

19 Bourdieu. *Outline of a Theory of Practice,* 87. Véase también Judith P. Butler, *The Psychic Life of Power: Theories in Subjection* (Stanford, Calif.: Stanford
University Press, 1997); Michel Foucault, *Discipline and Punish: The Birth of the
Prison,* 2nd ed. (New York: Vintage Books, 1995); Veena Das et al., eds., *Violence
and Subjectivity* (Berkeley: University of California Press, 2000); Scheper-Hughes
and Bourgois, eds., *Violence in War and Peace.*

Francisco tiene unos 28 años, es miembro de Narcóticos Anónimos y lleva mucho tiempo viviendo en Canadá; él me refirió lo que piensa sobre las oportunidades que tienen los hombres jóvenes en Honduras:

Bueno, en un barrio pobre creo que no, no muchas. No hay tantas oportunidades. Se puede salir —se puede salir de los barrios marginales, pero...— se puede salir de allí, pero es duro de verdad. Es súper duro. La mayor parte de los muchachos que he conocido... es como... no sé cómo explicarlo, es como un círculo. Caminas en círculos ¿verdad? [Francisco dibuja círculos en el aire] Bueno, te daré el ejemplo perfecto. Tuve un amigo, ¿verdad? En el barrio en que vivía, que es —por cierto— es un barrio muy pobre. Era realmente inteligente. Era brillante. Era el tipo de muchacho, un estudiante de sólo sacar sobresalientes en todas las clases, ya sabes. Y después entró al bachillerato, pero tenía como seis, seis hermanos, ¿verdad? Entonces su familia intentó ayudarle todo lo que pudo en el colegio, ¿verdad? Pero llegó un punto en que le dijeron, "Escucha, todavía tenemos que criar a tus hermanos. No te podemos ayudar." Sabes, entonces, y este muchacho era brillante. Brillante. Y terminó por salirse del colegio y... ya sabes, dejó el colegio... y ¿qué hizo? Se casó. Ahora tiene como tres hijos.

Francisco argumenta que la pobreza privó del éxito a su amigo. Asimismo implica, como lo hiciera también Oscar Lewis,[20] que este ciclo se debe, por lo menos en parte, a las elecciones de los pobres, incluyendo su tendencia a tener más hijos.

De esta manera la violencia estructural de la pobreza se transforma en violencia simbólica: los pobres se culpan a sí mismos. Francisco mostró mucho resentimiento con respecto al poder de los ricos en su país, pero aun así siguió una línea común de razonamiento que ve la ideología del éxito desde dos ópticas simultáneas: como la única manera de escapar de la pobreza, y a la vez como un esfuerzo inútil. Esta ideología, que sostiene que "el éxito está basado en el mérito, que la desigualdad económica se debe a diferencias en términos de ambición y capacidades", y que "los individuos no heredan su

---

20 Oscar Lewis, *The Children of Sánchez: Autobiography of a Mexican Family* (New York: Random House, 1961); Oscar Lewis, *La Vida: A Puerto Rican Family in the Culture of Poverty-San Juan and New York* (New York: Random House, 1966).

estatus social… sino que lo obtienen por sus propios medios",[21] es tan prevalente en Honduras como lo es en los Estados Unidos. En este sentido, sigo a Jay MacLeod cuando utilizo el término secular para describir un fenómeno relacionado con lo que Weber denominó Ética Protestante;[22] pero no cabe duda de que la religión (en especial el Protestantismo Evangélico) ha sido fundamental para la consolidación de la ideología del éxito en Honduras.

Lo expuesto no implica que sea imposible analizar o criticar las fuerzas de la violencia estructural y el papel de la subyugación y la subjetivación. Las fuerzas que modelan la subjetividad pueden ser "anónimas" y "difusas", pero no son invisibles. Simplemente es difícil reconocerlas porque conforman las condiciones y prácticas que se dan por sentadas en la vida cotidiana (o, como Bourdieu las llama, son *doxa*). Aunque muchos hondureños consideran que, debido a su mala fortuna, es inútil intentar escapar de la pobreza por medio de la acción política organizada, un buen número de ellos sí resiste activa y colectivamente tanto la violencia estructural como la violencia política directa. Rebeca, dos décadas antes de conocerla, había estado comprometida con el movimiento para resistir el imperialismo estadounidense y la represión en Honduras. Otra amiga, Elena, cuyo hijo Teto llegó a ser buen amigo e informante, fue activista en el movimiento magisterial de la década de 1980; varios de sus compañeros fueron asesinados por los escuadrones de la muerte entrenados por los Estados Unidos. En 2003 Elena trabajaba en un proyecto que proporcionaba apoyo a trabajadores(as) del sexo en Tegucigalpa. Durante el tiempo en que realizaba mi trabajo de campo, varios grupos de indígenas ocuparon embajadas extranjeras, iniciaron huelgas de hambre en el marco de sus demandas territoriales y contra la persecución, y derribaron una gran estatua de Cristóbal Colón (que intentaron reemplazar con una de Lempira); grupos de garífunas viajaron a Tegucigalpa y acamparon en las afueras del edificio del Congreso Nacional para exigir la protección de sus tierras; una amplia alianza de grupos se unió después del Huracán Mitch para bloquear (con

---

21 Jay MacLeod, *Ain't No Makin' It: Aspirations and Attainment in a Low-Income Neighborhood* (Boulder, Colo.: Westview Press, 1995), 3.

22 Max Weber, *The Protestant Ethic and the Spirit of Capitalism* (New York: Scribner, 1958).

éxito) el intento del gobierno de desmantelar el Comisionado de los Derechos Humanos; y la lista continúa. Graham ha registrado numerosos ejemplos de resistencia en los que campesinos, grupos indígenas y pobladores urbanos han luchado contra el desarrollo de proyectos hidroeléctricos que afectan a las poblaciones locales.[23] Una "cronología del conflicto" en Honduras, elaborada por la revista *OSAL*, ha catalogado en años recientes un impresionante número de confrontaciones entre los hondureños y las instituciones de poder. Por ejemplo, para el periodo septiembre-diciembre de 2005, registra veintiuna movilizaciones de envergadura, en las cuales decenas de miles de hondureños resistieron varias formas de opresión de manera activa, abierta y colectiva.[24] Asimismo, estos desafíos a la violencia estructural han sido muy bien documentados por Víctor Meza, Leticia Salomón, Julieta Castellanos, y otros académicos hondureños que trabajan en el Centro de Documentación de Honduras (CEDOH), el Foro Ciudadano, y el recién inaugurado Observatorio de la Violencia. [25]

23 Graham, "Globalization at the Level of the People"; Daniel Aaron Graham, "Paper Arrows: Peasant resistance and Territoriality in Honduras" (M.A. thesis, University of California, Berkeley, 2002).

24 Martín Fernández, "Cronología del conflicto septiembre-diciembre 2005, Región Norte, Honduras," *OSAL: Revista del Observatorio Social de América Latina*, no. 18 (2005).

25 Véase, por ej. Víctor Meza et al., *Proceso electoral 2001: Monitoreo desde la sociedad civil,* 1era. ed. (Tegucigalpa, Honduras: Centro de Documentación de Honduras [CEDOH], 2002); Víctor Meza, Leticia Salomón, y CEDOH, *Honduras: Estado, sociedad y desarrollo: Monitoreo desde la sociedad civil,* 1era. ed. (Tegucigalpa, Honduras: CEDOH, 2004); Víctor Meza et. al., *Honduras: Hacia una política integral de seguridad ciudadana,* 1era. ed. (Honduras: CEDOH, 2004); Víctor Meza y CEDOH, *Corrupción y transparencia en Honduras,* 1era. ed. (Tegucigalpa, Honduras: CEDOH, 2002); Víctor Meza y CEDOH, *Honduras: Sistema político, crisis y reformas: Monitoreo desde la sociedad civil,* 1era. ed. (Tegucigalpa, Honduras: CEDOH, 2003); Víctor Meza, *Política y sociedad en Honduras: Comentarios,* 1era. ed. (Tegucigalpa, Honduras: Editorial Guaymuras, 1981); Víctor Meza et. al., *Democracia y partidos políticos en Honduras,* 1era. ed. (Tegucigalpa, Honduras: CEDOH, 2004); Julieta Castellanos, Leticia Salomón, y Foro Ciudadano, *Reforma policial y seguridad ciudadana* (Tegucigalpa, Honduras: Foro Ciudadano, 2002); Leticia Salomón, *Militarismo y reformismo en Honduras,* 1era. ed., *Colección Códices* (Tegucigalpa, Honduras: Editorial Guaymuras, 1982); y Magda Raudales, "Honduras", en *La cara de la violencia urbana en América Central,* ed. Eugenia Zamora Chavarría y Yancy Espinoza Quirós, *Armas, Violencia y Juventud* (San José, Costa Rica: La Fundación Arias para la Paz y el Progreso Humano, 2006).

En Honduras, los sindicatos obreros se han erigido en una poderosa fuerza contra la violencia estructural y de otros tipos. Las famosas huelgas bananeras de 1954 contra la estadounidense United Fruit Company, contaron con la simpatía de la mayoría de la población y lograron cambiar el rostro de las relaciones laborales a partir de entonces.[26] Más recientemente, los sindicatos han estado luchando activamente contra las políticas neoliberales en Honduras. El 5 de julio de 2000, Juli y yo coincidimos con una gran manifestación frente a la Alcaldía de San Pedro Sula. Pancartas con la cara del Che Guevara colgaban de las ventanas mientras los líderes de la movilización prendían fuego a la Carta de Intención (y su suplemento de 2000) del gobierno de Honduras al Fondo Monetario Internacional (FMI). A esta carta se la suele denominar "carta de buenas intenciones", pero los manifestantes la llamaban "carta de mala fe". En dichos documentos el gobierno, representado por el ministro de finanzas y el presidente del Banco Central de Honduras, accedía a la privatización de la compañía telefónica nacional (HONDUTEL), de la compañía de energía eléctrica (ENEE), y a propiciar contratos municipales para el manejo de la basura, todo a cambio del prometido alivio de la deuda.[27] Los manifestantes coreaban "¡El pueblo unido jamás será vencido... ni vendido!". A las acciones anti-FMI de aquel agosto, les siguió una huelga general que cerró por veinticuatro horas universidades, carreteras, escuelas y hospitales.

Actos públicos de resistencia como los mencionados, identifican explícitamente formas de violencia estructural que normalmente permanecen ocultas dentro de la incontestable lógica cotidiana de la *doxa*. Bourdieu observa que la *doxa* puede hacerse visible a través de "crisis políticas y económicas correlativas con la división de clases."[28] Los actos de identificación —tales como quemar la carta

---

26 Marvin Barahona y Julio C. Rivera, *El silencio quedó atrás: Testimonios de la Huelga Bananera de 1954*, 1era. ed. (Tegucigalpa, Honduras: Editorial Guaymuras, 1994); Dana Frank, *Bananeras: Women Transforming the Banana Unions of Latin America* (Cambridge, Mass.: South End Press, 2005); Víctor Meza, *Historia del movimiento obrero hondureño*, 1era. ed., Colección Códices (Tegucigalpa, Honduras: Editorial Guaymuras, 1980).

27 Hugo Castillo y Victoria Asfura de Díaz, "Supplementary Letter of Intent of tha Government of Honduras", Government of Honduras, 2000.

28 Bourdieu, *Outline of a Theory of Practice*, 168.

de malas intenciones— pueden ser empleados políticamente en la intersección entre subjetividad y violencia para revelar la *doxa*, produciendo lo que Foucault ha denominado "desubjetivización".[29] A través de actos políticos abiertos de resistencia, la gente se identifica a sí misma en relación con el poder y reconoce y rechaza el tipo de violencia simbólica que acompaña la invisibilidad de la violencia estructural. La resistencia política puede entonces proporcionar una ventana en el mismo proceso de subjetivización —que, al igual que la violencia estructural, no se articula en la vida cotidiana.

BANANA REPUBLIC: ¿FABRICADA EN LOS ESTADOS UNIDOS CON MATERIALES IMPORTADOS?

Honduras, al igual que la mayoría de sus vecinos centroamericanos, es un país pobre con poco que destacar en términos de "desarrollo". En 2004, de acuerdo con el Programa de las Naciones Unidas para el Desarrollo (PNUD), el salario promedio anual era de US$2,665, la esperanza de vida al nacer era de 68.6 años (comparada con 77.9 en los Estados Unidos) y 67.2% de los niños hondureños menores de cinco años sufrían de desnutrición. [30]

Como parte de la antigua Capitanía General de Guatemala, Honduras obtuvo la independencia del régimen colonial español en 1821. Esto ocurrió como resultado de la Guerra de Independencia, inserta en la descolonización política pan-hemisférica de España, y que fue inmediatamente seguida por una recolonización económica regional específica protagonizada por los Estados Unidos y Europa

---

29 Véase, por ejemplo, Michel Foucault, "Interview with Michel Foucault," en Power, vol.3 de Essential Works of Foucault: 1954-1984, ed. James D. Faubion, Paul Rabinow, and Colin Gordon, trans. Robert Hurley (New York: New Press, 2000), 241-42.

30 Las estadísticas se toman de Glenda Gallardo, Fernando calderón, y Natasha Loayza, "Informe sobre desarrollo humano Honduras 2006: Hacia la expansión de la ciudadanía", Programa de las Naciones Unidas para el Desarrollo (PNUD), Honduras, 2006, 220; Arialdi M. Miniño, Melonie Heron, y Betty L. Smith, "Deaths: Preliminary Data for 2004" (Hyattsville, Md.: U.S. Department of Health and Human Services, Center for Disease Control and Prevention, National Center for Health Statistics, 2006), disponible en www.cdc.gov/nchs/products/pubs/pubd/hestats/prelimdeaths04/preliminary deaths04.htm; Gallardo, Calderón y Loayza, "Informe sobre desarrollo humano Honduras 2006", 232.

septentrional. La República Federal de Centroamérica se formó después de una breve anexión a México. En 1838 esta federación se fragmentó y Honduras se convirtió en una nación separada. Poco después de los viajes que William Wells hiciera a Honduras a mediados de ese siglo, las inversiones estadounidenses comenzaron a asumir un papel central en la economía y política del país. Por ejemplo, en el obituario de Washington Valentine, propietario de la influyente New York and Honduras Rosario Mining Company, se lee —en referencia a este empresario— el apelativo de "el Rey de Honduras".[31] Las ganancias de exportación de las empresas de Valentine y de otros negocios similares con sede en los Estados Unidos, crecieron enormemente con la ayuda de concesiones que los eximían de pagar impuestos —y esto provocó que la base tributaria del país se desequilibrara mientras la nueva nación acumulaba deuda. El control de los Estados Unidos sobre Honduras se consolidaba con el crecimiento de la industria bananera: en la década de 1920 las compañías bananeras en manos estadounidenses se beneficiaban de (y promovían) las "guerras bananeras", legitimadas por el gobierno de los Estados Unidos; en el proceso, los campesinos fueron privados de todas las tierras fértiles, el país fue convertido en un exportador de monocultivo, y los dólares estadounidenses llegaron a ser la moneda de curso legal junto al peso hondureño (rebautizado Lempira en 1926). [32] En 1904 el escritor O. Henry, después de vivir en Honduras y presenciar el crecimiento de la industria bananera, acuñó la expresión satírica "banana republic" para referirse a este país.[33]

---

31 "W. S. Valentine Dies in Atlantic City," New York Times, March 18, 1920, citado en Darío Euraque, *Reinterpreting the Banana Republic: Region and State in Honduras, 1870-1972* (Chapel Hill: University of North Carolina Press, 1996), 6.

32 Walter LaFeber, Inevitable Revolutions: *The United States in Central America,* 2nd. ed. (New York: Norton, 1993), 46; Lester D. Langley and Thomas David Schoonover, *The Banana Men: American Mercenaries and Entrepreneurs in Central America, 1880-1930* (Lexington: University Press of Kentucky, 1995); véase también Steve Striffler and Mark Moberg, *Banana Wars: Power, Production, and History in the Americas* (Durham, N.C.: Duke University Press, 2003).

33 O. Henry, *Cabbages and Kings* (Garden City, N. Y.: Doubleday Page for Review of Reviews Co., 1904), citado en Thomas H. Holloway, "Query: Banana Republic," University of Texas, http://lanic.utexas.edu/la/region/news/arc/lasnet/1996/0367.html.

Figura 3.
Banana Republic: ¿hecho en Estados Unidos de fábrica importada?

Gran parte del papel central de los Estados Unidos en la economía y política hondureñas puede explicarse por la trayectoria interna particular de Honduras, que contrasta con las de los vecinos países centroamericanos. Edelberto Torres Rivas y otros estudiosos han descrito esta trayectoria en términos de ausencia de una oligarquía hondureña (en comparación, por ejemplo, con las poderosas élites cafetaleras de la vecina Guatemala), lo que permitió una dominación a gran escala por parte de los Estados Unidos.[34] Euraque va más allá de la hipótesis de la "ausencia" y examina el papel de los actores locales en un contexto internacional más amplio marcado por la industria bananera. Este autor argumenta que los estrechos lazos de las élites hondureñas de la Costa Norte (alejada de la capital, Tegucigalpa) con los Estados Unidos, junto con la influencia de los sindicatos, condujeron a una formación más liberal del estado, lo que reforzó los vínculos entre los Estados Unidos y Honduras e impidió el tipo de movimientos revolucionarios y guerras civiles que tuvieron lugar en Guatemala, El Salvador y Nicaragua durante la segunda mitad del siglo XX.[35] La paz relativa de Honduras, sin embargo, no se ha correspondido con un nivel de vida más alto.

---

34 Edelberto Torres-Rivas, *History and Society in Central America* (Austin: University of Texas Press, 1993); Héctor Pérez Brignoli, *Breve historia de Centroamérica* (Madrid: Alianza Editorial, 2000); William I. Robinson, *Transnational Conflicts: Central America, Social Change, and Globalization* (London: Verso, 2003); Donald E. Schulz and Deborah Sundloff Schulz, *The United States, Honduras, and the Crisis in Central America,* Thematic Studies in Latin America (Boulder, Colo.: Westview Press, 1994).

35 Euraque, *Reinterpreting the Banana Republic.*

Actualmente la pobreza persiste en Honduras, en gran medida, debido a la participación del Estado en el modelo neoliberal del Consenso de Washington, fomentado por el FMI y el Banco Mundial en cooperación con instituciones de desarrollo bilaterales y regionales, tales como la Agencia de los Estados Unidos para el Desarrollo Internacional (USAID), el Banco Centroamericano de Integración Económica (BCIE), y el Banco Interamericano de Desarrollo (BID). A partir de la década de 1980 el FMI y el Banco Mundial, en el marco de sus programas de ajuste estructural (los PAE) vinculados con la amortización de la deuda, han obligado a Honduras a reducir su economía (a través de acuerdos de libre comercio) a dos rubros: agricultura de exportación e industria maquiladora (los minoristas estadounidenses son los principales compradores de ambas industrias).[36] Al igual que ha sucedido con todos los países en el mundo sujetos a los PAE del FMI, la migración masiva e insostenible hacia los centros urbanos en Honduras ha constituido un efecto importante de estas políticas monetarias; este fenómeno está disociado de (o peor, inversamente correlacionado con) la calidad de vida.[37] Más recientemente, el FMI y el Banco Mundial han prometido ayudar a Honduras con su recurrente problema de deuda a través de la iniciativa para los Países Pobres Altamente Endeudados (conocida por sus siglas en inglés, HIPC) de 1996 y su versión ampliada de 1999. El fideicomiso de la HIPC consiste en préstamos que otorga el FMI en el marco del programa de Servicio para el Crecimiento y Lucha contra la Pobreza (SCLP) —a ser pagados a través de una cuenta fiduciaria— que son utilizados para cubrir pagos de deuda acumulada *al FMI*, así como alivio parcial de la deuda por parte de la Asociación Internacional de Fomento (AIF) del Banco Mundial, por sus préstamos. En efecto, Honduras está siendo obligada a pedir prestado a Pedro para pagarle a Pablo.

---

36 Frank, *Bananeras*, 18; Robinson, *Transnational Conflicts*; Alcides Hernández, *El neoliberalismo en Honduras*, 2da. ed. (Tegucigalpa, Honduras: Editorial Guaymuras, 1987).

37 Mike Davis, *Planet of Slums* (London: Verso, 2006); Martiniano Lombraña, Ángel Darío Banegas, y Misioneros Claretianos, *Realidad socio-económica de Honduras* (La Ceiba, Honduras: Talleres "Claret", Misioneros Claretianos, 1996); Susan C. Stonich, *"I Am Destroying the Land!": The Political Ecology of Poverty and Environmental Destruction in Honduras,* Conflict and Social Change (Boulder, Colo.: Westview Press, 1993).

A cambio de los préstamos prometidos, muchos de los cuales nunca se materializaron,[38] el gobierno hondureño aceptó en su documento de Estrategia de Reducción de la Pobreza (ERP) de 2001 las condiciones del SCLP del FMI, que incluyen la privatización de la seguridad social y de empresas públicas. Los empleados públicos y sus sindicatos han expresado la preocupación de que esto significará que la eficiencia y el balance fiscal —no la salud y el bienestar públicos— serán las metas prioritarias de instituciones como hospitales y escuelas. Otra condición del SCLP es la creación de una nueva ley de servicio civil, que gobierna el sector de los empleados públicos. Esta ley recortaría los salarios públicos e introduciría mayor "flexibilidad" (un eufemismo para desregulaciones que permiten un mayor control gerencial de los trabajadores) en los lugares de trabajo al abolir todos los contratos colectivos existentes. Es evidente que esto constituiría un ataque brutal a la capacidad de los trabajadores para defenderse a sí mismos y a la población.[39]

Como otra condición para recibir financiamiento en el marco de la HIPC, el gobierno hondureño también accedió a "fortalecer la participación de Honduras en el programa de integración centroamericana," y "ampliar y mejorar las relaciones comerciales de Honduras, con vistas a su inclusión efectiva en el Acuerdo de Libre Comercio de las Américas", todo ello plasmado en el documento de la ERP.[40] Los problemas causados por el control neoliberal externo de la economía hondureña se verán agravados por el Tratado de Libre Comercio Centroamericano (CAFTA, por sus siglas en inglés), ratificado en 2005 por el Congreso estadounidense, el Plan Puebla-Panamá, y el Tratado de Libre Comercio de las Américas (ALCA).

El CAFTA dará lugar a una afluencia masiva de productos baratos provenientes de Estados Unidos, lo cual será desastroso para el sector industrial hondureño —de manera similar a lo que ha sucedido

38 FOSDEH y Soren Kirk Jensen, "Honduras: Pushed to the Edge," ponencia presentada en las sesiones de primavera del FMI y el Banco Mundial, Washington, D.C., abril de 2004; Sarah Hunt, "Honduras Update" (Tegucigalpa, Honduras: Trocaire, 2004).

39 Hunt, "Honduras Update," 7-8; World Bank, "Economic Policy and Debt – The Enhanced Hipc Initiative," www.worldbank.org/; International Monetary Fund, "Honduras and the IMF," www.imf.org/country/HND/index.htm.

40 Government of Honduras, "Poverty Reduction Strategy Paper (2001-2015)," 2001, 66.

con su homólogo, el Tratado de Libre Comercio de Norteamérica (NAFTA) en México.[41] Este tratado desregula a las corporaciones y con ello remueve las protecciones al consumidor, de manera que — para poner un ejemplo controversial— las compañías farmacéuticas podrán determinar libremente los precios, tal como lo hacen en los Estados Unidos. También baja aún más los impuestos a las empresas, para así perpetuar y profundizar la crisis del sector público en la que los agobiados trabajadores hondureños tienen ya que soportar una carga impositiva desproporcionada. Mauricio Díaz Burdett, coordinador del Foro Social de la Deuda Externa y el Desarrollo de Honduras, lo expresa así: "La comunidad internacional ha llevado a Honduras al borde del abismo. Si no alcanzamos el punto de culminación ahora y obtenemos alivio de deuda para implementar programas sociales, el aumento de la pobreza y la inestabilidad social absorberán el país. Esto podría convertirse en una nueva Bolivia."[42] Muchos hondureños —entre ellos algunos legisladores— comparten esta preocupación. En 2005 Doris Gutiérrez, diputada del partido progresista Unión Democrática (UD), viajó a los Estados Unidos para unirse al congresista Dennis Kucinich en su oposición al tratado. El Presidente de Honduras, Ricardo Maduro, consideraba el asunto de manera diferente: "Si tuviéramos que elegir entre continuar siendo dependientes de los Estados Unidos y hacernos más ricos, o intentar independizarnos sin un crecimiento tan rápido", dijo a un reportero de la BBC mientras estaba en Washington para apoyar la aprobación del CAFTA, "elegiría lo primero". [43]

Es preciso señalar la naturaleza enrarecida y retorcida del lenguaje del desarrollo hegemónico, fenómeno al que llamo aquí *acronimación del discurso público* (ADP). La ADP en Honduras, al igual que en otros lugares, excluye discursos más igualitarios, así como los de aquéllos para quienes estos acrónimos (y siglas) constituyen una jerigonza sin sentido. Sin embargo los últimos, entre los que nos contamos la mayor parte de los habitantes del

---

41 Daniel Cruz y Efraín Díaz, "Investigación sobre los efectos del CAFTA-RD en el sector rural de Honduras," Centro de Desarrollo Humano, 2005.

42 FOSDEH y Jensen, "Honduras: Pushed to the Edge," 1.

43 Carlos Chirinos, "Maduro: 'Vinimos a apoyar a Bush,'" *BBC Mundo*, 12 de mayo de 2005 citado en Wilfredo Flores, "Pobres y dependientes," suministrado por el autor a través del correo electrónico, 11 de octubre de 2006.

planeta, estamos sujetos a las políticas de las mismas instituciones financieras que nos han impuesto el ADP. Esta ofuscación funciona como un mecanismo silenciador para cualquiera que no haya adquirido dominio de este discurso, y, al igual que las estadísticas del desarrollo, facilita la distorsión de sentido por parte de aquéllos que sí lo reclaman como propio.

Si bien el neoliberalismo aliena a través de su discurso confuso, también lo hace a través del tipo de relaciones que promueve. A finales del siglo XIX Honduras se convirtió en un exportador de monocultivo a los Estados Unidos —una república bananera—; ello fue posible gracias a que este producto era geográficamente específico debido a la ubicación del país, su clima y estructura política. *Dónde* estaba ubicado, *qué* estaba siendo producido, y *quién* lo estaba produciendo eran específicos. A finales del siglo XX, esto ya no era así. Como Byron Hamann ha observado, "Quizás la caracterización más común del mundo globalizado del milenio es que es un lugar donde el espacio y el tiempo están comprimidos y colapsados, un lugar donde el capital del primer mundo está siempre desplazándose por los sitios del tercer mundo en los que realiza sus explotaciones, con el fin de reducir los costos, evitar las regulaciones y maximizar sus ganancias."[44] En este contexto, el *dónde* se vuelve irrelevante para el producto, la *naturaleza* del producto puede cambiar en cualquier momento, y *quién* lo produce puede intercambiarse rápidamente por otros trabajadores explotados alrededor del mundo.

Por ejemplo, una camiseta Old Navy vendida en los Estados Unidos puede ser hecha en Honduras o en China, y no hay nada específico en esa camiseta (salvo su etiqueta, en la mayoría de los casos) que indique su origen. No es una camiseta hondureña; es una camiseta Old Navy. Aún más, la etiqueta puede indicar que un

---

44 Byron Hamann, "The Mirrors of Las Meninas: Cochineal, Silver, and Clay," ponencia presentada en el XXV Congreso de la Latin American Studies Association, Las Vegas, Nev., octubre de 2004. Véase también Arjun Appadurai, "Grassroots Globalization and the Research Imagination," *Public Culture* 12, no. 1 (2000); Jean Comaroff and John Comaroff, "Occult Economies and the Violence of Abstraction: Notes from the South African Postcolony," *American Ethnologist* 26, no. 2 (1999); David Harvey, *The Condition of Postmodernity: An Enquiry into the Origins of Cultural Change* (Cambridge, Mass.: Blackwell, 1990); Daniel Miller, "Consumption as the Vanguard of History," in *Acknowledging Consumption: A Review of New Studies, Material Cultures* (London: Routledge, 1995).

producto es "hecho en los Estados Unidos" —aunque gran parte de su producción se haya llevado a cabo en Honduras u otro país— siempre y cuando el comerciante argumente ante la desregulada Comisión Federal de Comercio que dicho producto fue "todo, o virtualmente todo" hecho en los Estados Unidos.[45] Es común que la joven mujer hondureña (o con mucha menor frecuencia, hombre) que costura la manga en un modelo de camiseta Old Navy, una tras otra sin cesar, haya trabajado en una parte distinta de un modelo diferente la semana anterior, dirigida por su jefe de maquiladora (con mucha menor frecuencia, jefa), quien sigue las especificaciones dictadas por Old Navy. La joven no aprende una destreza especializada que la conecte con el producto terminado; ella no puede confeccionar una camiseta. La camiseta misma es hecha para un cuerpo extranjero. Las relaciones de alienación inherentes al proceso de producción en la fábrica —entre la obrera y su jefe, otras obreras, su trabajo, el producto, el consumidor, y sí misma— anteceden por mucho a la era neoliberal.[46] Las políticas neoliberales incorporan, sin embargo, un nuevo giro: hoy la obrera hondureña de la maquiladora experimenta un nivel adicional de alienación en la forma de una desestabilización radical de lugar; esto es, puede ser que su fábrica y empleo se reubiquen en otro país y otra obrera, de la noche a la mañana. Dado que los bienes producidos para la exportación hacia naciones ricas están escindidos de la geografía, ni siquiera los trabajadores del banano pueden tener la seguridad de no ser reemplazados por homólogos peor pagados en el extranjero.[47]

PRINCIPIOS BÁSICOS

Realicé mi investigación entre 1997 y 2003 durante una serie de visitas que abarcaron desde tres semanas hasta cinco meses y totalizaron poco más de un año. Por lo general viajé sola, salvo en el verano de 2000 cuando me acompañaron mis amigas y colegas

45 Federal Trade Commission, "Complying with the Made in the USA Standard," www.ftc.gov/bcp/conline/pubs/buspubs/madeusa.shtm.

46 Karl Marx, *Capital: A Critique of Political Economy* (Harmondsworth: Penguin Books, 1976), 545-63

47 Eric R. Wolf, Europe and the People without History (Berkeley: University of California Press, 1982), 323-25.

investigadoras, Juli Kang y Alison Oestreicher. El principal método de investigación aplicado fue la observación participante. Además de las notas de campo, los datos en crudo incluyeron cuarenta y seis horas de video, filmado por Juli, una docena de entrevistas formales grabadas en audio, periódicos y material archivístico. Tuve la buena fortuna de contar con una familia extraordinaria en cada ciudad en donde realicé trabajo de campo. Viví en La Lima con Rebeca y su familia; en San Pedro Sula con doña Elodia y su esposo don Jacinto; en Tegucigalpa con Elena y su familia; en 1999 alquilé un apartamento en Choloma, que compartí con Lesly Rodríguez y su familia. En casi todos los casos utilizo seudónimos para proteger la privacidad y las vidas de mis informantes hondureños. En las pocas ocasiones en las que abordo figuras públicas (tales como Lesly Rodríguez), utilizo sus verdaderos nombres.

En los capítulos que siguen examino la formación de las identidades y subjetividades hondureñas a través de un análisis fundamentado en tres temáticas interconectadas: violencia, alcohol, e industria maquiladora. Un examen del desarrollo de la identidad y la subjetividad a través de la violencia, el alcohol y las maquiladoras, requiere una comprensión de los procesos de control involucrados en ellos.[48] La violencia simbólica que enfrentan los hondureños, la violencia real del Estado, la fetichización de lo extranjero, el privilegiar el concepto cultural sobre el de poder, y el papel de la religión, constituyen un entramado de "mecanismos que sirven al arraigo de las ideas que se institucionalizan con relación al poder" en Honduras.[49] Las maneras en que los hondureños encarnan, resisten, y negocian estos procesos de control —en otras palabras, cómo llegan a ser lo que son— adquieren claridad a través de un examen de estas tres temáticas centrales.

Las maquiladoras o maquilas, las fábricas en las que los obreros producen ropa y otros productos para su venta en el mercado estadounidense, constituían el interés original de mi investigación. Estaba interesada en las maquilas en tanto que sitio importante para el estudio de la globalización, así como para el "estudio de los de arriba" (*studying up*) a través del examen de los roles y actitudes de

---

48 Laura Nader, "Controlling Processes," *Current Anthropology* 38, no. 5 (1997).
49 Ibíd.

los gerentes y otros ostentadores de poder.[50] Opté por analizar el consumo de alcohol debido a su prevalencia y a que proporciona un importante contrapeso al enfoque hacia la producción que conlleva la industria maquiladora, en el contexto del estudio sobre cómo las personas se convierten en lo que son. Beber alcohol es un proceso de consumo; a medida que los hondureños lo consumen, éste a su vez consume su dinero y —según los diferentes modelos de alcoholismo— sus cuerpos, vidas y/o almas. Geoffrey Hunt y J. C. Barker han propuesto una teoría unificada de la ingesta de substancias que desafía las clasificaciones del *status quo*,[51] y yo escribo dentro de este marco conceptual. El uso de drogas ilegales en Honduras es también un ejemplo sugestivo de ingesta y, más ampliamente, de consumo. Por ejemplo, la práctica extendida de aspirar *resistol* (pegamento), en especial entre los niños y jóvenes de la calle, es un fenómeno preocupante para la mayoría de hondureños.[52] El uso del crack se disparó en la década de 1990, ligado al aumento del comercio de cocaína asociado a la CIA.[53] Las drogas de diseño, como el éxtasis, también son comunes; las plantas psicotrópicas, como la marihuana, han tenido a lo largo de los años un sinnúmero de usos y significados culturales. Los alimentos legales, como las muchas variedades hondureñas de banano, con toda su complejidad cultural, no son menos interesantes. Sin embargo, debido a que el alcohol está problematizado, generalizado, es legal y puesto que su estudio en Honduras es más seguro que el de las drogas ilegales, lo selecciono como tema ideal de una antropología del consumo.

---

50 Laura Nader, "Up the Anthropologist: Perspectives Gained from Studying Up," in *Reinventing Anthropology*, ed. Dell H. Hymes (New York: Pantheon Books, 1972).

51 Geoffrey Hunt y J. C. Barker, "Socio-Cultural Anthropology and Alcohol and Drug Research: Towards a Unified Theory," *Social Science and Medicine* 53, no. 2 (2001).

52 Por ejemplo, véase Will Weissert, "La adicción al pegamento parece incontrolable en calles hondureñas," *El Heraldo*, 27 de mayo de 2000, citado en Jon Carter, "'Forgive Me Mother, for My Crazy Life': Street Gangs, Motherdom, and the Magic of Symbols in Comayagüela, Honduras" (Baton Rouge: Louisiana State University and Agricultural and Mechanical College, 2001).

53 Alexander Cockburn y Jeffrey St. Clair, *Whiteout: The CIA, Drugs, and the Press* (London: Verso, 1998); Peter Dale Scott y Jonathan Marshall, *Cocaine Politics: Drugs, Armies, and the CIA in Central America*, updated ed. (Berkeley: University of California Press, 1998).

El tema del primer capítulo, violencia, fue impuesto por el sitio mismo; no estudiar la violencia en un contexto en el que surge en casi cada conversación sería "perder de vista la revolución" (*miss the revolution*) —término acuñado por Orrin Starn para denotar la tendencia de los antropólogos a enfocarse en lo "tradicional" y los tópicos menos controversiales en detrimento de aquéllos políticamente peligrosos pero más relevantes desde un punto de vista ético y social. [54]

Honduras existe, como todos los lugares en la tierra, en un contexto de ideologías de consumo, producción, y globalización. En Honduras, al igual que en otras antiguas colonias, los efectos de la colonización se han incorporado en las subjetividades de los descendientes de los colonizados. La noción del darwinismo social de que los colonizados son más violentos que los colonizadores, implica que la resistencia a formas poscoloniales de opresión se tornen más difíciles. Incluso cuando los hondureños resisten la violencia estructural cotidiana que conforma el contexto de sus vidas, participan de la violencia simbólica al adherir nociones nocivas sobre quiénes (y cómo) son. Muchos hondureños me dicen que ellos son más violentos que (y por lo tanto más atrasados que) la gente de otros países; las grotescas imágenes de violencia que a diario observan en sus vecindarios y que aparecen ampliamente reproducidas en los medios de comunicación impresos y en los aparatos de televisión, confirman esto. Su comprensión encarnada de sí mismos como violentos contradice e incrementa, al mismo tiempo, su conformidad con los modelos económicos y sociales de la modernidad, que requieren su rendición ante las ideologías opresivas de consumo y producción.

---

54 Orrin Starn, "Missing the Revolution: Anthropologists and the War in Peru," *Cultural Anthropology* 6, no. 1 (1991).

UNO:
Violencia

BOLO[1] EN CHOLOMA

En 1999, el día en que me mudé al pueblo maquilador de Choloma, presencié la muerte de un hombre. Estaba en una ferretería comprando algunos artículos necesarios para mi instalación, cuando escuché y sentí una explosión a la que siguió un apagón. El propietario del negocio, otros clientes y yo salimos a averiguar qué había ocurrido; pudimos ver un cable de electricidad caído y a un hombre que yacía inmóvil sobre el pavimento, cerca de su bicicleta. El hombre empezó a convulsionar violentamente y supuse que se debía a los estertores de la agonía... hasta que me percaté de que el cable se le había enredado por todo el cuerpo: presenciábamos su electrocución. En seguida un buen número de personas acudió al lugar y algunos hombres se las arreglaron para arrastrar el cable y quitárselo de encima. Permanecí ahí de pie junto a los demás espectadores, impotente, ajena al hecho de que estábamos impidiendo el paso de la policía y la ambulancia. De vuelta en la ferretería, el propietario y un cliente se pusieron a conversar sobre el hombre de la bicicleta; coincidieron en que la corriente de electricidad no debía haber sido muy fuerte, pues de lo contrario se habría carbonizado. El propietario remarcó que aquello había sucedido porque el tendido del cable era defectuoso, y que ya él había notado hacía unos días que despedía chispas cuando llovía. La municipalidad nunca se ocupa de estas cosas, dijo, pero en cualquier caso el ciclista era tan sólo un bolo.

¿CÓMO SE NORMALIZA LA VIOLENCIA?

Los hondureños están familiarizados con la violencia y la muerte. Rocío Tábora, socióloga y ex Ministra de la Presidencia, ha escrito que hablar de violencia en Honduras "es traer a la superficie

---

1 Bolo: borracho

una telaraña de memorias e historias confusas y dolorosas, en las que las eras, fechas y causas de la violencia se desenmarañan para formar parte de una experiencia vital permanente de inseguridad, miedo y muerte".[2] La violencia, la inseguridad, el miedo y la muerte surgen a diario por doquier como temas de conversación y dominan las noticias en los medios de comunicación. Si bien yo sentí alarma e indignación ante la escena descrita arriba, los demás testigos del hecho optaron por la especulación y el chismorreo curioso; el espectáculo había sido dramático, sin lugar a dudas, pero nada excepcional. Ello no obedece a la aceptación de lo absurdo de la muerte en el contexto de un peculiar realismo mágico latinoamericano, más bien puede entenderse como un ejemplo de los modos en los que la violencia se ha vuelto normal para los hondureños debido a su exposición continuada a la misma —al punto de que se culpara a esta víctima de una patente negligencia municipal de provocar su propio deceso.

¿Cómo se convierte la violencia externa en subjetividad? ¿Cuáles son los procesos que conducen a la incorporación del mundo que nos rodea en nuestros propios cuerpos o vidas? ¿Cómo un grupo de personas llega a interpretar que la violencia infringida a sus pares (y a sí mismas) es merecida? En Honduras no se evidencia una agenda de unificación nacionalista como las que sí se observan en otras naciones latinoamericanas; los hondureños no disponen de respuestas propagandísticas claras a preguntas sobre su identidad, como sí es el caso, por ejemplo, para los mexicanos ("Nosotros los mexicanos somos *hijos de la chingada*; somos *malinchistas*; somos *la raza*").[3] Cuando he preguntado en Honduras "¿qué significa ser

2 Rocío Tábora, *Masculinidad y violencia en la cultura política hondureña* (Tegucigalpa, Honduras: C. H. Honduras/Centro de Documentación de Honduras [CEDOH], 1995), 39.

3 Octavio Paz, *The Labyrinth of Solitude; The Other Mexico; Return to the Labyrinth of Solitude; Mexico and the United States; The Philanthropic Ogre* (New York: Grove Press, 1985). Para reflexiones más críticas y matizadas sobre el nacionalismo mexicano, véase también Claudio Lomnitz-Adler, *Exits from the Labyrinth: Culture and Ideology in the Mexican National Space* (Berkeley: University of California Press, 1992); Claudio Lomnitz-Adler, *Deep Mexico, Silent Mexico: An Anthropology of Nationalism,* Public Worlds (Minneapolis: University of Minnesota Press, 2001); Carlos Monsiváis, *Mexican Postcards,* trans. John Kraniaskutas, Critical Studies in Latin American and Iberian Cultures (London: Verso, 1997).

hondureño?", las respuestas que he recibido se enfocan en lo negativo: "No estamos tan avanzados como los Estados Unidos", "No tenemos dinero", "Todavía no hemos aprendido a controlar nuestra violencia" o, simplemente, "Somos atrasados". La comunidad imaginada de los hondureños es una de violencia y carencia.[4]

El concepto de violencia simbólica —esto es, la complicidad de un sujeto con la violencia perpetrada contra él o ella— constituye una herramienta útil para comprender las subjetividades hondureñas. Seguiré el marco teórico de la violencia simbólica propuesto por Bourdieu para abordar las preguntas planteadas en el párrafo precedente; con ello pretendo, además, evitar caer en la fácil trampa de culpabilizar a las víctimas. La convicción de los hondureños de que la violencia constituye la esencia de la hondureñidad, de que como personas son menos civilizadas que las de las naciones del primer mundo, supone un tropo evolucionista simbólicamente violento, esencial al colonialismo. Como tal, dicha convicción complementa a la violencia económica y a otras formas de violencia estructural en los procesos locales de identificación y subjetivación.

La teoría de la violencia simbólica está vinculada con otro concepto propuesto por Bourdieu, el de *habitus* —entorno estructural y cultural interiorizado en forma de disposiciones para actuar, pensar y sentir de maneras determinadas. El *habitus* puede manifestarse, por ejemplo, en la disposición corporal para ubicarse a distancias diferentes de las personas según las circunstancias, o en la disposición para actuar y reaccionar de maneras diferentes con respecto a las personas de distintas clases o etnias (y diferente *habitus*). El *habitus* se adquiere a través de la enculturación en una clase social, un género, una familia, un grupo de coetáneos, o incluso en una nacionalidad.

El *habitus* es también un componente central del capital simbólico. En palabras de Bourdieu, "el capital simbólico, es decir, capital —en la forma que sea— en la medida en que es representado, esto es, simbólicamente aprehendido, en una relación de conocimiento o, para ser más exactos, de reconocimiento y desconocimiento, presupone la intervención del *habitus,* entendido este como una

---

4 Benedict R. Anderson, *Imagined Communities: Reflections on the Origin and Spread of Nationalism* (London: Verso, 1983).

capacidad cognitiva socialmente constituida".[5] En otras palabras, el capital simbólico es el conocimiento intrínseco sobre cómo y cuándo emplear los modales para obtener distinción social a través del gusto superior que se demuestra; y esos modales y gusto están encarnados en el *habitus*. El desarrollo del *habitus* se presenta como un proceso continuo que, sin embargo, no puede ser alterado intencionalmente de manera consciente puesto que no constituye exclusivamente un estado psicológico, sino uno encarnado.

En este libro sostengo que la violencia simbólica resultante de la obsesión encarnada de los hondureños con ciertas manifestaciones de su propia violencia "real" (*versus* estructural) es condición necesaria para la aceptación de una forma violenta de modernidad, y de una forma violenta de capitalismo.

LA VIOLENCIA COTIDIANA

El 6 de julio de 1997 —mi primer día de trabajo de campo en La Lima— escribí lo siguiente en mis notas: "Cuando caminaba de regreso [a casa] me detuve en un puesto de venta de tacos; la señora que lo atendía se quedó estupefacta al ver que yo tomaba asiento, pronto se le sumaron dos mujeres más y un señor, y todos se pusieron a interrogarme… básicamente me aconsejaron que tuviera cuidado, que la gente que me viera ahí podría pensar que tenía mucho dinero y *atacarme*. Luego contaron historia tras historia sobre conocidos suyos que sin razón alguna habían sufrido robos, mutilaciones, asesinatos y otros agravios". Tras pocas semanas este tipo de conversaciones se volvió tan frecuente que dejé de mencionarlas en mis notas y me concentré en otros temas. El tema de la violencia permea, en Honduras, casi todas las interacciones comunicativas y en la percepción popular se la asocia de manera especial con la industria maquiladora —mi objeto de estudio inicial. Muchos hondureños apuntan hacia una correlación entre el crecimiento de esta industria y el incremento de los niveles de violencia en la calle, así como del consumo de alcohol y drogas. En respuesta a mi

---

5 Pierre Bourdieu, "The Forms of Capital," in *Handbook of Theory and Research for the Sociology of Education*, ed. John G. Richardson (New York: Greenwood Press, 1986), 256.

pregunta sobre la muy citada conexión entre violencia y fábricas, una joven obrera de la maquiladora manifestó: "Eso viene junto con el progreso, sencillamente. Cuando hay progreso, como ahora, hay también delincuencia". Irónicamente, a pesar de la percepción de un vínculo entre maquilas y violencia, muchos hondureños localizan esa violencia *fuera* de la maquila —en contraste con el interior de la fábrica, que es imaginado como un espacio de impoluta modernidad y progreso.

Honduras no experimentó, durante la década de 1980, una guerra contra su población comparable a las que sí tuvieron lugar en Guatemala, Nicaragua y El Salvador; aunque entonces como ahora la militarización (que incluye una significativa y prolongada presencia del ejército estadounidense) ha sido generalizada y el espectro de la violencia estatal ha prevalecido. Durante la mencionada década, las desapariciones constituyeron una forma común de represión política sancionada por el Estado —valga mencionar que las actividades de los escuadrones de la muerte continúan hoy en día. Sin embargo, el temor más fuerte de la mayoría de los hondureños no se manifiesta con respecto a la violencia estatal, sino a aquella generada por las pandillas y a la considerada "anónima", supuestamente fortuita.

De acuerdo con Nancy Scheper-Hughes, "En ciertos niveles de desarrollo político-económico... la violencia, las amenazas o el miedo a la violencia son suficientes para garantizar el 'orden público'".[6] La violencia "fortuita" en Honduras, aunque oficialmente no sea ejercida por el Estado, constituye un proceso de control que ha sido aprovechado de manera inteligente por éste y por la empresa privada para cumplir gran parte de las funciones de la violencia estatal —y en última instancia justificarla.

LA VIOLENCIA DE LOS MEDIOS DE COMUNICACIÓN

Entre las modalidades que sirven al mantenimiento del orden público, se observa en Honduras la del bombardeo continuo por parte de los medios de comunicación de imágenes y crónicas

---

6 Nancy Scheper-Hughes, *Death without Weeping: The Violence of Everyday Life in Brazil* (Berkeley: University of California Press, 1992), 223.

de muertes sangrientas y brutales. Los principales medios del país —propiedad de las mismas familias dueñas de los parques industriales, y a las que pertenecen los políticos electos a cargos importantes— constituyen una poderosa fuerza en la conformación de la identidad y las subjetividades hondureñas (por ejemplo, en el hecho de identificarse como un pueblo "violento"). Según Arthur Kleinman, "el inmenso poder cultural de los medios de comunicación en el orden mundial activa la apropiación de imágenes de violencia por la vía del 'info-entretenimiento' con el fin de alimentar el comercio global, naturalizar el sufrimiento y convertir a una audiencia empática en una voyerista, [con lo que] se ejerce violencia contra el orden moral."[7]

La violencia contra el orden moral que observé en Honduras, en tanto que medio para mantener el orden social, me proporcionó una nueva comprensión encarnada del término inglés *gut-wrenching* (que revuelve las tripas, revulsivo). El 4 de julio de 2000 escribí la siguiente entrada en mis notas de campo:

Ayer durante el almuerzo, el Canal 6... nos agasajó con tomas de primer plano de tres asesinatos diferentes vinculados con pandillas; cadáveres ensangrentados de jóvenes apuñalados o acribillados a quemarropa la noche anterior y ayer por la tarde, sus rostros enmarcados en charcos de sangre, cubiertos de moscas y en visible estado de descomposición bajo el sol del mediodía. Al parecer se les deja tal cual en la escena del crimen para que todo el mundo pueda verles bien y en detalle, puesto que los policías merodean por cada escena, prestos a ofrecer declaraciones sobre la delincuencia juvenil y la necesidad de que la gente encuentre a Dios, pero sin ninguna prisa por remover los cuerpos.

Jon Carter, en una ponencia sobre pandillas y violencia estatal en un barrio de Tegucigalpa, cita a un ex "marero" (miembro de una mara), quien manifiesta que la policía raramente interfiere en los pleitos entre pandillas y que sólo acude a las escenas de los asesinatos cuando los mareros sobrevivientes ya se han dispersado, con el

---

7 Arthur Kleinman, "The Violences of Everyday Life: The Multiple Forms and Dynamics of Social Violence," en *Violence and Subjectivity*, ed. Veena Das et al. (Berkeley: University of California Press, 2000), 226.

objetivo de reservar los cadáveres para la prensa.[8] Escenas como la descrita en mis notas se exhiben diaria y repetidamente en la televisión, en tanto que en los medios impresos aparecen fotografías cruentas con harta frecuencia. En México, Carlos Monsiváis ha elaborado una crónica de este tipo de representaciones sensacionalistas de cuerpos humanos mutilados; José Alaniz, por su parte, ha acuñado el término "porno de la muerte" (*death porn*) para describir este fenómeno en Rusia.[9] Más recientemente, la validez del término de Alaniz se ha visto reforzada por la conexión entre pornografía y las grotescas fotografías de muerte publicadas en Internet por soldados estadounidenses en Irak —que muestran imágenes de la prisión de Abu Ghraib—, así como por las fotografías captadas por varios soldados alemanes en Afganistán.[10]

Si bien en los Estados Unidos, a principios de la década de 2000, este tipo de imágenes solía relegarse a los medios de comunicación marginales, en Honduras se difundían ampliamente en los de mayor circulación nacional. Tales imágenes, chocantes para muchos espectadores, han incursionado recientemente en los grandes medios estadounidenses; esto, lejos de representar un distanciamiento de un tipo de periodismo más "civilizado", evidencia que forman parte de un *continuum* de violencia expresado en voyerismo mediático.[11] Las observaciones de Charles Baudelaire, escritas en la

---

8 Jon Carter, "Confronting the War Machine: Zero-Tolerance and the Practice of 'Policing' in Tegucigalpa, Honduras" (ponencia presentada en el congreso anual de la *American Anthropological Association*, New Orleans, November 2002), 4.

9 Monsiváis, *Mexican Postcards;* José Alaniz, "Death Porn: Modes of Mortality in Post-Soviet Russian Cinema," en *Interpretation of Culture Codes: Madness and Death*, ed. Vadim Mikhailin (Saratov, Russia: Saratov State University Laboratory of Historical, Social, and Cultural Anthropology, 2005), 185-211.

10 Andrew Brown, "The New Pornography of War," *The Guardian*, September 28, 2005; Chris Thompson, "War Pornography: In an Echo of the Abu Ghraib Fiasco, Grisly Images of Dead, Mutilated Iraqis Are Traded for Access to Pornography, an Apparent Breach of Geneva Conventions," *East Bay Express* (Oakland, Calif.), September 21, 2005; Chris Wilson, "Now That's Fucked Up," http://nowthats-fuckedup.com/ (Febrero 2004 – abril 2006); Agence France Presse, "Afghan Government Condemns German Troop Skull Scandal," October 27, 2006; Seymour M. Hersh, "Torture at Abu Ghraib," *New Yorker*, May 10, 2004.

11 Nancy Scheper-Hughes y Philippe I. Bourgois, "Introduction" to *Violence in War and Peace: An Anthology*, Blackwell Readers in Anthropology (Malden, Mass.: Blackwell, 2004), 1-31.

década de 1860 con referencia a los periódicos de la época, aportan más pruebas de este *continuum*: "Es imposible hojear cualquier periódico, no importa de qué día, mes o año, sin encontrar en cada línea los más aterradores rastros de la perversidad humana, junto con extraordinarios alardes de probidad, caridad, benevolencia y exposiciones en extremo descaradas sobre el progreso de la civilización… y es con este repugnante aperitivo que el hombre civilizado adereza a diario sus alimentos matutinos… Soy incapaz de comprender cómo un hombre de honor puede tomar un periódico en sus manos sin un estremecimiento de disgusto".[12]

La retórica que acompaña a la pornografía de la muerte reviste tanta importancia como las propias imágenes en la conformación de la percepción pública sobre este fenómeno. El miedo crónico a la violencia que sienten los hondureños es a la vez corporal y encarnado —esto es, la violencia contra el cuerpo es la más temida y anticipada, y este miedo es sentido y expresado a través del cuerpo. El miedo afecta a todos los segmentos de la sociedad hondureña y, como Green lo ha expresado para Guatemala, el miedo constituye la "metanarrativa" de ricos y pobres.[13] No obstante, los pobres están conscientes de que sus vidas son consideradas prescindibles —en el extendido idioma de la maquila, *reemplazables* sería un término más apropiado, en referencia al alto índice de rotación de personal y a los métodos de producción basados en la baja cualificación de los obreros, característicos de esta industria. A pesar de que tanto pobres como ricos expresan miedos encarnados similares, los medios de comunicación y las prácticas estratificadas de la violencia cotidiana refuerzan el sentir general de que sólo los cuerpos ricos cuentan. El 16 de julio de 1997 escribí en mis notas de campo: "Ayer Gianni Versace fue asesinado en su casa de Miami Beach y la noticia apareció en la primera página del periódico *La Prensa*. Estuve tres horas en la sala de espera de la oficina del CODEH, una ONG de Derechos Humanos; [un hombre] que también estaba allí comentó, mientras leía la noticia, '¿Quién es este tal Versace? ¿Por qué diablos me tendría que importar a mí su muerte?', 'Probablemente

---

12 Charles Baudelaire, *Intimate Journals*, trans. Christopher Isherwood (San Francisco: City Lights Books, 1983), 91.

13 Linda Green, *Fear as a Way of Life: Mayan Widows in Rural Guatemala* (New York: Columbia University Press, 1999), 56.

es alguien del jet set', replicó la mujer sentada a su lado, 'es más importante cuando uno de ellos muere".

En contraste con el tratamiento otorgado a las noticias del "jet set", los medios invariablemente utilizan un estilo fugaz e impersonal para informar sobre la violencia corporal inmediata que sufren los pobres. En los titulares destacados de la prensa noticiosa permanecen durante meses reportajes profundamente solidarios que cubren los secuestros de determinados hacendados, mujeres u hombres de la alta sociedad; mientras que la violencia contra los pobres se muestra por medio de cruentas imágenes a color de cuerpos deshumanizados; se refiere pero no se individualiza o recuerda, excepto por parte de los familiares y vecinos. Susan Sontag ha observado, en referencia a la fotografía de guerra, que existe una interdicción cuando se trata de mostrar el rostro desnudo de *nuestros* muertos, mientras es natural hacerlo con los de *ellos*.[14]

El sentido del valor corporal estratificado se ve reforzado en la muerte y en la enfermedad por nociones burguesas de posesión corporal que resguardan de acudir a los hospitales públicos a todo aquel que pueda permitírselo. Al Hospital Mario Catarino Rivas, el más importante de San Pedro Sula, se le conoce localmente con el mote de "el matarino", lo cual refleja los bien fundados temores de los indigentes al respecto de que una estadía en este abarrotado y mal financiado hospital podría dejarles enfermos, mutilados, o muertos.

PANDILLAS

Durante los años de mi investigación de campo en Honduras, las pandillas mantuvieron al país en estado de pánico. La Dieciocho, los Vatos Locos y la Mara Salvatrucha (MS-13) plasmaban sus huellas visibles en los muros, el pavimento de las aceras, los signos manuales ejecutados velozmente por muchachos —y unas pocas chicas— vestidos con ropas holgadas, y los tatuajes en frentes y brazos de niños con aspecto hambriento. Las pandillas regionales más pequeñas —como la Mao Mao del Barrio Cabañas, donde yo

---

14 Susan Sontag, *Regarding the Pain of Others,* 1st ed. (New York: Farrar, Straus and Giroux, 2003), 70-73.

vivía en San Pedro Sula— defendían celosamente su territorio contra otras agrupaciones juveniles más reconocidas. Una publicación de 2001 del Comisionado Nacional de los Derechos Humanos (CONADEH) reportó que la Unidad de Prevención de Pandillas de la Policía Nacional estimó que la membrecía total de las maras en Honduras era de 31,164.[15] Un artículo periodístico que citaba la misma estadística añadía que "Todavía más alarmante es el hecho de que estas pandillas cuenten con un total de 70,500 simpatizantes, en otras palabras, setenta mil jóvenes se identifican con maras y en cualquier momento podrían tomar la decisión de unirse a una de ellas".[16] Los periódicos y canales de televisión informaban a diario sobre asesinatos vinculados con las pandillas, sobre todo cuando se disponía de fotografías gráficas de los mismos.

Pronto me percaté de que las maras poseían un profundo impacto en los procesos hondureños de identificación y subjetivación, a pesar de que en principio no las había considerado como el centro de interés de mi investigación. En 1999, durante los cuatro meses de mi estadía en Choloma, la gran valla municipal de bienvenida a los visitantes exhibió un grafiti con un mensaje de la Mara 18 junto a las estadísticas de población y altura. Una mañana al salir de casa encontré "18" escrito en el pavimento aún fresco de la entrada a la vivienda. A diario recibía advertencias de no acercarme a ciertos lugares de la ciudad por ser conocidos bastiones de las pandillas, y con los años fui adquiriendo el hábito de evitar determinadas zonas; aprendí también a reconocer los signos de las maras, desde los reveladores mensajes plasmados en los grafitis y los tenis colgados en los cables de electricidad, hasta los gestos manuales y el lenguaje codificado. De manera que, al reconocer el lenguaje visual de las pandillas y las respuestas encarnadas apropiadas al mismo, incorporé una parte del habitus hondureño en el mío propio.

---

15 Marlin Oscar Ávila, Lourdes Yasmin Sagastume, y Janeth Flores Izaguirre, "Ejecución de menores en Honduras" (Tegucigalpa: Comisionado Nacional de los Derechos Humanos [CONADEH], Programa de las Naciones Unidas para el Desarrollo [PNUD], 2001), 9.

16 Serapio Umanzor y Carlos Girón, "150 mil pandilleros han sembrado el terror en Centroamérica", *La Prensa,* 7 de febrero de 2002.

PANDILLAS Y FAMILIA

Los cambios económicos suscitados en Honduras en décadas recientes se han visto acompañados de una dramática alteración en la estructura familiar. En la economía agraria —que incluye a los trabajadores asalariados de las plantaciones bananeras cuyas condiciones de trabajo mejoraron después de las huelgas de 1954— la estructura de la fuerza laboral condicionada por el género propiciaba que un hombre fuera el principal proveedor de la familia, lo que le permitía suscribir una particular definición de masculinidad en la que su control de la familia se justificaba y adquiría por la vía económica. La base económica del patriarcado ha sufrido en Honduras una transformación radical, en un proceso similar al que Bourgois alude al describir la transformación de la cultura jíbaro entre los puertorriqueños de Nueva York.[17] Si bien la fuerza de trabajo era antes primordialmente masculina, con la introducción de la industria maquiladora y el crecimiento del sector de servicios, los hombres pobres encuentran menos oportunidades de trabajo que las mujeres, y escasos espacios propicios para ganar el dinero suficiente que les permita mantener una familia. La incapacidad de los hombres jóvenes para cumplir con sus deberes de *hombres* tiene efectos importantes en la masculinidad (así como el crecimiento de la fuerza de trabajo femenina tiene implicaciones para la femineidad) y en los roles de las mujeres y los hombres en el seno familiar.

Mientras las mujeres se han desplazado agresivamente hacia el trabajo asalariado, muchos hombres han comenzado a participar en economías alternativas para ganar el dinero y el respeto que se les niega en el actual marco legal de la economía. Algunos ingresan en las pandillas pues les ofrecen la oportunidad de establecer redes de contactos y beneficios económicos, aunado a la protección contra la emasculación resultante de su dependencia económica de las mujeres. De manera creciente las hondureñas se hacen cargo del papel de principales sustentadoras del hogar, aunque también se espera de ellas que desempeñen los roles "tradicionales", que incluyen la crianza de los hijos. Frente a este cambio radical en la

---

17 Philippe I. Bourgois, *In Search of Respect: Selling Crack in El Barrio* (Cambridge: Cambridge University Press, 1995).

estructura familiar, la persistencia de la ideología patriarcal basada en la idea del hombre proveedor jefe de hogar ha conducido a muchos hondureños a argumentar que la "descomposición" de la familia, y no las fuerzas socioeconómicas subyacentes a esta transformación, es la responsable del auge de las pandillas.

Las ilustraciones 4 y 5 revelan algunos temores y tensiones prevalecientes en Honduras, relacionados con los cambios en el esquema de género. La ilustración 4 es una fotografía que tomé de una viñeta pintada a mano en un autobús urbano Lima-San Pedro (*Blue Bird*); contiene el siguiente diálogo:

Gallo: ¡Yo soy gallo!

Gallina: Pero la de los huevos *soy yo.*

En esta imagen, el macho intenta alardear de su masculinidad pero es desacreditado por el hecho de que la hembra es capaz, a diferencia de él, de la (re-)producción y por lo tanto, irónicamente, de la verdadera masculinidad (*huevos*). En la ilustración 5, realizada por el caricaturista hondureño Banegas, la gallina, "Familia", incuba candorosamente sus huevos, "Maras". Esta caricatura, publicada en *La Prensa* en agosto de 2000, sugiere que la familia pobre liderada por una mujer es la culpable de que existan pandillas, debido a su negligencia y a la ausencia de un patriarca fuerte. Por consiguiente, se culpa a la arquetípica mujer pobre hondureña de la constante amenaza de violencia corporal, que en la percepción popular es inseparable de las maras.

EL TENIENTE RODRÍGUEZ

En el otoño de 1999 acompañé a mi amiga Daisy a su clase de psicología en la Universidad Nacional Autónoma de Honduras. Le había ayudado a diseñar en mi computadora la carátula de su trabajo grupal de fin de clase, en la que incluimos un dibujo a colores, escaneado, de un cholo en actitud amenazadora. Daisy y su grupo ofrecieron a sus compañeros una breve charla sobre los perfiles psicológicos de los pandilleros (la mayoría de las estudiantes eran mujeres jóvenes bien vestidas). En la charla no se mencionó el desplazamiento de género en la fuerza de trabajo ni la escasez de empleo remunerativo para los hombres jóvenes como factores causales de la afiliación a las maras. En su lugar, las universitarias plantearon que los jóvenes hondureños ingresan en las pandillas a causa de una crianza inadecuada, baja autoestima, y desórdenes de personalidad asociados a éstas. Después de trasladar los efectos de la pobreza y otras formas de violencia estructural al ámbito de la familia y la enfermedad, cedieron la palabra a su invitado, el Teniente Rodríguez de la Unidad de Prevención de Pandillas de la Policía Nacional.

El Teniente Rodríguez resumió a la clase los tres componentes principales del trabajo que realiza su unidad: prevención, investigación, y rehabilitación. Desafortunadamente, nos dijo, no había presupuesto para rehabilitación, y él y sus colegas no sabían cómo abordar la prevención (reconoció ante el grupo la necesidad de la colaboración de los psicólogos), así que su unidad se concentraba principalmente en la investigación de las maras. Agregó que solo hay tres maneras de salir de una pandilla: aceptar el cristianismo evangélico, marcharse a vivir muy lejos, y la tumba. En consecuencia, nos dijo, lo cierto es que no merece la pena desperdiciar dinero en rehabilitación.

El Teniente Rodríguez presentó una breve historia de las pandillas en la que enfatizaba sus raíces externas, a pesar de la existencia de muchas maras de menor envergadura localizadas en determinados barrios de las principales ciudades. Todas las pandillas hondureñas, de acuerdo con la narrativa oficial de la policía, tienen su origen en otro lugar —sobre todo en ese bastión de la delincuencia que es Los Angeles. Nos dijo que durante la década de 1980 un buen número de mareros hondureños fue deportado de los Estados Unidos y que muchos habían pasado la mayor parte de sus vidas en aquel país. Al retornar, algunos crearon ramificaciones de sus pandillas en barrios pobres de Tegucigalpa, como la colonia Kennedy. Varios mareros y aspirantes a serlo, mencionó, se han inspirado también en la película conocida en español como *Sangre por Sangre* (*Blood In, Blood Out: Bound by Honor*) e imitan el lenguaje y los ademanes histriónicos de sus personajes chicanos. "La verdad", dijo a la clase, "es que nosotros los hondureños tenemos un grave defecto, y es que sólo sabemos copiar a otros".

Figura 4.
"¡Yo soy el gallo!" Caricatura pintada en un bus urbano.

Figura 5.
Caricatura de Banegas, de la "Línea cómica" en el diario *La Prensa,* San Pedro Sula, Honduras, 5 de agosto de 200

LOS HOLLYWOOD LOCOS

A finales de junio de 2000 viví por un tiempo en casa de doña Elodia en el Barrio Cabañas de San Pedro Sula —que con aproximadamente 500,000 habitantes es la segunda ciudad más grande del país y se la promociona como "la capital industrial de Honduras". Al igual que la Colonia López Arellano de Choloma, el Barrio Cabañas es un vecindario pobre y conocido por su violencia pandillera. Aquel año me acompañó Juli con el fin de filmar nuestras experiencias (ver la ilustración 6) y juntas decidimos organizar y filmar una entrevista con mareros, motivadas por las muchas conversaciones sobre pandillas que continuamente surgían en nuestro entorno, así como por la evidencia física y la peligrosidad de las mismas.

Conseguir acceder a las pandillas resultó más fácil de lo esperado. Rafael, nieto de doña Elodia, tenía entonces unos treinta y tantos años, de los que había pasado nueve en los Estados Unidos, dos de ellos trabajando como taxista en Nueva York antes de ser deportado en calidad de indocumentado. Rafa ejercía nuevamente esa profesión en San Pedro gracias a un taxi prestado, y hablaba con nosotras en el inglés de los taxistas de Nueva York. Nos había estado transportando a Juli y a mí por la ciudad como un favor a cambio de que yo le ayudara a conseguir asilo en los Estados Unidos para su hermano Oswaldo —nunca me dijo cuánto pagarle por el servicio pero yo le daba lo que suponía debía ser una tarifa justa. Aquella mañana Rafa llegó a las 8:00 en punto. Ya en el taxi de camino a comprar baleadas (un delicioso platillo hondureño hecho con tortilla de harina de trigo, frijoles y crema) le pregunté si sería posible que nos llevara a algún lugar en donde pudiéramos entrevistar a mareros. "Seguro, puedo llevarlas a la Colonia Rivera Hernández. Conozco a todos los mareros de ahí. ¿Cuándo quieren ir? ¿Ahora?"

Después de desayunar partimos por la carretera que conduce a La Lima y al aeropuerto, avanzamos unos poco kilómetros y viramos por una calle en cuya esquina había un cementerio de autobuses *Blue Bird*. Pasamos por dos quintas (*country clubs*) que lucían coloniales y lujosas desde nuestro lado de la verja. Después de cruzar las vías férreas que estaban más adelante de las quintas, bajamos por angostas calles de tierra llenas de viviendas y tiendas distribuidas en forma caótica. Rafael comentaba: "Esta parte es el territorio de la Mara Salvatrucha, hasta aquí. En esta calle comienzan los Vatos Locos. Allá está la Dieciocho".

"Entonces, ¿quieres decir que esta calle es la frontera entre los Salvatruchas y los Vatos Locos?", pregunté.

"Sí, pero el año pasado se unieron para enfrentarse a la Dieciocho, así que ahora ya no se matan entre sí". Estas tres pandillas, que tienen vínculos internacionales, se originaron en Los Angeles   —como el Teniente Rodríguez tanto había insistido en demostrar— aunque cada una se formó en circunstancias muy distintas.[18]

Nos detuvimos en una esquina al costado de una casa. Rafa realizó extraños movimientos con las manos dirigidos a un joven delgado de ojos intensos y uñas largas que parecían garras. Pregunté en voz alta, dirigiéndome a Juli, si las conexiones de Rafa con las pandillas no irían más lejos de lo que él nos había comentado. Entonces él nos anunció que estábamos buscando a "El Chinito". Unas pocas casas más abajo detuvimos nuevamente el vehículo y Rafael señaló hacia adelante, "esa es la casa de mi padre". En aquel momento comprendí su conexión con las maras; tanto si era miembro o no, quedaba claro que los lazos familiares y geográficos de Rafael con el vecindario le adjudicaban el capital cultural (las disposiciones encarnadas, los bienes culturales, los marcadores institucionales, tales como el nivel educativo, que en conjunto confieren distinción a los miembros de una clase social) necesario para procurarnos una audiencia.[19] La *habilidad* con que demostraba su pertenencia —su capital simbólico— reafirmaba esto. Rafael realizó algunos signos manuales más y dos jóvenes que permanecían de pie bajo un árbol, uno de los cuales parecía ser El Chinito, respondieron de la misma manera. Aparentaban tener menos de 15 años de edad.

El Chinito y su amigo nos preguntaron si estábamos con la policía. Dije que no, que creíamos que las pandillas eran injustamente

18 Jon Carter, "'Forgive Me Mother, for My Crazy Life': Street Gangs, Motherdom, and the Magic of Symbols in Comayagüela, Honduras" (Baton Rouge: Louisiana State University and Agricultural and Mechanical College, 2001); James Diego Vigil, *A Rainbow of Gangs: Street Cultures in the Mega-City* (Austin: University of Texas Press, 2002).

19 Bourdieu, "The Forms of Capital," 243.

Figura 6.
Juli Kang grabando a doña Elodia.

calumniadas y que la policía era violenta y peligrosa. Rafael dijo que él respondía por nosotras, así que accedieron a ser filmados. Pasados unos segundos fuimos interrumpidos por una vecina enfadada que gritaba a la cámara de manera un tanto incoherente: "¡Solo Jesús murió por nosotros! ¡Estos muchachos son malos! ¡Solo saben molestarme! ¡Tengo epilepsia!". Mientras ella seguía gritando vi a dos de los chicos dibujando círculos con los dedos alrededor de sus orejas que indicaban que la mujer estaba loca, y me solidaricé con ellos por medio de un guiño furtivo. Aparentemente su confianza en nosotras crecía, con lo que el grupo pronto aumentó a seis o siete jóvenes miembros de la local Vatos Locos. La vecina volvió a su casa.

Nuestra entrevista fue caótica. Los chicos competían entre sí por la atención de la cámara y estaban muy animados, contaban historias sobre la brutalidad policial, presumían de sus "manchas" (tatuajes) y realizaban rápidas contorsiones con las manos en un idioma que yo no podía comprender. Estaban enojados, nos dijeron, por el favoritismo que la policía concedía a las pandillas rivales. Diez de sus amigos habían sido asesinados el año anterior por miembros de la Dieciocho y por la policía. Llegaron a este número a través del mecanismo de nombrar a cada uno de sus amigos muertos en un coro frenético lleno de detalles dispersos ("El Águila —lo mataron cerca de la ferretería", etc.), mientras uno de los chicos llevaba la cuenta.

Cuando les pregunté sobre la Dieciocho, me contestaron, "Sí, la *Dieyoyo* está por allá. Son malos —la policía está de su lado, les dan trato de reyes cuando les capturan— van por ahí tomando sodas mientras a nosotros nos agarran a patadas en la cabeza así… "

"O nos golpean en el pie así…"

"O nos agarran por los codos y nos retuercen, así…"

Un poco confundida por su pronunciación, pregunté, "¿Así que… la Dieciocho está por allá entonces…?"

"Sí", respondió uno de ellos, "La *Dieyoyo* está hacia allá".

"¿Cuántos años tenías cuando entraste en la pandilla?" Pregunté a un chico llamado Perezoso.

"Yoyo".

"¿Ah?"

"Yoyo" repitió. Yo estaba desconcertada.

"Ocho [eight]", me dijo Rafael.

"No podemos pronunciar números", me explico Chinito, como si esto debiera haber sido obvio para mí. Los signos de peligro acechan por todas partes en un mundo en donde lo ordinario es peligroso, y los números están tan simbólicamente cargados (18, MS-13, etc.) que para estos muchachos el sólo hecho de pronunciarlos se ha vuelto demasiado riesgoso. A pesar de que aparentemente tales idiosincrasias conllevan una marca de superstición, se fundamentan en peligros reales y presentes. En efecto, los actos de habla en Honduras pueden llegar a ser letales (este tema se amplía en el capítulo 2).

Además de pronunciaciones singulares, los pandilleros suelen utilizar en su discurso diario palabras que la mayoría de los hondureños no reconocen. Las compañeras de la clase de Daisy se habían reído nerviosamente ante las extrañas expresiones que el Teniente Rodríguez les dio como ejemplos de la jerga de las pandillas: *yerba/monte/mota* (marihuana), *me late que* (siento que), *ruco/ruca* (hombre o mujer viejos; también utilizado para referirse a personas de cualquier edad). Me sorprendió que estos términos parecieran tan provocadores puesto que me resultaban bastante familiares por haber vivido en la ciudad de México, donde son comunes.

Las palabras, por supuesto, no son peligrosas *per se*. En Honduras, es el poder del conocimiento secreto el que reviste de riesgo a estos términos. Aunque muchas de las expresiones utilizadas en la jerga de las maras hondureñas se aproximan al español fronterizo mexicano-estadounidense, su uso no es en absoluto una copia de éste. Los pandilleros de diferentes lugares del país han tomado este vocabulario y lo han mezclado con su propia diversidad de coloquialismos y neologismos, lo que resulta en un código lingüístico verdaderamente *sui generis*. Estos elementos del lenguaje —esenciales a la auto-identificación de los mareros— cuando son encarnados como *habitus* y desplegados como capital simbólico se convierten también en elementos inherentes a su subjetivación.

En Honduras se observa un claro ejemplo que demuestra la influencia actual del imperialismo norteamericano en la construcción de subjetividad a través del lenguaje. Asma Jahangir entrevistó a pandilleros hondureños, quienes le manifestaron que el pandillero más respetado —el capo, en efecto— ostenta el codiciado título de "Míster".[20] Este uso de "Míster" está vinculado con la historia de la industria bananera controlada por los Estados Unidos, en la que se obligaba a los trabajadores a dirigirse a sus superiores norteamericanos y hondureños de esta manera. Esta práctica se relata con amargura en Prisión Verde, novela hondureña que aborda la dominación corporativa estadounidense de los trabajadores de las plantaciones y de Honduras.[21] Hoy en día, en las fábricas maquiladoras, se obliga a las obreras y obreros a utilizar el término "Míster" para dirigirse a los gerentes, y a veces incluso a los supervisores, independientemente de la lengua que hablen estos últimos. De esta manera "Míster", cuyo valor usual en inglés es el de forma de tratamiento cortés y formal, ha adquirido en Honduras el significado del poder colonialista, y es invocado tanto por los jefes de las maquilas como por los de las pandillas.

Cuando finalizamos la entrevista, durante la cual habíamos

---

20 Asma Jahangir y United Nations, "Civil and Political Rights, including the Question of Disappearances and Summary Executions" (Commission on Human Rights, Economic and Social Council, United Nations, 2002), 14.

21 Ramón Amaya Amador, *Prisión Verde* (México D.F.: Editorial Latina, 1960).

Figura 7.
Jóvenes pandilleros posan a cámara "rifando".

permanecido sentados, los jóvenes comenzaron a dar saltos alrededor de la cámara señalando sus grafitis distintivos. "¡Mirá! ¡Allá! ¡Esos somos nosotros, los Hollywood Locos!". Juli y yo nos enteramos de que la mara de los Vatos Locos de la Colonia Rivera Hernández estaba dividida en varias "clicas" (grupos), y que los Hollywood Locos eran una de ellas. "Normandie" (llamada así por la calle homónima de Los Angeles) estaba unas cuadras más abajo. Los muchachos se mostraban fascinados con las imágenes de la cámara digital.

"¡Mirá, Perezoso!" exclamó uno al ver la foto del chico.

"¡Hey, qué bien!" dijo Perezoso. "¡Me veo vergón!"

Decidieron posar para una foto grupal junto a su grafiti emblemático de mayor tamaño (véase la ilustración 7) justo cuando la memoria de mi tarjeta se agotó. Intenté, torpemente, reemplazarla. "¡Apurate!" me gritaban entre burlas mientras les hacía esperar. "¡Qué calor hace aquí!"

Los Hollywood Locos navegaban en un espacio ambiguo entre niñez y adultez. De acuerdo con la comprensión jurídica de estas dos categorías, la responsabilidad económica y criminal pertenece a los adultos, no a los niños. En Honduras, sin embargo, la mayoría de los niños y adolescentes son económicamente activos —y algunos se involucran en crímenes— a partir de una edad relativamente temprana. En tiempos de miedo exacerbado, los límites jurídicos dicotómicos sobre la edad de madurez se vienen abajo ante la necesidad de chivos expiatorios, y con frecuencia se representa a los niños como adultos.

Diego Vigil ha escrito sobre cómo las pandillas callejeras del sur de California "se han erigido en competidoras de otras instituciones, tales como la familia y la escuela, en el proceso de orientar y dirigir la auto-identificación" de los adolescentes.[22] En Honduras, el miedo que los Hollywood Locos y otras pandillas provocaban en la población eclipsaba el hecho de que ellos —en un sinfín de aspectos— seguían siendo niños. Aunque, en efecto, su auto-identificación se veía fuertemente influenciada por el grupo, compartían con otros jóvenes no-mareros un entusiasmo infantil por ser filmados. Su actuación ante la cámara y el orgullo risueño que sentían del trabajo artístico plasmado en sus tatuajes, grafitis y "chimbas" (rifles) artesanales, me hicieron pensar en un juego o una feria de ciencias escolares. Expresaban las mismas preocupaciones que otros hondureños pobres (jóvenes y viejos): miedo a ser asesinados por pandilleros o por la policía, miedo a no ser capaces de mantenerse a sí mismos y a sus padres por medio de un trabajo decente. Algunos me dijeron que eran católicos, otros evangélicos, algunos asistían a la iglesia, otros no. En pocas palabras, estos muchachos, en general, no resultaban diferentes de otros jóvenes hondureños.

En el aula de clase de Daisy en la UNAH, el Teniente Rodríguez nos había proporcionado un manual básico sobre cómo reconocer a los mareros. Entre los signos que mencionó estaban los jeans estilo *hip-hop*, camisetas deportivas holgadas, tenis (esto significa que son "simpatizantes"); gorras de béisbol ladeadas, música playera (un tipo de reggae caribeño), rap, y un reggae que suena más rápido y un poco distorsionado. Seguramente hoy en día, el muy extendido y popular género del reguetón formaría parte de la lista del Teniente Rodríguez. Los roqueros, a quienes el Teniente Rodríguez refirió como otro tipo de mareros, podían ser reconocidos por su vestimenta, "completamente negra, como si siempre estuvieran

22 James Diego Vigil, "Group Processes and Street Identity: Adolescent Chicano Gang Members," *Ethos* 16, no. 4 (1988): 421.

de luto", o por sus insignias características (como las de "*Crips*" y "*Killers*"), por sus botas vaqueras, y una predilección por Aerosmith, Metallica, Marilyn Manson, y otra "música rock que incita al culto satánico".

El Teniente Rodríguez agregó que los miembros de pandillas llevan cortes de pelo extravagantes, tales como rapados aplanados o muy cortos en los que se puede ver rasurado algún símbolo de poder (como el logo de *Nike*). La tipología que presentó a la clase representaba su percepción del capital cultural de las pandillas. Sin embargo, esta lista era peligrosa porque identificaba tales características como atributos de las pandillas, a pesar del hecho de que muchas de las prendas de vestir, estilos de música y auto-representaciones que mencionó eran ampliamente populares en Honduras en aquel entonces. De esta manera alentaba la noción de que había muchos más pandilleros de los que en verdad existían y adjudicaba a estos artículos un peligro simbólico; al igual que para los miembros de la Hollywood Locos que conocí, determinadas palabras —inofensivas en otros contextos— no se pronunciaban debido a la marca de peligro que sus usuarios les conferían.

Los Hollywood Locos, que lucían y actuaban como chicos pero se veían a sí mismos y eran temidos como hombres, recurrían a una amplia gama de productos y símbolos preexistentes en su campo social para crear una esfera propia en la cual se hacían merecedores de respeto.[23] Este mérito recae no sólo en el ámbito material de la ropa, la música y las *chimbas* —aspectos de su capital cultural— sino también en su *habitus* y uso del capital simbólico. Ellos incorporaban y encarnaban costumbres sociales que les distinguían de otros hondureños y les conferían el poder que el conocimiento secreto y el simbolismo, junto con un gusto compartido, pueden otorgar. De esta manera, combinaban ropas holgadas y tatuajes con gestos y discursos en la formación de una identidad de grupo que era reconocida desde fuera como amenazadora, esto es, digna de respeto. Sin embargo, aquello que les hacía fuertes también les hacía vulnerables.

Los pandilleros hondureños viven lo que podría denominarse

---

23 Para un análisis de los campos sociales, véase Pierre Bourdieu, *Distinction: A Social Critique of the Judgement of Taste* (Cambridge, Mass.: Harvard University Press, 1984).

una existencia hiperencarnada. El hecho de marcarse con tatuajes, gestos y lenguaje no les convierte en "alternativos" —en los Estados Unidos esta calificación sí es común hoy en día— sino que en categóricamente peligrosos. Aquellos que se identifican de tal forma son recompensados con una férrea red de aliados y amistades. No obstante, al encarnar literalmente su identidad de grupo se sitúan a sí mismos en gran riesgo de convertirse en víctimas de la policía, del ejército, o de la brutalidad de otras pandillas. Al igual que otros hondureños, los pandilleros hablan constantemente del peligro al que están expuestos.

La solidaridad en la mara, aunque en ocasiones implique prácticas violentas, constituye una forma de resistencia contra una estructura social que no logra ofrecer oportunidades de empleo, educación, o servicios públicos y sociales a los jóvenes. Hasta tiempos recientes, las pandillas han constituido una de las pocas esferas en las que los jóvenes hondureños tienen la oportunidad de construir una autoimagen rebelde positiva. Sin embargo, es importante no idealizar esta resistencia, puesto que las maras de Honduras no poseen una agenda revolucionaria con respecto a la violencia estructural que ellos —y los hondureños pobres en su conjunto— sufren. Puesto que todos los muchachos de la Hollywood Locos que conocí han sido asesinados después de nuestra primera entrevista, no he seguido aquí la práctica habitual de utilizar seudónimos.

"SANGRE POR SANGRE": TELENOVELAS Y SUBJETIVIDAD EN HONDURAS

Los Hollywood Locos repitieron la narrativa del origen de la pandilla que ya había escuchado de boca de muchos hondureños, incluyendo otros pandilleros, Rebeca y su familia, y el Teniente Rodríguez. Aseguraban que la película *Sangre por Sangre*, más que cualquier otra cosa, constituyó el parteaguas para la formación de las maras en Honduras. Esta película, me dijeron, inspiró a los jóvenes (incluidos ellos mismos) a crear sus propias pandillas a imitación del estilo de vida chicano representado en ella.

El título original de la película en inglés es *Blood In, Blood Out: Bound by Honor* (Sangre por Sangre: Vínculo de Honor), se estrenó en 1993 y se exhibió en Honduras en 1998. Es una historia épica de tres primos y hermanos de sangre (interpretados por Damian Chapa, Jesse Borrego, y un todavía desconocido Benjamin Bratt) que se desarrolla entre 1970 y 1980 en la por entonces ficticia calle de la pandilla de los Vatos locos situada al Este de Los Angeles. La película explora las violentas búsquedas de identidad de un hombre latino atrapado en un cuerpo de blanco, un expandillero convertido en policía que cree firmemente en el sueño americano, y una víctima de violencia pandillera que recurre a la morfina para aliviar su dolor y que mata a su hermano menor por error. Estos apuestos jóvenes comparten con los demás chicanos (está implícito) pasión, familia y honor.

Mientras escribía este capítulo, me sorprendió descubrir que *Sangre por Sangre* es un clásico de culto tanto en los Estados Unidos como en Honduras. Cuando le pregunté a un joven amigo mío, que había ido a la secundaria en San Jose, California, a mediados de los noventas, si había oído hablar de la película, me dijo que él y sus amigos veían *Blood In, Blood Out* (junto con *Scarface*) "cada puto día" y que se sabían de memoria casi todos los parlamentos. Mucho tiempo después de su estreno, la película seguía siendo popular entre los jóvenes de toda California, especialmente los latinos. No es sorprendente que *Sangre por Sangre* se convirtiera en tal éxito internacional entre los latinos, puesto que evoca el drama sobreactuado de las telenovelas mexicanas (piénsese en *Los ricos también lloran*), aunque apenas hiciera mella entre los no-latinos en los Estados Unidos, donde fue realizada.

Las telenovelas son diferentes de las *soap operas* estadounidenses, y poseen una importancia cultural mucho mayor. Son protagonizadas por grandes estrellas, suele verlas toda la familia, y se exhiben en los espacios de máxima audiencia. En años recientes, motivadas por sus homólogas brasileñas más subidas de tono, las telenovelas en lengua española se han aventurado en tópicos provocadores tales como la prostitución, el consumo de drogas por adolescentes, e incluso la corrupción gubernamental. A diferencia de las *soap operas* estadounidenses, las telenovelas se conciben como series, con un principio y un final. Se sigue al personaje principal (o personajes principales) a través de su lucha personal por derribar tabús, a la vez que valida la estructura social que le ha reprimido. Uno de los argumentos más populares es la historia de la pobre pero virtuosa muchacha de servicio que se casa con el amo para convertirse en la señora de la casa. Pistas no muy sutiles le indican a la audiencia el lugar al que verdaderamente pertenece ella: primero, es blanca, una indicación clara de su destino burgués; segundo, a través de su completa encarnación de los valores y costumbres burgueses femeninos (por ejemplo, castidad y humildad), demuestra que merece convertirse (y, en el mundo de la televisión, está destinada a ello) en una mujer rica.

De manera similar, los personajes masculinos centrales aprenden que la inmoralidad y la codicia no compensan a la larga, y que la virtud (en especial la de su contraparte femenina) y el honor deben ser protegidos y preservados a toda costa. Gran parte del atractivo de las telenovelas radica en su predictibilidad. Aunque el argumento puede contener fluctuaciones, obstáculos y retos inesperados, las telenovelas descansan sobre tropos reconocibles de género y clase que no dejan dudas en cuanto al resultado final. Pasé varios años viendo estos dramas con Rebeca y sus hijas, y siempre me sorprendió la exactitud de sus predicciones argumentales. Las telenovelas, al igual que *Sangre por Sangre*, abordan las humillaciones de la pobreza y ofrecen al espectador la posibilidad de venganza y restauración de su dignidad. Los hondureños saben que, en contraste con sus propias experiencias vitales, la virtud y el trabajo duro recompensarán a sus personajes favoritos al final de una serie de cinco o diez meses. La chica pobre desposará al hombre rico. Su malvada y rica rival verá como su mundo se desmorona. El joven que trabaja duro obtendrá más poder y riqueza y conquistará a la muchacha. Su malvado y rico rival verá como su mundo se desmorona. Los hondureños y las hondureñas pobres que conocí reconocían, y en general suscribían, la noción de que la virtud y el trabajo duro conducen a la riqueza y a la felicidad, a pesar de la evidencia empírica contradictoria de sus propias vidas —tal como los estadounidenses han suscrito por mucho tiempo la ideología del éxito en todas sus variantes.

¿Qué tienen que ver las telenovelas, que se ven en todo el mundo, con la violencia y subjetividad *en Honduras*? Las telenovelas, como los cuentos de hadas y las fábulas, cumplen una función de orientación moral dondequiera que sean vistas o escuchadas;

pero la experiencia de verlas es situada y en este caso interactúa con la subjetivación hondureña de maneras singulares. Los temas de las telenovelas nunca son hondureños, pueden ser mexicanos, venezolanos, brasileños o colombianos, aunque en Honduras predomina la programación de la televisión mexicana. En Honduras las telenovelas mexicanas adquieren un carácter diferente del que tienen en México. Se suelen desarrollar en vecindarios y regiones familiares para los mexicanos y, para la mayoría de los espectadores de ese país, el principal *Otro* de las telenovelas difiere de ellos en clase y raza (los protagonistas son casi exclusivamente ricos o destinados a serlo, y blancos). En Honduras, sin embargo, la nacionalidad separa más aún a los espectadores de los personajes.

En 1998 llegó la noticia a Honduras de que una organización llamada Transparencia Internacional había clasificado al país como el tercero más corrupto del mundo. Mis entrevistados citaban esta estadística con frecuencia (y vehemencia), aunque la atribuían erróneamente a un sinnúmero de fuentes, entre ellas las Naciones Unidas y el Banco Mundial. La inferioridad implícita y reconocida de los hondureños se hacía patente en muchas formas. Durante mis primeros meses de investigación de campo en el país, la gente solía burlarse de mi acento y modismos "mexicanos" (posteriormente me enteraría de que estos modismos eran considerados ahí jerga pandillera). En numerosas ocasiones fui obligada a manifestar que prefería a Honduras sobre México, en comida, costumbres, gente y fútbol, como si de alguna manera la sanción de una *gringa* fuese a emparejar el desequilibrio de poder entre los dos países. Los hondureños, como los espectadores de otros países, se identifican con el personaje principal de una telenovela, pero también se dan cuenta a través de esta fantasía de cuán diferentes son de él o ella. Muchas de estas diferencias se atribuyen a la nacionalidad más que a la clase, y se incorporan en el entendimiento encarnado de las nociones de inferioridad y de sí mismos de los hondureños.

En tres horas de drama sobreactuado, *Sangre por Sangre* intenta responder la pregunta planteada explícitamente a lo largo de la película: "¿Qué significa ser chicano?" Esta pregunta es similar a la de muchos hondureños pobres, dada su experiencia de identificarse con la situación del sujeto mexicano. Otra razón para la popularidad de *Sangre por Sangre* es el hecho de que muchos hondureños pobres han vivido o están viviendo en Los Angeles, en donde experimentan cotidianamente el mismo racismo, violencia y humillaciones que sufren los mexicano-americanos protagonistas de la película. Los tres personajes principales son imperfectos, pero sus defectos se originan en un compromiso con el honor y la familia; esto, representado por medio de la moral y la estética características de la telenovela, sólo puede significar que estos personajes son nobles y dignos de emular.

La resistencia y solidaridad que observé entre los miembros de los Vatos Locos de Honduras estaba modelada, según ellos me explicaron, a partir de las actitudes representadas en *Sangre por Sangre*, así como lo estaba su discurso (sin mencionar a la propia pandilla). Pensé que esto era irónico, dado que el coro de "Chale, ese's" en *Sangre por Sangre* y la sobre-ensayada dureza callejera en el lenguaje me parecía más estilo Hollywood que español fronterizo. En efecto, los mareros hondureños, de mediados de la década de 1990 y principios de 2000, imitaban de manera consciente una mala versión de los imaginarios pandilleros del Los Angeles de los setentas. Hollywood Locos, ciertamente.

"CARRO ASESINO"

Al día siguiente de nuestro primer encuentro con los Hollywood Locos, Juli y yo fuimos a visitar a Rebeca a la casa de su madre en La Lima. Mi última visita había sido en enero de 1999; entonces, las calles estaban cubiertas de una capa de medio metro de lodo líquido, por lo que había tenido que aferrarme a los muros de cemento de las viviendas para poder siquiera caminar. Este día las calles estaban secas. Cuando llegamos a la casa de Rebeca encontramos a su hermano y a su hijo de dos años viendo en la televisión los partidos de fútbol de las eliminatorias europeas. Segundos después escuché un grito de Sabrina, la segunda de las tres hijas de Rebeca, que entonces tenía dieciocho años. "¿Adriaaaanaa???" Me volví para verla correr hacia mí, con lágrimas en los ojos. Le dije que lucía espléndida. "¡Pero mirá…!", dijo, mientras torcía su delgada pierna con lo que en mis notas de campo registré como "estilo RuPaulesco", para que yo pudiera ver. Había una abolladura negra del tamaño de un tapón de botella a un costado de la parte superior de su muslo.

"¡Ya no voy a poder ser modelo!", exclamó.

"¿Qué te hiciste?", pregunté.

"¡Ah, qué me hicieron a mí!"

Sabrina me contó que en febrero ella iba caminando con su novio, Adán, y su hermano pequeño, Omarito, frente a la casa de su tía Bianca (donde yo había vivido en 1997) cuando un carro se detuvo, la ventanilla se abrió, y les hicieron dieciséis disparos. Adán recibió disparos que atravesaron la parte superior de su brazo izquierdo, cuando intentaba proteger a Sabrina. Omarito resultó ileso. Me mostró la herida de entrada, más pequeña, en la parte trasera de su muslo. Sabrina dijo que ni siquiera se había percatado de que había sido alcanzada por un disparo hasta que llegó a la casa y sintió los agujeros en sus jeans. Me relató el resto de la historia con un aire cómico, restándole importancia a todo, desde el pánico de su madre ante la imposibilidad de encontrar una ambulancia de la Cruz Roja, hasta perder el rastro de sus familiares al llegar al Hospital Mario Catarino Rivas ("el matarino"). El clímax de su narración fue que en el hospital la atendieron tres doctores guapos "*¡pero guapísimos!*... ¡Uno tenía la mano en mi pie, otro en mi rodilla, y el otro estaba trabajando en mi muslo, así!". Hice un comentario sobre su buena fortuna.

Sabrina relató su propia reacción inmediata al tiroteo en nuestra conversación, y Juli la filmó:

A: ¿Así que qué te ocurrió?

S: ¡Ah!, ¿qué pasó con mi herida de bala?

A: Con tu herida de bala.

S: Sí, ahí está. Les presento a mi... [señala la herida con estilo dramático]. Fue una 38. Dijeron que fue una 38 y otros dicen que fue una 22, pero ya que no sé nada sobre balas...

A: ¿No encontraste la bala después?

S: No.

A: Más bien te fuiste corriendo.

S: No, sólo me quedé ahí, aturdida, porque ¿Quién reaccionaría? ¿Quién en el mundo podría saber que le van a disparar? Nadie.

Sabrina, Adán y Omarito habían sido atacados por un "carro asesino"; éste y otros similares deambulan por las calles de las zonas urbanas de Honduras, disparándoles a los jóvenes. Se dice que los que corren un mayor riesgo de ser atacados son los chicos que visten ropas holgadas al estilo *hip-hop*, identificado con las pandillas, pero que cualquier joven puede ser blanco. Este fue el caso de Sabrina, Adán y Omarito, quienes visten de manera conservadora tanto en general como en el día del tiroteo, y ninguno de ellos tenía vínculos directos con las maras. El tirador de este "carro" particular era o un principiante, o particularmente inepto en ese trabajo, puesto que el "carro asesino" dispara a matar y raramente falla. Sabrina y los demás nunca supieron quién les disparó.

La normalidad de tal violencia es quizás lo más estremecedor. En mis notas de campo escribí sobre otro incidente mortal relacionado con el "carro asesino", aludido en un programa de noticias de la televisión local de San Pedro, emitido el 17 de julio de 2002:

Después se nos ofreció el relato del asesinato de dos chicas (durante un largo minuto el espectador puede observar las bolsas ensangrentadas que transportan los cadáveres hacia una camioneta). Como lo reportó el presentador, y como don Jacinto me lo explicó con mayor detalle, fueron asesinadas por "el carro rojo" también conocido como "el carro asesino", una especie de limpiador étnico (léase clase social) que deambula por las calles disparándole a los miembros de las maras, a cualquiera que vista como pandillero, y a cualquiera que se le antoje. En palabras de don Jacinto, "Es un fantasma que conduce en las calles matando mareros, y si ve mujeres o niños los acribilla igual. Los acribilla, los llena de balas..."

Un poco más tarde llegó y se sentó con nosotros Miguelito, de diez años. "¿Sabés, esa chica que salió en televisión, la que mataron anoche?", dijo. Su tono no habría sido diferente si hubiese estado informándome de los resultados de un partido de fútbol o del clima. "Vivía un poco más abajo en esta calle. Eso ocurrió aquí". "¿Justo aquí?", le pregunté. "¿La conocías?". "Sí, la conocía. Tenía diez años. La otra tres. Las mataron a las dos". "¿Quién las mató?", pregunté. "Unos tipos. La gente siempre anda matando por aquí. Es por las maras". Entonces vio mi cámara y, entre risitas, posó para una fotografía.

Los niños y niñas hondureños aprenden, desde muy temprana

edad, tanto a esperar como a explicar la muerte violenta. Para Miguel, las pandillas fueron las culpables del asesinato de su amiga, y el suceso no constituyó en absoluto un evento extraordinario.

ESCUADRONES DE LA MUERTE DE LA GUERRA FRÍA

El fenómeno del "carro asesino", aunque más visible en años recientes, no es más que la última materialización de las tácticas de control social del gobierno de Honduras, con raíces en las políticas de la década de 1980. La historia del "carro asesino" se vincula con fuerzas coloniales importantes que continúan conformando las subjetividades hondureñas.

En 1981, cuando Reagan asumió la presidencia de los Estados Unidos, el gobierno sandinista socialista estaba ya vigente en Nicaragua, y en El Salvador el Frente Farabundo Martí para la Liberación Nacional (FMLN) estaba luchando contra el régimen, al que los Estados Unidos apoyaban militarmente. Para finales de 1980 los Estados Unidos ya habían comenzado a financiar secretamente el entrenamiento en Texas y Honduras de fuerzas hondureñas anti-comunistas, llevado a cabo por la CIA y expertos argentinos en contrainsurgencia —la "guerra sucia" de Argentina en la década de 1970 había dejado 13,000 muertos o desaparecidos documentados y probablemente cerca de 30,000 del total de sus ciudadanos.[24]

Gran parte del dinero estadounidense que se destinaba a Honduras se gastó en apoyar a los Contras y a las fuerzas gubernamentales de El Salvador, aunque una cantidad de este financiamiento y personal militar terminó en el Batallón 3-16 —un escuadrón de la muerte de élite del ejército hondureño, encargado de prevenir y suprimir la insurgencia en el país. El Batallón 3-16 fue creado por el General Gustavo Álvarez Martínez, un "cruzado anticomunista de línea dura",[25] que había recibido entrenamiento en la Academia Militar de Argentina, en la Oficina de Seguridad Pública (*Office of Public Safety*) en Washington D.C., y en la infame Escuela de las Américas

24 Varias organizaciones de Derechos Humanos, "Desaparecidos," http://www. desaparecidos.org.

25 Lesley Gill, *The School of the Americas: Military Training and Political Violence in the Americas,* American Encounters/Global Interactions (Durham: Duke University Press, 2004), 85.

de Fort Benning (en Columbus, Georgia).[26] En 1981 Álvarez Martínez era jefe de la FUSEP, la Fuerza de Seguridad Pública del ejército, y más adelante se convertiría en Comandante en Jefe de las Fuerzas Armadas. En 1981, según el Baltimore Sun, Álvarez le comentó al entonces embajador de los Estados Unidos, Jack Binns, su admiración por el método que se aplicaba en Argentina para "hacerse cargo" de los subversivos.[27] De manera que Binns expresó sus preocupaciones sobre Álvarez al Secretario de Estado, con lo que el embajador fue llamado a Washington para indicarle que no reportara abusos de derechos humanos. A finales de 1981, Binns fue reemplazado por el más cooperador John D. Negroponte, y el General Álvarez fue nombrado jefe del ejército hondureño cuando Roberto Suazo Córdova asumió la presidencia de Honduras un mes después. Con Negroponte, la cooperación estadounidense con Álvarez aumentó. En 1981, la ayuda militar estadounidense a Honduras —país pequeño con una población de 4.2 millones y que no estaba en guerra— fue de $8.9 millones. Para 1984, la ayuda militar estadounidense se estabilizó en $77.4 millones, lo que le ganó al país el oscuro apodo de "USS Honduras." [28]

El Batallón 3-16 gozaba de la autorización explícita del gobierno de los Estados Unidos, la cual incluía cursos para varios de sus oficiales en la Escuela de las Américas. A cambio de ello el ejército hondureño utilizaba tácticas públicas de terror para controlar a la población local, mientras proporcionaba personal y entrenamiento para una guerra, financiada por los Estados Unidos, contra la vecina Nicaragua. Los sospechosos de subversión —incluyendo estudiantes, periodistas, y activistas sindicales— eran capturados por agentes encubiertos del Batallón 3-16 en vehículos sin placas, con frecuencia a plena luz del día; se les transportaba a cárceles secretas, en donde se

---

26 Ibid., 85-87, Schulz and Schulz, The United States, Honduras, and the Crisis in Central America.

27 Gary Cohn and Ginger Thompson, "Unearthed: Fatal Secrets When a Wave of Torture and Murder Staggered a Small U.S. Ally, Truth Was a Casualty. Was the CIA Involved? Did Washington Know? Was the Public Deceived? Now We Know: Yes, Yes and Yes.," The Baltimore Sun, June 11 1995.

28 Tony Espetia, "Honduran Military Purge No Threat to U.S.," United Press International, April 7 1984, LaFeber, Inevitable Revolutions: The United States in Central America, 310.

les interrogaba, torturaba, y en ocasiones eran visitados por agentes de la CIA. A la mayor parte de los desaparecidos, por lo menos 180, nunca se les volvió a ver. Durante el tiempo en que Negroponte permaneció como embajador, las actividades del Batallón 3-16 fueron cubiertas por los principales periódicos hondureños y los familiares de los desaparecidos compraban páginas completas para publicar peticiones en las que solicitaban al General Álvarez poner en libertad a sus familiares.

Las mencionadas desapariciones, muy publicitadas aunque menores en número que las de países como Argentina y El Salvador, en líneas generales tuvieron el efecto que Álvarez pretendía. La izquierda hondureña, que en la década de 1970 había ganado pequeñas victorias al conseguir reformas agrarias y otros logros, fue destrozada durante la década de 1980. Los mecanismos del miedo y la vigilancia tuvieron éxito en el control de la insurgencia en el país, o, en la terminología de la Guerra Fría, en prevenir que la amenaza comunista se extendiera.

En por lo menos dos ocasiones, la tortura de figuras prominentes (el periodista Oscar Reyes y su esposa, e Inés Murillo, la hija izquierdista de un oficial del ejército) indujeron a Negroponte a intervenir y expresar su preocupación a Álvarez en privado. Sin embargo, a pesar de su conocimiento de las torturas y las ejecuciones por parte de los militares hondureños bajo la supervisión de la CIA, en 1982 Negroponte ordenó a un funcionario político subalterno de la embajada eliminar información sobre los abusos del ejército hondureño del Informe Anual de Derechos Humanos para el Congreso, requerido por la Ley de Asistencia Internacional (*Foreign Assistance Act*).[29] En 1983 la administración Reagan otorgó a Álvarez la medalla de la Legión al Mérito por "fomentar el éxito de los procesos democráticos en Honduras."

Los hondureños tenían plena consciencia de la implicación violenta de los Estados Unidos en su país, la que no sólo se reportaba diariamente en los medios, sino que también era visible en las calles en la forma de soldados y armas estadounidenses. Indistintamente de que estuvieran de acuerdo con que el Batallón 3-16 de Álvarez

---

29 Mark Matthews, "Senate Hearings to Examine Envoy's Role in 1980s Abuses; Critics Say Negroponte, Bush Nominee to U.N., Ignored Honduran Agony," The *Baltimore Sun,* September 7 2001.

fuera necesario para controlar la expansión del comunismo o no, los hondureños sabían que los Estados Unidos dictaban toda su política de seguridad. Al aprobar y honrar a Álvarez, Negroponte y la administración Reagan enviaban el claro mensaje de que el secuestro y la tortura de hondureños eran medios aceptables para alcanzar la seguridad regional.

En 1981 Rebeca estudiaba la secundaria en San Pedro Sula. Me contó sobre aquella época en una entrevista:

A: Me gustaría que me contaras sobre tu actividad política, sobre la represión que dijiste que existe aquí y, bueno, cómo la has experimentado directamente.

R: Bueno, yo te puedo hablar de mis años de colegio, a principios de los ochenta. Aquí en Honduras había bastante represión porque creían que todos los movimientos estudiantiles eran, éramos... bueno, nos achacaban que éramos de izquierda e inclusive hubo muchos desaparecidos en ese tiempo.

A: ¿De tu colegio?

R: No, no del mismo colegio sino que a nivel nacional. Aquí en La Lima formamos un grupo estudiantil. [Antes de eso] fui invitada a participar en un frente estudiantil llamado el FUUD [Frente Unido Universitario Democrático]. La gente decía que éramos de derechas pero en realidad éramos nada más un frente de colegio... El FUUD de la Universidad era de derechas y el FRU de izquierdas, pero compañeros de los dos frentes se unieron al grupo estudiantil que nosotros formamos.

A: ¿FRU?

R: FRU. Sí, sí, Frente Revolucionario Universitario

A. ¡Ah!

R: Entonces yo me hice amiga de ellos [miembros del FRU] pero lo que ellos querían era que nosotros perteneciéramos a una célula de izquierda. Y cuando nos escogían, nos invitaban no a nivel de colegio sino que fuera, fuera del colegio para que formáramos parte de una célula, y nos llevaban a la universidad a hacer sesiones clandestinas. Pero yo tenía unos compañeros allí que ellos eran, se podía decir que eran de derecha y ellos me decían a mí que me saliera, que me saliera; pero como en ese tiempo estaba cipota casi, me gustaba conocer lo desconocido y me metieron y yo iba a la universidad [a las capacitaciones] pero ya cuando empecé a tener miedo fue cuando me dijeron que yo iba a pertenecer al brazo armado.

A: ¿Al brazo armado?

R: Al brazo armado del grupo ese, el FRU, a una célula. Me dijeron que tenía que irme para la montaña porque me iban a entrenar; cuando me dijeron eso, ya yo tenía mi niña Vanesa Elisabeth, la verdad es que sí me dio miedo morirme. En ese tiempo aquí había un sargento, el sargento Sosa. Ese señor tenía listas, esas listas negras, y todos los movimientos estudiantiles él los ponía allí y los ponía en una lista negra y yo estaba allí en esa lista negra, y la verdad es que sí me dio miedo porque...

A: ¿Y cómo te enteraste de que estabas en esa lista?

R: Por un compañero que ahora es diputado del Partido Nacional. Me dijo que —no sé si lo haría porque tuviera miedo, no sé— me dijo que sí, que en el DIN [Dirección Nacional de Investigación] yo estaba en la lista negra y que tuviera cuidado porque sí me podían matar y a todos mis compañeros ahí y que sí, que allí estábamos y que yo me saliera porque la verdad es que sí peligraba morir. Entonces yo tenía hasta literatura; bueno, en ese tiempo a quien le encontraban literatura de izquierda era una persona que iba como presa política. Yo las tenía adentro del colchón, rompía el colchón y las metía adentro porque teníamos que estudiar bastante. Pero me salí, realmente me salí porque me dio miedo, más que todo fue miedo por mi familia no por mí sino que porque no les fuera a pasar nada a ellos. Porque en ese tiempo hasta cateaban las casas, se metían a las casas a sacar las personas, y la verdad es que sí tenía mucho que perder.

A: ¿Hubo desaparecidos aquí en La Lima?

R: ¿Aquí en La Lima? No; en San Pedro sí hubo bastantes desaparecidos, bastantes, bastantes. Nosotros teníamos un maestro que se llamaba Landaverde, Landaverde era su apellido. A él lo mataron, lo mataron en el carro. Llegaron unos encapuchados y lo mataron junto con otro compañero que iba con él y nunca se supo quiénes lo hicieron [Landaverde era un dirigente sindical y aquel día estaba en el carro del Profesor Miguel Ángel Pavón Salazar, Presidente del CODEH (Comisionado de los Derechos

Humanos) en San Pedro Sula. Ambos fueron asesinados el 14 de enero de 1988]. Aparecían bastantes personas en las cañeras o habían cementerios clandestinos que hasta ahora los están descubriendo, bastantes cementerios clandestinos, y la verdad es que había mucha represión. Ahora hay represión pero yo creo que es que ahora [aquel tipo de represión] ya pasó de moda... pero sí, en aquel tiempo sí era bien, bien peligroso.

Rebeca había estado involucrada algún tiempo en la escasa insurgencia izquierdista, por lo que probablemente tenía más razones que muchos otros para temerle al Batallón 3-16. Su reacción ante la amenaza, sin embargo, fue significativa. La misma naturaleza pública de las torturas y desapariciones (los vehículos sin placas, los cuerpos desmembrados en campos abiertos o fosas, los testimonios de aquellos que fueron torturados y liberados) sirvió para reforzar el miedo de manera continuada, no sólo como metáfora dominante, sino como el estado encarnado en el que los hondureños experimentan sus vidas —de manera similar a la descripción de Linda Green de las vidas de las viudas mayas en Guatemala.[30] A medida que la represión se hacía más pública, la resistencia de Rebeca se volvía más privada: escondía sus libros y terminó abandonando el movimiento. El hecho de saber que una "lista negra" monitoreaba las actividades de las personas y que ello podría conducir al secuestro, tortura y ejecución funcionaba como un panóptico y bastaba para lograr que la mayoría de los hondureños —ricos y pobres, puesto que los abusos del ejército trascendían los límites de clase— se monitorearan a sí mismos, con lo que le evitaban al Estado mayores problemas.[31]

En la década de 1990 el ejército hondureño ya no tenía el control del país. La ayuda militar de los Estados Unidos había descendido de $77.4 millones en 1984, en el apogeo de la guerra de la Contra, a $532,000 en 1994.[32] En un informe de 1993 del Comisionado Nacional de los Derechos Humanos (CONADEH) titulado "Los hechos hablan por sí mismos", el gobierno hondureño reconoció su responsabilidad por la violenta campaña contra su propio pueblo

---

30 Green, *Fear as a Way of Life: Mayan Widows in Rural Guatemala.*

31 Foucault, *Discipline and Punish: The Birth of the Prison.*

32 Matthews, "Senate Hearings to Examine Envoy's Role in 1980s Abuses; Critics Say Negroponte, Bush Nominee to U.N., Ignored Honduran Agony."

durante los ochentas.[33] Poco después, inducido por la publicación del CONADEH y por una serie de reportajes de investigación sobre el Batallón 3-16 en el *Baltimore Sun*, el gobierno hondureño procesó legalmente a once oficiales del ejército por su responsabilidad en las torturas y ejecuciones que habían tenido lugar durante la década precedente. El juez a cargo de la investigación del caso, Roy Medina, debió contratar guardaespaldas después de que unos hombres en un carro sin placas dispararan contra su juzgado mientras estaban sesionando, a la vez que le gritaban que saliera para matarlo. El Mazda sedán de cuatro puertas con vidrios polarizados era el mismo tipo de vehículo que había sido utilizado por el Batallón 3-16 en los ochentas.[34]

Parecía que la situación se le estaba complicando al ejército hondureño. El Congreso Nacional y el Presidente Carlos Roberto Reina, que había sido electo en 1993 desde una plataforma de defensa de los derechos humanos (con el eslogan "revolución moral"), aprobaron una enmienda constitucional que abolía la dependencia de seguridad estatal (DNI) e instituía una fuerza policial civil (DIC). Asimismo, el gobierno de Reina eliminó el servicio militar obligatorio en respuesta a una fuerte campaña que por varios años había liderado el grupo feminista y anti-imperialista *Movimiento de Mujeres por la Paz Visitación Padilla* y sus muchos aliados en la lucha, incluyendo al COHEP (Consejo Hondureño de la Empresa Privada) y la Iglesia Menonita de Honduras.[35]

En la primera semana de agosto de 1995, mientras el juez Medina avanzaba en el curso del juicio de los militares encausados, los hondureños se encontraron con un nuevo anuncio en las noticias de la noche, descrito en un artículo del *Baltimore Sun*:

---

33 Leo Valladares Lanza, *Los Hechos Hablan Por Sí Mismos: Informe Preliminar sobre los Desaparecidos en Honduras 1980-1993*, ed. Comisionado Nacional de Protección de los Derechos Humanos, 1. ed. (Tegucigalpa, Honduras: Editorial Guaymuras, 1994).

34 Ginger Thompson, "Hondurans Debate Amnesty for Officers; 10 Tied to Rights Abuses by Battalion 316 in '80s," *The Baltimore Sun*, October 17 1995.

35 "Derogación del Servicio Militar Obligatorio en Honduras: Un Caso de Incidencia: Honduras/Sistematización de la Información, Movimiento de Mujeres Por La Paz "Visitación Padilla,"" en *Forjando Culturas Democráticas* (San José, Costa Rica: Fundación Arias para la Paz y el Progreso Humano, 1997).

Imágenes de cadáveres ensangrentados en las calles de las ciudades. Imágenes de plantas generadoras de energía incendiadas. Y una voz profunda que explicaba: "Esta es la década de los ochentas". Al final, a toda pantalla, aparecía el nombre de los patrocinadores: las Fuerzas Armadas de Honduras.[36]

El ejército permanecía a la defensiva ante el Congreso, los juzgados, y la opinión pública; sin embargo, en su calidad de octavo empresario mayor de Honduras, poseía los recursos para contraatacar.[37] El anuncio descrito arriba reintroducía la retórica de la Guerra Fría al culpar a las víctimas de provocar su propia tortura con su comunismo y terrorismo. Quizás más importante resulte el hecho de que el ejército hondureño contaba con la complicidad tácita de la Casa Blanca de Clinton y de la CIA, que rehusaron entregar documentos de evidencia requeridos por investigadores hondureños de derechos humanos amparados en la Ley de Libertad de Información —a pesar de la presión considerable ejercida por los demócratas de la Cámara y el Senado de los Estados Unidos. En septiembre de 1998, después de que el gobierno de Honduras y los demócratas estadounidenses hubieran presionado durante cinco años, la CIA finalmente sacó a la luz pública un informe de 250 páginas titulado: "Temas seleccionados concernientes a las actividades de la CIA en Honduras durante la década de 1980", en el cual dicha agencia reconocía haber tenido un conocimiento más amplio sobre las actividades del Batallón 3-16 de lo que antes había admitido.[38] No obstante, poco más que este reconocimiento se reveló públicamente, puesto que la mayor parte del contenido fue censurado, tachado con un grueso marcador negro.

En 1998 el Juzgado Primero de lo Penal de Tegucigalpa dictaminó a favor de aplicar leyes de amnistía a los oficiales del ejército acusados de tortura en la década de 1980; ello a pesar de los persistentes esfuerzos del Comisionado de los Derechos Humanos de Honduras,

---

36 Matthews, "Senate Hearings to Examine Envoy's Role in 1980s Abuses; Critics Say Negroponte, Bush Nominee to U.N., Ignored Honduran Agony."

37 Wire and Staff Reports, "Key Honduran Judge May Have Worked for Military; Attorney General Plans to Appeal Amnesty Ruling," *The Baltimore Sun*, January 22, 1996.

38 Frederick Porter Hitz, A. R. Cinquegrana, and United States. Central Intelligence Agency. Inspector General, *Report of Investigation : Selected Issues Relating to Cia Activities in Honduras in the 1980s* (Washington, D.C.: The Agency, 1997).

Leo Valladares, el juez Medina y muchos otros. Nunca ha habido repercusiones serias derivadas de las violaciones a los derechos humanos cometidas por la CIA y el ejército hondureño en los ochentas, y este era un problema que todavía se discutía y divulgaba ampliamente durante los primeros años de mi trabajo de campo. El Fiscal Especial para los Derechos Humanos de Honduras, Wilfredo Flores, acusó públicamente en el año 2000 a varios miembros de la Policía de proteger repetidamente a los torturadores en su institución, y en la actualidad se siguen formulando acusaciones similares.[39] La impunidad para los responsables de las desapariciones, torturas, y ejecuciones de personas consideradas como una amenaza para la sociedad, envía un claro mensaje sobre la aceptabilidad de tales crímenes hoy en día.

A principios de septiembre de 2001 se estaban llevando a cabo las audiencias del Comité de Relaciones Internacionales del Senado de los Estados Unidos, sobre la cuestión de si aprobar o no a Negroponte para una nueva misión diplomática. En respuesta a los demócratas Barbara Boxer y Paul Wellstone, que se oponían a su nominación debido a su historial en Honduras, el portavoz republicano Lester Munson expresó: "Lo que el otro lado pretende aquí es volver a las guerras de Centroamérica en los ochenta —que ellos perdieron. Los Estados Unidos estaban del lado de los ángeles en los ochenta, y la historia a partir de entonces lo ha confirmado".[40] El 13 de septiembre de 2001, dos días después de los ataques al World Trade Center, John D. Negroponte fue discretamente confirmado como embajador de los Estados Unidos en las Naciones Unidas. El 24 de abril de 2004, el Presidente Bush le designó como embajador en Irak, nombramiento que el Senado de los Estados Unidos aprobó de manera aplastante. El 17 de febrero de 2005, Bush nombró a Negroponte como primer Director de Inteligencia Nacional. Casi dos años después, el 3 de enero de 2007, Negroponte anunció que dejaba ese puesto para convertirse en subsecretario de Estado. Salvo por unas pocas voces aisladas, el pasado de Negroponte está prácticamente olvidado en

---

39 U.S. State Department, "Country Reports on Human Rights Practices for 2000: Honduras," (Bureau of Democracy, Human Rights, and Labor, 2001).

40 Matthews, "Senate Hearings to Examine Envoy's Role in 1980s Abuses; Critics Say Negroponte, Bush Nominee to U.N., Ignored Honduran Agony."

unos Estados Unidos concentrados ahora en el terrorismo.[41]

Mientras el ejército hondureño no sufrió graves consecuencias derivadas de sus acciones durante la década de 1980, el General Álvarez corrió peor suerte. En 1984 muchos oficiales hondureños comenzaron a preocuparse por los excesos de Álvarez al frente del Batallón 3-16. Además, fue acusado de malversación de fondos del ejército y de no ser más que un peón de los intereses estadounidenses. El 31 de marzo de ese año se dio un golpe interno en las Fuerzas Armadas y Álvarez fue enviado a Costa Rica. Meses después se marchó con su esposa e hijos a vivir a Miami, Florida, en donde se convirtió en un ferviente cristiano evangélico. En 1988, Álvarez dijo que había tenido un sueño en el que se le instruía regresar a Honduras a predicar el evangelio. Se convirtió en predicador callejero y rechazó ofertas de protección, ante las que manifestaba: "Mi Biblia es mi protección". El 25 de enero de 1989, el vehículo de Álvarez fue rodeado por cinco hombres vestidos de azul y con cascos, que le dispararon con ametralladoras. Cuando estaba tendido a punto de morir, Álvarez gritó: "¿Por qué me hacen esto a mí?"[42]

PRESENCIA DE LOS ESCUADRONES DE LA MUERTE

En 1995, mientras tenía lugar el juicio de los once oficiales del ejército involucrados en el caso del Batallón 3-16, el COFADEH, una organización de derechos humanos integrada por familiares de los desaparecidos, acusó a Luis Alonso Discua Elvir de reactivar el mismo. Discua, que anteriormente había estado a la cabeza del Batallón 3-16, era entonces el Jefe de las Fuerzas Armadas de Honduras; no obstante, no había evidencia clara que demostrara el restablecimiento de dicho ente. Cabe señalar que durante el año precedente había habido por lo menos 21 ataques "terroristas" a objetivos civiles y al entonces Presidente Reina, en los que se había

41 Por ejemplo, Noam Chomsky, "From Central America to Iraq," *Khaleej Times Online*, August 6 2004; Paul Laverty, "We Must Not Move On: Given His Record in Honduras, John Negroponte Should Have No Difficulty Spotting Terrorists," *The Guardian*, April 13 2005.

42 Associated Press, "Death Squad Revived in Honduras, Rights Group Says; Killings More Common Than in War-Torn 1980s," *The Baltimore Sun*, January 15 1998.

utilizado materiales tales como explosivos plásticos, que no eran fácilmente accesibles a los civiles. Estos ataques continuaron a lo largo del periodo presidencial de Reina, y en Honduras se percibían como un claro mensaje de que se dejara en paz a los militares.

En enero de 1996 el Presidente Reina designó a Discua como representante alterno en las Naciones Unidas. En 2001 Discua fue expulsado de los Estados Unidos, presuntamente por vivir en Miami y abandonar sus deberes diplomáticos; esto sucedió pocas semanas antes de que el Presidente Bush anunciara su intención de nombrar a Negroponte como representante en esa misma institución. Discua nunca ha sido procesado por el papel principal que jugó en el Batallón 3-16, mismo que él ha admitido ante la prensa hondureña.

En enero de 1998, justo antes del final de la administración de Reina, el Comisionado de los Derechos Humanos (CODEH) reportó que las actividades de los escuadrones de la muerte habían resurgido una vez más. El Comisionado afirmaba que los asesinatos de civiles por parte del ejército y la policía se habían vuelto mucho más comunes que en los ochenta y citaba a las 701 personas que habían sido asesinadas desde 1990 —muchos de estos cuerpos fueron encontrados tirados en campos, mutilados o mostrando señales de tortura. El ejército, afirmaba el CODEH, aprovechaba la estructura todavía intacta del escuadrón de la muerte de la década de los ochenta para llevar a cabo una limpieza social cuyo principal objetivo ya no eran los supuestos izquierdistas, sino que los supuestos delincuentes.

De acuerdo con Casa Alianza, una organización no gubernamental dedicada a la rehabilitación y defensa de los niños de la calle, solamente en 2002 fueron asesinados 556 niños(as) y jóvenes menores de 23 años, 47 de ellos por carros asesinos. Entre el 83% y el 94% del total de los niños asesinados a lo largo de los años son varones. En 2002 Honduras contaba con aproximadamente 6.7 millones de habitantes, cerca del 60% de los cuales tenían menos de 23 años.[43] El total de los asesinatos de niños(as) entre 1998 y 2002 —registrados por Casa Alianza en 2003— fue de 1,568.[44] Tom

---

43 U.S. Census Bureau, "International Data Base," U.S. Census Bureau, Population Division, International Programs Center, http://www.census.gov.

44 Tom Hayden, *Street Wars: Gangs and the Future of Violence* (New York: New Press, 2004), xiii.

Hayden señala en la introducción de *Street Wars* que el número de jóvenes hondureños asesinados entre 2000 y 2005, si se ajusta por población, sería equivalente a 40,000 jóvenes estadounidenses.[45]

No es una coincidencia que los objetivos de estos crímenes, cometidos en un elevado porcentaje por miembros del ejército y de la policía, sean aquéllos que sufren de manera más intensa la violencia económica. Los mismos factores que amenazan la masculinidad de los hombres jóvenes —falta de empleo, ausencia de movilidad de clase, y cambios en la estructura familiar— amenazan también sus vidas. Los hondureños, a través de un proceso de violencia simbólica, han llegado a identificar a los hombres jóvenes pobres como "delincuentes", y la mayoría de los habitantes de ese país es joven y pobre. En pocas palabras, hay un "exceso" de hombres jóvenes pobres en Honduras, quienes han llegado a ser percibidos como una amenaza y por ello ahora se les elimina de manera sistemática. Esta pretendida "limpieza callejera" es llevada a cabo por hombres originarios de esa misma clase social, ya sean miembros de pandillas que utilizan balas militares, soldados, guardias de seguridad privada o policías.[46]

En 2002, los asesinatos organizados de niños con el fin de despejar el exceso de vida de las calles y proporcionar "seguridad" a una nación —un camino tortuoso para completar la transición demográfica— comenzaron finalmente a recibir la atención de la prensa internacional. Consecuentemente, recibieron también la atención de los medios nacionales, a la vez que parecían darse pasos prometedores para acabar con la impunidad de militares y policías. Ello se debió en gran parte a un informe de las Naciones Unidas elaborado por la Relatora Especial Asma Jahangir, titulado "Derechos Civiles y Políticos, incluida la cuestión de las desapariciones y ejecuciones sumarias".[47]

Entre el 5 y el 15 de agosto de 2001, Jahangir mantuvo reuniones con funcionarios públicos, organizaciones no gubernamentales, miembros de pandillas y muchos otros hondureños, para tratar el tema de los asesinatos extrajudiciales. Su informe detalla el

---

45 Ibid.

46 Jahangir and United Nations, "Civil and Political Rights, Including the Question of Disappearances and Summary Executions," 13.

47 Ibid.

alcance de los asesinatos entre 1998 y 2001, y proporciona además un conocimiento profundo sobre los procesos de violencia simbólica subyacentes. Jahangir observa (en tercera persona) que las autoridades con las que se reunió ni siquiera consideraban los asesinatos como un problema en sí mismo:

Había una aparente confusión entre los funcionarios del gobierno con respecto a la comprensión de las especificidades del mandato de la Relatora Especial. En el Ministerio de Seguridad Pública y en la Procuraduría General se le proporcionó a la Relatora Especial cifras de crímenes, pero no así de los asesinatos extrajudiciales. Se le ofreció un breve resumen sobre el origen socioeconómico de los menores asesinados por las fuerzas de seguridad u otras personas. Sin embargo, no se hizo énfasis en el perfil de los perpetradores ni se ofreció información clara concerniente al estatus de los juicios o investigaciones. En consecuencia, el asesinato de menores era considerado y presentado principalmente como un problema de pobreza y delincuencia juvenil. Se hacía todo el énfasis en la prevención de la delincuencia juvenil, pero no había mucha preocupación por buscar medios de prevención para los asesinatos extrajudiciales.[48]

El marco contextual propugnado por los informantes gubernamentales de Jahangir se corresponde con la tendencia a culpar a las víctimas de violencia estructural extrema, así como sucedió con el ciclista de Choloma que vi morir a causa de un cableado eléctrico defectuoso. Los perpetradores son literal e ideológicamente invisibles, se esconden detrás de los vidrios polarizados de vehículos sin placas y en el conocimiento de que, en la lógica de la justicia hondureña, la muerte violenta es por sí misma prueba de culpabilidad. Aquéllos que cometen tales actos de violencia, aliados con la ideología dominante, han gozado de una prolongada impunidad. Jahangir expresa consternación por el hecho de que lejos de abordar el problema de los asesinatos extrajudiciales de niños, los altos funcionarios del gobierno se concentraban en discutir sobre el número específico de víctimas, y le decían repetidamente que Honduras no era el único país donde tales asesinatos ocurrían. Asimismo, culpa a los medios de comunicación de recurrir al

---

48 Ibid, 10.

sensacionalismo en sus representaciones de la violencia pandillera. "Estos periodistas" escribe:

Avivan más el discurso de odio practicado por algunos políticos de alto rango y líderes empresariales, quienes deliberadamente instigan el sentir público contra los niños de la calle. De esta manera se trivializa y alienta la violencia contra estos niños, e incluso su asesinato. En definitiva, todo niño con un tatuaje y en la calle es estigmatizado como un criminal que está creando un clima adverso para la inversión y el turismo en el país.[49]

En consonancia con los periodistas independientes que entrevistó, Jahangir sostiene que los medios de comunicación mayoritarios son directamente responsables de lo que ella acertadamente denomina "criminalización de la pobreza":

Los mitos que rodean las vidas de las maras se presentan de manera tal que constituyan una licencia virtual para que las fuerzas de seguridad y otros intereses creados maten a los niños de la calle. Estos niños son ya víctimas de un sistema político, económico y social que les roba su niñez y juventud. La pobreza e injusticia que les rodea es resultado de un sistema político severo e irresponsable, que se les obliga a heredar.[50]

La cobertura noticiosa se enfoca cada vez más en los crímenes violentos y fomenta entre sus consumidores la noción de que los pobres son los culpables, y los periodistas que se resisten a esta tendencia enfrentan censura y violencia. En un caso que recuerda el secuestro de Reyes en 1982, Jorge Pineda sufrió en 2000 un intento de asesinato por parte de hombres armados, frente a su vivienda en San Pedro. Pineda trabajaba en Radio Progreso —la estación radial de la progresista comunidad Jesuita de El Progreso, Yoro— y había estado realizando reportajes críticos sobre funcionarios del gobierno local. Germán Antonio Rivas, director de una estación de televisión y defensor de derechos humanos (hermano de la socióloga Rocío Tábora, por entonces Ministra de la Presidencia), fue asesinado en noviembre de 2003, después de que sacara a la luz pública la contaminación de cianuro provocada por una compañía minera, así como el contrabando ilegal de café y ganado que tenía lugar en la

---

49 Ibid, 11.

50 Ibid, 12.

frontera con Guatemala.[51] Los ataques a los periodistas que cubren la violencia perpetrada por actores estatales han continuado, a pesar de que la ley de desacato[52] —que prescribía encarcelamiento para cualquiera que insultara a una autoridad o funcionario público— fuera derogada en 2003 gracias a la intervención del entonces Fiscal General Roy Medina.[53]

Jahangir escribió también sobre las causas de la impunidad que prevaleció en los asesinatos de 2001:

Al principio de la misión, el Ministro de Seguridad Pública resumió ante la Relatora Especial las causas que están al origen los asesinatos extrajudiciales, bajo la presunción de que el mandato de la Relatora Especial incluía todas las formas de asesinatos. El Ministro criticó con dureza a los padres de los niños de la calle, a quienes describió como "irresponsables" y culpó de abandonar a sus propios hijos. Dijo que el modo particular en que estos niños vivían les conducía a ser asesinados, y que él opinaba que ello no guardaba relación con el Estado. Agregó que no había recibido informes de que la policía estuviese involucrada en el asesinato de niño alguno. Los niños, según él, eran asesinados en enfrentamientos causados por su propio "desquiciamiento". A manera de ejemplo de niños con "anomalías mentales", relató un incidente sobre un niño que había violado a su madre y a su hermana, y advirtió a la Relatora Especial en el sentido de comparar la conducta de los niños de "el primer con los del tercer mundo." Los niños del tercer mundo, de acuerdo con su análisis, maduraban antes y por lo tanto merecían el mismo tratamiento que los adultos que violaban la ley. También dijo que los policías no eran los responsables de ocuparse de los problemas sociales, puesto que ello constituía la tarea principal del IHNFA (Instituto Hondureño de la Niñez y la Familia). No obstante, desde su punto de vista, el IHNFA carecía de recursos y conocimientos para

---

51 "Journalist Murdered near Border with Guatemala," *Reporters Without Borders,* November 27 2003.

52 "Honduran High Court Strikes Down Desacato Provision," *Committee to Protect Journalists News Alert,* May 26 2005.

53 Por ejemplo, "Radio Journalist Flees to Us after Being Threatened by State Phone Company Official," *Reporters Without Borders,* May 12 2006, "Parliamentarian Tries to Strangle Indigenous Community Journalist " *Reporters Without Borders,* April 4 2006.

enfrentar el problema de los niños de la calle de manera efectiva.[54]

El Ministro creó en su discurso un monstruo de increíble maldad, y lo generalizó para todos los niños pobres del tercer mundo. En efecto, a aquéllos que están en la categoría de violadores de madres no se les puede tener piedad alguna, incluso si las madres (o la familia) son en última instancia las responsables. A pesar del hecho de que sus argumentos eran totalmente fabricados, el Ministro los utilizó con mucha seguridad y sin ironía como base de su alegato contra el tratamiento humano de los niños hondureños. En Honduras es común este tipo de discurso social darwinista en el que los pobres son jerárquicamente inferiores desde un punto de vista evolutivo, pero adquiere mayor peligrosidad cuando una persona que ostenta tanto poder lo refrenda.

Jahangir, en sus observaciones finales, critica duramente al gobierno hondureño:

Las acciones que el Gobierno ha tomado hasta ahora no han enviado un claro mensaje a los miembros de la policía involucrados, en el sentido de que deberán ser presentados ante la justicia por abuso de autoridad o violaciones a los Derechos Humanos. Las autoridades tampoco han arrestado a integrantes de grupos poderosos, sospechosos de haber participado en tales crímenes, ni les han advertido de que no recurran a los asesinatos bajo el pretexto de intentar crear un clima de resurgimiento económico. La Relatora Especial desea recordar al Gobierno que, en última instancia, serán los informes de Derechos Humanos, la estabilidad y el estado de derecho en el país, los que inspirarán confianza entre los donantes e inversores, no así el despotismo y la violencia de los poderosos contra los miembros más vulnerables de la sociedad.[55]

Wilfredo Flores (quien no guarda relación con el abogado de Derechos Humanos del mismo nombre) lo expresa de forma más sucinta en su Blog sobre Derechos Humanos y política en Honduras: "Los hondureños no deben permitir una política de represión por parte del Estado, la cual, disfrazada de buena voluntad, nos está dejando sin jóvenes".[56] El asesinato sistemático de un grupo

---

54 Jahangir and United Nations, "Civil and Political Rights, Including the Question of Disappearances and Summary Executions," 20-21.

55 Ibid, 24.

56 Wilfredo Flores, "Cero Tolerancia o Limpieza Social," in *Archives from Flores' Honduran blog* (2006).

específico de hondureños (hombres jóvenes pobres), cuando se disfraza de violencia callejera sin sentido, constituye un genocidio en marcha. Utilizo aquí el término "genocidio invisible", acuñado por Scheper-Hughes, para describir lo que sucede en Honduras, en donde es muy real para las víctimas y sus seres queridos, aunque no sea reconocido como tal por la mayor parte de la comunidad internacional.[57] Cabe señalar que este tipo de genocidio recibió un impulso táctico e ideológico durante la administración del Presidente Ricardo Maduro.

LA "CERO TOLERANCIA" DE MADURO

Ricardo Maduro fue juramentado como Presidente de Honduras el 27 de enero de 2002. Su hijo, Ricardo, había sido asesinado en 1997 en el marco de un malogrado secuestro. La campaña presidencial de Maduro se había fundamentado en un programa de "Cero Tolerancia" ante el crimen. En el diseño de la misma tomó prestados tanto la retórica como los métodos de Rudolph Giuliani, quien ha sido asesor de Maduro así como de varias fuerzas policiales metropolitanas por todas las Américas. Giuliani ha recomendado consistentemente en sus asesorías que los cuerpos de seguridad apliquen la misma estrategia de mano dura que él mismo empleó como alcalde de la ciudad de New York, en contextos culturales y políticos muy diferentes.[58] En su discurso de toma de posesión en Copán, Maduro resumió *su* plan de Cero Tolerancia:

El mandato del pueblo ha sido meridianamente claro: He sido electo para luchar, primero y ante todo, contra la inseguridad. Para luchar contra los asesinatos, contra los secuestros y los robos. Para librar una batalla frontal sin descanso por eliminar al delincuente que hoy se siente a salvo. Pueden estar seguros de que lo lograremos. Juntos, ¡lo lograremos! Juntos construiremos un futuro seguro para todos los hondureños. Nada ni nadie me apartará de la firme meta de

---

57 Nancy Scheper-Hughes, "Small Wars and Invisible Genocides," *Social Science and Medicine* 43, no. 5 (1982).

58 Tom Hayden, "Homies Were Burning Alive," *AlterNet*, June 2 2004 , Tom Hayden, "When Deportation Is a Death Sentence: Sending U.S. Gang Members Back to Honduras Can Amount to Killing Them," *Los Angeles Times*, June 28 2004.

transformar a Honduras en un país seguro para la vida, para el honor, y para las pertenencias de las personas.

Cuatro días después Maduro declaró una "Guerra contra la delincuencia", que se inició simbólicamente con un discurso en "Campo Cielo", un empobrecido barrio de Tegucigalpa. Un artículo de Honduras This Week – periódico en lengua inglesa – afirma:

Los barrios pobres de Tegucigalpa han sido tradicionalmente escenario de acciones criminales crueles y de contiendas pandilleras, y ello motivó a Maduro a lanzar un llamado a todos los sectores de la sociedad para que unieran fuerzas y se convirtieran en 'soldados' de esta guerra.[59]

La retórica de la tradición aludida aquí constituye una herramienta fundamental del colonialismo, y el etiquetar a los hondureños pobres como "tradicionalmente" violentos se enmarca en dicho paradigma. Maduro enfatiza en su discurso la protección de la propiedad privada, y al hacerlo identifica a los beneficiarios previstos de esta guerra. Pero el lenguaje de la guerra encuentra eco también en muchas personas pobres, quienes cansadas de lo que Taussig denomina "terror habitual", tienden a olvidar que ellas mismas serán las víctimas de una guerra contra el crimen.[60] El gobierno de Honduras aprovecha, entonces, el miedo de la población con respecto a la creciente violencia. La gente pobre, a la que se suele etiquetar como criminal en virtud de la clase y la geografía, tiene más miedo de sus propios vecinos que del Estado neoliberal represivo o de los empresarios.

El artículo mencionado arriba concluye de la siguiente manera:

Rodeado de personas pobres y humildes, Maduro les animaba a cooperar con las postas policiales y a utilizar los números telefónicos especiales para reportar crímenes. 'No estoy evadiendo mi responsabilidad, fui electo para resolver el problema de la inseguridad. Estoy consciente de que la única manera de hacerlo en el largo plazo es eliminando las causas sociales de la inseguridad: falta de sistemas de educación, salud y viviendas adecuados. Todo esto implica también una reactivación económica' —enfatizó el Presidente. Hasta ahora, la nación entera sigue aplaudiendo sus

---

59 Blanca Moreno, "Maduro Encourages Society to Join "Zero Tolerance" Strategy," http://www.marrder.com/htw/2002feb/national.htm.

60 Michael T. Taussig, *The Nervous System* (New York: Routledge, 1992), 11.

acciones contra el crimen.[61]

El tipo de violencia que Maduro pretendía combatir con su "guerra" era el de la violencia diaria en las calles, que bien puede funcionar para opacar la violencia estructural cotidiana que la origina —el Presidente mencionó algunos aspectos de la última en su discurso.

En la práctica, la guerra contra la delincuencia significaba un regreso a la vigilancia militar: se envió a los soldados a patrullar las calles y el Presidente les concedió "total discreción" para hacer lo que fuese necesario para mantener el orden. Maduro declaró que habría "cero tolerancia" para cualquier tipo de crimen —crímenes que el mismo gobierno hondureño estaba redefiniendo.

MANO DURA O LEGALIZACIÓN DE LA JUSTICIA POR CUENTA PROPIA

La implementación por parte de Maduro de la Cero Tolerancia de Giuliani formó parte de una tendencia más generalizada de control del crimen, conocida en América Central como "Mano Dura"; sin embargo, estas políticas han tenido efectos sociales devastadores en los diferentes países en donde han sido aplicadas y no han logrado disminuir la membrecía de las pandillas.

El Artículo 332, una enmienda al código penal del país aprobada por el Congreso Nacional en agosto de 2003, sancionaba sentencias de hasta 20 años de cárcel por el crimen de "asociación ilícita", independientemente de que los actos ilegales que los individuos acusados hubieren cometido fuesen violentos o no, y bajaba a 16 años la edad en que los pandilleros podían ser juzgados como adultos.[62] Bajo el Artículo 332 (conocido como Ley Antimaras) aumentó el poder de la policía y del ejército para monitorear a los pobres "en defensa de la sociedad". Con esta ley, los cuerpos de seguridad del Estado inauguraron una nueva fase que Maduro denominó "Operación Libertad," un eslogan siniestramente similar al de la "*Operation Enduring Freedom*" ("Operación Libertad Duradera") que el Presidente estadounidense George Bush llevaba

61 Moreno, "Maduro Encourages Society to Join "Zero Tolerance" Strategy."

62 U.S. State Department, "Country Reports on Human Rights Practices for 2005: Honduras," (Bureau of Democracy, Human Rights, and Labor, 2005).

a cabo durante el mismo periodo.

Las políticas de Mano Dura reflejan una tendencia internacional en legislación que proporciona poderes más amplios a las autoridades de los cuerpos de seguridad, como la "Ley de disuasión de pandillas y protección de la comunidad de 2005" (*Gang Deterrence and Community Protection Act* of 2005. H.R. 1279, Forbes, R-VA) y la "Ley patriota" (*USA Patriot Act*) en los Estados Unidos — las que John Negroponte supervisó como Director Nacional de Inteligencia. La Ley Patriota se suma a otras políticas de control del crimen, como la de Cero Tolerancia, al incrementar la capacidad del gobierno de los Estados Unidos para monitorear a sus ciudadanos. Asimismo, la Ley Antimaras de Honduras representa una continuación de las leyes contra la vagancia aplicadas durante el periodo colonial y postcolonial en la historia latinoamericana, cuyo objetivo era controlar, regular y disciplinar a los pueblos originarios y a los pobres en general.[63]

Una vez más, los medios de comunicación manifestaron su apoyo a la violencia gubernamental. Un editorial titulado "Venciendo el miedo", publicado en el diario *El Heraldo* (propiedad del poderoso empresario conservador Jorge Canahuati Larach), proclamaba que la reforma al código penal "debía gozar del apoyo activo de los ciudadanos: debemos cerrar filas contra la violencia, sea esta colectiva o individual, planificada o irracional".[64] Similares elogios a la Ley Antimaras dominaban los medios de mayor circulación, aunque esta perspectiva no era en modo alguno universal. José María Palacios, exjuez de la Corte Suprema de Justicia de Honduras, expresó: "Lo que observamos es que los jóvenes están siendo castigados por el simple hecho de ser jóvenes, incluso si en realidad no han cometido ningún crimen".[65]

La persecución de los presuntos delincuentes tenía lugar en la

---

63 Carlos Aguirre and Robert Buffington, *Reconstructing Criminality in Latin America, Jaguar Books on Latin America* ; (Wilmington, Del: Scholarly Resources, 2000), Greg Grandin, *The Last Colonial Massacre : Latin America in the Cold War* (Chicago: University of Chicago Press, 2004).

64 "Editorial: Venciendo El Miedo," *El Heraldo*, septiembre 2 2003.

65 Catherine Elton, "Honduran President Takes Tough Stance on Fighting Gangs: Controversial New Law Can Punish Young Offenders with Long Prison Terms," *San Francisco Chronicle,* September 8 2003.

Figura 8.
Caricatura de Roberto Ruiz, de La Tribuna, Tegucigalpa, Honduras, 4 de julio de 2003.

esfera pública. En Julio de 2003, en una abarrotada calle del centro de San Pedro Sula, mi amigo Teto se fijó en un hombre joven sin camisa que parecía estar bailando al estilo *break*. "Mira bien", me dijo, cuando pregunté por qué el hombre se arriesgaría a exhibir sus tatuajes en público. De hecho, no estaba bailando, sino que haciendo pechadas para un grupo de oficiales de la policía, que se burlaban. La humillación pública de delincuentes refuerza la impunidad de policías y militares, así como la impotencia de los individuos pobres frente a la violencia estructural, de la misma manera que lo hace el genocidio vigente.

Wilfredo Flores, en su blog, enfatiza la naturaleza genocida de la Mano Dura al calificar los presidios hondureños como "Campos de Concentración."[66] La siguiente reseña se ajusta a tal calificativo: el 5 de abril de 2003, 68 miembros de la mara Calle 18 murieron en un incendio en la prisión "El Porvenir", y el 17 de mayo de 2004,

66 Wilfredo Flores, "Campos de Concentración," in *Archives from Flores' Honduran blog* (2006).

105 miembros de la mara Salvatrucha murieron en otro incendio en el presidio de San Pedro Sula. La socióloga hondureña Julieta Castellanos señala que en el último caso, de los 105 jóvenes que murieron, 28 guardaban prisión por "asociación ilícita", estipulada en la Ley Antimaras, y 33 no habían sido acusados de nada en absoluto.[67] Existe amplia evidencia que demuestra que ambos incidentes no fueron accidentales, sino actos deliberados de los guardias de las cárceles en connivencia con la pandilla rival al interior del presidio.[68]

En primera plana de *La Tribuna* del jueves 3 de julio de 2003, se presenta una fotografía de 15 jóvenes en el momento de su arresto, con el torso desnudo y acostados boca abajo en el suelo mientras cuatro militares y policías civiles les apuntan en la cabeza con pistolas y AK-47. En el pie de foto se lee:

Pandilleros internos en la Cárcel Nacional solicitaron ayer un diálogo con el Presidente Ricardo Maduro. Aunque consideran que las medidas tomadas contra ellos son injustas, demandaron que las mismas [también] se apliquen a los criminales de cuello blanco. El mandatario acompañó ayer a la policía a una operación relámpago en la colonia Bella Vista.

James Holston ha señalado que el discurso de la ciudadanía es utilizado por las pandillas para justificar varias de sus actividades, mientras la policía, por su parte, acude al tema de la ciudadanía y los derechos para negar a grandes segmentos de la población el acceso a una plena igualdad.[69] Al solicitar un "diálogo" con el Presidente Maduro para discutir las disparidades en la persecución y sentencia de criminales, los pandilleros ponían a prueba los límites de la política de tintes populistas denominada "Gran Diálogo Nacional" —ampliamente conocida como "monólogo" en Honduras.[70]

Una caricatura de Roberto Ruiz (Ilustración 7), publicada el 4 de julio de 2003 en La Tribuna, ridiculiza el eslogan político de Maduro:

67 "Honduras: Security Policies Condemned," *Inforpress* 31, no. 21 (2004).

68 Hayden, *Street Wars: Gangs and the Future of Violence*, xv-xvi.

69 James Holston, "Gang Talk/Rights Talk," in *Conference on Violence and the Americas* (UC Berkeley: 2005).

70 Por ejemplo, Hunt, "Honduras Update," 3, Mirta Kennedy et al., "Country by Country - Honduras: 2004 Report," http://www.socialwatch.org, Iris Mencía, "Respuesta a un "Gran Diálogo", con un Monólogo," http://listas.rds.hn/etnias/msg00043.html.

"Maduro escucha". En ella, el Presidente aparece nervioso, como si estuviese escuchando a un pandillero extremadamente inflado y con forma de bomba (a los pandilleros se les suele representar delgados). El marero es conducido a la cárcel por un policía bien armado y con pasamontañas, lo que le proporciona anonimato y seguridad. Aparentemente temeroso de que el marero pueda detonar, Maduro le escucha sin mirarle. Sobre el pecho y el estómago el marero lleva escrito, o probablemente tatuado, lo siguiente: "Por qué no les aplica la misma medida a los funcionarios ladrones que se hacen rico$ con el dinero del pueblo y han provocado mayor pobreza." El signo de dólar que reemplaza a la "s" en la palabra "ricos" alude al dinero real de los políticos, en contraste implícito con las pequeñas cantidades de dinero a las que tienen acceso la mayoría de los pandilleros. El enorme marero-bomba de la caricatura, enojado y políticamente astuto, representa el potencial de levantamiento que existe en Honduras hoy en día.

Mientras, de hecho, se castigaba cada vez más los recién declarados crímenes, tales como el hecho de tener tatuajes, la vagancia, y el parecer sospechoso, para diciembre de 2003 ni un solo policía u oficial del ejército había sido sentenciado por el asesinato de niños hondureños.[71] Maduro había declarado que los soldados eran "intocables"; ponerle el dedo encima a un soldado, decía, era atacar a la propia Honduras. Los soldados hondureños, como personificación del Estado, se convirtieron, en efecto, en una temible fuerza de seguridad.

Casi un año antes de que la Ley Antimaras se aprobara, el *Los Angeles Times* publicó un artículo en primera plana sobre las pandillas hondureñas, con el titular *"Morir joven en Honduras: Las pandillas con raíces en L.A. son las principales culpables de la creciente violencia. Pero otro grupo tiene también sangre en sus manos: la policía".*[72] Aunque escrito en inglés para un periódico estadounidense, el artículo presenta una síntesis, clara pero carente de sentido crítico, de las explicaciones de la violencia que

71 Casa Alianza, "Honduras Child Murders Start to Drop but No Convictions on Casa Alianza Cases," *Casa Alianza Rapid Response Network*, November 13 2003.

72 T. Christian Miller, "Dying Young in Honduras: Gangs with Roots in L.A. Are Largely to Blame for the Increasing Violence. But Another Group Has Blood on Its Hands as Well: The Police." *Los Angeles Times*, November 25 2002.

se propusieron en Honduras durante la presidencia de Maduro. A continuación retomo esta síntesis de argumentos y los analizo con mayor detalle.

El reportero T. Christian Miller reconoce el papel jugado por la policía y cita a Bruce Harris, por entonces director de Casa Alianza, quien comenta sobre los efectos de la Cero Tolerancia: "No creo que el gobierno haya promulgado una ley que envíe al ejército o a la policía a matar muchachos.... Pero yo diría que, sea por acción directa o por omisión, el Estado tiene responsabilidad en el asesinato de niños". Sin embargo, en Honduras —y en este artículo— la validez del argumento de Harris es eclipsada por la noción de que los pobres se lo merecen.[73] Si se considera el hecho de que la brutalidad policial se abordó de manera mucho más honesta en el informe de Jahangir, cuatro meses antes de que el artículo de Miller se publicara, y de que el mismo Presidente Maduro había reconocido la seriedad del problema, esta revelación resultaba apenas novedosa. Por consiguiente, el artículo se inclina por reflejar las narrativas que la mayoría de los hondureños reproducen, que comienzan y terminan con la culpabilidad de las pandillas.

"La explosión de la violencia pandillera constituye una explicación de las muertes violentas [en Honduras] durante los últimos cinco años", sostiene Miller. "La policía estima que unos 33,000 mareros acosan al país, la mayoría de ellos vinculados con pandillas basadas en Los Angeles. Se matan unos a otros por anotarse puntos, ganar respeto, o sencillamente por diversión... 'Es como un juego de "Muerte" para ellos', dijo César Ruíz, inspector en jefe de homicidios de la ciudad, haciendo referencia a un violento juego de computadora". Miller utiliza de manera engañosa las estimaciones y la retórica de la policía. La policía hondureña tiene un interés obvio en inflar las cifras de las pandillas pues entre más pandillas, mayor es la amenaza y ello conlleva la adjudicación de más poder a la policía. Las afirmaciones sobre los vínculos internacionales son también exageradas; las maras hondureñas son de naturaleza local, aunque muchas de ellas compartan símbolos con las de los Estados Unidos y otros países. No obstante, experimentan una violencia estructural similar a la que crea las condiciones necesarias para el

---

73 Para parafrasear a Michael B. Katz, *The Undeserving Poor: From the War on Poverty to the War on Welfare* (New York: Pantheon Books, 1989).

crecimiento de las pandillas en Los Angeles y en otros lugares.[74] La implicación de una amenaza organizada y globalizante que "acosa" al país es engañosa, especialmente cuando en el análisis se divorcia de amenazas globales de mayor impacto para los hondureños, como lo son las políticas fiscales neoliberales impuestas por el FMI y el Banco Mundial. Finalmente, la sugerencia de que los pandilleros matan por capricho sirve de instrumento para la creación de un monstruo, joven y pobre, que debe ser destruido. Tal figura recuerda a los niños monstruosos que el Ministro de Seguridad Pública describió a la Relatora Especial Jahangir.

En párrafos sucesivos Miller ofrece algunas anécdotas sobre niños asesinados por la policía, para retomar de inmediato el tema de la violencia no estatal. Menciona la política de 1996 de deportar, y no procesar, a los pandilleros indocumentados (utiliza el término "ilegales") hondureños radicados en los Estados Unidos. Luego se refiere al huracán Mitch y afirma que su efecto en las maltrechas condiciones de vida de los hondureños pudo haber contribuido a generar más violencia. Este argumento es problemático por su excesiva simpleza e ignora las causas sociales de la devastación provocada por el Mitch – algo que suele ocurrir cuando se aborda el tema de los desastres "naturales". Aún más absurdo resulta lo que Miller escribe a continuación: "Finalmente, algunos condenan el cese del servicio militar obligatorio en Honduras, en el que el ejército reclutaba adolescentes por la fuerza. Ahora estos jóvenes se encuentran sin trabajo ni nada qué hacer." Y sigue: "Cualquiera sea la causa, existe acuerdo con respecto a que no hay una respuesta simple para el problema de las maras. 'Alcanza las raíces más profundas de la sociedad', dijo Oscar Álvarez, el joven y dinámico Ministro de Seguridad del país". El evasivo comentario de Oscar Álvarez, y la adulación de Miller, enmascaran la propia relación nepotista del primero con la violencia de las décadas recientes en la sociedad hondureña, pues es sobrino del fallecido General Gustavo Álvarez Martínez.[75]

---

74 John Hagedorn, *Gangs in the Global City: Alternatives to Traditional Criminology* (Urbana: University of Illinois Press, 2007); Vigil, *A Rainbow of Gangs: Street Cultures in the Mega-City.*

75 Wilfredo Flores, comunicación personal.

El ejército hondureño es una institución violenta y profundamente corrupta cuyo único propósito es el de controlar a la población local. Existe la noción prevalente de que los jóvenes se vuelven violentos como resultado de que el ejército ya no lleva a cabo el reclutamiento forzoso. En la clase de Daisy sobre el tema de las pandillas, el Teniente Rodríguez también expresó sus quejas sobre el asunto: "La libertad les ha convertido en libertinos", dijo al referirse al paso de un Estado militar a uno civil en la década de 1990. Esta declaración se vuelve doblemente irónica bajo la "Cero Tolerancia", donde la frontera entre el ejército y las pandillas es cada vez más borrosa debido a que ambos emplean las mismas armas, tácticas, y lenguaje para describir su guerra.[76] La supuesta inescrutabilidad de las maras, anclada en las "raíces" de la sociedad hondureña, vuelve a plantear la cuestión en términos evolutivos. De acuerdo con los funcionarios que Jahangir entrevistó, el problema central lo constituye la violencia de los jóvenes entre sí. Este argumento implica que los hondureños no son civilizados y que aunque a nadie le guste la violencia estatal, ante la completa falta de disciplina que se refleja en las pandillas, se ha convertido en el único camino.

El artículo termina con una visita al Proyecto Victoria, "un centro de rehabilitación ubicado entre colinas cubiertas de pinos", en donde Miller descubre evidencias de la culpabilidad de las pandillas. "Para [los ex-mareros y drogadictos]", escribe, "no es un misterio quiénes están matando a los niños del país: ellos. 'Sinceramente creo que la policía no tiene mucho que ver en esto. La verdadera causa es la rivalidad y el odio entre pandillas', dijo un ex marero de 22 años que solicitó que se le llamara Alex".

La confesión constituye un poderoso recurso retórico que, en este caso, encubre la posicionalidad del sujeto en cuestión, la cual incluiría el adoctrinamiento recibido en su programa de rehabilitación. Casi todos los programas modernos de rehabilitación se enfocan en el individuo y trastocan las raíces sociales de muchos problemas, tanto práctica como ideológicamente (lo que será analizado en el Capítulo 2, cuando se aborde Alcohólicos Anónimos). Uno de los peores errores que un antropólogo puede cometer es tomar al pie de la letra las valoraciones de un informante oprimido sobre su

---

76 Carter, "'Forgive Me Mother, for My Crazy Life': Street Gangs, Motherdom, and the Magic of Symbols in Comayagüela, Honduras".

propia culpabilidad, y ello es precisamente lo que este periodista hace. De una u otra manera todos somos cómplices de la opresión, y los oprimidos no son la excepción —no por el hecho de merecer su posición, sino por concordar con un sistema de violencia simbólica que les hace creer que se la merecen. Al privilegiar la opinión "de Alex", basada en un conocimiento directo de las pandillas y en una comprensión incompleta de la violencia estructural, Miller confiere a esta interpretación una peligrosa apariencia de veracidad.

Todos los argumentos utilizados por Miller resultan familiares para los hondureños. Tanto el autor como el Presidente Maduro reconocen la violencia estatal, pero la estructura retórica del artículo se orienta a restarle relevancia a la misma. Mientras tanto en Honduras —a pesar de las revelaciones del reportaje sobre los asesinatos cometidos por la policía, el ejército, y los escuadrones de la muerte— la culpa recae, en última instancia, en las víctimas.

MELISA

No llegué a conocer bien a Melisa. La vi por primera vez el 7 de agosto de 1997 en un pequeño restaurante de barrio al que había ido a comer tajadas (plátanos fritos crujientes) con Vanesa, la hija de Rebeca, y su amiga Elysa. Entró al local una chica negra, andrógina y con la cabeza rapada, que vestía una camiseta en la que se leía "*O.J. 100% NOT GUILTY*" (O.J. 100% INOCENTE) en los colores del Congreso Nacional Africano. Elysa, cuyo novio había sido deportado de los Estados Unidos por actividad pandillera, se encogió de miedo. "Ella es una *Dieciocho*", me dijo. "Todo el mundo le tiene miedo a *la negra*". La joven, por su parte, se sentó sola y comió sus tajadas con satisfacción.

Más tarde le pregunté a Rebeca sobre Melisa, pues ella conocía a todos los muchachos de las maras. "Me respetan", me había dicho en varias ocasiones, "los conozco a todos desde que eran así de pequeños" (a la vez que señalaba con su mano un punto cercano al suelo). Rebeca me contó que Melisa había sufrido abuso físico y sexual y que había sido abandonada por sus padres. Su participación en la pandilla, de acuerdo con Rebeca, era comprensible —al contrario de lo que sucedía con otros chicos que, según ella, no hacían más que causar problemas. Existen muchas excepciones a la regla de la maldad de los pandilleros y por ello me sorprendió que los numerosos ejemplos de abuso personal no cambiasen la consideración general de las pandillas como inescrutables y brutales.

En enero de 1999 me encontraba de nuevo en La Lima. Unos meses antes el huracán Mitch había asolado Honduras y La Lima era uno de los lugares más fuertemente impactados. La municipalidad había dejado pilas de arena a un costado de la carretera con el fin de absorber el exceso de líquido; pero desde que este material fuera distribuido, meses atrás, nadie lo había volcado en las propias carreteras —un proceder típico de las autoridades locales. Un día, al final de la tarde, me encontraba ocupada trabajando en un proyecto fotográfico sobre un mono de juguete, una reliquia precolombina, y una de estas pilas de arena, cuando me sentí atemorizada por dos muchachos adolescentes que reconocí como pandilleros del vecindario. Me puse nerviosa puesto que en repetidas ocasiones se me había advertido de que estos jóvenes podrían robarme o atacarme. Agarré mi cámara con firmeza y dije "hola".

"¿Qué estás haciendo?", preguntó uno de ellos. Les dije que estaba tomando una fotografía.

"¿Necesitás ayuda?", preguntó el otro.

Respondí "bueno, sí", y les dejé que colocaran a Sancho —así habíamos apodado Sabrina y yo a la estatuilla antropomórfica que ella había encontrado en la arena después del huracán. Al parecer mi proyecto fotográfico les resultaba extremadamente divertido. Después conversé con ellos mientras caminaba de regreso a casa, sobre temas comunes y neutrales —el lodo, el clima, dónde me alojaba. "¡Ah sí!", me dijeron, "conocemos a doña Rebeca". Unas pocas calles más abajo encontramos a un grupo de sus amigos, estaban jugando y Melisa era una de ellos.

"¿Estás tomando fotos?", gritó ella. "¡Tomame una foto! ¡Mirá! ¡Soy Dieciocho! ¡Tomame una foto con mi camiseta!". Se dio la vuelta para modelar su camiseta de básquetbol con el número 18 en la espalda y después comenzó a sonreír para la cámara. En lo sucesivo, cada vez que la veía por la ciudad, ambas sonreíamos y nos saludábamos.

En agosto de 2002, siete meses después del inicio de la guerra de Maduro, fui a visitar a Rebeca y sus hijas a La Lima. Se habían mudado a una nueva casa y Sabrina vino a recibirme a la plaza del pueblo para guiarme hasta la misma. La seguí por las calles de La Lima en una dirección que no era la que yo hubiera anticipado. "¿Están viviendo en La Mesa nuevamente?", pregunté incrédula. "¿Pero, y las pandillas?". Después de que Sabrina y Omarito fueran atacados por el carro asesino en febrero de 2000, Rebeca había prohibido a sus hijos entrar en La Mesa —el barrio más pobre y peligroso de la ciudad (a pesar del hecho de que el ataque sucedió en uno de los vecindarios más acomodados). Por aquel entonces las hijas de Rebeca me habían descrito La Mesa con el dicho popular "Entre si quiere, salga si puede". La Mesa, sumado a sus problemas de violencia y pobreza, colinda con tierras pertenecientes al Aeropuerto Internacional de San Pedro Sula, cuyo diseño prevé que en caso de fuertes lluvias éstas desagüen directamente en dicho barrio. Casi todos los años hay inundaciones en La Lima; La Mesa, que se ubica a baja altitud, recibe el embate de las mismas y sus ríos de aguas negras se mezclan libremente con las crecidas.

En respuesta a mi pregunta, Sabrina me dijo que las pandillas ya no constituían un problema. Pregunté cuándo había sido la última inundación. "El año pasado. El agua estuvo hasta aquí por seis días", dijo, y trazó una línea a través de su pecho. La familia de Sabrina perdió todos sus muebles una vez más. En mi cuaderno anoté: "Algunas veces me pregunto por qué no se dan por vencidos y optan mejor por el plástico."

Ya en la casa intenté obtener una mejor explicación sobre cómo La Mesa se había convertido en un lugar seguro. Escribí en mis notas de campo:

Le pregunté a Rebeca cómo estaban las cosas por el barrio y ella me dijo que estaba tranquilo, mucho mejor que antes, que la política de "Cero Tolerancia" de Maduro había funcionado, que no habían más maras allí. El problema ahora, dijo, es con [la nueva oleada] de deportados [de los Estados Unidos]. "¿Pero cómo puede ser eso?" le pregunté. "Había tantos pandilleros. ¿Qué les pasó a ellos?"

R: *Los mataron a todos.*

A: *¿Quién? ¿Quién los mató a todos?*

R: *El mismo grupo de personas eliminó todas las pandillas.*

A: *¿Pero quiénes eran ellos?*

R: *Un grupo privado. Nadie lo sabe. Todos los ven hacerlo, pero nadie sabe quién lo hizo. Y están aliados con la policía.*

Rebeca me contó que en una ocasión, el año anterior, su hijo Omarito estaba con dos amigos en una pequeña tienda del barrio, cuando fueron detenidos por dos hombres armados. Estos hombres ordenaron a los tres muchachos que se levantaran las camisetas. Al ver que él (y los otros) no tenían tatuajes, los hombres le dijeron a Omarito "te salvaste chico" —de haberlos tenido, no hubiese sobrevivido. Ni la herida de bala de Sabrina, ni este episodio debilitaron la fe de Rebeca en la Cero Tolerancia. Para ella, Sabrina, y todos los demás a quienes posteriormente pregunté, era inequívocamente positivo que estos niños del barrio —muchos de los cuales habían guardado buenas relaciones con Rebeca y su familia— hubieran sido masacrados en aras de la seguridad.

Todavía incrédula ante el cambio radical suscitado en una ciudad que alguna vez había considerado familiar, persistí:

A: *¿A todos? ¿Mataron a todos y cada uno de ellos?*

R: *Sí, todos se fueron.*

A: *¿Y qué pasó con "La negra", la que estaba en la Dieciocho?*

R: *¡Ah!, esa Melisa… Melisa se fue para San Pedro cuando comenzaron a matarlos a todos. Incluso empezó a asistir a la iglesia.*

La interrumpí, entusiasmada. "¡Así que no la mataron!". "No", dijo Rebeca, "fueron allá y la encontraron. También la mataron".

¿POR QUÉ A NADIE LE IMPORTA? VIOLENCIA COTIDIANA Y *HABITUS*

En los días subsiguientes sondeé a mis amigos y conocidos para averiguar qué pensaban de la creciente y sistemática matanza de jóvenes en el marco del gobierno de Maduro. Me sorprendió descubrir que en aquel momento (posteriormente la opinión pública se volvería más crítica) la mayoría, incluso los más educados y conocedores de los derechos humanos, elogiaban la política de Maduro. Intenté argüir que no valía la pena correr el riesgo de matar a niños inocentes con el fin de eliminar a curtidos pandilleros —a estas alturas ya había aprendido que, en general, cuando discutía el tema con los hondureños no me llevaba a ningún sitio argumentar a favor del valor de sus vidas. Mis informantes aceptaban esta política por varias razones evidentes: en primer lugar, la política de Maduro *per se* no consistía en matar a miles de jóvenes, sino en lograr que las calles fuesen más seguras. Según sus cálculos, y los de la mayoría de los hondureños, las calles *eran* ahora más seguras y en muchas regiones los pandilleros parecían haber disminuido enormemente en número. Los delincuentes, esa nebulosa categoría de personas que constituían los sujetos de su guerra y que se presumían culpables, eran así mantenidos bajo control, disciplinados. "Grupos privados", la policía y el ejército —que personificaban al Estado— perpetraban la mayoría de estas muertes y, puesto que estaban matando a "delincuentes" y no a ciudadanos normales, no hubo ninguna protesta a gran escala. En general, la mayoría de los hondureños con los que hablé parecían coincidir en que estaban mejor sin ellos. Teresa Caldeira ha argumentado que en Brasil se observó un apoyo popular a la fuerza policial violenta gracias a la profunda desconfianza en la imparcialidad del sistema judicial aparejada con una historia de irrespeto del Estado hacia los derechos de los pobres.[77] Estas mismas fuerzas estaban en juego en Honduras en el verano de 2002; en mis conversaciones con hondureños no se solía considerar, a menos que yo la trajera a colación, la posibilidad de depender del sistema judicial o de otras formas de vigilancia policial para lidiar con los delincuentes acusados.

"Sí", me dijo mi amigo Tomás, "es terrible. Pero no nos importa, porque las cosas se han puesto tan mal que, mira, tiene que ser así o la violencia nunca parará". Agregó que miles de personas habían sido asesinadas entre enero y agosto de 2002 (el número de *niños* asesinados en ese periodo, según Casa Alianza, fue de 556)[78] pero que nadie se quejaba porque era por su propia seguridad. En 2002 otro amigo cercano, Teto, se enojó por mis cuestionamientos sobre la necesidad de los asesinatos: ¿Quién era yo para venir aquí desde el primer mundo a decirles a los hondureños que lo que habían hecho

---

77 Teresa P.R. Caldeira, "The Paradox of Police Violence in Democratic Brazil," *Ethnography* 3, no. 3 (2002).

78 Casa Alianza, "Lista de Asesinatos Extrajudiciales de Niños y Jóvenes en Honduras 2002."

para protegerse de tal violencia estaba mal? ¿Con qué derecho les decía que los pandilleros debían vivir, cuando yo ni siquiera sabía lo que era escapar por un pelo de ser asesinada por esta gente, a quienes les importa un comino la vida humana, ver a familiares asesinados y poder hacer nada al respecto? ¿Quién diablos me creía?

En noviembre de 2002, en el marco del congreso de la *American Anthropology Association* (Asociación Americana de Antropología) celebrado en New Orleans, asistí a una reunión de académicos que realizan investigaciones en Honduras. Estaban presentes unos 15 profesionales de la antropología y la arqueología, mujeres y hombres, quienes manifestaron por turnos su principal temática actual de interés. Yo enuncié mi preocupación primordial: "¿Qué ha hecho posible que se produzca un número tan elevado de asesinatos contra personas de cierta clase y edad, que considero un genocidio?" De inmediato, la única hondureña presente comenzó a explicarme que las pandillas habían llegado al país en la década de 1980 con las deportaciones, que se habían extendido por todo Centroamérica, que se estaban volviendo cada vez más y más violentas, etcétera. La interrumpí para decirle que yo conocía perfectamente bien la narrativa sobre las pandillas, y que mi interés se centraba en el alto porcentaje de asesinatos extrajudiciales durante el año recién pasado, no vinculados a las maras. Ella negó de forma vehemente e intransigente este último argumento, y afirmó que sólo las pandillas podían estar detrás de la violencia. Dejé de discutir, pero más tarde en la reunión ella tomó la palabra una vez más para aclararme que un informe sobre la violencia de las maras me aclararía la situación "real".

Posteriormente esta académica habló con otro colega, quien me refirió su conversación. Me dijo que ella le había expresado que reconocía problemas en su propia argumentación, pero que "es diferente cuando lo estás viviendo. No lo puedes entender a menos que tú vivas con tanta violencia alrededor tuyo."

Quizás yo no lo podía comprender, lo que revela la dificultad de articular las subjetividades. Por definición no lo entiendo, puesto que la subjetividad se constituye a través del *habitus* y la experiencia vivida encarnada. Sin embargo, sigo impresionada por la vehemencia con la que mis conocidos y colegas hondureños —especialmente aquellos con un fuerte sentido de la justicia social y de extracción liberal o incluso radical— insistían en que la Guerra contra el Crimen estaba justificada, ante los cuestionamientos míos sobre su lógica. Descubrí que los argumentos a favor del genocidio seguían un cierto patrón de razonamiento, al igual que en la narración de Jahangir sobre sus interacciones con altos funcionarios. La primera línea de razonamiento se evidencia en el caso mencionado arriba y consiste en echarle toda la culpa a las pandillas. Cuando se presentan las múltiples y ampliamente conocidas excepciones a este argumento, prevalece el juicio emotivo ("Si supieras lo que es vivir con este miedo..."). En esta segunda dirección se percibe una sutil admisión de lo ilógico de la primera. La afirmación de que el miedo por sí mismo justifica los asesinatos lleva a la mayoría a admitir con más fuerza que, en efecto, vale la pena matar a gente "inocente" si con ello se elimina a las pandillas de la esfera pública. Se confiere, entonces, poder al Estado para cometer los mismos crímenes por los cuales está matando a los pandilleros. Muchos hondureños han alzado sus voces valientemente contra la brutalidad estatal aprobada oficialmente. Entre ellos están la diputada Doris Gutiérrez, Sara Sauceda Flores —cuyo hijo fue asesinado por la policía—, el ex Fiscal Especial de Derechos Humanos de Honduras Wilfredo Flores, la ex Directora de Asuntos Internos de la policía, María Luisa Borjas, el defensor de Derechos Humanos Dr. Juan Almendárez Bonilla, y el presidente del CODEH, Andrés Pavón Murillo. No obstante, en el verano de 2002 esas voces fueron apagadas por la constante presión ejercida por los medios de comunicación en favor de la Cero Tolerancia y la Mano Dura. La política de Maduro había provocado el aumento de la militarización de las pandillas y la intensificación de la guerra, creando así una versión real de la criatura monstruosa que antes había sido, en gran medida, un producto de la imaginación colonialista.

MIEDO

Los hondureños me decían repetidamente que yo no podía entender su apoyo a la Guerra contra el Crimen debido a que no podía comprender su miedo. El miedo es un elemento muy significativo en el desarrollo del *habitus* de los hondureños. En el verano de 2002, Teto, un hombre alto y fuerte de temperamento serio, me comentó algo que había observado sobre su país. Me confió que siempre se sentía aprensivo y que constantemente temía que alguien intentase atacarle. Sentía miedo si un hombre le miraba un segundo más de lo habitual, o de manera extraña, en especial desde que hacía un año un grupo de muchachos desconocidos había intentado matarle una tarde cuando caminaba hacia su casa desde la universidad. Teto me contó que unos días antes de nuestra conversación se había quedado mirando distraídamente a un hombre, cuando de repente se percató de que el hombre a su vez había estado mirándole y sintiendo el mismo miedo de que Teto pudiera atacarle, por el simple hecho de tener un aspecto serio.

Parte de la normalización de la violencia en la sociedad hondureña radica en su integración en el *habitus* a través de una constante exposición a la misma. Con muy pocas excepciones, las personas que conozco en Honduras tienen un amigo cercano o familiar que ha muerto de manera violenta en los últimos años. Además del dolor y del miedo que ello provoca, otros factores —tales como el hecho de que los medios de comunicación incluyen cotidianamente en sus contenidos el tema de las pandillas y la pornografía de la muerte— se suman al sentimiento general de lo que Maduro acertadamente etiquetó como "inseguridad" en su discurso de toma de posesión presidencial.

Teto me contó sobre la tensión que siente en torno a otros hombres, y sobre las peligrosas reglas del contacto visual en un lugar en el que mucha gente comparte el mismo sentimiento encarnado del miedo. Yo misma escribí en mis notas de campo, en diferentes ocasiones, sobre este sentimiento y cómo afectaba mis interacciones:

Es lunes 28 de julio [1997] y me encuentro terriblemente malhumorada y sólo quiero que me dejen en paz. Quiero que Dulce Cristina desaparezca. Ella es del tipo merodeador, siempre deambula nerviosamente, mirando por encima de mi hombro y haciendo comentarios necios. "¿Estás leyendo?" "¿Estás cocinando?" Fui a San Pedro Sula hoy y ocurrieron dos cosas terribles. Una, yo iba caminando por una calle vacía y un hombre se me aproximó de frente, en un abrir y cerrar de ojos me agarró por la entrepierna. Le pegué en el brazo y le dije 'pendejo', pero ¿qué podía yo hacer? Sucedió en un segundo y se me hizo difícil correr tras el imbécil. ¿Qué iba a hacer? Seguí caminando, sintiéndome violada. Y me sentí tan desorientada que perdí mi único sombrero.

27 de junio, 2000. Ya nos vamos y Juli filma en el parque. Me siento nerviosa. Imagino que todas y cada una de las personas son ladronas. Me enojo conmigo misma por imaginar que todos son ladrones. No estoy segura si soy racista, clasista, o simplemente anti-hondureña. O práctica (el que esté paranoica no significa que ellos no me robarán). Ensayo ejercicios tontos para sobreponerme y recordar a cada persona de la que sospecho. Juli es atacada sólo una vez, por un hombre que grita en inglés "I want to fuck you baybee" (quiero cogerte nenaa) a la vez que golpea su cámara. La multitud es densa. "¿Estás bien?" pregunto, "¿No estás muy afectada?" "No, estoy bien. ¿Qué le pasaba a ese hombre?" No sé si estaré perdiendo la perspectiva; siempre he sido la temeraria a quien (los hondureños) reprenden por no ser lo suficientemente cuidadosa. Pero todas mis nubes están revestidas de aluminio —no atraen una gran suerte pero por lo menos repelen el peligro. No estoy segura de que ella sea igual.

19 de julio, 2002. Cuando llegué a la calle 13 caminé hacia la 7ma Ave. Estaba totalmente agotada. El calor se hacía insoportable, cuadra tras cuadra. Cuando llegué me di cuenta de que me había equivocado y que no era la 7ma Ave., así que respiré profundo y me dirigí en la dirección opuesta, buscando sombra donde podía. Tomó menos tiempo del esperado llegar [al edificio que había estado buscando], que reconocí por el signo que se me había indicado. Miré a través de la verja y nada. El portón estaba sin cerradura así que lo abrí y entré al patio. "¿Hola…?" Di unas vueltas por la parte trasera pero me aterroricé. Es curioso cómo opera el miedo en una. Lo primero que pensé fue "¿Me escuchará alguien si grito?", luego "¿cuán cerca está la salida más próxima y, tomando en cuenta mi velocidad para correr, está lo suficientemente cerca?"

En cada una de estas ocasiones sentí lo que podría denominarse tensión cartesiana. Yo era consciente de mi reacción corporal/ emocional, y de que ésta probablemente excedía el peligro en cuestión, además de ser injusta para los que me rodeaban; sin embargo, no podía quitármela de la cabeza. Aparte de algún que otro carterista, de una gorra de béisbol que me quitaron de la cabeza y de un niño que intentó arrebatarme de la muñeca un reloj barato cerca de las vías de tren de San Pedro, solamente he sido agredida una vez en Honduras —el primero de los tres episodios que cito arriba.

Me había olvidado por completo del incidente hasta que releí mis notas de campo cinco años después de que ocurrió. En Honduras aprendí, como los hondureños, a caminar a cierta distancia de las personas, a hacer contacto visual solamente de ciertas maneras, a leer los gestos como lenguaje, como claves del *habitus*. La mayor parte de este aprendizaje fue encarnado; aunque había olvidado el episodio en cuestión, creo que mi cuerpo no lo había hecho. Y aunque aprendí a tener miedo, mi miedo era el de una extranjera, una mujer blanca, una norteamericana con una historia particular. En numerosas ocasiones se me acusó de no tener suficiente miedo —esta era, de hecho, una reprimenda cotidiana que me hacían mis amigos hondureños y extranjeros. De acuerdo con su lógica, ellos y ellas ciertamente tenían razón, pues yo no había alcanzado un nivel de miedo encarnado que me hiciera pensar que los escuadrones de la muerte eran justificables.

La aceptación de la brutal Guerra contra el Crimen como un medio apropiado para prevenir la delincuencia y proteger la propiedad privada se origina en el miedo encarnado, esencial a la subjetividad hondureña. La necesidad de controlar los cuerpos con el fin de obtener "seguridad" se manifiesta y estructura en muchos ámbitos diferentes, entre los que el cristianismo es especialmente visible.

RELIGIÓN Y VIOLENCIA

El 7 de agosto de 2002 el autobús en el que viajaba de Tegucigalpa a San Pedro Sula se detuvo en un restaurante ubicado a un costado de la carretera. Había dos calcomanías en la puerta de vidrio de entrada al establecimiento: en una se leía "NO a los secuestros, SÍ a la sangre de Cristo", y en la otra "Violencia No, Espíritu Santo Sí." Estos eslóganes ofrecían soluciones individualizadas a problemas aparentemente insalvables: la promesa de la acción personal frente a la violencia social endémica. Las concepciones de los hondureños sobre la violencia corporal están fuertemente influidas por el cristianismo, el cual vende —junto a la Guerra contra el Crimen— una solución enfocada en la responsabilidad y la culpa individual, que muchos están comprando.

Cuando regresé a La Lima en 2000 y me enteré de que le habían disparado a Sabrina, también me encontré con la sorpresa de que las dos hermanas y su madre, Rebeca, se habían convertido al Cristianismo evangélico. Los evangélicos de Honduras, estrechamente vinculados con la industria misionera estadounidense, constituyen una fuerza creciente en el país, más visible y pujante que la de los católicos —a quienes superan en número en algunas regiones.[79] La hermana menor, Dulce Cristina, había incursionado en la iglesia con anterioridad, y su hermano pequeño, Omarito, ocasionalmente había jugado básquetbol con otros jóvenes en la cancha de la iglesia local de los Santos de los Últimos Días; sin embargo, Rebeca, Vanesa, y Dulce Cristina eran ahora miembras plenas de la congregación. Los pañuelos en la cabeza y los vestidos largos indicaban su transformación, además de haber abandonado varias actividades que ahora describían como pecaminosas. Aunque el cambio era religioso en apariencia, cada una de las tres mujeres había experimentado recientemente eventos traumáticos que las habían conducido a adoptar este nuevo estilo de vida.

Rebeca se ha desempeñado en múltiples empleos desde que la conozco: ha trabajado en una maquiladora, en una compañía de comidas para aerolíneas, en una fábrica de tortillas, en un *Car Wash*, como cocinera privada, asistente personal, vendedora ambulante de lotería clandestina ("Chica"), y vendedora de Avon. El esposo de Rebeca, Omar, nunca ha sido de gran ayuda —es un ex-alcohólico que en 1997 llevaba varios años sobrio, había engañado a Rebeca con otras mujeres una que otra vez, y trabajaba de mecánico cuando podía. Lo poco que ganaba, sumado a los salarios de Rebeca, servía para mantener a los hijos en la escuela y tener un techo mínimo para la familia. En 2000 las cosas habían cambiado decididamente para peor. En 1998 Rebeca y sus hijas me contaron que Omar se había vuelto adicto al crack-cocaína. Pronto dejó de trabajar, se tornó violento y comenzó a exigir a Rebeca que le entregara el dinero que ganaba. Por si esto no fuera suficiente, empezó a vender las pertenencias familiares para poder pagar la droga. Todos estaban aterrorizados pues les pegaba y era especialmente abusivo con

---

79 David Stoll, *Is Latin America Turning Protestant? : The Politics of Evangelical Growth* (Berkeley: University of California Press, 1990).

Rebeca, a quien maltrataba físicamente frente a los hijos; ella me refirió que Omar también la había violado varias veces.

Cuando visité la casa de Rebeca, ésta estaba vacía, sin muebles: Omar los había vendido todos. Vanesa había tenido que dejar la escuela pública para trabajar en una maquiladora debido a que sus padres ya no podían costear la colegiatura. Ella me contó, llorando, que había faltado a su trabajo dos días de la semana anterior porque su padre había vendido el único par de zapatos que le quedaba. Rebeca me dijo que estaba planeando irse a los Estados Unidos, pues no veía otra manera de escapar de la violencia de Omar. Cuando intenté convencerlas de que le denunciaran ante las autoridades, me respondieron que él ya había amenazado con matarlos a todos si lo hacían. Asimismo, Dulce Cristina y Vanesa me dijeron que al fin y al cabo y a pesar de todo él era su padre, y que no deseaban perjudicarle.

Además del estrés y la humillación que la familia sufría como resultado de las acciones de Omar, Dulce Cristina, con 15 años de edad, estaba enfrentando otra situación dolorosa. La noche de un viernes del mes de agosto de 1999, Dulce Cristina llevó a Melvin —su novio de la secundaria con quien salía hacía ya varios meses— a casa a conocer a su madre, Rebeca. Dulce Cristina era una chica tímida, y me comentó que la visita le causaba mucho nerviosismo; sin embargo, Melvin había insistido. La reunión transcurrió bien; Melvin se comportó apropiadamente y amoroso con Dulce Cristina, y ello le ganó la aprobación de Rebeca como novio para su hija. Dulce Cristina me dijo que se había sentido emocionada: su primer amor se formalizaba como una relación seria. Después de permanecer un par de horas con Dulce Cristina y su familia, Melvin se despidió y abordó un autobús urbano hacia San Pedro, en donde pasaba los fines de semana con su padre. El lunes por la mañana, durante el recreo, un compañero le informó a Dulce Cristina la razón por la cual Melvin no había asistido al colegio ese día: la noche del viernes, cuando se dirigía a San Pedro, le habían sacado a rastras del autobús para "machetearlo" ("machetear", o atacar a alguien con machete, es un verbo comúnmente empleado en el español hondureño). Ese lunes llevaron a Dulce Cristina a la posta policial para interrogarla y fue retenida en la misma como sospechosa, dado que había sido una de las últimas personas que había visto con vida a Melvin. En

2000 ella afirmó saber quién había cometido el crimen: un grupo de muchachos que lo habían amenazado en el patio del colegio. Nadie fue acusado. Sabrina, con quien yo tenía más confianza, me contó que su hermana había estado inconsolable durante aquella temporada; no obstante, cuando me enteré de la historia casi un año después, Dulce Cristina me relató los detalles —y a la cámara de video— sin llorar.

En el año 2000, durante las semanas que pasamos en casa de la madre de Rebeca, observé un cambio considerable en la familia que hacía dos años había llegado a conocer tan bien. Me pareció que Rebeca había perdido, a falta de un mejor término, su "chispa". Había dejado de fumar y de beber, y ya no se permitía la marihuana empapada en alcohol que antes solía utilizar como bálsamo medicinal para su artritis. Había aumentado de peso y me preguntaba repetidamente en forma asertiva: "¿Estoy gorda, vieja y fea ahora, verdad?" Yo repetidamente negaba que eso fuese cierto. Ya no parecía importarle la política y alentaba a su hijo Omarito a conseguir un empleo como activista en el partido que ofreciese mejor paga, en el marco de las inminentes elecciones presidenciales. Lo que me impresionó más fue la pena palpable que impregnaba el hogar.

Vanesa, a quien antes le encantaba bailar, beber, y vestirse bien, había comenzado a asistir a la iglesia después de que su prometido la dejara para casarse con su jefa del trabajo. Una tarde cuando regresé a casa encontré a Vanesa llorando porque unos feligreses de su iglesia la habían regañado por vestir jeans, impropios de una dama, y no faldas largas. Me dijo que intentaba estar a la altura de los valores de la congregación porque, después de todo, la iglesia era la única familia que tenía, dado el desastre que reinaba en la suya.

Las instrucciones específicas varían de iglesia en iglesia: cada congregación sigue un código distinto de vestimenta y conducta, pero la mayoría de iglesias cristianas hondureñas enfatizan la moderación y la obediencia. El cristianismo evangélico, los asesinatos sancionados por el Estado, y —como veremos en los próximos capítulos— las ideologías del consumo de alcohol y de la industria maquiladora en Honduras, tienen en común la intención de disciplinar a la población y a los cuerpos.

Rebeca, Dulce Cristina y Vanesa acudieron todas a la iglesia después de experimentar la tragedia y en sus narraciones vincularon, de manera consciente, sus conversiones a aquellos eventos. La iglesia les proporcionó no sólo un sentido de comunidad sino, por medio de la disciplina, un sentido de control. Aunque ellas afirmaban que su máximo deseo era controlar su lugar en el más allá, lo único que estas mujeres *podían* controlar entretanto, en el marco de la ideología de su iglesia, eran sus cuerpos. Bajo la presión del pastor, los demás miembros de la congregación, y ellas mismas, controlaban lo que sus cuerpos consumían y la manera en que presentaban sus cuerpos ante su familia y el mundo fuera de su hogar. Evitaban el alcohol y las drogas, vestían faldas largas y poco favorecedoras (un gran sacrificio para Vanesa), y adoptaron gestos que demostraban humildad —hablar en voz baja, abstenerse de defenderse a sí mismas de la violencia familiar ("ofrecer la otra mejilla"), hacer reverencias, etc. Su recién descubierta disciplina no iba a provocar cambios en los grandes problemas que las acosaban —un esposo y padre extremadamente violento y abusivo, un novio brutalmente asesinado, y el abandono y traición de un prometido.

Los efectos de la violencia extrema que Rebeca y sus hijas habían experimentado se inscribían no sólo en sus mentes en forma de miedo, sino también en sus cuerpos. Rebeca, Vanesa y Dulce Cristina respondían ante su falta de control sobre cómo sus cuerpos eran afectados por causas externas, disciplinándolos de acuerdo con una lógica institucional que de algún modo las protegía del miedo, el dolor y la angustia de sus vidas familiares.

La religión es también un recurso común de los pandilleros hondureños para escapar de la violencia, tal como lo ha expuesto Jon Wolseth y como el Teniente Rodríguez lo enunciara en la clase de Daisy.[80] Sin embargo, a medida que la opinión pública se vuelve cada vez más en contra de las pandillas, la conversión ya no ofrece la protección de hasta hace poco años; el caso de Melisa es una muestra de ello.

Es sabido que la disciplina constituye un aspecto central del cristianismo y por ello es importante examinar cómo la disciplina cristiana interactúa con otras formas violentas de modernidad en

---

80 Jon Wolseth, "Taking on Violence: Gangs, Faith, and Poverty among Youth in a Working-Class Colonia in Honduras" (University of Iowa, 2004).

el proceso de subjetivación hondureña. Ante la imposibilidad de controlar la violencia que estaba destruyendo sus vidas, Rebeca y sus hijas pretendieron controlar, al menos, sus propios cuerpos. Evidentemente, el tipo de cristianismo hegemónico que prevalece hoy en día en Honduras aparece situado histórica, geográfica y políticamente. El cristianismo no tiene forzosamente que adoptar una postura introspectiva disciplinaria; ello se evidencia en las obras de teólogos de la liberación como los de la comunidad jesuita de El Progreso, Yoro. Ahí, el antropólogo radical Padre Ricardo Falla, otros sacerdotes contemporáneos y anteriores, el periodista Pineda y varios activistas, mantienen una lucha en favor de los derechos humanos y territoriales y de la justicia laboral, como parte integral de su trabajo religioso.[81]

¿Cómo la violencia sentida colectivamente —con raíces en las estructuras del colonialismo y en la pobreza generalizada e inducida desde el exterior— llega a ser entendida en los términos individuales que las víctimas principales de tal violencia encarnada como verdades? Considerar que la disciplina —cristiana o de otra índole— es la cura de los males sociales conduce a que las raíces estructurales más profundas de tales males permanezcan intactas, al tiempo que se fortalece la legitimidad de las instituciones violentas.

VIOLENCIA SIMBÓLICA Y MENTALIDAD COLONIAL

El peligro que la gente experimenta es lo que hace posible el genocidio, a tal grado que se ha llegado a considerar que la eliminación de toda una clase de personas constituye la única solución al problema —como mi amigo Tomás lo señalara. Este peligro se localiza en la clase baja, en la que se ha instalado y con la que se ha confundido. Aunque los hondureños disponen de muchas identidades, la única visión de comunidad que es compartida por todos los grupos es la noción de Honduras como espacio violento. Esta noción se articula de diferentes maneras en las distintas comunidades imaginadas en el país, pero, como el Presidente Maduro lo percibiera con acierto al inaugurar su Guerra contra el Crimen, todos concuerdan con ella.

---

81 Por ejemplo, Ricardo Falla, "Research and Social Action," *Latin American Perspectives* 27 (2000).

Sólo por medio de la "seguridad" propuesta, argumentaba Maduro, puede protegerse la propiedad privada (y por tanto la civilización capitalista). Aunque Honduras se encuentra oficialmente en paz, la violencia cotidiana y sus representaciones han creado una cultura del terror, que, como todas las guerras, define a la nación en términos de su enemigo común: en este caso, él mismo.

Los hondureños no son irracionales; sin embargo, la Guerra contra el Crimen, junto con la retórica anti-pobres y las prácticas de las instituciones capitalistas modernas, han dado lugar a un extraordinario golpe al humanismo. Este golpe se manifiesta en las subjetividades encarnadas de las personas, en su mismo sentido de identidad. El discurso del miedo abyecto, al igual que el del humanismo, desdibuja las diferencias de clase entre los sujetos participantes. En otras palabras, aunque tanto pobres como ricos compartan el mismo razonamiento para justificar el genocidio, los principales afectados son los pobres. Asimismo, el discurso humanista ignora el hecho de que, en simples términos económicos, la gente pobre sencillamente vale menos.

Frantz Fanon aborda, en *Los condenados de la tierra*, la internalización de los tropos coloniales de la criminalidad en Argelia. El autor demuestra que la prueba científica de aseveraciones tales como "Los argelinos matan a otros hombres con frecuencia", "Los argelinos matan salvajemente" y "Los argelinos matan sin razón" justifica la necesidad de que el orden se imponga desde afuera.[82] Fanon señala que la ironía de esta lógica es que el orden impuesto desde afuera es precisamente la verdadera causa de la violencia física cotidiana en Argelia: "La criminalidad de los argelinos, su impulsividad, y la violencia de sus asesinatos... no son consecuencias de la organización de sus sistemas nerviosos o de un carácter distintivo, sino productos directos de su situación colonial".[83] El autor sugiere que sólo a través de la violencia política, contraparte del colonialismo, pueden los colonizados liberarse de las visiones negativas de sí mismos.

Los medios de comunicación y los funcionarios del gobierno producen, en Honduras, argumentos similares a los que Fanon

---

82 Frantz Fanon, *The Wretched of the Earth* (New York: Grove Press, 1963), 296-7.
83 Ibid., 309.

expone en su libro. Estos argumentos se ven reforzados por las estadísticas oficiales sobre el crimen y la membrecía a las pandillas. La legitimidad que la gente de países colonizados, o "en desarrollo", confiere a estos "datos" sobre sí mismos constituye violencia simbólica. Al repetir historias sobre su propia violencia e inferioridad a sus opresores nacionales e internacionales, aprobadas por la autoridad de la Ciencia y el Estado, los hondureños pobres están aportando una condición necesaria para su propia subyugación. Cuando sí resisten abierta y explícitamente —aunque no sea a través de la violencia revolucionaria que Fanon recomienda— abren una ventana en las fuerzas de violencia simbólica y estructural que estos procesos conllevan, así como en los mismos procesos de subjetivación.

Regresemos ahora a la muerte que se describe en el primer párrafo de este capítulo. La despreocupación de una multitud que observa la muerte de un hombre es sintomática de las formas en que la violencia simbólica ha moldeado las subjetividades hondureñas. Los pobres de Honduras aman a sus semejantes tan profundamente como en cualquier otro lugar del mundo, pero las lecciones sobre el valor de la vida humana que aprenden son diferentes de las experimentadas por las personas que viven en sociedades en donde la muerte y la violencia no constituyen un espectro tan constante. También aprenden, a través de sus *habitus* y de la retórica y las prácticas de instituciones modernas como el cristianismo y los medios de comunicación, que son menos valiosos que los ricos. Aunque la culpa no es suya, sin la complicidad activa de los pobres, sería imposible para el Estado perjudicarles al punto que lo hace. Al respaldar estas opiniones y afirmaciones, los pobres legitiman —por negligencia o intencionalmente— una estructura letal para ellos.

DOS:
Alcohol

LOS QUE DICEN LA VERDAD

"¿Qué quiere saber?" me preguntó Edgar en la *pollera*. "Yo le voy a dar buena información". Le dije que estaba interesada en expresiones populares referidas al alcohol, y le di un ejemplo, (algo que Teto me había dicho antes): "Los niños y los bolos siempre dicen la verdad".

"No", dijo Edgar, "¡falta uno! ¿Cuál es, cuál es...? ¡Hay uno más que dice la verdad!" Edgar le preguntó a su amigo borracho: "¡Hey!, ¿cuál es el otro que siempre dice la verdad? El niño, el bolo y..."

"¡El loco!" replicó su amigo.

"¡Sí!" dijo Edgar. "¡Y es verdad —los niños, los bolos y los locos sí dicen la verdad!"

Las percepciones sobre el alcohol y su consumo en Honduras están ligadas a la idea de los hondureños de ser nativos indisciplinados y sexualizados. Cuando las personas suscriben este tipo de nociones sobre ellas mismas, el alcohol puede llegar a ser visto como un agente que disipa (consume) la fina capa de civilización que las guarda de su "verdadera" naturaleza. De este modo, los borrachos en Honduras no solamente hablan sino que encarnan y proclaman "verdades" de clase, género y nación. A lo largo del tiempo, el poder y las identidades se desplazan y dado que la experiencia de los hondureños cambia en los procesos de control que modelan sus opciones de trabajo, las estructuras familiares y las condiciones de vida, sus subjetividades también se desplazan en relación con el alcohol.

En la primera mitad de este capítulo, presento un análisis de los modos de beber y de percibir la bebida por la gente; en la segunda parte, examino aspectos relativos a la recuperación de los problemas de la bebida en Honduras. Al usar el término "borracho", no me refiero a una persona en un estado natural de intoxicación

Figura 9.
Un bar en Tegucigalpa.

etílica sino más bien a una identidad cultural atribuida a alguien, ya sea porque adopta los comportamientos de la embriaguez o porque bebe frecuentemente.[1] "Borracho" que se corresponde en el argot hondureño con *bolo*, no es lo mismo que el término médico "alcohólico", aunque los significados de ambas palabras frecuentemente se traslapan.

MALENTENDIDO

Como ha observado Dwight Heath, "la gente, aun si no consume alcohol, rara vez resulta indiferente al mismo, y los cambios en las maneras en que las culturas lo tratan son también muchas veces puntos de inflexión en términos de otros factores históricos. Las

---

1 Craig MacAndrew and Robert B. Edgerton, *Drunken Comportment: A Social Explanation* (Chicago: Aldine Pub. Co., 1969).

bebidas alcohólicas no son meramente bebidas". [2] No tuve problemas para conseguir que las personas hablaran del alcohol en Honduras. Como la violencia, éste es un tópico que se encuentra en la mente de la gente. Igual que en los Estado Unidos, el alcohol es visto en Honduras como un problema que depende de la perspectiva. Cuando les decía a los hondureños que estaba estudiando el alcohol, mis informantes casi siempre asumían que estudiaba el alcoholismo y la violencia relacionada con la ingesta alcohólica.

La primera noche después de llegar a Honduras en junio de 2002, le expuse a mi amiga Elena, que entonces era la directora de una ONG feminista, mis planes de investigar aspectos relativos al alcohol. Elena me dijo que el alcoholismo era uno de los más grandes problemas del país. De hecho, dijo, un estudio del año anterior había encontrado que había un millón de alcohólicos en Honduras. Yo argumenté que eso no podía ser así en un país con una población de alrededor de seis y medio millones de personas, a menos que un alcohólico fuera definido como cualquiera que bebiera. Sin embargo, ella insistió en la veracidad del estudio y aseguró que el problema estaba aumentando. Es posible que yo le haya restado importancia a estas afirmaciones por el estilo dramático que Elena solía tener para este tipo de estimaciones exageradas, que después no volvería a encontrar en mi trabajo de campo. Pero en una reunión de Alcohólicos Anónimos (AA) en el verano de 2002, los participantes me dijeron que en Honduras todos tenían un familiar que era alcohólico —lo cual podía ser posible, tomando en cuenta la estructura de familia extendida que se da en el país. Sin embargo, para enfatizar el punto, una mujer dijo que el 90 por ciento de las personas en Honduras eran alcohólicas, e incluso otra mujer discrepó diciendo alteradamente, "¡No, más! ¡El 99 por ciento!"

En efecto, las declaraciones de que la vasta mayoría de las personas son alcohólicas resultan hiperbólicas, a menos que la definición de alcoholismo incluya a cualquiera que haya estado en presencia del alcohol. En 1997, el Instituto Hondureño para la Prevención del Alcoholismo, la Drogadicción y Farmacodependencia (IHADFA) publicó los resultados de una encuesta nacional realizada en años

---

2 Dwight Heath, "Anthropology and Alcohol Studies: Current Issues," *Annual Review of Anthropology* 16 (1987): 100.

previos entre personas mayores de 15 años de edad.[3] Los autores encontraron que el 46.3 por ciento de los hombres afirmaban haber consumido alcohol el año anterior, y solamente el 24.5 por ciento en el mes recién pasado. Entre las mujeres, el 12.4 por ciento dijo haber bebido alcohol el año previo, y sólo un 2.9 por ciento dijo haberlo hecho en el mes anterior a la encuesta. El 29.4 por ciento de los hombres y el 72.5 por ciento de las mujeres dijeron no haber bebido nunca alcohol en sus vidas. Hubo ligeras variaciones regionales en el consumo reportado a lo largo del tiempo. La más notable se refería a las mujeres, en tanto que, mientras los niveles masculinos de bebida fueron muy consistentes en las distintas áreas del país, las mujeres en las ciudades y en las zonas industriales reportaron beber más que las de las áreas rurales. Aun así, en ninguna parte el número de mujeres que reportaron haber bebido alcohol durante el mes anterior excedió el 5 por ciento. Entre los hombres, el porcentaje más alto de los que bebieron el mes anterior fue 29.6 por ciento en Tegucigalpa.

Datos provenientes de la *National Alcohol Survey* (NAS) permiten una comparación con los Estados Unidos (EEUU) con respecto a los índices de bebida.[4] La encuesta realizada entre abril de 1995 y abril de 1996 para la población continental de los EEUU (los 48 estados adyacentes) encuestó personas de 18 años y más. La diferencia de edad en las poblaciones encuestadas hace que los indicadores sobre bebida a lo largo de la vida parezcan mayores en la población de los EEUU. Asimismo, más que medir la tasa de consumo del mes previo, la NAS preguntó "¿Con qué frecuencia bebió Usted en los últimos 12 meses? Esto para aquellos que bebieron al menos una vez al mes, de forma que la bebida mensual es calculada con base en la "frecuencia" más que en "lo reciente" del consumo. No obstante, el contraste es impresionante: en el territorio continental de los EEUU, el 71.9 por ciento de los hombres y el 57.4 por ciento de las mujeres aseguraron haber bebido alcohol el año previo. El 60.6 por ciento

---

3 Dagoberto Espinoza Murra, Kenneth W. Vittetoe Bustillo, and Enio Adán Alvarenga Ch., "Investigación Sobre El Uso Y Abuso De Bebidas Alcohólicas En Honduras," (Tegucigalpa: Instituto Hondureño para la Prevención del Alcoholismo, Drogadicción y Farmacodependencia (IHADFA), 1997)

4 Lorraine Porcellini and Celeste Schor Lombard, "1995 National Alcohol Survey (Nas): Sampling, Weighting and Sampling Error Methodology," (Philadelphia: Institute for Survey Research, Temple University, 1997).

de los hombres y el 37.9 de las mujeres bebieron por lo menos una vez al mes. Solamente el 14.2 por ciento de los hombres y el 24.2 por ciento de las mujeres afirmaron no haber bebido nunca alcohol en sus vidas.

Los métodos de investigación cuantitativa se problematizan al estudiar la ingesta de substancias que son objeto de enjuiciamiento moral.[5] Pero incluso ignorando este tipo de complicaciones inherentes al estudio estadístico de la bebida, y aunque el estudio del IHADFA hubiera mostrado altas tasas de abstinencia auto-reportadas, y bajas tasas de bebida regular entre los hondureños, la conclusión a que llegó refleja las mismas interpretaciones de muchos hondureños: "El uso y abuso de bebidas alcohólicas es ampliamente aceptado en la mayoría de hogares hondureños, lo que aumenta los factores de riesgo para el uso y abuso del alcohol".[6]

Las actitudes que prevalecen respecto del intrínseco peligro del alcohol (lo que MacAndrew y Edgerton refieren como "teoría de la desinhibición"), combinadas con nociones de una ciudadanía violenta y descontrolada, justifican el disciplinamiento estatal bajo la forma de restricciones sobre la compra de bebidas alcohólicas.[7] Las leyes con estos cometidos tienden a afectar a los pobres más que a los ricos —quienes suelen tener reservas de alcohol para consumir en privado. Un ejemplo es la *ley seca* que siguió al Huracán Mitch. El 31 de octubre de 1998, dos días después de que el huracán golpeara el país, el Consejo de Ministros del Presidente Carlos Flores, declaró un Estado de Emergencia. El Decreto Ejecutivo PCM- 019-98 que acompañó el Estado de Emergencia estableció distintas medidas como un toque de queda de 9:00 pm a 5:00 am, prohibiciones para el uso de vehículos y suspensión de derechos constitucionales. No obstante, la ley fue conocida como *Ley seca* en los medios de comunicación y en todas partes. La prohibición de vender alcohol fue la medida más notable y más inmediatamente comprendida por la gente. Aunque ningún bebedor fuera responsable del huracán, había consenso entre mis interlocutores respecto de que hacía falta estar sobrios para recuperarse de lo acontecido.

5 Ver por ejemplo, Lee Strunin, "Assessing Alcohol Consumption: Developments from Qualitative Research Methods," *Social Science and Medicine* 53, no. 2 (2001).

6 Espinoza Murra, Vittetoe Bustillo, and Alvarenga Ch., "Investigación sobre el Uso y Abuso de Bebidas Alcohólicas en Honduras," 50.

7 MacAndrew and Edgerton, *Drunken Comportment: A Social Explanation.*

Los trabajadores de la salud pública y otros con determinadas agendas políticas aducen miríadas de razones para la "inflación de un problema".[8] En el caso del IHADFA, la continuidad de su financiamiento depende de que los problemas del alcohol y las drogas sean vistos como una seria amenaza al bienestar público. Aseveraciones exageradas respecto de la extensión de los problemas del alcohol por parte de miembros de Alcohólicos Anónimos (AA), sirven para justificar la existencia y el proselitismo de esta organización, como de forma similar las iglesias evangélicas pueden beneficiarse con este tipo de publicidad. Los borrachos en su deseo de librarse del estigma, también exageran presentando el consumo copioso de bebida como una norma (sino siempre como un "problema"). Sin embargo, más allá de las obvias funciones que cumple la inflación de un problema para estos grupos, casi todos los hondureños con quienes hablé compartían la visión del alcohol(ismo) como una seria amenaza, del mismo modo como compartían la percepción de que los hondureños eran naturalmente violentos.

El sufrimiento, ya sea individual o social, no puede cuantificarse. Esto no impide que la gente intente hacerlo. Para las personas que sufren de un problema de bebida o que sufren por el problema de bebida de otro, la idea de "inflación del problema" puede resultarles insensible. Al usar este término no pretendo desestimar este sufrimiento que, aunque se encuentre culturalmente estructurado, es muy real. La inflación a que me refiero tiene más que ver con la cantidad (el alcance social) que con la calidad (la experiencia subjetiva encarnada) del "problema" del alcohol en Honduras.

Hablar de una inflación del problema de la bebida en Honduras cobra sentido cuando se observa que aunque los hondureños estadísticamente beban menos que los estadounidenses prevalece el *sentimiento* de que lo contrario es la verdad. La naturaleza pública del "problema" de la bebida contribuye a hacer creíbles las aseveraciones exageradas respecto de la extensión de los problemas relacionados con el alcohol y con los comportamientos de la embriaguez. Honduras es un país muy pobre, y el pobre en general

---

8 Ver Robin Room, "Alcohol and Ethnography: A Case of Problem Deflation?," *Current Anthropology* 25 (1984). Para una definición de este concepto en su argumento de que los antropólogos se involucran en lo opuesto: la "deflación del problema".

no tiene la oportunidad de una esfera privada. El pobre bebe en bares públicos o en sus casas, las cuales son mucho más abiertas que las casas de los ricos, con niños del vecindario y animales callejeros deambulando por dentro y por fuera, cruzando las puertas que no se cierran en todo el día. Esta manera de beber contrasta con la de los ricos, que tienden a hacerlo en casas verdaderamente privadas o en clubes. Para muchos hondureños el abuso del alcohol (al igual que la violencia) son comportamientos en los que no se reconocen y que rechazan. Las estadísticas, vistas como más "científicas" que otras formas de argumentación, son fabricadas o manipuladas para respaldar la frenética batalla contra el alcohol. Aunque las afirmaciones respecto de la extensión de los problemas asociados al mismo son frecuentemente inexactas, apuntan, sin embargo, a una verdad importante. Para la mayoría de los hondureños, la bebida, como la violencia, son problemas abrumadores de los que hace falta ocuparse.

MEDIOS DE COMUNICACIÓN Y FUERZA DISCIPLINARIA

Como con ciertos tipos de violencia, los tropos dominantes en las conversaciones hondureñas sobre el alcohol son fomentados por los medios de comunicación. El 23 de julio de 2002, un artículo en La Prensa tenía el titular: "Por la ingesta de alcohol, sube número de muertes violentas en San Pedro Sula". El artículo citaba "datos estadísticos" de la Policía de investigación como evidencia de su afirmación:

La violencia generada por el consumo de alcohol es la principal causa de que el número de homicidios se haya incrementado en días recientes, de acuerdo con los datos estadísticos de la Policía de Investigación.

El Coordinador de la Fuerza de Seguridad, Marco Tulio Reyes, manifestó que este fenómeno se refleja más los fines de semana y prueba de ello es que en los últimos dos se registraron 18 muertes violentas, de las cuales la mayoría tuvieron lugar en la periferia de la ciudad.

"Hemos visto y estamos preocupados porque los viernes, sábados y domingos los índices de homicidio aumentan y una de las causas es

el alcoholismo porque en los fines de semana la gente se centra en hacer fiestas y bebe más de lo debido", dijo Reyes.

Él afirmó que es imposible ignorar el hecho de que en San Pedro Sula [no sólo en la periferia] también ha aumentado el número de muertes violentas y cuando son fines de semana que coinciden con el pago del salario mensual, el índice de homicidios aumenta aún más porque es mayor la cantidad de dinero que circula.

Reyes mencionó que cuando el alcohol se encuentra implicado no es suficiente aplicar regulaciones o leyes porque la policía no tiene la capacidad de estar en todos los lugares para prevenir [el crimen], y que lo que deben haber son campañas de concientización entre la ciudadanía.

De acuerdo con el oficial, el consumo de alcohol también aumenta los índices de crímenes porque es más fácil asaltar a la gente cuando está borracha.[9]

Es ilustrativo examinar los argumentos del artículo en la medida en que reflejan los patrones cotidianos del razonamiento con respecto al alcohol y la violencia en Honduras. En primer lugar, la principal premisa es que el consumo de alcohol *causa* homicidios. Aunque el artículo se refiere a "datos estadísticos", no presenta ninguna otra evidencia que la correlación establecida y la afirmación hecha por la policía de que beber "más de lo que se debe" lleva a la gente a esa violencia. La aseveración es reforzada por el imaginario que remite a la peligrosidad de los pobres. El uso de la palabra "periferia" evoca peligro —las áreas periféricas o marginales, como le ocurre a la misma Honduras dentro del sistema mundo, son lugares de menor control respecto del que conocen los centros. Además, la referencia a dinero que circula en el día de pago, identifica al sujeto del artículo como a aquellos pobres cuya vida depende de un salario. Los pobres son implícitamente presentados por Reyes y por el autor del artículo como menos capaces que los ricos de gastar inteligentemente su dinero, lo que lleva a la implicación paternalista de que la bebida, como la violencia, son resultado directo de cobrar salarios. Este paternalismo juega un papel dentro de los discursos más amplios de infantilización, en los cuales los pobres son representados como incapaces de responsabilizarse por sí mismos.

9 "Por la Ingesta de Alcohol Sube Número de Muertes Violentas en San Pedro Sula," *La Prensa*, Julio 23 2002.

Los niños, los borrachos y los *locos* son semejantes en muchos aspectos. Además de su capacidad para decir la verdad (o de su incapacidad para reprimirla), estos personajes más que otros son vistos como detentadores de un gran potencial para desplegar la violencia. Como los locos y los jóvenes hondureños, los borrachos son estigmatizados y culpados por muchas cosas que pueden o no estar relacionadas con ser bebedores. Pese al estigma, a los tres tipos de personas se les atribuye un estado de responsabilidad disminuida, vulnerable, que demanda mayor protección. Irónicamente, esta vulnerabilidad apunta a otra forma en la que los borrachos son motivo de violencia: siendo víctimas. El argumento con que concluye el artículo, respecto de que los borrachos son blanco fácil del robo, aunque aparentemente compasivo, es consistente con su tono condescendiente al destacar que los pobres deben ser protegidos de sí mismos. A pesar de este argumento que justifica la disciplina de los borrachos, Reyes está presto a señalar que no puede dependerse de la policía para detener la violencia de la bebida; es responsabilidad de los ciudadanos ser más civilizados.

El artículo también ignora explicaciones alternativas. Quizás no es la bebida sino la manera en que se estructura el descanso y el trabajo lo que facilita la violencia. Sugerir que la organización moderna del trabajo es una estructura de violencia, sin embargo, desafía la modernidad misma, y ciertamente cae fuera del enfoque normal de los medios de comunicación populares.

Otro artículo de *La Prensa* del mismo día, celebra una solución local al problema de los borrachos. Su titular reza: "Es un Inusual Operativo Creado para Colaborar en la Prevención del Dengue: **Alcohólicos a Trabajar**".[10] El artículo describe una forma de colaboración entre la policía local y la Iglesia Católica de la Lima (donde Rebeca y su familia viven), de juntar y poner a limpiar los cementerios "a personas que duermen en las aceras por los efectos provocados por el alcohol". La fotografía inserta muestra cuatro "alcohólicos" con sus rostros destacados en el enfoque, limpiando malezas de un cementerio con machetes. En ninguna parte del artículo se indica que estos "alcohólicos" hubieran cometido algún crimen; en cambio, su "rehabilitación" y la necesidad de ser transformados en "hombres útiles" es justificación suficiente para

---

10 "Es Un Inusual Operativo Creado Para Colaborar En La Prevención Del Dengue: Alcohólicos a Trabajar," *La Prensa*, julio 23 2002.

su trabajo forzado y su humillación pública. Los borrachos reciben alimentos de la Iglesia pero lo que es más importante, argumenta el artículo, aprenden una adecuada ética del trabajo.

Los medios de comunicación participan en el disciplinamiento de los borrachos pobres proveyendo un foro para tal vergüenza pública así como convirtiendo continuamente en sensacionalismo el vínculo percibido entre la bebida y la violencia física. En sintonía con la opinión de muchos hondureños, los medios culpan al alcoholismo de la violencia así como de un cúmulo de problemas sociales que más fácilmente pueden atribuirse a la pobreza, la corrupción o el neocolonialismo. Al afirmar la necesidad de castigo, los medios allanan el camino para la Guerra contra el Crimen pero también para métodos más sutiles de control. Si bien la correlación estadística entre el uso del alcohol y el incremento de riesgo de lesiones, es prácticamente universal, no es la biología sino la cultura encarnada y sexuada de la bebida, la que mejor explica la naturaleza específica de esta relación en cualquier escenario donde se localice.

EL BOLO: BEBIENDO NATURALMENTE

La atmósfera de la bebida en Honduras, como ocurre en muchas culturas, es esencialmente entendida como fuera de la ley y masculina. Del mismo modo, con sus destacadas habilidades para decir la verdad, el borracho (típicamente masculino por norma en el español hondureño), es visto como más cercano a la naturaleza que la gente sobria. En tanto que la "verdad" emerge en la borrachera, la bebida se convierte en un medio principal para negociar las categorías de identidad como son las de clase, género y nacionalidad.

Por supuesto que la atmósfera de la bebida es cualquier cosa menos algo fuera de la ley, y el borracho es todo menos natural. En su clásico ensayo "Alcohol y cultura", David Mandelbaum escribió: "Cuando un hombre alza una copa, lo que cuenta no es solamente el tipo de bebida que contiene, ni la cantidad que probablemente beba, ni las circunstancias en que vaya a beber y que se encuentran definidas por adelantado para él, sino también si los contenidos de la copa van a animar o a aturdir, si van a inducir a la afección o a la agresión, a la culpa o a un genuino placer. Estas y muchas otras nociones culturales se asocian a la bebida incluso antes de que ésta toque los labios".[11] El comportamiento del borracho no es una aberración de las normas sociales; es un comportamiento culturalmente prescrito, que es aceptable en parte debido a su naturaleza restringida.

El alcohol es entendido en Honduras como un suero de la verdad y las "verdades" son a menudo peligrosas. A los borrachos se les permite actuar como niños o como gente loca, para simbólicamente quitar el disfraz de la disciplina civilizada durante el período liminal en que están bebiendo. Se les concede un "tiempo fuera".[12] Pueden desafiar a la autoridad o a un compañero de maneras que serían imposibles en la mayoría de escenarios de no-bebida. Actuar así estando sobrio sería estar *loco*. La "verdad" que el alcohol exhibe no es sólo la del lenguaje sino la de la identidad, de modo que lo que el alcohol frecuentemente viene a revelar es justamente el entendimiento que los hondureños tienen respecto de que su verdadera naturaleza es ser violentos e incivilizados.

En una entrevista con el Secretario General de Alcohólicos Anónimos en Honduras (un puesto que a diferencia de la presidencia de la organización, era ocupado por un miembro), el señor Wilmer R. me expuso sus percepciones sobre las diferencias culturales de los estilos de beber:

También es que la cultura, bueno, Usted sabe que los chinos, los japoneses, para ellos es una cuestión de estigmatización. Sus propias culturas rehúyen a los borrachos. Quiero decir, dentro de sus propias sociedades, dentro de su núcleo se resguardan a sí mismos absolutamente. Si hay [alcohólicos], bueno, ellos los tendrán muy muy escondidos. Porque alrededor será muy raro encontrar uno que lo sea... Puede que Usted los encuentre en una recepción social, pero nunca los verá llegar al punto que nosotros, nosotros los indios que bebemos hasta que estamos bien borrachos. Ellos son muy cuidadosos de guardar las apariencias de su cultura. El indio no, a los de aquí no les importa nada, ¿verdad? Pero eso es por la situación, por nuestra cultura. Nosotros decimos, 'aquí estamos en nuestro país, podemos hacer lo que queramos'. [Don Wilmer R., entrevista 7.9.02]

En esta cita, don Wilmer considera civilizados a los asiáticos por su supuesto control en todos los asuntos, incluido el alcohol.

---

11 David Mandelbaum, "Alcohol and Culture," *Current Anthropology* 6 (1965): 282.

12 MacAndrew and Edgerton, *Drunken Comportment: A Social Explanation.*

Por el contrario, el término *indio*, usado como un peyorativo racializado en Honduras, como en gran parte de Latinoamérica, conlleva connotaciones de salvajismo y atraso, que alcanzan en este caso a la bebida. Es irónico que don Wilmer, un hombre sobrio, alto y bien vestido, use este término para describir a todos los hondureños, cuando la mayoría no se considera indígena para nada. Probablemente el hecho de que estaba hablándome a mí, una norteamericana blanca, influyó en lo que decía. El mismo colonialismo internalizado que hace que muchos hondureños sientan que son más proclives a la violencia que otros pueblos en situaciones cotidianas, también hace que sientan que son bebedores más peligrosos. La mayoría de los hondureños vive en la pobreza con muy pocas oportunidades de mejorar sus estándares de vida. El discurso dominante en torno a la pobreza (y a la hondureñidad), como se discutió en el Capítulo 1, atribuye la culpa llanamente a individuos y familias culturalmente deficientes más que a fuerzas estructurales de opresión. Las deficiencias tras la pobreza de Honduras incluyen una tendencia hacia la embriaguez indisciplinada. Don Wilmer, como representante de Alcohólicos Anónimos, tiene un especial interés en la inflación del problema, pero su manera de entenderlo de ninguna manera es excepcional.

El contraste percibido entre el comportamiento de los hondureños en estado de embriaguez y el de pueblos más "civilizados", es similar al que se observa en las percepciones de los comportamientos de los distintos estratos sociales, cuyos modos de beber marcan diferencias de clase al interior de Honduras. Como se mencionaba antes, los pobres tienden a beber más públicamente que los ricos; también consumen bebidas diferentes. Los clientes de las discotecas refinadas de Tegucigalpa desconocen la *charamila* (la bebida barata a base de alcohol de frotar de los borrachos callejeros). Incluso si consumen de forma similar a los pobres, los borrachos ricos son eximidos del estigma del abuso del alcohol en virtud de su clase. Francisco, un miembro de Alcohólicos Anónimos que pasó gran parte de su niñez en Canadá y que se dirigía a mí en inglés, me dijo en una entrevista lo siguiente:

Si alguien que es pobre se emborracha, se pone muy borracho, la gente va y dice: '¡Oh, mira ahí va un jodido alcohólico, pachanguero!'. Pero si alguien realmente rico se emborracha, la gente va a decir

'¡Ooooh!' [en tono cómico]. Lo tomarán como algo de risa, sabes.
"Miren al doctor, se puso un poco borracho". ¿Entiendes la actitud
hacia eso? Tienen la misma actitud hacia todo. Un chico pobre
se engancha a las drogas y a esas cosas, y va a tener una vida
miserable, pero para un chico rico nada va a cambiar, va a hacer
la misma mierda, pero lo van a llevar a una clínica privada. Y si
alguien pregunta por él, lo van a cubrir, la familia lo va a esconder.
Tú sabes. Todo en Honduras es así.

Los ambientes en los que beben las clases bajas son de las pocas arenas públicas donde se discuten rutinaria y abiertamente estas disparidades y la violencia estructural, aunque las mismas se mantengan en su lugar. En un bar en Puerto Cortés, un hombre llamado Iván me expresó su frustración con respecto al estudio de Transparencia Internacional mencionado en el Capítulo 1: "¡El tercer país más corrupto en el mundo! Eso no es cierto. Seguro que somos corruptos pero no tanto como las monarquías. Por lo menos somos una democracia. Hay montón de gente que quiere hacernos ver mal".

Iván continuó dirigiendo su enojo hacia los EEUU: "En el gran país del Norte, piden que todos los demás respeten los derechos humanos, pero ellos no reconocen ni siquiera la Corte Internacional de Derechos Humanos porque el país que menos respeto tiene por los derechos humanos es el gran país del Norte".

Observaciones como las que fueron hechas por Iván —amargas, defensivas, peligrosas y con frecuencia bien fundadas— son comunes entre borrachos.[13] Irónicamente, sin embargo, dado que tales conversaciones rara vez salen de los ámbitos de la bebida, su impacto es amortiguado por una ideología que mitiga el peligro de las verdades encarnadas y expresadas por el borracho cuando se disocia del pensamiento racional "civilizado". La propia naturalidad del estado de embriaguez, como la de los niños, la de la gente loca y, como señalaba don Wilmer, la de los *indios*, fomenta una tendencia a que las observaciones de los borrachos sobre el poder y la injusticia sean tomadas menos seriamente que las de la gente sobria. Beber es

13 Singer describe como el hábito de la bebida de la clase obrera puede amenazar el capital. En Merrill Singer, "Toward a Political Economy of Alcoholism: The Missing Link in the Anthropology of Drinking," *Social Science and Medicine* 23, no. 2 (1986).

una manera de rebelarse contra la opresión estructural, garantizando al mismo tiempo que esta actuación y cualquiera que la siga tengan solamente repercusiones locales —una forma de rebelión similar a lo que Radcliffe-Brown llamó "irrespeto permitido".[14] Aunque los borrachos pueden ser beligerantes y hablar de las injusticias institucionales a las que se encuentran sometidos diariamente en el lugar de trabajo y en otras partes, la venganza que se encuentran en mejores condiciones de practicar es contra aquellas situaciones más próximas a ellos. Sus blancos incluyen sus familias, otros borrachos en el bar y otra gente de su medio social (incluidos ellos mismos). Cuando los borrachos pobres se comportan de forma violenta contra los miembros de su propia clase social, simplemente están confirmando los estereotipos acerca de los hondureños pobres, y justificando su inclusión en esa categoría. De este modo, beber en Honduras puede reforzar la violencia simbólica.

LA GENERIZACIÓN DE LA BEBIDA

Así como los borrachos exponen la "verdad" con respecto a la violencia en Honduras, igualmente encarnan y representan las verdades de género. Unas verdades que no son estáticas. Los hondureños, como cualquier otra persona, deben renegociar lo que entienden por ser mujeres y hombres en respuesta a los cambios estructurales en sus oportunidades y en distintos ámbitos. Los escenarios definidos para el consumo del alcohol son lugares que energizan fuertemente la representación de género, donde mucha de esta negociación se lleva a cabo.

Después de explicarme las diferencias culturales entre las formas de beber de los asiáticos y los hondureños, don Wilmer continuó con un análisis sobre la bebida y el género:

Y aquí está, uh, desde el tiempo en que estamos muy pequeños, nuestra formación o la lección de nuestros padres es que un hombre, si realmente es hombre, debe oler a alcohol, a tabaco y a mujer.

---

14 A. R. Radcliffe-Brown, "On Joking Relationships " *Africa: Journal of the International African Institute* 13, no. 3 (1940). Radcliffe-Brown escribió sobre las complicaciones de negociar las estructuras de parentesco; aunque esta forma de irrespeto es a gran escala, el concepto básico es aplicable.

Nuestra propia sociedad permite y anima a los muchachos entre los doce y los quince años a ir a un club o a un prostíbulo, a beber, a fumar y a hacer uso de una mujer la primera vez. No es como con las mujeres. Con las mujeres, ese tipo de cosas no están permitidas. Aunque no haya castigos legales que puedan realmente detenerlas, hay consecuencias familiares y sociales.

Muchas otras personas con las que hablé corroboraron estas afirmaciones. A pesar de ser alto el índice de abstinencia, el alcohol es un rasgo principal en la mayoría de las definiciones de la masculinidad en Honduras, y es un recurso importante para la diferenciación de los hombres de las mujeres. Las nociones estereotipadas de la masculinidad de la clase baja, descansan en la noción del muy controvertido "macho" latinoamericano. La creencia de que los hombres deben realizar ciertas prácticas inmemoriales de "macho" para ser aceptados como hombres, ha sido ampliamente criticada.[15] De hecho, cuando le repetí a mi amigo Teto las afirmaciones de don Wilmer sobre el alcohol, el tabaco y las mujeres, me respondió: "Sí, en su época". Cuando le pregunté qué quería decir, me contestó: "Ahora los hombres deben oler a gasolina y perfume, y preferiblemente a dólares".

El comportamiento de los hombres en estado de embriaguez es por lo general descrito como verdaderamente representativo de la masculinidad. El limitado patrón del *machismo* que los hondureños a menudo exhiben cuando beben contradice el amplio rango de masculinidades disponibles para los hombres sobrios, pero sirve para reforzar la idea de que la verdadera masculinidad se adecúa al estereotipo. La representación que hacen los borrachos de la masculinidad incluye distintas acciones que expresan lo característico de los hombres y sus diferencias respecto de las mujeres. Los borrachos usan comúnmente un lenguaje que degrada a las mujeres, quienes como indicaba don Wilmer son asociadas a las substancias de lo incivilizado (al alcohol y al tabaco). También los borrachos practican otras formas de habla peligrosa. La verdad tiene sus riesgos y los hombres en estado de embriaguez, con licencia para proferirla, usan este permiso libremente.

En la *pollera*, Edgar ofreció ejemplos de habla peligrosa y de las

---

15 Por ejemplo: Matthew C. Gutmann, *The Meanings of Macho: Being a Man in Mexico City* (Berkeley: University of California Press, 1996).

relaciones de broma que se dan con la bebida. "Entre amigos que están bebiendo, tú puedes insultarte con ellos y no hay problema. Por ejemplo, yo puedo decirle a mi amigo: '¡Hey, hijo de puta, ¿qué pasa?!', y el otro no se va a ofender. Pero si yo le digo eso a alguien que no conozco, me van a decir '¡Hey, pendejo, ¿qué putas querés, hijo de puta?!' O digamos si yo entro al bar y le pido crédito a Sara... —Edgard le sonríe a Sara que es quien atiende el bar— y ella dice 'No'. Entonces me voy donde los amigos allá y digo '¡Puta, qué mierda aquí! ¡Es una mierda!'. O sea que cuando estás bolo, usás un lenguaje fuerte, y si te enojas también".

Las expectativas respecto del comportamiento de embriaguez difieren ampliamente según el género. Un examen de los escenarios de bebida revela mucho con respecto a los roles de género. La *pollera* en Honduras es un lugar de reunión de la clase baja abierto a la calle. Los clientes del bar —casi todos hombres— se encuentran expuestos a la mirada pública; su representación de la masculinidad tiene una amplia audiencia. Quienes atienden el bar, como Sara, son casi siempre mujeres. Cuando mostré curiosidad con respecto a que jovencitas trabajaran en lugares tan reconocidamente peligrosos, me dijeron que eso era por razones de seguridad. Los borrachos son propensos a la violencia, según este argumento, de modo que es mejor tener a una mujer atendiendo el bar, pues es más probable que los borrachos comiencen una pelea con un camarero que con una camarera. Las mujeres son vistas como de mayor confianza y más capaces que los hombres de disuadir el posible peligro de hombres enojados. Se espera que los hombres controlen sus instintos más violentos en presencia de camareras. Las mujeres desempeñan un papel crucial de estabilización —"natural" en ellas— en los escenarios de la bebida. Así, Edgar podía maldecir a Sara mientras bebía, y Sara iba a encogerse de hombros como si se tratara del comportamiento de un borrachín, pero la escena no iba a llegar a la violencia física.

Esta aplicación de la ideología de género a los locales de bebida no es exclusiva de Honduras en absoluto. Los bares centroamericanos en San Francisco emplean primordialmente personal femenino, al igual que los establecimientos de este tipo en gran parte de los Estados Unidos. Como lo expresaba un reciente artículo de *Newsweek* titulado "La mujer es la persona de la puerta": "un problema común de la industria de las discotecas resulta de que el corpulento hombre de seguridad choca con el cliente intoxicado, los egos masculinos flamean y alguien sale lastimado. ¿La solución? Menos testosterona".[16]

Los hombres en Honduras (como en todas partes) también cuidan de las mujeres que beben, aunque "cuidar" tiene una implicación de género específica, en tanto que tiende a reforzar los roles atribuidos a los sexos. Los peligros que las mujeres enfrentan al beber tienen más que ver con ser víctimas de violencia por parte de los hombres (un factor de riesgo para los mismos hombres como se mencionaba en el artículo periodístico citado), que con que las mujeres actúen de forma excesivamente violenta. Poco antes de que yo regresara a los Estados Unidos en 1997, Vanesa y sus amigas decidieron hacerme una fiesta de despedida. Durante la fiesta, Vanesa se puso verdaderamente borracha. Cuando ya me había ido y metido en la cama, escuché una conmoción. En mis notas de campo del día siguiente se lee:

Yo ignoré lo que ocurría por un momento pero después me levanté de la cama… y salí fuera a la calle de enfrente de la casa donde todos estaban en círculos de post-pelea. Vane estaba llorando histéricamente. Los muchachos la consolaban alternativamente mientras las hermanas hacían comentarios desaprobatorios y los círculos debatían quién tenía la culpa. [La amiga de Vanesa] Elysa y [su primo] Fabio estaban sentados solos más abajo, así que con mis brazos cruzados sobre el pecho, caminé hacia ellos y les pregunté qué pasaba.

'Realmente lo siento, hombre. No vuelvo a hacerlo" —me dijo Fabio en inglés— "pero es que ellos estaban viéndole las tetas. Y ella es mi prima. ¡No, hombre!'

'¿A quién, a Vane?' —le pregunté.

'Sí hombre, ellos estaban en el cuarto viéndole las tetas y mierda. Su novio de mierda es un marica. Uno tiene que cuidar de su mujer, ¡no, hombre! ¡Ella estaba bien borracha, ellos le estaban mirando las tetas y él allá afuera bailando! Realmente lo siento pero ella es mi prima ¿sabes? Ellos estaban como abriéndole las piernas y mierda, ella estaba sólo tirada ahí. Ella está muy borracha, te lo juro, acababa de vomitar. Realmente lo siento pero no podía dejarlos hacerle eso. Tú entiendes, ella es mi prima, hombre'.

---

16 Jonathan Mummolo, "She's a 'Door Person,'" *Newsweek* July 17 2006 12.

Traté de decirle que era preferible un pleito con el novio a que la hubieran violado. Creo que el novio salió corriendo aterrorizado por Fabio, tan pronto como éste bajó. Fui a ver a Vane que ya no estaba histérica sino que solo se estremecía entre fuertes sollozos. Su historia me pareció que corroboraba la de Fabio. Lo poco que recordaba. Los [otros] tres chicos... también se habían ido corriendo, aparentemente atemorizados por el mismo Fabio. Vanesa pedía perdón muchas veces entre sollozos. Le dije que no se preocupara, que no había sido su culpa.

Parte de lo que hace de uno un hombre, de acuerdo con Fabio, es cuidar de "su" mujer. Él ya tenía reputación de borracho peligroso y juzgó que el novio de su prima no la estaba cuidado como debía, que era poco hombre (lo que indicaba al llamarlo marica). Al empezar (y ganar) una pelea contra el novio y los demás hombres en la fiesta, y tomar a Vane bajo su cuidado, Fabio afirmaba su propia masculinidad.

Más incluso que la violencia, es la irresponsabilidad lo que caracteriza a los hombres ebrios. Una noche de verano acompañé a mis amigos Teto, Daniel y Daisy a la casa de los vecinos. El dueño de la casa, a quien le decían *Capitán* (por su antiguo rango en el ejército), nos esperaba en el restaurante improvisado que había instalado con su esposa en el engramado de enfrente. La escena la comenté en mis notas de campo:

El Capitán *estaba completamente borracho, pero era un borracho muy amistoso y se puso excesivamente 'a nuestro servicio'. A pesar de su obsequiosidad, era incapaz de recordar algo que se le pidiera después de decir: 'Por supuesto, sería el mayor honor para mí proporcionarles a Ustedes, mis estimados invitados una servilleta (una tortilla, un vaso de agua, un plato de alimentos, etc.)'. A nadie le importaba, más bien era divertido. Me parece que aquí la gente es muy paciente con la embriaguez en público, al menos con la de los hombres. Daniel y Teto se limitaron a hablarle un poco más alto al* Capitán, *como harían los hablantes de una lengua con un no-hablante.*

Pocos días después le pregunté a Teto sobre mis impresiones del *Capitán.* ¿Habían sido todos más tolerantes con sus *lapsus* cuando atendía porque estaba borracho? Sí, me dijo, lo fueron. Le pregunté que si estaría de acuerdo con mi percepción de que los hondureños tenían una alta tolerancia para la embriaguez en general.

"Bueno, no exactamente" me contestó, "por ejemplo no dejarían subir a un borracho a un bus".

"Sí, sí, pero me refiero a una borrachera no agresiva".

"Por supuesto, todo el mundo entiende eso".

Entonces le pedí mayor explicación:

"¿Qué habría pasado si hubiera sido una mujer la que actuara como el *Capitán*? ¿Todos habrían actuado igual?"

Teto se tomó una pausa para contestar. "Yo nunca he visto a una mujer actuando de esa manera. Quiero decir, atendiéndome estando borracha. Pienso que sería algo muy extraño".

Las normas que regulan la aceptabilidad de los comportamientos de los ebrios, se encuentran diferenciadas por género de forma muy estricta. Las mujeres que beben públicamente reciben una desaprobación unánime en Honduras, pero resulta simplemente impensable que una mujer estando borracha sirva comida o bebidas —como observaba Teto.

La violencia física es el peligro más grave que plantea el beber masculino para los demás, no obstante, las amenazas que representa el consumo femenino de alcohol pueden incluso ser más graves. Al hablar con los hondureños, encontré lo que me pareció una preocupación desproporcionada por el aumento que decían percibir en la ingesta de bebidas por parte de las mujeres (incluso tomando en consideración la inflación general del problema que afecta al consumo del alcohol en general). En la oficina central del IHADFA en Tegucigalpa y posteriormente en la unidad de desintoxicación del Hospital Leonardo Martínez en San Pedro Sula, me presentaron distintos datos estadísticos como argumentos demostrativos. Mientras hace unos 20 años, uno de cada diez bebedores era mujer, ahora esta cifra era de tres o cuatro de cada diez (de acuerdo con los informes del IHADFA).[17] Si esto ocurriera así, el cambio en las proporciones podría significar distintas cosas, incluido el que

17 Gertrudis Ramos, Carlos Sosa, and Daniel Amaya, "Aspectos Epidemiológicos Del Abuso De Drogas En Honduras," (Tegucigalpa: Instituto Hondureño para la Prevención del Alcoholismo, Drogadicción y Farmacodependencia (IHADFA), 1993).

hubiera disminuido el consumo masculino de alcohol. No obstante, para quienes me citaban estas cifras, la tendencia que percibían era hacia la igualación del género en los niveles de consumo de alcohol con unas implicaciones inequívocamente negativas.

A las interpretaciones del cambio de proporciones entre géneros con respecto a la bebida, se sumó el que frecuentemente me hablaran de una "epidemia" femenina de bebida, una forma de expresión influida por la concepción del alcoholismo como enfermedad. Los informantes me decían que el número de mujeres que bebían era muy grande (y citaban de nuevo porcentajes inverosímilmente altos que en ocasiones superaban el 100 por ciento). El hecho de que yo no viera muchas mujeres bebiendo solo reflejaba la mayor capacidad que tenían para ocultarlo, y el que este problema a su vez fuera mayor que el de los hombres. Las ideas infundadas sobre presuntas bebedoras ocultas (conocidas en inglés como "bebedoras tras cortinas de encaje") no existen sólo en Honduras, y como Thom ha observado suelen responder más a tendencias moralizantes dirigidas hacia las mujeres que al fenómeno de la bebida misma.[18] Ahí donde la virilidad masculina descansa en la castidad femenina, la sobriedad de las mujeres es un componente necesario para el mantenimiento de la masculinidad. No obstante, limitar esta discusión del género y la bebida a la sexualidad, sería perder de vista el asunto central, que tiene que ver con que la amenaza real que las mujeres representan es económica.

¿Por qué las mujeres borrachas son tan intimidantes en Honduras? Los borrachos públicos son necesarios por distintas razones y tolerados como chivos expiatorios, con lo cual cumplen funciones semejantes a las de la violencia callejera. En cambio, las mujeres borrachas que se exhiben públicamente son mucho más amenazantes para el orden de cosas. Con el cambio de los roles femeninos, los temores respecto de atentados materiales contra el patriarcado se expresan en términos morales, y el hecho de que las mujeres beban cobra el carácter de un problema particularmente preocupante. Muchos hombres y mujeres con los que hablé, lamentaron que bebieran "las hijas de papi" que frecuentan las discotecas caras

---

18 Betsy Thom, "Women and Alcohol: The Emergence of a Risk Group," in *Gender, Drink, and Drugs,* ed. Maryon McDonald (Oxford ; Providence, RI: Berg, 1994), 40.

de Tegucigalpa y San Pedro Sula. Su preocupación con respecto a estas (relativamente) ricas jovencitas bebedoras, y consumidoras de drogas, superaba ampliamente la que pudieran tener por las inclinaciones a la bebida de los hombres que las acompañaban. Las discotecas mismas, sin embargo, me resultaron más bien inocuas. Aunque hay consumo ilegal de drogas en las discotecas de clase alta (consumo que en los primeros años de 2000 se hallaba centrado en la marihuana, el éxtasis, o *tachas*, y la cocaína en polvo), mi limitada observación de estos sitios me hizo pensar que los clientes iban a bailar pop latino o norteamericano y a beber cervezas caras y ligeras en pequeños vasos de plástico, esto por algunas horas para después irse tranquilamente a sus casas.

Estas preocupaciones con respecto a la bebida de las mujeres en Honduras apuntan a la percepción de un resquebrajamiento en el orden social que refleja cambios estructurales. El crecimiento de la industria maquiladora, que emplea a mujeres en un número mucho mayor que el de los hombres, ha llevado a intensificar el tópico del alcohol y el género.

Carlos, un sociólogo e investigador del IHADFA, me dijo que la industria maquiladora había provocado una inversión de los roles de género. Cuando le expresé mis dudas basadas en mi propia observación participante con las trabajadoras de las maquilas, él insistió aún más categóricamente:

¡No, yo te lo voy a demostrar! Vamos a ir a los lugares de maquilas y vamos a tocar a la puerta de la gente, y tú verás que sólo van a haber hombres en las casas. Y cuando la mujer sale en la noche, él le dice [con voz débil]: '¿A dónde vas querida? ¿A quién vas a ver?' y ella le contesta [arrastrando las palabras como si estuviera borracha]: '¡Qué diablos te importa! ¡Tú no me puedes decir qué hacer! ¡Voy a salir con quien me dé la gana! ¡Yo soy la que traigo la comida a la casa!'. Y cuando ella vuelve del trabajo, le dice: '¡Tú, ponte aquellos pantalones marrón! ¡Vamos a salir ahora!' Y él tiene que obedecer... Eso es lo que te estoy diciendo con respecto a la inversión de los roles, esas son formas de conducta que han estado bajo el dominio del hombre, ya sabes, machistas, que ahora la mujer está asumiendo. No sé cómo explicarlo, es la mujer-macho, uy, el mismo papel pero con un problema... El problema de que la mujer siempre es abandonada por el hombre, y ella siempre tendrá que criar a los niños y sacarlos

adelante. Y si estas mujeres jóvenes caen en la bebida ¿quién va a cuidar de los niños? ¡Dios nos libre de los alcohólicos!

De acuerdo con Carlos, la masculinidad inherente al alcohol se está viendo desafiada por mujeres activas económicamente que adoptan patrones masculinos del comportamiento ebrio, con lo cual vienen a ser como los hombres. La irresponsabilidad aludida es aceptable para los hombres, pero peligrosa si proviene de las mujeres que son caracterizadas como las que deben cuidar de los hombres si beben y de los niños en general. Cuando el otro sexo comienza a perder su alteridad, el estatus del propio sujeto y la verdad de género misma se encuentran en riesgo. El argumento de Carlos con respecto a que las mujeres no deberían beber en aras de la salud de la nación (como encargadas de los niños) recuerda argumentos semejantes sacados a relucir durante la industrialización victoriana en Inglaterra y en la Alemania nazi. Con base en la fantasía de roles de género invertidos, sus análisis apuntan a la verdadera amenaza contra la base económica de la autoridad patriarcal y al estado precario de la masculinidad bajo las condiciones modernas de opresión económica sexuada en Honduras.

Batallas de género altamente riesgosas se libran en Honduras en los contextos de la bebida, en los que hombres y mujeres están aprendiendo a redefinir sus roles frente a los cambios drásticos en la estructura del empleo. Aunque la descripción de Carlos del comportamiento de las empleadas de maquilas era exagerada, los cambios demográficos y económicos han traído de hecho nuevas oportunidades de beber para las mujeres. Discotecas y bares circundan las fábricas de maquila donde muchas mujeres son la clientela. Vanesa, que siempre había trabajado en maquiladoras desde que su padre la forzó a dejar la secundaria en 1998, me dijo en 2002 que muchas de sus compañeras de trabajo bebían. Me mostró una invitación de una fiesta que iban a dar dos amigas suyas que acababan de dejar sus trabajos en la maquila. Decía: "¡Ven a divertirte y sé parte de nuestra fiesta de despedida!" En el lado izquierdo se leía: "¡IMPORTANTE: PERSONAS SOBRIAS PAGAN DOBLE!" En el lado derecho se le informaba al invitado que su donación iba a ser usada para carne asada, boquitas y mucho, mucho alcohol.

Cuando visité a la familia de Rebeca en 2003, les pregunté a Vanesa y a sus hermanas (que para entonces habían dejado la

Iglesia evangélica) si ellas bebían bastante. Dulce Cristina y Sabrina inmediatamente comenzaron a contarme hazañas de Vanesa cuando bebía. Al igual que en los tiempos de la secundaria, Vanesa parecía seguir disfrutando mucho del alcohol. Ella se reía y estaba de acuerdo con lo que decían, pero cuando se dio cuenta de que yo escribía en mi cuaderno se puso seria.

"Mirá, Adriana," dijo, "yo no bebo mucho. Quiero decir, sí me gusta para relajarme. Pero no soy una *bola* [borracha] ni nada parecido".

Aunque las mujeres beban como los hombres para marcar su nuevo estatus de asalariadas independientes, los efectos vienen a ser opuestos. El alcohol es asociado con la verdad pero puesto que beber es cosa de hombres, el alcohol es una substancia masculina que saca a relucir cualidades "naturalmente" masculinas. Cuando los hondureños beben alcohol adoptan actitudes que se suponen propias de los hombres y no de las mujeres, incluida la agresión y la iniciativa sexual. Pero las mujeres no pueden ser como los hombres, porque sin su Otro, los hombres dejarían de ser hombres. Para las mujeres esto significa algo enteramente diferente, pues no se trata de un comportamiento estructuralmente permitido. Resulta irónico que aunque la incursión de las mujeres en la esfera masculina es percibida como peligrosa, en la práctica no ofrece muchas posibilidades reales de emancipación. Como ocurre con los pobres, para las mujeres el beber puede ser liberador, pero también puede constituir un tipo de violencia simbólica: una violencia ejercida sobre las mujeres con su propia complicidad al cosificar su posición en la estructura social.

TRATANDO CON BORRACHOS

La representación de la sobriedad en presencia de borrachos es tan importante como la de la embriaguez para crear la escena de la bebida. Del mismo modo que los hombres y las mujeres aprenden la manera de estar borrachos y de estar sobrios, aprenden también como ser hombres, mujeres, ricos, pobres y hondureños. Frecuentemente me sorprendió la paciencia y la calma con que los borrachos eran atendidos por los que los rodeaban en situaciones potencialmente violentas. Resultó claro para mí que no solamente el comportamiento ebrio, sino que el sobrio en respuesta a la embriaguez, se encontraban profundamente implicados en el *habitus*.

Aunque muchos hondureños caracterizan los bares como espacios de desorden y desinhibición, los comportamientos aceptables en estos lugares siguen normas culturales estrictas. Keith Basso ha observado entre los apaches que las recompensas y los riesgos para el "habla peligrosa" son mucho más altos que para otras formas de habla.[19] Éste es también el caso en Honduras, donde poder hablar de una forma franca y vulgar, y salirse con la suya, demuestra públicamente y refuerza las relaciones de confianza; tomando en cuenta también que un fallo de cálculo puede tener imprevistas consecuencias, de donde proviene la reputación de los bares como sitios peligrosos. Existen reglas implícitas de comportamiento para los géneros que previenen la violencia —una de las consecuencias "naturales" de la bebida masculina. El papel de Sara en la *pollera* y la paciencia de los clientes del Capitán son dos ejemplos de esto.

Los borrachos se asemejan a los niños y a los locos en su predisposición para decir la verdad y en su disminuida capacidad para el juicio sobrio, de acuerdo con lo cual son tratados. Sin embargo, estas categorías de personas se distinguen en que, mientras las últimas no escogen su estado de alteridad, se presume que el primer trago lo toma siempre una persona estando sobria. Lo que lleva a una ambivalencia respecto de los borrachos. Es más fácil reprochar a los borrachos que a los niños o a los locos por lo que hacen, a pesar de la opinión generalizada de que el alcoholismo es una enfermedad.[20] No obstante, aunque la mayor parte del tiempo se denigre el beber, se toleran comportamientos a los borrachos que serían criticados en una persona sobria. Salvando las diferencias, se cumple en buena parte lo que Sidney Mintz escribió refiriéndose a las percepciones de los norteamericanos respecto del uso de drogas. Los hondureños tienden a ver el uso de alcohol "carente por completo de relación con las fuerzas sociales y en cambio lo conciben como

---

19 Keith H. Basso, *Portraits Of "The Whiteman": Linguistic Play and Cultural Symbols among the Western Apache* (Cambridge England; New York: Cambridge University Press, 1979).

20 Ver: Heath, "Anthropology and Alcohol Studies: Current Issues," 104.

el resultado de lo que le pasa a gente débil de carácter cuando choca con algo verdaderamente fuerte".[21]

En julio de 2002, Teto y yo íbamos en un taxi que fue golpeado por un conductor ebrio, lo que me dio la oportunidad de apreciar un ejemplo conmovedor del comportamiento sobrio. Habíamos ido siguiendo la circulación del tráfico, cuando otro taxi salió de la nada y viró hacia nosotros desde la derecha, como si pudiera pasar cuando era obvio que no tenía espacio para hacerlo. Nuestro conductor aceleró para evitar el otro taxi, que golpeó una camioneta *pick up* enfrente suyo, vino a chocarnos de un lado y derrapó frente a nosotros. Perdimos momentáneamente el control, dimos con fuerza contra la mediana elevada a nuestra izquierda y luego llegamos a un tope paralelo a la misma. Entonces vimos como el taxi que nos había golpeado dio dos vueltas en redondo antes de que lo detuviera la misma mediana, lo que le costó por lo menos una llanta sino es que la rueda entera.

Nuestro conductor salió del taxi y comenzó a inspeccionar los daños, y nosotros nos salimos igual. El conductor del otro taxi abrió su puerta y caminó tambaleándose hacia nosotros, manifiestamente ebrio. Sus palabras eran confusas. "¡Yo voy a pagar esto!" le decía a nuestro conductor. "Lo voy a pagar aunque no fue mi culpa, pero lo voy a pagar". Intentaba reclamar que nuestro conductor había girado, lo cual no era el caso, pero parecía que su principal objetivo al hacerlo era guardar las apariencias, dado que había admitido tácitamente su responsabilidad al ofrecerse a pagar. El borracho y nuestro conductor revisaron los daños de nuestro taxi y con calma se pusieron de acuerdo en los detalles del pago.

Una vez resuelto esto, volvimos al taxi y arrancamos. Pasamos al lado del conductor borracho que trataba en vano de salir del aprieto. Le pregunté a nuestro conductor por el arreglo al que habían llegado. Me dijo que él iba a ir la mañana siguiente a la otra compañía de taxis y que ahí se harían cargo. Nuestro conductor no era el propietario del taxi sino la compañía para la que trabajaba. Él era responsable por cualquier daño, así que tenía que asegurarse de que el hombre de la otra compañía pagara. "Me da lástima por él" nos dijo nuestro conductor. "Lo van a meter a la cárcel. Andaba perdido, había

21 Sidney W. Mintz, "Consuming Habits: Drugs in History and Anthropology," *The Journal of the Royal Anthropological Institute* 2, no. 3 (1996): 551.

estado bebiendo". Caí en la cuenta de que probablemente estaba en lo cierto. El conductor por el que sentíamos lástima (a pesar de que fácilmente hubiera podido matarnos) no tenía escapatoria y no tardaría en llegar la policía de tránsito.

Aunque a los bolos se les consideran en sí mismos peligrosos, también sirven como alivio cómico. Sus transgresiones de los límites del adulto sobrio, a menudo son interpretadas como divertidas más que amenazantes, al igual que las de los niños. Dado que se considera que los borrachos tienen una capacidad disminuida para el juicio, hay un incremento de la responsabilidad de las personas sobrias a su alrededor para evitar que provoquen violencia. Una actitud jocosa ante los borrachos puede desvanecer el peligro que se espera de ellos y conseguir la armonía social, como suele ocurrir.

El 6 de julio de 2002 asistí a la fiesta de la independencia de los Estados Unidos en la Escuela Agrícola de El Zamorano, aproximadamente a una hora de Tegucigalpa. Después de una hora de breve conversación con soldados y voluntarios del Cuerpo de Paz, decidí regresar a la capital y pedí un aventón en la parte trasera de una camioneta *pick up*. Ahí me uní a otros viajeros, incluido un borracho que entabló una enérgica conversación conmigo para diversión de los demás. Dos aspectos de nuestra discusión fueron reveladores: primero, la manera en que él actuaba conmigo, al demostrar un esfuerzo consciente por ofrecerme —desde su punto de vista— una apariencia más positiva que la que podía atribuírsele; y segundo, las maneras en que los otros actuaban hacia él, que ponían de manifiesto las posturas típicas de la gente sobria.

Oscar, el borracho en la parte trasera, sostuvo una conversación conmigo en el viaje de regreso. "No se preocupe" dijo como si yo me estuviera preocupando, "Usted está con gente que no quiere hacerle ningún daño". Me sonreí y le dije que lo sabía, que se lo agradecía y que no estaba preocupada. Él repitió la frase un par de veces. Le dije que yo venía de la fiesta de los gringos en El Zamorano y él me dio una explicación de la etimología de la palabra gringo. A continuación exclamó: "Adriana, a nosotros no nos gustan los gringos aquí". "Dime, Adriana ¿por qué los gringos nos desprecian tanto?". Yo, en solidaridad, hablé mal del neocolonialismo. "Adriana, ¿tienes niños?". No, le dije. Oscar quedó impresionado. "¿Pero Adriana, por qué no? ¡Dios hizo a las mujeres para eso!". Le contesté que a mí

Dios no me había hecho para eso. El adolescente con la bufanda del Olimpia se rio entre dientes con esta respuesta. "Pero Adriana", insistió Oscar, "¿entonces para qué te hizo Dios?". Para evitar una argumentación teológica más larga, le dije lo primero que se me vino a la cabeza: Dios me hizo para trabajar, para hacer cosas buenas. "Ah", dijo, "si tú hablas con tus amigos en los Estado Unidos, diles a esos gringos que conociste alguna gente aquí que se portó bien contigo, y que no te hicieron ningún daño". Yo le prometí que lo haría.

La plática con Oscar fue en muchos aspectos una conversación típica de las que sostuve con borrachos que me hicieron apreciar tanto mi propia identidad como la de ellos. La insistencia de Oscar en que él no iba a hacerme daño, apuntaba a su entendimiento de que los pobres, y especialmente los borrachos pobres, son por sí mismos peligrosos. El esfuerzo consciente para distinguirse a sí mismo del estereotipo, sin embargo, podía tener el efecto de reforzar ese estereotipo. Los hondureños al distinguirse o ser distinguidos de los estereotipos colonialistas, de la clase de los que describe Fanon en *Los Condenados de la Tierra*, sin cuestionar su validez fundamental, fortalecen las propias ideologías que los oprimen. Vienen a ser la excepción que comprueba la regla.

El estatuto de Oscar como ebrio lo habilitaba para hablar más francamente de lo que sería apropiado para una persona sobria, lo que divertía mucho a sus compañeros en la camioneta. Adoptaba la posición de un borracho pobre, hondureño, que hablaba a una gringa relativamente rica y sobria. Criticaba mi país, lo mismo que mi desapego del comportamiento apropiado de género, a pesar de la obvia desigualdad de poder entre nosotros. Los demás pasajeros y yo respondimos de forma semejante a Oscar, riéndonos disimuladamente de lo inapropiado de sus comentarios y siguiéndole el juego —representando nuestra sobriedad— más que reaccionando como lo haríamos con una persona sobria, sana y adulta que actuara de esa manera.

Quizás en respuesta al espectro constante de la violencia, muchos hondureños son expertos en desvanecer las amenazas potenciales. A mí me impresionaba no tanto la cantidad de violencia que presenciaba como la cantidad de violencia que era evitada por igual por las personas ebrias y sobrias. El comportamiento sobrio hacia los borrachos se encuentra asociado al problema de perspectiva desde el que es juzgado el alcohol en Honduras, lo que refuerza a su vez la creencia en la necesidad de un control externo. Los borrachos son tolerados, se les sigue la corriente y se les ayuda, pero también son vistos como un peligro que debe ser disciplinado. De las personas sobrias, por el contrario, se espera que sean civilizadas y que se comporten adecuadamente. Del mismo modo que en inglés la palabra sobrio puede usarse para significar "moderado" o "tranquilo", además de "no-ebrio", y es usada para mostrar respeto por el sujeto.

LA DOMA DE LA NATURALEZA: EL TRATAMIENTO

El alcohol es una de las marcas más distintivas de la delincuencia que se reconocen en Honduras, entre las muchas que se han reunido para dar forma a una justificación ideológica para la remoción —por cualquier medio necesaria— de la antiestética evidencia humana de la pobreza en la esfera pública. La idea que se tiene de los pobres cuando están borrachos implica —como hemos visto— que no pueden controlar su comportamiento, que no pueden controlar su violencia y que a diferencia de los ricos necesitan en última instancia un agente externo que les controle. Del mismo modo que la Guerra contra el Crimen disciplina a los pobres "violentos", existen en Honduras una variedad de instituciones para lidiar con los "borrachos" pobres. Estas instituciones hacen uso del castigo y de la humillación pública (como la operación de limpieza de los cementerios mencionada antes), lo mismo que de métodos voluntarios o menos abiertamente punitivos.

Durante mi estancia visité distintos tipos de instituciones dedicadas a diferentes aspectos del tratamiento. El IHADFA, como mencioné antes, es el Instituto Hondureño para la Prevención del Alcoholismo, la Drogadicción y la Farmacodependencia. Esta institución monitorea la investigación sobre asuntos relativos al alcohol, formula políticas para su manejo, coordina diferentes centros de tratamiento en el país y provee algunos servicios de orientación. Los proyectos del IHADFA incluyen la implementación de una ley que, entre sus disposiciones, estipula que el 30 por ciento de los anuncios relativos al alcohol se orienten a la prevención y que obliga al establecimiento y mantenimiento de la primera línea telefónica de emergencia del país para personas con problemas de alcohol y drogas.

Yo me había figurado que iba a encontrar en el IHADFA la misma línea dura de la retórica de guerra que era usada en todas partes durante el gobierno de Maduro, y por cierto que encontré dudosos algunos de los argumentos que escuché (entre ellos las afirmaciones sobre inversión de roles de género de Carlos). Sin embargo, me sorprendió encontrar en el IHADFA, en general, un análisis mucho más en línea con mis propios hallazgos. Los doctores y los investigadores de la institución me dijeron que los problemas de los hondureños no eran los del alcohol (aunque la gente a veces bebía en exceso) sino los de la falta de empleo y de atención en salud, de educación inadecuada, de la violencia de Estado, de la corrupción, y de la dependencia externa. El entusiasmo que sentí al encontrar una perspectiva de trazas antropológicas en una institución estatal se vino abajo cuando me di cuenta, por la posterior investigación, de la marginalización del IHADFA en el gobierno de Maduro. En un momento en el que el castigo se había convertido en el modo dominante de la disciplina del Estado y en el que los fondos gubernamentales eran canalizados a la militarización de la sociedad civil, había pocas oportunidades para una institución que abogaba (aunque tímidamente) por cambios estructurales como medios de tratamiento y recuperación. En julio de 2002, el IHADFA se disponía a despedir a varios de sus investigadores por falta de fondos.

Fernando Sosa, director del Hogar del Alcohólico y miembro orgulloso de Alcohólicos Anónimos, estuvo desde el principio dolorosamente consciente de que el gobierno no iba a financiar su casa de recuperación sin fines de lucro dedicada a ayudar a alcohólicos pobres. Lamentó en nuestra entrevista que todos los gobiernos centroamericanos financiaban centros de tratamiento, menos el de Honduras, donde sólo se pagaban afiches para la prevención, anuncios y cosas parecidas por cuanto se consideraba muy caro el tratamiento. El Hogar se financiaba con esporádicas subvenciones externas, donaciones de las familias de los pacientes y, sobre todo, con las contribuciones de 100 socios que aportaban 100 lempiras al mes (un monto que en los días de mi visita equivalía aproximadamente US$ 6.35). La misión del Hogar, de acuerdo con lo que me explicó don Fernando, era cumplir las dos metas de rescatar a los alcohólicos de las calles y de reintegrarlos a la sociedad mediante Alcohólicos Anónimos y las iglesias católica y protestante. Los directores del Hogar habían creado otro centro llamado La Granja, pero el Huracán Mitch lo destruyó y no habían contado con fondos para reconstruirlo.

En la década de 2000 los hondureños podían recibir tratamiento profesional a corto plazo contra la adicción al alcohol en unidades de desintoxicación conocidas como UDAS (Unidades de Desintoxicación Alcohólica) ubicadas en tres hospitales públicos o, si podían permitírselo, en una serie de clínicas privadas, además de los servicios ofrecidos por el IHADFA y algunas otras casas de recuperación sin fines de lucro como el Hogar. Con la excepción de los centros privados, ninguna de las demás era autosostenible. En varias ocasiones, después de haber hecho alarde de mis credenciales para obtener una audiencia con el director de un centro de tratamiento y con el equipo médico, mis entrevistas terminaron siendo incómodas cuando tuve que explicar que mis conexiones eran mucho más limitadas de lo que aparentemente hacía creer: yo simplemente no podía hacer lo que mis entrevistados sugerían en cuanto a "hablarle" a la gente de la Universidad de California o a la del National Institute on Alcohol Abuse and Alcoholism (NIAAA) para que enviaran dinero para apoyar sus programas.

La mayoría de los programas de tratamiento en Honduras, como el del Hogar, se basan en los principios de Alcohólicos Anónimos (AA). Al igual que en los Estados Unidos, la definición de alcoholismo de esta organización ha logrado una especie de hegemonía en Honduras, por lo que la necesidad de una solución del tipo de AA resulta simplemente natural. AA es una organización que se autofinancia mediante donaciones de los miembros (obligados por la ideología de responsabilidad individual) y gracias al uso de espacios físicos subvencionados o donados. Esto porque como bien saben los miembros, la séptima tradición dice: "Cada grupo de AA debe sostenerse completamente a sí mismo y negarse a recibir contribuciones de afuera". AA, por lo tanto, permite a los gobiernos librarse de responsabilidad, tanto moral como económicamente. La colecta, como práctica de las iglesias cristianas, es familiar para los hondureños. Una vez que me hice una idea de la cantidad apropiada de dinero "anónimo" que debía deslizarse silenciosamente en la bolsa de recolección (que irónicamente en un caso fue un saco morado Crown Royal), pude percatarme como participante observadora de lo preferible que es este método de recaudación en comparación con otros más explícitos. AA me permitió, del mismo modo que lo hacía con el gobierno de Honduras, eludir el papel incómodo que se esperaba de mí en el marco de una relación cliente-patrón.

Los profesionales que proveían tratamiento con quienes me entrevisté, veían en AA y en las iglesias verdaderos métodos de recuperación a largo plazo. Dado el consenso dominante respecto de que el alcoholismo es una enfermedad incurable, y dado que el gobierno se niega a financiar programas para quienes abusan del alcohol, los AA y los métodos de cura basados en la fe son ciertamente las únicas opciones viables de tratamiento para muchos hondureños.

En 2002 AA contabilizaba en Honduras aproximadamente 650 grupos con entre 14 y 15 mil miembros. Además, existían varios grupos de Al-Anon y al menos dos grupos de Narcóticos Anónimos que se reunían regularmente. La presencia de AA es muy notable en Honduras: cuando comencé a buscarlos, me di cuenta de que había rótulos permanentes de sus lugares de reunión prácticamente en todas partes a donde iba.

Como el cristianismo evangélico, como la guerra contra el crimen, como las políticas neoliberales de desarrollo y como otras instituciones que emanan del Norte, AA es un movimiento cuyos seguidores promueven como la respuesta definitiva en la lucha contra un problema universal. Valiéndose de un abierto lenguaje militar, los cristianos evangélicos libran una cruzada contra el pecado, los partidarios de la Guerra contra el Crimen combaten una definición particular de crimen, los promotores del desarrollo reclaman luchar contra la pobreza (o el "subdesarrollo") y los miembros de AA militan o hacen la guerra contra el alcoholismo. Las diferencias estructurales y culturales se pierden de vista en el proceso de reificación que liga estas belicosas formas de globalización. La tensión entre el modelo universal de alcoholismo y las particularidades de la experiencia hondureña se negocian en AA. La internalización de esta dialéctica por parte de los miembros es un componente básico de su subjetivación.

NARRATIVAS DE AA: EL LINAJE DE LA NOBLEZA Y EL MODELO DE ENFERMEDAD

En julio de 2002 fui a la Oficina de Servicios Generales (OSG) de AA para entrevistarme por primera vez con Wilmer R. La OSG se encuentra localizada en Comayagüela, la hermana pobre de la ciudad de Tegucigalpa. En la recepción, colgados de forma notoria a ambos lados de un reloj oficial de AA, se hallaban los retratos de los norteamericanos fundadores Bill W. y Dr. Bob. En los Estados Unidos el "anonimato" de los AA se observa evitando los apellidos, aunque esta no es una práctica muy extendida en Honduras. Don Wilmer me mostró en el interior de la oficina principal, que era espaciosa y bien amueblada, distintos retratos, placas y banderas de pasadas celebraciones de aniversario que cubrían las paredes. Una iMac descansaba en su escritorio y don Wilmer la manipuló hasta que encontró la versión de los Platters de "Only You" en sus iTunes. La pantalla comenzó a lanzar efectos visuales psicodélicos, antes de que se reuniera conmigo, que le esperaba con mi grabadora en la mesa. "El cinco por ciento de los alcohólicos está en la calle" comenzó a decir antes de que yo se lo preguntara.

...Y se encuentran dispersos en distintas partes del país... Específicamente aquí en Tegucigalpa hay un lugar llamado El Chiverito y el otro es Los Dolores, y allá en los barrios Usted va a encontrar los llamados pachangueros *o* charamileros. *Esta es la gente que bebe alcohol mezclado con agua, azúcar o soda... Ellos la llaman* charamila. *Beben alcohol puro directamente de la botella. Quiero decir, alcohol de uso médico que no es para consumo, como lo establecen las normas alimentarias de nuestro país, ¿me entiende? Y el otro 95 por ciento se encuentra disperso, bueno, en la banca, el comercio, la industria y el gobierno.*

A don Wilmer le gustaba citar estadísticas y me percaté que las utilizaba para hacer énfasis en un tema en particular, por ejemplo en que entre los ricos también había borrachos. Esto no es algo que puede inferirse de la membresía de AA en Honduras. Aunque la organización se encuentra formalmente abierta para el ingreso de cualquier persona con problemas de alcohol, los miembros provienen casi exclusivamente de las clases bajas. Fue con pesar que don Wilmer me refirió que los ricos preferían visitar psiquiatras y clínicas privadas antes que exponerse a los riesgos de afiliarse a AA. Como Stanley Brandes encontró en el caso de México, el concepto de anonimato en los AA de Honduras es empleado con un sentido radicalmente diferente del de los Estados Unidos.[22] Así como las clases más pobres, al carecer de esferas de vida privada, tienden a beber más públicamente, así sus prácticas de recuperación tienden a ser más públicas que las de los ricos. Después, en la tarde de mi visita, cuando me acompañaba por las calles de Comayagüela con dirección al Hogar del Alcohólico, don Wilmer señaló, sin ánimo de ofender, a alguien en la calle y me dijo "Esa persona es un AA", y más adelante me presentó a otra.

En AA de Honduras se produce una interpretación flexible del anonimato y, relacionado con esto, una casi ausencia de alcohólicos ricos entre su membrecía; estas son dos de las muchas contradicciones entre la doctrina de la organización y sus prácticas, algo de lo que los miembros son muy conscientes. En el transcurso del verano de 2002 entrevisté a muchos miembros de AA y un tema recurrente, que ya había mencionado don Wilmer, fue el de que muchos alcohólicos no eran vagabundos sino profesionales. Me pareció que AA tenía una acuciante necesidad de hacerme saber que los alcohólicos pertenecían a todos los sectores de la sociedad y que no eran sólo los individuos que ellos presumían que yo consideraba —es decir, los borrachos públicos.

Muy importante para el proceso de identificación son las historias que las personas cuentan respecto de sí mismas, ya sea individual o colectivamente. La historia sobre que AA es una organización con distinguidos orígenes y con miembros de todos los sectores (especialmente de los opulentos) es algo que se expresa de forma oral, visual y por escrito. Los retratos gemelos que cuelgan de las paredes de muchos centros de reunión, establecen un linaje visual del comienzo con Bill W. y con el Dr. Bob, hombres de clase alta, blancos, provenientes de los Estados Unidos y vistiendo trajes a la moda. Los personajes sirven como recordatorio del carácter internacional y presuntamente universal de AA. En la oficina

---

22 Stanley H. Brandes, *Staying Sober in Mexico City*, 1st ed. (Austin: University of Texas Press, 2002).

principal de la OSG, las raíces locales del movimiento eran establecidas por una fotografía grande enmarcada que colgaba de la pared donde aparecían dos hombres de saco y corbata, identificados como Saúl Domínguez y Carlos Cordero Valle, los cofundadores de AA en Honduras. Al ver mi interés en la fotografía, don Wilmer comenzó a contarme de forma elocuente la historia de los primeros tiempos de la organización en el país. Después esa noche, mientras leía algunos de los materiales que me entregó en la oficina, me pude dar cuenta de que él había estado citando casi *verbatim* uno de los panfletos titulados "Inicio y desarrollo de Alcohólicos Anónimos en Honduras". El panfleto refiere la historia de cómo los dos hondureños de la fotografía que yo había visto, se unieron gracias a los esfuerzos heroicos de las mujeres de sus vidas, para sostener en julio de 1960 su primer sesión en la residencia de nada menos que el embajador de los Estados Unidos, quien era él mismo un miembro de AA. Al igual que la historia de Bill W. y del Dr. Bob, con sus cualidades míticas, los orígenes en Honduras de AA en la clase alta son fundamentales para la representación que ofrece de sí misma la organización.

Los eventos especiales de AA en Honduras casi siempre incluyen invitados distinguidos y los políticos están ansiosos de promover los programas, aunque haciendo hincapié en la responsabilidad individual más que en la del Estado, sus representantes, o la empresa privada. El Presidente de la República llegó incluso a hacer emitir una estampilla en honor de AA con ocasión del 37 aniversario de su presencia en Honduras. Las declaraciones del servicio de correos en esta ocasión reforzaron explícitamente la concepción del alcoholismo como una enfermedad:

"La Empresa de Correos de Honduras (HONDUCOR), siguiendo instrucciones del Presidente de la República, doctor Carlos Roberto Reina, ha emitido una estampilla conmemorativa del 37 aniversario de fundación de Alcohólicos Anónimos de Honduras, una institución al servicio de un grupo fuerte de hombres y mujeres que han encontrado en ella su salvación de la cruel enfermedad del alcoholismo".[23]

El propio Presidente Reina no comulgaba precisamente con esta

23 Declaración de HONDUCOR, 27 de octubre de 1997, reimpresa en el panfleto "Inicio y desarrollo de Alcohólicos Anónimos en Honduras."

forma de entender el alcoholismo, pues consideraba que era más bien un asunto moral, como lo manifestó en unas palabras que ofreció a principios de ese año con ocasión de la ceremonia oficial celebrada en honor de la organización. En uno de los artículos sobre el evento se informó que "De acuerdo con [Reina], él no recuerda haber estado nunca borracho, por el respeto que se merece a sí mismo y porque se habría muerto de vergüenza si sus seres queridos lo hubieran visto en estado de embriaguez".[24]

En una convención de AA a la que asistí en Puerto Cortés, hicieron su aparición el alcalde, el Presidente de la Empresa Nacional Portuaria y un diputado. La presencia y las palabras elogiosas de personajes importantes, no-miembros de AA, en sus eventos (algo que no ocurre en los Estados Unidos) no solamente les confiere pompa y solemnidad, sino que afirman la narrativa del origen y simbólicamente alzan el listón para una organización cuyos miembros de ordinario son más bien cohibidos respecto de su origen de clase.

Además del énfasis general en las conexiones con la élite, los AA destacan sus vínculos con los doctores. El modelo de enfermedad del alcoholismo es la piedra angular de la filosofía de AA, y los miembros lo usan como escudo contra las connotaciones vergonzosas de ser alcohólicos. Igual que don Wilmer, la mayoría de los miembros de AA que conocí comenzaron sus entrevistas sin esperar a que yo les hiciera una pregunta. "Licenciada", podían comenzar a decir —colocándome el título honorífico para indicar mi estatus educacional superior— como Usted sabe, el alcoholismo es una enfermedad. No porque yo lo diga, sino los doctores. Los doctores lo han escrito".

Los discursos con respecto a los orígenes de AA y el modelo de enfermedad me fueron repetidos a la manera de un mantra como lo hacían con todos los que eran ajenos a la organización y con los recién llegados. Tal representación de una organización a la que muchos de sus miembros consideraban deber sus vidas, no era sólo en mi beneficio. La repetición de este tipo de discursos es un elemento fundamental para la creación de una identidad dentro de AA. Mediante el (re)modelamiento de sí mismos como enfermos, los AA desafían el estigma social asociado a la bebida. Estos

24 Robert Marín García, "Organización Alcohólicos Anónimos Recibe Orden de Morazán," *La Prensa*, julio 1997.

hombres no beben por ser pobres (por las cualidades negativas que se atribuyen a su condición económica), ellos beben porque tienen una enfermedad que afecta a ricos y pobres por igual —sostenían.

El mecanismo principal para la construcción de una identidad AA es la narrativa. Como Brandes y otros han mostrado, los detalles de las narraciones de AA pueden variar pero su forma y su tema se corresponden en gran medida.[25] En Honduras, las narrativas de AA casi siempre se ajustan al modelo del alcoholismo como una enfermedad, una enfermedad del cuerpo individual de cuyo tratamiento es responsable el propio individuo. Un estribillo AA frecuentemente citado reza: "Yo soy el responsable". Cuando una narración se aleja de la responsabilidad individual, los demás miembros, gentil o no tan gentilmente, corrigen al que habla. Detrás de una narrativa propia de AA pueden encontrarse elementos de violencia estructural y puede que sean reconocidos pero en ningún caso se les permitirá que tengan un peso causal explicativo. Este tipo de retórica contrasta con las "verdades" que los llamados borrachos "activos" dicen sobre sí mismos. Los siguientes dos ejemplos ponen de relieve estas diferencias:

Después de nuestra primera entrevista, don Fernando llamó a un antiguo residente del Hogar, Chepe, para que yo lo entrevistara. Don Fernando hizo esto no porque yo se lo pidiera sino por su propia iniciativa. Chepe tenía 21 años de edad, provenía de Comayagüela y había comenzado a usar drogas desde los 9 años. Había pasado de la marihuana al Resistol (pegamento), de esto a marihuana rebajada en una mezcla con tela de araña (que como se me había dicho conseguía un golpe más directo que el de la sola hierba), y de esto a la cocaína. Había bebido sobre todo aguardiente, cerveza y *charamila*. "Yo caí en el vicio porque no tuve forma de enfrentar las cosas" —me dijo. "Las cosas" incluían el que su padre se hubiera ido justo después de que él naciera y el que su madre lo abandonara a los 7 años de edad. De alguna manera llegó a sexto grado, pero finalmente terminó en las calles de El Chiverito, uno de los barrios

---

25 Mary Catherine Taylor, "Alcoholics Anonymous: How It Works; Recovery Processes in a Self-Help Group" (Unpublished Ph.D. dissertation, University of California, San Francisco, 1977), Carl E. Thune, "Alcoholism and the Archetypal Past: A Phenomenological Perspective on Alcoholics Anonymous," *Journal of Studies on Alcohol* 38, no. 1 (1977), Brandes, Staying Sober in Mexico City.

bajos. Comenzó a robar a los 15 años, con lo cual pudo comprar drogas hasta que unos años después llegó a "tocar fondo". Entonces estuvo visitando El Hogar y asistiendo a las reuniones de AA que ahí se celebraban.

Más temprano ese mismo día, al otro lado de la calle del Hogar, don Wilmer y yo habíamos pasado frente a un *metedero*, una especie de callejón trasero de vagabundos. Describí el encuentro que siguió en mis notas de campo:

Don W. me dijo que mirara, había un montón de gente bebiendo charamila... 'Vamos a acercarnos' dijo don Wilmer, 'puedes entrevistarlos'. Me sentí muy incómoda con la situación pero él subió, así que lo seguí. Había unos siete hombres y dos mujeres (una de ellas embarazada) que bebían de una botella algo que según me dijo Gloria, la más habladora, era tatascán *aunque en la marca se leía 'Licor Flor de Mamey'. Gloria puso la taza de plástico llena a mi lado y en el instante se derramó. No se dio cuenta hasta que regresó de hablar con su novio y le divirtió enormemente lo que había pasado.*

' ¿Sabes por qué bebo?' me dijo Gloria sin que yo se lo preguntara. 'Yo no soy una delincuente. Bebo porque no tengo un trabajo. Tengo 47 años'. Le dije que parecía mucho más joven. Realmente pensé que era bastante bonita. Su rostro se iluminó como el de un niño. '¿De verdad? ¿En serio?'

Don Wilmer le dijo a Gloria: 'Ella quiere tomarte una foto. Vino hasta acá para eso'. Intenté decirle a don Wilmer que yo no quería hacer eso, pero para entonces Gloria ya estaba emocionada.

'¿Se mostrará la foto en todo el mundo?' preguntó.

'Sí', bromeé, 'en todas partes'.

'Bueno' dijo ella, 'quiero que la gente me vea en todo el mundo'. Le dije que estaba bromeando pero ella no quiso saber nada, iba a ser famosa. Algunos de los demás se reunieron también alrededor, junto con don Wilmer, quien resultó que los conocía a todos porque en algún momento habían estado en tratamiento... Cuando me alejaba, uno de los hombres de más edad gritó: '¡Esa es pura política, no vieron ni verga!', algo con lo que yo estaba de acuerdo.

Tanto Chepe como Gloria habían sufrido las consecuencias de la violencia estructural en niveles muy personales pero sus narraciones respecto de esa violencia diferían en aspectos importantes. Para Chepe, un informante a medida del modelo típico de AA, no había sido la extrema dureza de su juventud sino su propia incapacidad para enfrentarla lo que le había llevado a convertirse en un drogadicto. Gloria, en cambio, atribuía su alcoholismo activo directamente a causas sociales, pero al igual que los miembros de AA estaba ansiosa de persuadirme de que no era moralmente inferior o una delincuente sólo porque bebiera.

La identidad alcohólica de AA se complica por el hecho de que, como cualquier otra categoría de identidad, cumple una función democratizadora. Contribuye a asumir una inherente igualdad entre la gente que es definida en los mismos términos. Los miembros de AA en Honduras resienten la ausencia de personas ricas en sus grupos. Los alcohólicos ricos son "exactamente igual que el resto de nosotros" me decían los AA. "Son borrachos". El uso del término peyorativo *bolo* y la retórica de "tocar fondo" que es crucial en la narrativa estilizada de AA, conducen intrínsecamente a un ofuscamiento de clase. "Fondo" es un lugar fijo —cualquiera que llegue ahí estará en la misma condición que los demás de acuerdo con la retórica. Con lo cual "fondo" viene a ser asumido como extra-cultural. No obstante, incluso cuando las clases altas beben, padecen miserias, pérdidas económicas o de otro tipo, estas experiencias son estructuradas de otro modo en sus *habitus* y en su capital simbólico y cultural. Igualmente, los borrachos de clase alta tienen una ventaja distintiva respecto de los borrachos de clase baja por su capacidad para ascender en la escala social desde el "fondo", una vez que alcanzan la sobriedad. El "fondo" difiere grandemente para gente con distinto capital cultural, simbólico y económico, y esto es una espina más para aquellos que estando en desventaja social podrían beneficiarse más de la igualdad, y que trabajan tan duramente para construir el linaje noble de AA en Honduras.

De forma similar, dentro de los grupos se presume que todos los miembros son iguales. Esta noción es reforzada, como señala Brandes, por el uso del término *compañero* y por las colectas "anónimas" de dinero.[26] A pesar de ello, hay numerosas formas mediante las cuales los miembros pueden ganar estatus manteniendo la retórica

---

26 Brandes, *Staying Sober in Mexico City.*

de la igualdad. El servicio rotativo (conducir una reunión, cumplir con las obligaciones de tesorero, hacer café, etc.) puede reafirmar la membresía de uno a un grupo y demostrar la dedicación verdadera del alcohólico a su recuperación. Esta dedicación puede cobrar dimensiones impresionantes. En una ocasión pude ser testigo de cómo un miembro presentó un ensayo sobre la humildad, para el que había recogido información meticulosamente y que había escrito a mano en siete páginas. Esto a pesar de que sólo se le hubiera pedido unas palabras al respecto en la reunión de la semana anterior. Por el contrario, no prestarse a brindar servicio a los demás es muestra de la propia falta de sinceridad. Algunas personas, según me dijeron, "realmente no quieren recuperarse".

Dentro de AA los miembros también pueden adquirir capital cultural eludiendo la tradición del financiamiento anónimo. Cuando comenté el lujo de la Oficina de Servicios Generales, don Wilmer me mostró un inventario de donaciones. La casa misma era propiedad de un AA quien la rentaba a la organización por un precio por debajo del valor del mercado. Los muebles habían sido donados nuevos por miembros. Los servicios de impresión para los estandartes en las paredes habían sido donados por miembros. Estas donaciones, aun siendo "anónimas", eran registradas cuidadosamente y se recordaban abiertamente, lo que elevaba el estatus de los pocos miembros que podían sufragar tales actos de filantropía.

Mediante la historia del grupo, de las narraciones de médicos y de los individuos, la institución de AA en Honduras provee recursos a sus adscritos para distanciarse de la condición del borracho pobre, al tiempo que les permite imaginarse formando parte de la clase media. Esto se encuentra implícito cuando denigran a aquellos que no suscriben las creencias principales de AA y se manifiesta también en su insistencia en que los alcohólicos se encuentran en todos los sectores de la sociedad. Sus esfuerzos y reclamos por pertenecer a las respetables clases medias y medias altas, se ven frustrados por la falta de membresía en AA de personas provenientes de esas clases y por la incapacidad práctica de los borrachos pobres de lograr esa movilidad de clase.

Las clases bajas en Honduras son vistas como peligrosas, incluso por ellas mismas. Un miembro antiguo de AA me habló del alcoholismo: "La plaga ha invadido tan profundamente este país que la mayoría de los crímenes, de los niños abandonados, de las pandillas, son producto del alcoholismo. Pero aquellos de nosotros que hemos llegado, gracias a Dios, a Alcohólicos Anónimos, nos hemos recuperado". Todos los miembros con quienes hablé se mostraron muy preocupados porque yo no les viera como un montón de pobres o como parte de esa plaga, y se valieron de todos los medios a su alcance para demostrarlo. La embriaguez en Honduras no es solamente algo que los pobres tienden a exhibir más, sino que es entendida como una característica definitoria de la pobreza misma, y ambas, pobreza y embriaguez, son construidas como si fueran responsabilidad de los individuos. Esta es una noción que se refuerza con el concepto de enfermedad del alcoholismo, que implica cargar el peso de la culpa en el alcohólico y liberar de responsabilidad las estructuras sociales. A pesar de que esta visión debiera aliviar la responsabilidad a los alcohólicos, en tanto las enfermedades son entendidas como pertenecientes primariamente al cuerpo, la cura es vista como algo que solamente el alcohólico (con la ayuda de Dios) puede lograr mediante el uso de su mente. De este modo, el alcohólico empedernido es responsable en última instancia por decir no a AA. Esta construcción del alcoholismo nos devuelve a la noción mencionada antes respecto de que los pobres como clase son temerarios y violentos, y un objetivo apropiado para el control.

IDEOLOGÍA DEL LOGRO Y TERAPIA DURA EN AA

Antes de mi primera entrevista con don Fernando, don Wilmer me guió en un recorrido por el Hogar del Alcohólico. Arriba, al pasar por los alojamientos de los hombres, había cuatro o cinco de ellos en ropas azules de pacientes, sentados en los escalones de sus habitaciones. "Estos son los alcohólicos" me dijo don Wilmer señalándolos. Les saludé y les dije "*permiso*" y ellos me devolvieron la cortesía. Lo cual a mí me pareció que estaba bien pero no del todo a don Wilmer, quien les dijo: "¿Qué les pasa? ¡Salúdenla!". Ellos se pusieron de pie y se presentaron, dándome la mano uno por uno.

Gran parte de la rehabilitación en AA y en los programas de

tratamiento basados en su modelo, se centran en el desarrollo de comportamientos para hombres y mujeres (cuando éstas se hayan incluidas) necesarios para funcionar dentro del sistema capitalista; en otras palabras, buenas maneras. La actuación de la sobriedad en AA es en muchos aspectos una versión exagerada de cómo ésta se representa fuera de la organización. Como los cristianos evangélicos en Honduras, los miembros de AA ponen un gran énfasis a la apariencia personal, a los gestos y al lenguaje. Estos elementos forman parte de las narrativas individuales y de grupo que los distinguen simbólicamente de las clases bajas no refinadas (cuyos miembros pueden ser identificados como pecadores por los cristianos y como alcohólicos por los AA).

Un aspecto de la rehabilitación del comportamiento en AA, es un alto énfasis en el protocolo. En una convención regional de AA en Puerto Cortés, estuve de pie en el auditorio lleno de una escuela, esperando a que diera inicio la ceremonia inaugural. A las 6:05 uno de los hombres que estaba cerca de mí, miró su reloj y dijo a su amigo: "Se suponía que iba a comenzar a las 6:00. Ya es tarde". En mis notas de campo escribí que este intercambio me había impactado por lo raro, dado que para los estándares hondureños normales del tiempo, estábamos por lo menos media hora temprano. Sin embargo, esta fijación con la puntualidad, que pude presenciar entre los AA en numerosas ocasiones, servía para identificarlos como formales sujetos capitalistas.

Estar sobrio es ser responsable, colocarse aparte de las categorías que requieren de disciplina externa —el niño, el loco, el borracho y, por supuesto, los pobres. Dada la ideología del logro que predomina en Honduras, de acuerdo con la cual los individuos son vistos como responsables de su propio destino independientemente de las condiciones estructurales, la demostración de la propia sobriedad viene a ser primordial. Al igual que los abstemios de clase baja y los anti-vacunas de la Inglaterra victoriana, "que pretendieron sustituir el beber y fumar por los libros, la música y las clases por la tarde", los miembros de AA de Honduras demuestran la seriedad de su cometido mediante la representación de la sobriedad.[27] Aunque a

---

27 De un panfleto por A.S.Hunter titulado "No More Vaccination!" Manchester: S.Clarke 1905, citado en Nadja Durbach, *Bodily Matters : The Anti-Vaccination Movement in England, 1853-1907, Radical Perspectives* (Durham: Duke University Press, 2005).

diferencia de los abstemios y anti-vacunas, su movimiento no tiene un carácter político colectivo sino altamente individualizado y autoconscientemente apolítico.

En julio de 2002, durante la entrevista de admisión de un paciente llamado José en la Unidad de Desintoxicación Alcohólica (UDA) de San Pedro Sula, la doctora a cargo hizo repetidas veces un señalamiento que yo registré en mis notas de campo:

El paciente que siguió, José, venía acompañado por su hermano y por un joven que según me di cuenta después era su hijo. Desde 1995, José había estado interno en la UDA ocho veces. La doctora Espinal dijo:

"Ocho veces, José". Él la miró avergonzado. "Mira" dijo mostrándole su grueso expediente. "Esto parece una Biblia. ¿Por qué de aquí no te vas a un centro de rehabilitación?

"Porque hay mucha gente que depende de mí. Mi madre..."

"¿Por qué no piensas en eso antes de empezar a beber? ¿Por qué no piensas en todas esas personas que dependen de ti?" Ella continuó dándole lecciones. "Tú dices que estás pensando en los otros pero estás siendo egoísta. Dios te dio ese regalo, el regalo de poner zapatos en los pies de la gente, pero no lo aprovechas... Tú sabes que la moda de zapatos de las mujeres cambia todos los días. Si tú eres alcohólico, no te vas a dar cuenta". Él asintió con su cabeza avergonzado, aceptando. Parecía darle la razón y apreciar el regaño.

En este punto, la doctora me presentó a José diciéndome: "Él hace zapatos hermosos, los vende en la feria de junio", y continuó con él. "Tú para quien estabas trabajando era para los niños del cantinero. En ningún momento trabajaste para los que dependen de ti. Eso es lo que hiciste. Trabajaste todo el mes, hiciste y vendiste zapatos, y después te gastaste todo en beber, ¿verdad?".

José contestó: "Ni más ni menos".

"¿Entonces por qué no vas a una Granja [un centro de rehabilitación]? Tú no estás pensando en tus hijos. Errar es de tontos pero reconocer es de sabios. Ya sea que bebas o que no, tú eres un alcohólico... es como las computadoras. Tú tienes un disco y toda la información está dentro. El alcohol es así: tú te lo pones y se graba toda tu historia de alcohólico. Dios te dio vida y la vida es bella, José... ¿Por qué no vas a AA? No vas por tu propio orgullo, José, por orgullo. Ahí hay doctores, hay ingenieros, hay profesionales, hay camioneros..."

El pecado principal de José, como señalaba la doctora Espinal, no era la bebida en sí, sino más bien su irresponsabilidad para controlarse. Tenía las habilidades para ser un buen capitalista, como los doctores y los ingenieros en AA, pero su obstinada negativa (como ella la calificaba) para lidiar con su problema de alcohol, le impedía lograr sus metas.

La doctora entonces le preguntó al hermano de José cómo había estado. Le dijo que estaba yendo a la iglesia ahora y que estaba sobrio. Ella asintió con la cabeza. "¿Ves? Tienes que ser un poco humilde, tienes que ser humilde" y le preguntó cómo estaba tomando su familia lo de su bebida. Estaban preocupados. ¿Se ponía violento? No, sólo se deprimía. Su hermano y su hijo asintieron. Él dijo algo acerca de que no podía permitirse dejar el trabajo durante tanto tiempo como requería una rehabilitación. "¿Ya tienes pagados todos los gastos de tu entierro?" bromeó la doctora. "¿Los has pagado todos?" Porque eso es lo que tienes que dejar pagado si no te recuperas". José, su hermano y su hijo se rieron. La doctora continuó. Ve a la iglesia y entrégate a Dios. Todos los alcohólicos [que se reponen] dicen "con la ayuda de Dios tengo 24 horas [de sobriedad]".

En las lecciones que la doctora Espinal le daba a José, destacaban el objetivo de mejoramiento económico de AA y uno de los medios principales que la organización promueve para lograrlo: la humildad. En Honduras estos valores son igualmente importantes para los cristianos, de modo que no era una casualidad que la doctora Espinal vinculara a la Iglesia y AA, como medios para que José alcanzara la sobriedad y con ello seguridad, dinero y estatus.

Días después, José estuvo presente junto con los pacientes de la UDA en una reunión informativa de AA. Antes de la reunión me encontré con Nahún y Alfredo, los miembros de AA que iban a dirigir la charla. Ambos habían estado en programas de desintoxicación hacía dos años y me dijeron que hacían labor de proselitismo en la UDA como parte de su recuperación. Al igual que los cristianos evangélicos, llevar el mensaje es visto como una parte integral de la propia recuperación/salvación en programas de 12 pasos, y estos jóvenes embajadores acataban el mandato (el décimo segundo paso) con seriedad. Ambos iban vestidos con nítidas camisas manga corta, estilo Oxford, y con pantalones que parecían un poco demasiado bien planchados. Su nerviosismo antes de la reunión y la exagerada deferencia hacia mí contrastaban con la imagen de clase media que ellos intentaban proyectar con sus camisas y su mesurada forma de hablar. En la reunión relataron una historia de logro. Poco tiempo antes, dijeron, ellos habían estado en el mismo lugar que los demás de la habitación, pero ahora, gracias a AA eran hombres transformados.

Aunque las representaciones individuales de aspectos de la estética burguesa puedan servir bien a los capitalistas en sus propias vidas, tales representaciones no pueden por sí solas compensar un hábito desarrollado a lo largo de una vida de pobreza. Más que las maneras por sí mismas, es el capital simbólico, cultural y por supuesto económico, lo que permite a los miembros de las clases superiores mantener su posición. La humildad entre los pobres, aunque incitada por AA, por los cristianos y otras instituciones, es más probable que facilite la explotación que el ascenso social.

Los miembros de AA con frecuencia tienen éxito en alcanzar la sobriedad, que es en lo que se centra primariamente la organización, pero su esfuerzo no radica solamente en eso. Los AA se representan a sí mismos como hombres transformados, con mejores valores morales, mejor presentación de sí mismos y mejor ética del trabajo que sus compañeros de bebida, o que ellos mismos antes. La contradicción entre la retórica del igualamiento (por ejemplo que los ricos pueden ser alcohólicos igual que los pobres) y la ideología del logro, coloca a los borrachos pobres en un problema doble. A pesar de sus mejores esfuerzos por mantener a sus familias y por incrementar su disponibilidad de recursos económicos mediante su participación en AA, estos hombres a menudo fracasan. Sus propias capacidades de agencia se encuentran limitadas por las estructuras vigentes, cuya presencia es ocultada por la ideología del logro que ellos suscriben.

Las aspiraciones de clase media de los miembros de AA, se ven complicadas además por la presencia de la llamada terapia dura, de grupos de "amor duro" o "terapia ruda" (también llamada *terapia de choque*) en la que los miembros se reprenden entre sí por sus deslices y que ocasionalmente deriva en violencia física. Este estilo de terapia, aunque no es avalada por la dirección de AA de Honduras ni de los Estados Unidos, es común en Centroamérica y en los grupos de alcohólicos anónimos de la diáspora centroamericana.[28] Nahún, uno de los presentadores de AA en la UDA, me dijo que uno de los problemas con AA es que muchos bebedores y consumidores de drogas se ahuyentan por el tratamiento. Los adictos son frágiles, me dijo, y en algunos grupos de AA los otros miembros los avergüenzan, los insultan y los tratan horriblemente si recaen. Nahún se apresuró a señalar, sin embargo, que la mayoría de los grupos de AA tienden a ser más amables con "las personas que tienen más estudios". Él mismo pertenecía a uno de esos grupos, a pesar de su falta de estudios. "Tiene más que ver con la clase de persona", me dijo, "a pesar de que no debería, ya que esta enfermedad afecta a las personas de las diferentes clases sociales".

En respuesta a mi pregunta con respecto a la *terapia dura*, el doctor Álvarez, director de la UDA y formado en los Estados Unidos, también me explicó su naturaleza en términos de clases. "*Ah, strong treatment*" dijo en inglés. "Eso tiene que ver con aspectos culturales. Allá en los Estados Unidos, los latinos practican el tratamiento duro, y algunos grupos aquí también. Pero lo importante es que ese tipo de tratamiento a ellos les funciona aunque no sea tan civilizado como quisiéramos... ¿De qué otro modo puede esperarse que alguien que nació y se crio en ese tipo de ambiente cambie su comportamiento?"

Después de haber oído de los médicos y de no-miembros de AA distintos relatos de segunda mano sobre la terapia dura, conocimos con Teto a un hombre que nos contó sobre su propia experiencia con ese estilo de tratamiento. Este encuentro, que describí en mis notas de campo, comenzó en la convención de AA a la que asistí en Puerto Cortés. Yo estaba examinando el público cuando vi a Teto. Me acerqué a saludarlo y pude sentir alcohol en su aliento. "¡Has estado bebiendo!" le dije, a la vez horrorizada y divertida. Teto me dijo que se había aburrido en la convención y que se había ido a un bar en la calle, donde la gente le preguntó qué andaba haciendo en la ciudad. Mis notas de campo continúan con la descripción de Teto del incidente:

"Entonces ese borracho dice '¿Hey, Chino, qué andas haciendo aquí?' Y le dije que andaba en una convención de AA en esa misma calle. Casi se cae al piso de la risa. '¡Eh, Chino, me subes la moral!'".

---

28 Fred Hoffman, "Cultural Adaptations of Alcoholics Anonymous to Serve Hispanic Populations," *The International Journal of the Addictions* 29, no. 4 (1994).

Teto me dijo que la mujer que atendía también estaba encantada con que alguien que andaba en una convención de AA estuviera bebiendo en su bar. Entonces su nuevo amigo le dijo lo que pensaba de AA. Él había estado en AA durante cinco años, sobrio y todo, pero había sido algo muy fingido, muy hipócrita. Se suponía que las personas solo debían hablar de sí mismas y no juzgar a las demás, pero en la práctica no era así. Un día en un grupo, uno de los miembros le dijo a otro: "¡Hey, pendejo, cuando andabas bebiendo por ahí otro maje se cogía a tu esposa en tu propia casa!". Y ahí mismo el otro hombre se puso de pie y le disparó en la cabeza, en la misma reunión. Después de eso, le dijo el hombre a Teto, nunca había vuelto a AA. Todos eran unos hipócritas…"

De todas maneras a mí me aburría la inauguración, así que hice que Teto me llevara al bar a conocer a su amigo. Pedimos dos bolsas de agua a la mujer que atendía, la que le dio la bienvenida otra vez a Teto. Un minuto después Iván, el exmiembro de AA, estaba con nosotros en la barra. "¡Hey Chino!" dijo, "¡regresaste!". Me miró y preguntó si yo también andaba en la convención. Le dije que sí. "¡¿Pero Usted es alcohólica?!" me interrogó. Le dije que no. "¡¿Pero entonces por qué está bebiendo agua?! Usted debería tomarse una cerveza". Le dije que tenía sed, que podía tomarme una cerveza pero que no me quitaba la sed. Él pareció aceptar mi explicación, especialmente después de haber visto beber a mi amigo. Teto le dijo que me volviera a contar la historia, lo que hizo complacido. Completó algunos detalles que no me habían quedado claros en la versión de Teto. Él había estado presente en la reunión donde un miembro había disparado a otro. El grupo era de Puerto Cortés y se llamaba *Buena voluntad*. Había ocurrido 14 años antes y el que disparó había salido hacía poco de la cárcel.

"La política de AA es no ofender a las personas" me dijo Iván. "Yo dejé de beber durante cinco años, pero después de eso juré que nunca más iría a un grupo de AA."

Durante nuestra conversación, yo me figuraba que Iván exageraba o que incluso fabricaba la historia. La mañana siguiente le pregunté a don Wilmer, que había ido a la conferencia a supervisar la venta de literatura de AA, si había escuchado del asesinato en el grupo Buena Voluntad. Me dijo que no, y enfatizó que ese tipo de cosas no ocurrían *muy a menudo*. "Hay conflictos", dijo.

En 2003 mi amigo Tomás entrevistó a diez de sus compañeros de AA que pertenecían a grupos de terapia dura con un cuestionario que yo preparé. Las respuestas ponen de relieve la noción de que los borrachos y los pobres se encuentran más próximos a la naturaleza que los demás. Un hombre dijo que la *terapia dura* resulta "cuando te dejas llevar por tus instintos de hablar mal". Para otro, ocurría "ahí donde un miembro se expresa libremente, o sea que dice lo que quiere decir". Esta terapia puede ser vista desde este ángulo como una forma de resistencia a la hegemonía de las costumbres burguesas en AA. Varios miembros le dijeron a Tomás que la terapia dura es más realista y honesta que la terapia suave, y uno de ellos sostuvo que la diferencia entre miembros de grupos de una y otra terapia era que los de la primera no eran en realidad alcohólicos. A pesar del consenso de que la terapia dura era más honesta —más verdadera— las entrevistas no eran unánimes a la hora de aprobarla. Uno de los miembros repitió el análisis del doctor Álvarez, cuando sostuvo que "los que están en terapia dura han sido criados mal por sus padres, los educaron mal". Siete de los diez hombres entrevistados habían visto volverse violentos a unos miembros con otros por cosas dichas durante las reuniones.

En Honduras, el entendimiento del alcoholismo como enfermedad hace que se amplíe el alcance de los actos de habla peligrosos de entornos en los que la gente está bebiendo a cualquier otro entorno en que se encuentren presentes alcohólicos, sean activos o no. De ahí que los llamados "crímenes pasionales" provocados por los enfrentamientos verbales puedan tener lugar no solo en los bares y metederos sino también en las reuniones de AA y centros de desintoxicación.

Los grupos de AA hacen de la sobriedad un prerrequisito para el ascenso de clase (aunque, como ellos señalan, los alcohólicos provienen de todas las clases sociales). La contradicción entre el modelo médico que libra de culpa a los alcohólicos y la ideología del provecho que los hace responsables, se negocia de distintas maneras en la terapia de AA. La presencia de grupos de terapia dura es un anatema para la corriente principal de AA en tanto que confirma la naturaleza violenta de los pobres y de los borrachos.

UNA RECUPERACIÓN MARCADA POR EL GÉNERO

Dado que una de las consecuencias "naturales" del beber masculino es volverse más hombre (sea lo que sea que esto signifique), luego no beber presenta un problema para los hombres que no se adhieren a esta definición. A medida que la base económica del patriarcado se erosiona, los bebedores fuertes que aspiran a la sobriedad se enfrentan con múltiples retos a su masculinidad y a su deseo de mantenerse sobrios. Como el bar, las reuniones de AA en Honduras aportan un escenario disciplinado en el que los hombres pueden afirmar y negociar su masculinidad con mayor intimidad y "honestidad" que en escenarios definidos como de no-alcohol. Por eso la violencia producto de actos de habla peligrosos en las reuniones de AA es comparable a la de los bares. La idea de que los borrachos son violentos, unida al concepto de enfermedad (que es central para AA y que sostiene que "una vez alcohólico, siempre se es alcohólico"), conduce a que éstos se autoperciban como más volátiles que los no alcohólicos, incluso cuando están sobrios. Lo cual es especialmente evidente en la terapia dura.

El relato de Iván sobre el asesinato en el grupo Buena Voluntad apunta al objetivo de AA de reinterpretar la masculinidad en el sentido de que es algo que solo puede alcanzarse dejando de beber. Después de todo, había sido por andar bebiendo que el asesino había sufrido la última indignidad de ser traicionado por una mujer. Había que dejar de beber pero permanecía incólume el paradigma de masculinidad de la clase baja. La resolución había sido violenta, de acuerdo en todo con el estereotipo del macho apasionado. Incluso en reuniones en que no se emplea terapia dura, el espectro de la masculinidad violenta se encuentra presente y relatos como el de Iván sirven como parábolas para advertir de lo que puede pasar si la enfermedad del alcoholismo y la naturaleza violenta de los hombres pobres no se disciplinan.

Aunque los miembros de AA en Honduras proclaman la misma universalidad que los demás miembros en todas partes, de hecho a las reuniones solo asisten hombres. Las mujeres beben, como se apresuraron a decirme mis interlocutores, y algunas bastante, pero no tanto como los hombres ni en público. Como los ricos respecto de los pobres, se supone que las mujeres son más reservadas con sus problemas de bebida. La recuperación pública centrada en los hombres que ofrecen los AA, no ha demostrado ser suficientemente inclusiva ni sobrepasar la barrera de género. La segregación por sexo en los AA de Honduras refleja la misma segregación que se observa en los bares de los pobres, donde las mujeres pueden desempeñar papeles de proveedoras y cuidadoras pero no participar como clientes.

Uno de los papeles disponibles para las mujeres en AA es el de madrina. En una conferencia de AA, un grupo de niñas adolescentes vestidas con blusas y faldas cortas posó para mi cámara. Cada niña llevaba una banda como las de los concursos de belleza en la que estaba el nombre de un municipio. Habían sido contratadas para la ocasión y no les preocupaba el anonimato (aunque, como he mencionado antes, tampoco les preocupaba mucho a los AA). Cuando comenzó el programa, el único trabajo de las madrinas fue escoltar hasta el escenario, con una sonrisa, al representante de AA del municipio cuyo nombre aparecía en la banda. Un miembro de AA hizo un comentario de aprobación con respecto a la apariencia de las madrinas —de quienes dijo que estaban para comérselas.

Además de las madrinas, son mujeres la mayoría del equipo externo que contrata AA (como la secretaria en la OSG). No obstante, en relación con el problema de la bebida, los papeles que más comúnmente les tocan a las mujeres son los de novias, esposas y madres de hombres borrachos. Para las mujeres que beben (para las "bolas") no hay alternativas en Honduras, pero sí hay muchos recursos a su disposición para las que tienen que lidiar con abusos de hombres, ya sea por problemas de bebida o de otro tipo. Una opción para las mujeres dentro de la estructura de AA es Al-Anon, un grupo para los familiares de los alcohólicos que sigue 12 pasos. Como AA, Al-Anon es en teoría inclusivo, pero en la práctica segrega por género, de forma que comprende casi exclusivamente mujeres. En comparación con AA, el estigma asociado a asistir a Al-Anon es menor para las mujeres ya que se trata de una actividad apropiada para su género. Esta organización remonta su linaje a las esposas de los miembros fundadores de AA.

Como los AA, los miembros de Al-Anon aprenden a medicalizar su condición. En una reunión, se le pidió a una recién llegada de mediana edad llamada Marisol que leyera una parte del texto "Un día a la vez en Al-Anon", que se titulaba "Yo era feliz y ahora estoy amargada". Después de la lectura seleccionada, ella narró su propia experiencia al grupo en los siguientes términos:

Yo estoy aquí porque mi esposo está enfermo, aunque ahora me pregunto si no estaré más enferma yo que él. Cuando yo era niña era muy feliz. Yo estaba feliz todo el tiempo. Acostumbraba decirle a Dios, '¿Dios, será posible que haya otra persona en el mundo más feliz que yo?' Después me casé con mi primer esposo y él era maravilloso, pero [añadió moviendo la cabeza hacia mí] era antropólogo, y los antropólogos siempre están saliendo de viaje, Ustedes saben. Después de diez años finalmente me divorcié porque era imposible estar casada con un antropólogo — ellos siempre están fuera haciendo trabajo de campo. Entonces conocí a otro hombre y nos casamos y no me di cuenta de que era alcohólico hasta que tenía ocho meses de embarazo, y dije, '¿Dios mío, qué he hecho?' Desde entonces no he vuelto a sonreír y me pregunto '¿dónde se fue aquella jovencita feliz?' Él sólo bebe y cuando le digo algo, me grita y me dice que estoy loca. '¿Cómo terminé casándome con una enferma mental?' —me dice. No trabaja. Yo llevo la comida a la casa, no puedo dejar que nuestros hijos se mueran de hambre, y él sólo me dice que no valgo nada y que estoy loca. He perdido a todos mis amigos, incluso a mi familia. Me dicen que es mi culpa. Estoy así... [ella muestra un dedo para indicar su soledad]

A medida que Marisol contaba su historia, los miembros del grupo intercambiaban miradas de entendimiento y asentían a lo que ella decía. Parecía haber una intensa energía centrada en ella. Yo tuve la impresión inescrupulosa de que el grupo veía en ella a una potencial colaboradora más que a una mujer víctima de abuso. Marisol no siguió el protocolo, habló sin esperar su turno con la desesperación de alguien que descubre que ya no está solo. "Discúlpenme compañeras, ¿será cierto que estoy loca como me dice mi esposo? "*Compañeras, ¿está mal si yo me enojo cuando él se emborracha y me dice que no valgo para nada y que no debí haber nacido?*" Las preguntas tenían una respuesta obvia para mí (que simplistamente anoté "manda al hijueputa al diablo") pero tenían otra para el grupo. Cada una en su turno, le dijeron que tenía que aprender de ellas a calmarse y no enojarse. Así como los alcohólicos estaban enfermos, ella también adolecía una enfermedad que era la que la llevaba a reaccionar como lo hacía —con enojo— hacia su marido. Para ponerse mejor tenía que continuar asistiendo al grupo.

En otra reunión de Al-Anon, una de las organizadoras explicó esta concepción lexicalizada de nuevo para una recién llegada que había hecho la pregunta. "¿Por qué tengo yo que cambiar si es él el que bebe?".

Yo me he hecho esa pregunta muchas veces. El alcohólico ha tenido muchos problemas emocionales, y se le han quemado muchas neuronas... Ahora soy consciente de cuántas veces he contribuido a aumentar su problema con la bebida. Este es el primer paso: 'Admitimos que éramos incapaces de enfrentar solos el alcohol y que nuestra vida se había vuelto ingobernable'. Es difícil aceptarlo en una sesión. Usted tiene que ir a muchas reuniones antes de que entienda que 'Yo soy incluso peor que él, porque he actuado de esta manera estando completamente sobria'.

En esta representación, el tropo de la enfermedad permite librar a los alcohólicos de los errores, en tanto que se califican como físicamente enfermos, mientras que sus esposas y madres aunque sobrias se consideran enfermas y vulnerables a la culpa. El síntoma de su enfermedad es no comportarse de modo propiamente sobrio. En lugar de atemperar el comportamiento del borracho, lo exacerban —sostiene el argumento que continúa en esta línea. Recién llegadas como Marisol, aprenden a moldear sus narraciones en torno a este concepto. Como en AA, para llegar a ser parte de la comunidad de Al-Anon, los recién llegados deben adoptar el hilo medicalizado de la narrativa, y muchas mujeres lo hacen de buen grado. De hecho, ser la esposa de un borracho puede aislar mucho más que ser un borracho, y la empatía y el compañerismo que encuentran estas mujeres, después de haber aprendido el comportamiento y el lenguaje apropiados, puede ser algo más importante que evitar el control social ejercido por el grupo.

En el cuadro que he presentado de la bebida y de la recuperación, los roles patriarcales de género se refuerzan mediante la puesta en práctica de las "verdaderas" identidades. En los bares y en AA he encontrado que en buena medida éste es el caso. No obstante, los roles comunes de las mujeres en estos entornos no reflejan con precisión la gama de feminidades ni los alcances que puede cobrar la acción de las mujeres en relación con el alcohol en Honduras. Del mismo modo en que las mujeres desafían las nociones de la conducta apropiada de género en los lugares de trabajo o en los bares, encuentran formas creativas para hacer frente a los efectos del abuso en sus hogares sin victimizarse a sí mismas en el proceso. Rebeca proporciona un ejemplo de esto en la historia de su lucha contra la adicción al alcohol de su marido Omar.

Rebeca me contó que hacía 16 años Omar había sido un borracho desahuciado. Había estado en un centro de rehabilitación durante cuatro meses. Rebeca dudaba de ese centro, que ponía a todos los residentes a vender productos puerta a puerta para sufragar su estadía. También dudaba de la organización misma de AA: "La terapia de AA es muy dura" me dijo. "Te desnudan ahí, te dicen palabras fuertes para que recuerdes como era tu vida antes".

Cuando Omar volvió a casa y poco después recayó, Rebeca intentó de otra manera. Comenzó a poner píldoras en la comida para que se enfermara. Irónicamente estas pastillas son conocidas como de AA o Anti-alcohólicos. Son muy probablemente compuestas por la droga Antabuse aunque incluso los farmaceutas que consulté las conocían solamente como de AA. Omar se quejó de dolores y pensó que tenía problemas del corazón. Un día, Omar descubrió las píldoras y las tiró a la basura armando una gran escena en la casa. Esto sólo hizo que Rebeca se afirmara en su resolución y que encontrara otras formas ingeniosas para esconder las pastillas en botes de aspirinas y en la comida. En ese punto Rebeca me dijo que Omar llegó a aterrorizarse con la idea de que algo verdaderamente malo le ocurría a su corazón. "Me causaste un daño permanente con esas pastillas que me dabas", le dijo a Rebeca. Temiendo por su vida, él finalmente dejó de beber.

Con este proceder, Rebeca logró cambiar la inclinación destructiva por la bebida de Omar, de una manera que no requería que ella se echara la culpa a sí misma, o de que tuviera que aceparlo como era. En 1998, sin embargo, un año después de que la conociera, él comenzó a usar crack de cocaína. Rebeca, reconociendo entonces su incapacidad para reformarlo con píldoras, hizo lo que muchas mujeres hondureñas hacen para hacer frente a hombres abusivos en sus vidas: se unió a la iglesia evangélica.

AA, EVANGELIZACIÓN Y MILAGROS

El cristianismo, especialmente el de la Iglesia evangélica, es visto por la mayoría de los hondureños como la única alternativa institucional a AA, mediante el que las personas pueden recuperar la sobriedad. No es coincidencia que quienes proveen tratamientos profesionales como la doctora Espinal y don Fernando, animen a sus pacientes que abusan del alcohol a unirse a AA y a una iglesia como parte de su recuperación. En Honduras, los programas de tratamiento del alcoholismo en las unidades de desintoxicación se basan en conceptos desarrollados en AA, los que a su vez derivan en gran parte de las ideologías y prácticas del cristianismo evangélico de los EEUU. Similitudes entre los AA de Honduras y el cristianismo abundan. Por nombrar sólo unas pocas, éstas incluyen: colectas de dinero, centralidad de la ideología del logro, unidad de las cruzadas, encarnación de los ideales burgueses en el vestido, el habla y los gestos, y la condición de sometimiento a Dios por parte de los miembros.

Teto, después de haberme acompañado a varios eventos de AA, se fijó en que los miembros constantemente decían "yo soy alcohólico", lo que le recordaba el refrán obligatorio "yo soy pecador" de sus años en la Iglesia evangélica. En efecto, como se señaló arriba, el primer paso de AA reza "Admitimos que carecemos de poder frente al alcohol —que nuestras vidas se han vuelto incontrolables". Los recién llegados que no admiten su carencia de poder mediante la aceptación de su identidad primaria de alcohólicos (basada en la noción del alcoholismo como enfermedad que AA promueve) son considerados por los miembros más antiguos como insinceros en su deseo de recuperarse. Del mismo modo, los recién llegados a las iglesias evangélicas en Honduras no son aceptados como verdaderos cristianos hasta que no afirman frente a todos que su identidad es la de un pecador. Al encarnar problemas de identidades definidas por estas instituciones, los miembros nuevos se subordinan a AA y a la iglesia para beneficiarse de sus remedios disciplinarios.

En el verano de 2002, un evento extraordinario y muy publicitado ocurrió en San Pedro Sula. El pastor surcoreano Lee Jae Roca fue invitado por el prominente empresario hondureño (y excandidato presidencial) Esteban Handal y su empresa "Jesus Broadcasting News" (JBN) para llevar a cabo una curación mediante la fe como parte de la "Cruzada Jesucristo Sana Hoy" que aquél realizaba. El Estadio Olímpico de San Pedro Sula, con capacidad para 40,000 personas, se llenó hasta los bordes durante las dos noches consecutivas en que se presentó el pastor Lee, un evento que se retransmitió por todo Honduras a través de distintas estaciones de radio y televisión. Miles de hondureños asistieron al Estadio para ser curados, algunos de la enfermedad del alcoholismo. Cada uno de los esperanzados participantes fue distinguido de las decenas de miles de observadores por una gran banda coloreada en la que se le reconocía como un "enfermo". La propia historia de Lee, según fue ofrecida por Handal en su larga introducción, ilustra algunas de las formas en las que el modelo médico/AA de alcoholismo se intersecta con la aproximación cristiana:

> *El doctor Lee fue ateo —dijo Handal. Después de su servicio militar, que es obligatorio en Corea, él comenzó a beber mucho. Sufrió muchos problemas de salud debido a su consumo excesivo de alcohol. Estudió medicina para tratar de encontrar una cura, pero a pesar de ello en un momento dado terminó tan enfermo que pasó siete años en cama sin poder moverse, sólo esperando morir. Entonces una hermana [de la Iglesia] lo invitó a asistir a las celebraciones cristianas ¡y él se curó!" Después de esto Handal le dijo a la multitud que el doctor Lee había fundado su iglesia para poder curar a la gente en todo el mundo.*

La historia fantástica y formulaica de Lee recoge muchos elementos familiares para los hondureños. Lee había sido un borracho que después de haber caído en desgracia, había terminado siendo enormemente poderoso mediante una combinación de trabajo duro y fe (un ejemplo perfecto de la puesta en práctica de la ideología del logro). Como Evelio Reyes, un destacado tele-evangelista hondureño, quien también practica sanaciones mediante la fe, Lee tenía la autoridad de ser un doctor en medicina y un pastor. Esto le ayudaba a repeler a aquellos que podrían acusarlo de ignorancia científica en sus prácticas de curación. Como en el caso de AA, Lee entendió su problema de bebida como una enfermedad para la que el enfoque médico por sí mismo era insuficiente como tratamiento. A diferencia del modelo de AA, sin embargo, que sostiene la necesidad

Figura 10.
Enfermos en una sanación de fe de Lee Jae Rock´s.

del tratamiento de por vida, Lee se curó inmediatamente de su enfermedad mediante su fe en Jesucristo.

Roberto, el marido de Wendy, la hermana de Teto, también había sido un gran bebedor. Había llegado a ser abusivo (emocionalmente) con Wendy y peleaban con frecuencia cuando yo estuve en su casa por unas semanas en 1999. Después se mudaron a Tegucigalpa en 2000 y Wendy comenzó a asistir a la Iglesia Vida Abundante dirigida por el pastor Reyes. Wendy convenció a Roberto de que la acompañara en una ocasión. Un domingo, según me contó Teto después, Reyes había preguntado a su congregación si alguien deseaba que Dios le liberara de la enfermedad del alcoholismo. Roberto, él solo en un lugar con más de mil personas, se puso de pie y comenzó a llorar. Los asistentes se le quedaron mirando y luego rompieron en aplausos. Roberto se quedó allí llorando, mientras el pastor les pedía a todos que oraran por él. Desde aquel día, no volvió a beber un trago. Asiste a la iglesia regularmente y se convirtió en un esposo y padre ejemplar desde todo punto de vista.

La historia de Roberto es la excepción. Aunque ocurren "milagros" como ése, finales menos felices son lo más común. A menudo una mujer asistirá a una iglesia, como hizo Wendy, en busca de ayuda para hacer frente a la conducta abusiva de un alcohólico en su vida, y con la esperanza de encontrar una manera de hacerle dejar de beber. Unirse a una iglesia es una de las muchas estrategias que las mujeres (y los borrachos) emplean, en ocasiones como último recurso. Este fue el caso de Rebeca, quien después de haber visto a su esposo en distintas formas de rehabilitación (AA y píldoras "AA"), finalmente recurrió a la iglesia cuando él se hizo adicto al crack. Rebeca sintió que debía ser de algún modo responsable del desarreglo de su hogar. Me dijo que no tenía muchas esperanzas de que Omar cambiara, pero que al menos ella intentaría ser mejor. Otras mujeres eligen unirse a Al-Anon además de a la iglesia.

Muchos pastores evangélicos igualan el consumo de alcohol con el pecado, algo que avalan aquellas mujeres que han experimentado en carne propia los efectos del abuso del alcohol. De este modo las mujeres encuentran consuelo en una comunidad muy unida y con firmes puntos de vista respecto de los males del alcohol, y al mismo tiempo encuentran esperanza de que mediante un milagro sus hombres pudieran curarse. La encarnación de la disciplina que la iglesia requiere de ellos y la promesa de calma, de una vida respetablemente burguesa, lucen favorables respecto de las caóticas vidas de sus hogares.

Las doctrinas oficiales de AA y del cristianismo evangélico con respecto al alcohol son externamente muy distintas. AA promueve un modelo de la enfermedad del alcoholismo que libera a los alcohólicos de la culpa, mientras que la mayoría de los cristianos en Honduras ven el alcohol y el alcoholismo en términos de pecado. En la práctica, sin embargo, mucho se traslapa. Numerosos grupos de AA emplean estrategias más afines a la Biblia (el libro mayor) con su furia de golpes, que al modelo de autoayuda de AA; y contrariamente numerosas iglesias se centran más en el perdón de la culpa del bebedor. La gama de enfoques de tratamiento para los borrachos refleja la ambigüedad con la que es considerado el beber en Honduras. Los borrachos son individuos que necesitan protección y disciplina como los niños y los locos, y a la vez son individuos responsables de su propio destino y de un cúmulo de problemas sociales.

En la iglesia, las personas pueden ser curadas por un milagro, como fue el caso de Roberto y de Lee Jae Rock (según el relato). De acuerdo con la doctrina de AA, esto no debería ser posible ya que el alcoholismo es una enfermedad que requiere tratamiento de por vida. Gran parte del efecto curativo de AA, sin embargo, no proviene de la metodología establecida en la doctrina de doce pasos (que a menudo se ignora en los grupos) sino del sentido de un propósito compartido y de comunidad. De hecho, la unidad fue el tema de la conferencia de AA a la que asistí en Puerto Cortés.

Brandes ha escrito que AA reemplaza a los compañeros de bebida más que al alcohol.[29] Los miembros de AA en Honduras son instados a dejar a sus viejos amigos y sobre todo a que socialicen con otros miembros de AA y con no bebedores. El "tratamiento" ofrecido por las iglesias evangélicas después del milagro de curación de un alcohólico es bastante similar. Los miembros de la Iglesia son invitados por sus pastores y por sus compañeros a huir de amigos paganos (excepto en el caso del intento de convertirlos) y a que socialicen exclusivamente con otros cristianos. Los feligreses, al igual que los miembros de AA, hablan de sus compañeros como si fueran familia y afirman a menudo que el vínculo que los une es más fuerte que el de los lazos de sangre. De este modo, sin que yo descarte la importancia de la cura divina de Roberto, parece que la comunidad que ha encontrado en la Iglesia cumple una función similar a la de los grupos de AA, a pesar de que no haya interiorizado o ni siquiera aceptado la definición de alcoholismo de la organización.

La curación por medio de la fe no es sólo un gran espectáculo sino que tiene un interés económico. Los sistemas políticos y económicos de Honduras dependen, como se mostró en el Capítulo 1, de la presencia de un gran número de pobres menospreciados que se construyen como peligrosos de distintas maneras, incluidas sus formas de beber. Los pobres sirven no sólo como mano de obra barata para las multinacionales y para los hondureños ricos, sino que también son chivos expiatorios propicios para responsabilizarlos de los problemas del país. Los pobres desinstitucionalizados, que no se han sometido voluntariamente a instituciones civilizadoras como la Iglesia o AA, se culpan no sólo por su pobreza sino por la violencia que practican, a pesar de haber raíces estructurales para tal violencia. El gobierno, que prácticamente no proporciona dinero

---

29 Brandes, *Staying Sober in Mexico City,* 116.

a los programas de investigación y tratamiento de los problemas del alcohol, empuja a AA y a las iglesias a que ocupen su lugar. Además de ser auto-sostenibles, estas instituciones se presentan a sí mismas como las únicas formas de lidiar con estos problemas, con lo cual libran al gobierno de responsabilidad ideológica y económica.

Honduras es parte de un sistema mundial en el que ocupa una posición de mínimo poder económico y político. La producción y consumo de alcohol de los hondureños, su recuperación del abuso de su consumo y el desarrollo de identidades y subjetividades, deben ser juzgados en este marco. Como bebedores, los hondureños son identificados mediante tropos colonialistas que los retratan como nativos incivilizados y violentos —tropos que ellos mismos a menudo ponen en práctica y encarnan. La supuesta universalidad de AA, basada en el modelo generalizado de alcoholismo, y la "universalidad" del cristianismo son bienvenidas por muchos hondureños que pueden beneficiarse de ideologías que los colocan en pie de igualdad con miembros de las naciones más ricas. Sin embargo, la incapacidad sistemática de los pobres para mejorar su estatus de clase respecto de los ricos, y de los hondureños en general para mejorar su estatus respecto del resto del mundo, ponen de manifiesto la mentira de la retórica de la igualdad con respecto a los otros, ya sean bebedores, alcohólicos o pecadores. De este modo, AA, las iglesias e incluso los bares, vinculan a los hondureños con instituciones globales, al tiempo que refuerzan aún más una serie de procesos que los controlan. Si todo el mundo es igual y aun así los hondureños permanecen rezagados, entonces no tienen a nadie a quien culpar sino a sí mismos.

TRES:
Maquiladoras

¿QUÉ HACEN LAS MAQUILADORAS EN HONDURAS?

Honduras tiene una larga historia de contraer deudas externas para subsidiar industrias extranjeras, atraídas al país por su mano de obra barata y por los paquetes de incentivos económicos, los cuales existen en gran medida *debido* a la deuda externa. Si hay una historia que contar sobre las maquiladoras y el ciclo de la pobreza en Honduras, ésta debe empezar por aquí.

La Rosario Mining Company fue la primera compañía que después de la Independencia dictó políticas al gobierno de Honduras. Sin embargo, la "banana republic" original es más conocida por su "oro verde".[1] La Cuyamel Fruit Company, que luego se convirtió en United Fruit Company y al final en Chiquita, se formó en 1899; la Vaccaro Brothers Company, luego Standard Fruit y al final Dole, se formó poco tiempo después. Del Monte, la otra de "las tres grandes" compañías bananeras, también fue una pieza clave en Honduras. Desde el momento de sus comienzos a finales de mil ochocientos, los hombres de negocios estadounidenses han controlado la industria del banano y a través suyo, a diferentes niveles, al gobierno hondureño.[2]

Jacobo Árbenz, presidente electo democráticamente en Guatemala, aprendió en 1954 el alto precio de oponerse a la United Fruit Company. En ese año, luego de que Árbenz intentara nacionalizar parcelas de tierra de la compañía, un grupo de oficiales guatemaltecos que invadieron desde Honduras, lo derrocaron en

---

1 Nota de T: "Banana republic" se conservó en inglés en el texto ya que en esta lengua constituye una frase idiomática para designar a todos los países en los que se implantaron las grandes compañías bananeras en América.

2 Frank, *Bananeras: Women Transforming the Banana Unions of Latin America*, Langley and Schoonover, *The Banana Men : American Mercenaries and Entrepreneurs in Central America, 1880-1930,* Thomas L. Karnes, *Tropical Enterprise: The Standard Fruit and Steamship Company in Latin America* (Baton Rouge: Louisiana State University Press, 1978), Alcides Hernández, *Política Económica y Desarrollo: El Caso de Honduras* ([Tegucigalpa]: Ediciones POSCAE, 2005).

un golpe de estado liderado por la CIA bajo los lineamientos del vicepresidente de la época, Richard Nixon.[3] La lección fue bien aprendida por los políticos hondureños quienes a partir de ese momento no intentaron nada temerario. El país también exporta, además de los bananos, un gran número de productos agrícolas como el azúcar, el aceite de palma y los camarones.

El enfoque hacia la exportación de todas estas industrias y la concentración de operaciones bananeras y mineras en la región central y en la Costa Norte, sirvió como un polo de atracción migratoria para los obreros, aunque la composición demográfica de los migrantes ha cambiado con el giro hacia los sectores manufactureros.

El área alrededor de San Pedro Sula experimentó un gran crecimiento poblacional durante la época dorada de la United Fruit y ese crecimiento ha continuado (por similares razones) gracias a la industria maquiladora.

La superposición física de las maquiladoras en los bananales fue deslumbrantemente obvia para mí al inicio de mi trabajo de campo. Los vagones de tren con la marca Chiquita se encuentran estacionados en rieles frente a los parques industriales que se construyeron en las antiguas tierras bananeras. Los dueños de las maquiladoras extranjeras, al igual que los dueños de las plantaciones en los días de la United Fruit, viven en sectores inaccesibles para los pobres (quienes no pueden entrar más que como sirvientes). Estos lugares incluyen diversas *Zonas Americanas,* que son ciudades amuralladas con casas de madera, más al estilo Nueva Orleans que al estilo de las viviendas de cemento que las rodean. Esta superposición también es trágica puesto que en 1996, 421 antiguos jornaleros de la bananera que vivían en la zona llamada Tacamiche en los lindes de la *Zona Americana* en la ciudad de La Lima, fueron expulsados violentamente de ese predio por cientos de soldados y miembros de la Fuerza de Seguridad Pública, y sus hogares destruidos con maquinaria pesada en nombre de la Chiquita, que es la dueña de la tierra. En el año 2000 visité el campo de golf de nueve hoyos que se construyó en Tacamiche con ocasión del Quinto Torneo Coreano-Centroamericano.

---

3 Andreas Hoessli et al., *Devils Don't Dream!* (New York, NY: First Run/Icarus Films, 1995), videorecording.

La forma que a principios de los años 2000 adoptó la industria maquiladora en Honduras, fue el resultado de una combinación de políticas locales y de la influencia y el poder internacionales. Aunque las maquiladoras ubicadas en Honduras sean manejadas de manera eficiente y sean tan "modernas" como fábricas similares en otros sitios, en este país han tenido una industrialización lenta. Hasta los años sesenta, Honduras exportaba solamente productos agrícolas y mineros. En esa década hubo un intento de los gobiernos centroamericanos por integrar mejor sus economías: El Mercado Común Centroamericano, o *Mercomún*, con el que se introdujo modelos de substitución de importaciones en los países miembros. Sin embargo, esta substitución de importaciones fue "ficticia" según el economista hondureño Efraín Moncada Valladares: "La falta de infraestructura para poder fabricar productos desde cero, hacía que la substitución de importaciones consistiera solamente en el ensamblaje de materias primas importadas.[4] A lo largo de los años sesenta, los mecanismos del *Mercomún* actuaron ventajosamente para las economías más desarrolladas de la región, particularmente de Guatemala y de El Salvador. Honduras se quedó a la zaga de sus vecinos en términos de industrialización y también debido a su masiva deuda externa. Las tensiones económicas explotaron en "la Guerra del fútbol" de 1969, la cual marcó el final del *Mercomún*.

En 1974, bajo el gobierno militar de Oswaldo López Arellano, apareció un nuevo modelo, el "Plan nacional de desarrollo" de López Arellano, que facilitó el uso de tecnologías importadas. Estas tecnologías eran financiadas a menudo con fondos externos (que en buena parte venían destinados a sobornos), unos fondos que se adquirían por medio de solicitudes estatales de crédito externo (que suponían más deuda).

La historia de la industria de la maquila tuvo sus comienzos en 1976 con la aprobación de la ley que autorizaba la construcción de una ZOLI o Zona de Libre Comercio en Puerto Cortés. En 1979, la ZOLI se expandió para incluir zonas similares en las ciudades puertos de Tela, Omoa, La Ceiba, Amapala, y en la ciudad de Choloma, la cual se encuentra entre San Pedro Sula ("Capital industrial del país" y Puerto Cortés). El *Régimen de Importación Temporal,* o

---

4 Efraín Moncada Valladares, "Las Dos Caras de la Maquila en Honduras," *Revista centroamericana de economía* 2, no. 46-47 (1996): 184.

RIT, establecido en 1984 para aprovechar mejor la *Iniciativa de la Cuenca del Caribe*, o ICC, permite a los exportadores introducir materias primas y capital en equipos (libres de impuestos de aduana y tarifas consulares) al territorio hondureño siempre y cuando los productos manufacturados sean destinados a ser exportados fuera de Centroamérica. En 1987 el Congreso hondureño aprobó una ley que creó las Zonas Industriales de Procesamiento o ZIP. El artículo 23 de la Ley de las ZIP enuncia que éstas son consideradas industrias de interés público "con el propósito de evitar cualquier interrupción en el proceso productivo", lo que facilitó la prohibición de organizaciones de trabajadores.[5] La industria de la maquila se expandió rápidamente durante los años noventa, y se benefició del Código 9802 del Arancel Armonizado de Aduanas (inciso 807 del Código Arancelario de los Estados Unidos), a través del cual los impuestos gravables de un producto se calculan con base en el valor agregado del producto fuera de los Estados Unidos y no en su valor total según aduanas. Además, a través del Sistema Generalizado de Preferencias (excepción en las reglas de la Organización de Comercio Internacional, WTO por sus siglas en inglés, que permite un tratamiento diferenciado de los miembros) los Estados Unidos establecieron cuotas variables de importación a los diferentes países. Lo anterior tuvo los efectos simultáneos de aumentar las exportaciones de Honduras hacia los Estados Unidos y de movilizar las manufactureras asiáticas hacia el extranjero, razón por la cual existe una presencia significativa de empresas coreanas en Honduras.[6]

La *Iniciativa de la Cuenca del Caribe* y el paquete de incentivos que ésta ofrecía fue quizás el elemento más importante para el crecimiento de las maquilas hondureñas, lo mismo que los *Niveles garantizados de acceso* (exención de cuotas para el ensamblaje de ropa fabricada y cortada en los Estados Unidos). La ICC fue una creación de Reagan en 1983, como una estrategia de la Guerra fría

---

5 Fundación Paz y Solidaridad "Serafín Aliaga" de Comisiones Obreras, "Centroamericanas Nadando a Contracorriente: Experiencias de Trabajo en la Maquila," (Madrid: 2005), 25.

6 Edna Bonacich and David V. Waller, "Mapping a Global Industry: Apparel Production in the Pacific Rim Triangle," in *Global Production : The Apparel Industry in the Pacific Rim,* ed. Edna Bonacich (Philadelphia: Temple University Press, 1994).

cuando los que estaban en el poder en el gobierno de los Estados Unidos percibían la amenaza de que Nicaragua, El Salvador y otros países se unieran a Cuba, bajo la forma de un bloque soviético en el traspatio. El sitio de Internet de Acceso al Mercado y Regulaciones del gobierno de los Estados Unidos describe la ICC como "un programa amplio para promover el desarrollo económico a través de las iniciativas del sector privado en Centroamérica y las islas del Caribe".[7] La ICC originalmente proveyó 10 millones de dólares estadounidenses de ayuda solamente a Honduras, aunque este país no estaba involucrado en ninguna guerra en aquel momento.[8] Reagan concebía principalmente la ICC como un medio para canalizar fondos militares a El Salvador (aunque no llegara a decirlo en esos términos) en su batalla para ganar la Guerra fría, tal como él la percibía.[9] El aspecto militar de la ICC ha disminuido hoy en día y es promovido por el gobierno y otros agentes únicamente como una iniciativa comercial.

De manera que el crecimiento de la industria maquiladora en Honduras se encuentra en deuda con las mismas fuerzas que fomentaron el aumento de los escuadrones de la muerte bajo la administración de Negroponte y Reagan. Más de dos décadas después, la industria y estas fuerzas aún se encuentran entrecruzadas. La industria maquiladora multinacional en Honduras se beneficia grandemente de la ICC, la cual fue renovada en el año 2000. El gobierno de Maduro, por su parte, se puso al servicio de los intereses de la industria al promover una política de control del crimen que de forma explícita y favorable exaltaba las maquiladoras modernas y execraba la violencia callejera cotidiana.

Amparadas en las leyes de ZOLI, RIT y ZIP y a través de la *Iniciativa de la Cuenca del Caribe*, las maquilas en Honduras gozan de una exención total de aranceles para la importación o exportación; asimismo, se hallan libres de cobros consulares y de la mayoría de los impuestos, sin olvidar que el costo del desarrollo de las infraestructuras corre completamente a cargo del Estado. Las

---

7 International Trade Administration, "Frequently Asked Questions on Cbi," http://www.mac.doc.gov/CBI/FAQs/faqcbi-all.htm#Two.

8 William M. LeoGrande, *Our Own Backyard: The United States in Central America, 1977-1992* (Chapel Hill, NC: University of North Carolina Press, 1998), 151.

9 Ibid.

maquilas operan principalmente en la Costa Norte de Honduras, en donde el acceso a los puertos y la infraestructura existente desde los días de la United Fruit han mejorado y se ha expandido a costa de los contribuyentes. Durante los noventas, el gobierno hondureño invirtió considerables cantidades de dinero para mejorar la infraestructura física con la meta de atraer más capitales extranjeros. Esto incluyó la construcción de varios cientos de kilómetros de carreteras en el Departamento de Cortés, donde se encuentran San Pedro Sula, Choloma y Puerto Cortés. No obstante, este desarrollo no proveyó de un adecuado abastecimiento de agua, alcantarillados, recolección de desechos ni electricidad a los muchos miles de pobres que viven en los alrededores de las maquilas.

La *Asociación Hondureña de Maquiladores*, o AHM, asevera que entre 1989 y 1998 ese sector laboral creció de 8,000 a 100,000 trabajadores.[10] El número de empleados alcanzó un punto máximo de 125,000 trabajadores; en agosto de 2002, volvió a bajar a 107,000 (todavía una cifra formidable para un país con una población un poco inferior a los 6.5 millones de habitantes). El empleo en las maquiladoras pasó del 11 por ciento de toda la actividad manufacturera en 1990, al 27 por ciento en 1998. En 1997 la manufactura de ropa representaba alrededor del 95 por ciento de toda la actividad manufacturera industrial, cifra que permaneció estable a inicios de la década de los 2000.[11] La AHM afirma que entre 1998 y 2002 Honduras fue el proveedor de ropa número uno en Centroamérica para el mercado de los Estados Unidos, y que en 2002 fue el número tres en el mundo.[12]

Los efectos demográficos de la industria son significativos: en términos migratorios, mujeres de todo el país se han desplazado en números tan importantes que han conllevado un desbalance en el equilibrio de género en la región de San Pedro Sula para la categoría de edad de 15 a 35 años.[13] En algunos pueblos maquileros como Choloma,

---

10 Asociación Hondureña de Maquiladores, "El Tejedor Magazine: Estadísticas."

11 Olga Esther Torres, "Honduras: La Industria Maquiladora," (Mexico City: ECLAC/United Nations, 1997), 25.

12 Asociación Hondureña de Maquiladores, "El Tejedor Magazine: Estadísticas."

13 "Vigésima Encuesta Permanente de Hogares Septiembre 1988," (Comayagüela, M.D.C.: Secretaria de Industria y Comercio, Dirección General de Estadísticas, Programa de Encuesta de Hogares, 1999), 229.

la migración ha contribuido a la triplicación de la población en una sola década. El impacto de la industria de la maquila en la división por género del trabajo, ha aumentado la necesidad de los hombres hondureños de buscar trabajo en otros lugares, a menudo en los Estados Unidos.

Al examinar la industria maquiladora en este país, intento una vez más explorar las circunstancias de formación de las subjetividades hondureñas. Mientras el estudio de los hábitos de consumo de bebidas alcohólicas puede arrojar luz sobre la conciencia internalizada de sí mismos que tienen los hondureños, el estudio de las maquiladoras provee de una ventana de análisis desde la perspectiva de la producción. Formulo, entonces, las siguientes preguntas: ¿Cómo las personas se convierten en lo que son a través de sus trabajos? ¿Cómo conforma las subjetividades "el desarrollo", a través de las políticas a menudo violentas que vehiculiza? ¿Cuáles son los procesos de control que acompañan el tipo de desarrollo representado por la industria maquiladora? ¿De qué manera los trabajadores de las maquilas y las personas que los rodean, incorporan la historia de la maquila en sus propios cuerpos y en sus vidas? ¿Cómo es que los trabajadores de las maquilas y otros hondureños han llegado a comprender la violencia que rodea la actividad maquiladora como un proceso con raíces fuera de esa industria?

ESTRUCTURA DE LAS MAQUILADORAS

La presencia de la industria maquiladora en Honduras está históricamente arraigada en procesos violentos. Estos han incluido la creación de la deuda externa mediante el control colonial y poscolonial de los recursos naturales y humanos. Esta deuda hace posible que acreedores como el Fondo Monetario Internacional establezcan políticas estatales neoliberales de recorte de trabajadores, de eliminación de protecciones medioambientales y de desmantelamiento de la red de seguridad social. Además, al igual que antes las industrias de la minería y del banano, las maquiladoras están íntimamente ligadas a la política militar; la ICC y la militarización de la sociedad civil (para mejorar la "seguridad" y atraer inversiones extranjeras) constituyen dos ejemplos.

La violencia y el discurso sobre la violencia que rodean a las maquiladoras pueden hacer parecer a estas últimas como un oasis de paz. De hecho sus promotores las presentan como una respuesta a la violencia, en tanto ofrecen la promesa de puestos de trabajo, desarrollo y progreso. Cuando la ICC fue originalmente aprobada, los demócratas que votaron por ella en el Congreso de los EEUU vieron su componente económico como un medio de hacer frente a los problemas de pobreza y subdesarrollo —estos eran los problemas que entendieron que subyacían a la violencia en la región. Así, aunque Reagan conseguía obtener financiación militar para combatir la insurgencia hondureña a través de la ICC, muchos liberales vieron las maquiladoras como un impulso para la paz, la seguridad y la modernización de la región. No obstante, como Ong y otros han demostrado, las experiencias de los trabajadores dentro de los espacios saneados de las fábricas multinacionales son violentas y tienen un carácter profundamente cultural, que de distintos modos niegan la promesa pacífica del desarrollo.[14]

El debate internacional prevaleciente sobre el tema de las industrias de procesamiento de exportaciones textiles sigue hallándose ampliamente polarizado. En los Estados Unidos, el conocimiento de la industria maquiladora hondureña fue cobrando forma por distintos acontecimientos de la década de 1990. Uno de esos momentos formativos fue la humillación pública de Kathie Lee Gifford en 1996: "Se puede decir que soy fea, se puede decir que no soy talentosa" dijo sollozando a su público en "Regis y Kathie Lee" el día uno de mayo de ese año, "pero cuando Usted dice que a mí no me importan los niños… ¡¿Cómo se atreve?!" Las observaciones de

---

14 Aiwa Ong, "The Production of Possession: Spirits and the Multinational Corporation in Malaysia," *American Ethnologist* 15 (1988), María Patricia Fernández-Kelly, *For We Are Sold, I and My People: Women and Industry in Mexico's Frontier,* Suny Series in the Anthropology of Work (Albany: State University of New York Press, 1983), Juan Pablo Pérez Sáinz, *From the Finca to the Maquila : Labor and Capitalist Development in Central America* (Boulder, Colo.: Westview Press, 1999), Jennifer Bickham Méndez, *From the Revolution to the Maquiladoras: Gender, Labor, and Globalization in Nicaragua* (Durham: Duke University Press, 2005), Diane L. Wolf, *Factory Daughters: Gender, Household Dynamics, and Rural Industrialization in Java* (Berkeley: University of California Press, 1992), Robert J. S. Ross, *Slaves to Fashion : Poverty and Abuse in the New Sweatshops* (Ann Arbor, Mich.: University of Michigan Press, 2004).

Gifford se dirigían hacia el representante del Comité Nacional del Trabajo, Charles Kernaghan. Dos días antes había testificado ante el Congreso sobre los abusos laborales y las condiciones miserables en *Global Fashions*, una fábrica hondureña de producción de ropa de la línea de Gifford, distribuida por Wal-Mart.

Las campañas de grupos como UNITE!, Estudiantes Unidos contra la Explotación, y su afiliado el movimiento *Sweat-Free* en los campus universitarios de Estados Unidos y de los países ricos a nivel internacional, han ayudado a encuadrar el tema de las maquiladoras como uno de abuso laboral. Los sindicatos —con la notable excepción de SEIU de Andy Stern con sede en los Estados Unidos— han adoptado una postura similar a la del argumento de que la práctica actual de la externalización de la fabricación de productos destinados al mercado de los Estados Unidos no solo destruye puestos de trabajo, sino que necesariamente conduce a una carrera degradante de los estándares laborales.[15] En una carrera de este tipo, la competencia por los salarios más bajos y menores regulaciones envilece las condiciones de trabajo y la supervisión regulatoria en todas partes.

Los que se oponen a la industria tienen mucho que denunciar. En 2003 alrededor del 70 por ciento de los trabajadores de las maquilas eran mujeres, pero los hombres detentaban los puestos de mayor autoridad (y también los de trabajos más pesados). A pesar de que las mujeres eran contratadas en mayor número que los hombres, se les pagaba menos, y el desequilibrio de género y la estratificación del lugar de trabajo daba lugar a muchos otros problemas. La concentración de las maquiladores en el Norte industrializado ha dado lugar a un aumento de la migración proveniente del campo, especialmente de mujeres jóvenes y de niñas —las adolescentes suelen abandonar la escuela para trabajar en las maquilas. Una serie de problemas de salud a largo y corto plazo es común, incluidos desmayos inexplicables y frecuentes, infecciones de los riñones y tuberculosis (por mencionar sólo unos pocos). El acoso sexual también es común, como lo son las prácticas ilegales de negar el permiso de maternidad y de pago, lo mismo que la de despedir a

---

15 Jay Whitehead, "Is Outsourcing the New Union Movement? Andy Stern, President of the Seiu, on Why Unions Can't Turn Back the Clock on Outsourcing." *Human Resources Outsourcing Today* 4, no. 3 (2005).

mujeres embarazadas sin causa justificada. Muchas trabajadoras de las maquiladoras que tienen hijos son madres solteras, en parte debido a la falta de oportunidades económicas para los hombres, lo que a su vez se relaciona con las prácticas de contratación de la industria maquiladora. A las trabajadoras de las maquilas se las suele dejar ir cuando cumplen los 30 años de edad más o menos, habiendo adquirido muy limitadas habilidades para el mercado de trabajo.

La lista de problemas sigue, y es casi idéntica a las quejas que se presentan en cualquier región del mundo con fábricas textiles en zonas francas. Al igual que en otras áreas similares, las maquiladoras son promocionadas por sus partidarios como la mejor opción laboral disponible para numerosas mujeres jóvenes, y como un recurso vital para el desarrollo nacional. Una campaña de publicidad de julio de 2000 patrocinada por "Maquiladores de Honduras" y aparecida en el periódico *La Prensa* de San Pedro Sula y en otros medios, ilustra esta perspectiva.

Imagen publicitaria 1 (una fotografía presenta a una mujer de apariencia desesperanzada mirando hacia fuera desde un pobre portal).

"¿Qué sería de Honduras con 120,000 desempleados más?

Los parques industriales que operan en el país no solamente emplean 120,000 personas que trabajan en más de 200 instalaciones fabriles a nivel nacional sino que las convierten en una fuerza de trabajo técnicamente cualificada y preparada para multiplicar la producción de un país en la ruta del desarrollo.

Las maquilas son el punto de partida del futuro industrial de Honduras. [Cursivas en el original].

Imagen publicitaria 2 (una fotografía presenta niños felices en un aula escolar limpia):

Gracias a las maquilas, una nueva era ha comenzado en Honduras.

Las nuevas generaciones podrán disfrutar de los beneficios para los que la industria maquiladora está sentando las bases hoy.

Los 120,000 pioneros que con su trabajo en las maquilas han dado a conocer el nombre de nuestro país, serán recordados como el bastión de desarrollo permanente e integral para todos los hondureños.

Las maquilas son el punto de partida del futuro industrial de Honduras". [Cursivas en el original].

De manera probablemente más directa, pudo leerse por muchos años "Exportar es progresar" en grandes letras impresas en los tanques de agua elevados de los parques industriales de Choloma, ubicados a un costado de la carretera que conduce a San Pedro Sula. Las afirmaciones de que las maquiladoras traen el progreso se basan en dos supuestos. El primero es que si no fuera por las maquilas, habría pocos puestos de trabajo disponibles o ninguno. Este argumento es erróneo ya que se basa en la evidencia de que en la actualidad hay pocos puestos de trabajo fuera de las maquilas, sin considerar la posibilidad de que si no fuera por la hegemonía de este modelo de industria y el control externo de la política económica de Honduras, algo más equitativo habría podido desarrollarse. En segundo lugar, sus partidarios asumen que se está produciendo "desarrollo" como consecuencia directa de la presencia de la industria maquiladora,[16] lo que es dudoso, pues los salarios reales no han mejorado desde que estas fábricas llegaron a Honduras, y si bien se han construido carreteras y otras infraestructuras que benefician a la industria, el país no ha visto las mejoras en la educación, el empleo, la salud pública y la seguridad que se supone son parte integral del desarrollo.[17]

Los medios de comunicación en Honduras (propiedad de las mismas familias que también poseen parques industriales y maquiladoras) reaccionan con enojo ante los opositores internacionales de la industria, a quienes acusan de intervenir en los asuntos internos. En 1996, el periódico *La Prensa* publicó una serie de editoriales criticando a Kernaghan y su organización, el Comité Nacional del Trabajo, así como a otras organizaciones de Derechos Humanos y sindicatos estadounidenses. Uno de los editoriales titulado "Non grato", proclamaba: "Si Kernaghan continúa entrando libremente al país, y si se le permite practicar con impunidad su terrorismo psicológico contra un sector tan importante de nuestra industria, los efectos en nuestra economía y en la estabilidad nacional podrían ser devastadores".[18] Otro editorial titulado "Distinta Marioneta" atacó a los partidarios hondureños de Kernaghan por llevar la lucha contra

---

16 Por ejemplo, Nicholas D. Kristof, "In Praise of the Maligned Sweatshop," *New York Times*, June 6 2006.

17 Moncada Valladares, "Las Dos Caras de la Maquila en Honduras."

18 "Non Grato," *La Prensa*, June 16 1996.

la industria maquiladora a los EEUU:

El presidente del Consejo Hondureño de la Empresa Privada (COHEP) fue contundente:

¿Por qué tenemos que ir al senado norteamericano? [Estos empleadores de maquilas] ni siquiera han sido enjuiciados en este país. Pienso que es una falta de respeto, algo indigno.

Estas voces que defienden la soberanía y dignidad nacional, y que ponen sus gritos en el cielo por la presencia de tropas norteamericanas, ahora lloriquean y se quejan ante el senado norteamericano para que los congresistas intervengan en nuestros asuntos y, por supuesto, tal intervención sería, sin duda, muy favorable para los votantes norteamericanos a costa de los medios de vida, la comida, la ropa, la escuela, etc. de miles y miles de hondureños.

El mismo espectáculo, simplemente otro títere. ¡Deberíamos avergonzarnos![19]

La industria maquiladora, por su parte, ha buscado ayuda profesional para elaborar su mensaje. En 1996, Edward J. von Kloberg III, miembro de un grupo de presión que ha trabajado para clientes como la Junta Militar de Birmania, "Baby Doc" Duvalier de Haití, Juvenal Habyarima de Ruanda, Samuel Doe de Liberia y Sadam Husein, fue contratado por la AHM para defenderla de los cargos de abuso sexual y trabajo infantil en las fábricas hondureñas de producción de prendas de vestir para la marca de Kathie Lee.[20] La industria maquiladora hondureña también ha colaborado con grupos como el Comité Zonas Francas de las Américas, que recientemente proclamó de forma magnánima:

Estamos ansiosos de entender por qué los grupos internacionales tienen tanto interés en desacreditar las Zonas Francas. Creemos que estos grupos están motivados por intereses de grandes organizaciones que todavía creen que están en el siglo XVIII intentando detener la división del trabajo; que no han entendido el concepto de simetría económica, la especialización de las naciones, y mucho menos han

---

19 "Distinta Marioneta," *La Prensa*, May 1 1996.

20 Larry Luxner, "Countries Pay for Influence on the Hill," *The Miami Herald*, February 8 1999.

querido entender el proceso de la globalización económica.[21]

Kurt Alan Ver Beek aborda perspectivas encontradas sobre las maquilas en su artículo "Maquiladoras: ¿Explotación o emancipación? Una visión general de la situación de los trabajadores de las maquiladoras en Honduras".[22] El autor argumenta, basado en una investigación realizada en Honduras, que el llamado "debate" sobre las maquiladoras está polarizado entre las dos posiciones mencionadas en el título del artículo, y que el hecho de que la mayoría de las investigaciones sobre el asunto se hayan hecho en México debilita los argumentos globales. Ver Beek sigue a Tiano cuando señala que la "escuela absolutista" de pensamiento se enfrenta a la "escuela relativista" en el debate sobre las condiciones de los trabajadores de las maquiladoras.[23] Los seguidores de la escuela absolutista, sostiene Ver Beek, se basan en estándares absolutos de bienestar para medir la situación de los trabajadores de las maquiladoras en todo el mundo. Los defensores de esta industria en su forma actual son relativistas cuando argumentan que los trabajadores están mejor de lo que estarían sin un trabajo. Los absolutistas, de acuerdo con Ver Beek, explícita o implícitamente comparan los salarios de los trabajadores en el Sur con los del Norte tomando como referencia los dólares americanos, y además evalúan las condiciones de trabajo o los reclamos de salud en términos de derechos humanos absolutos, sin establecer comparaciones locales. Para evitar este problema, señala, algunos investigadores han comparado los trabajadores de las maquiladoras con los trabajadores del sector de servicios. Ver Beek argumenta que estos grupos no son lo suficientemente similares como para que la comparación sea significativa. También señala, con razón, que otro método común que consiste en la comparación de trabajadores de la maquila con los verdaderamente indigentes, es intrínsecamente erróneo. Los trabajadores de las maquiladoras no son, por lo general, los más pobres de los pobres.

Ver Beek optó por realizar una encuesta y por usar como grupo

---

21 Committee of Free Trade Zones in the Americas, "A Different Point of View About Labor Conditions in the Free Trade Zones of Latin America," (2006), 7.

22 Kurt Alan Ver Beek, "Maquiladoras: Exploitation or Emancipation? An Overview of the Situation of Maquiladora Workers in Honduras," *World Development* 29, no. 9 (2001).

23 Susan Tiano, *Patriarchy on the Line: Labor, Gender, and Ideology in the Mexican Maquila Industry* (Philadelphia: Temple University Press, 1994).

de control a personas que por primera vez aplicaban a un puesto de trabajo en las maquilas. Su estudio se hizo bajo el auspicio de la AHM, pero aunque sea problemático por el sesgo de su muestreo y por su afiliación con el estamento gerencial, llega a las conclusiones estándar de la mayoría de los estudios estadísticos sobre maquilas. Encuentra que los empleados están mejor en términos de ingresos que los que solicitan empleo por primera vez, si bien sus datos muestran que los hombres ganan más que las mujeres,[24] y que tanto los empleados como los aspirantes ganan más que el salario mínimo equivalente a 85 dólares americanos al mes. "En resumen" dice:

Los empleados de las maquiladoras ganan alrededor del 50 por ciento [más] que el salario mínimo, y el 50 por ciento más que los solicitantes en sus anteriores puestos de trabajo; comparativamente, los empleados de las maquiladoras en 1998 estaban ganando más que en 1993, en dólares; se valoraba la experiencia previa pero no la educación; las mujeres tenían vedado el puesto de trabajo mejor remunerado de la planta de la fábrica y los salarios de las maquiladoras no eran suficientes para sacar a una familia de la pobreza.[25]

Ver Beek llega a la conclusión de que los empleados están peor que los que solicitan empleo, en cuanto a la salud, al cuidado de la salud y en cuanto a la posibilidad de sindicalizarse. Argumenta que si se exceptúa las malas condiciones de sanidad, las maquiladoras en general no son ni mejores ni peores que otras formas de empleo en Honduras, pero se pregunta si los críticos no deberían someter a una evaluación por los mismos estándares a los propietarios de maquiladoras en comparación con los empleadores locales.

La pregunta de Ver Beek nos lleva al concepto antropológico de relatividad cultural del que tan comúnmente se ha abusado. Los argumentos relativistas y absolutistas pueden ser ambos correctos dentro de sus propios marcos limitados, e impedir ambos apreciar la situación en su conjunto. La industria maquiladora debe verse dentro de un contexto que, como se mencionó anteriormente, es el resultado de los violentos procesos coloniales y poscoloniales de dominación externa y nacional. El relativismo cultural (que asume

---

24 Ver Beek, "Maquiladoras: Exploitation or Emancipation? An Overview of the Situation of Maquiladora Workers in Honduras," 1558.

25 Ibid.

las culturas delimitadas e intrínsecamente buenas) es una lente tan inadecuada e inapropiada para ver las maquilas, como lo es una perspectiva históricamente descontextualizada que se base en valoraciones en dólares.

Los reclamos hondureños sobre la industria de la maquila no tienden a hacerse en los términos de la falsa dicotomía que examina Ver Beek en colaboración con la AHM, sino que en términos de moralidad. El cambio de género en el empleo provocado por la industria en Honduras, como en otros lugares, amenaza el núcleo del patriarcado tanto al negar a los hombres la oportunidad de mantener a sus familias como al emplear a las mujeres en modalidades masculinas. El empleo de las mujeres en sectores anteriormente masculinos las pone en riesgo de perder el control de sí mismas, su sobriedad y muchas de las características que previamente habían definido su feminidad. Este tipo de subversión de género es a menudo retratado en Honduras como una receta para el desastre social, a pesar de que persista la jerarquía de género tradicional dentro de la fábrica.

En el curso de una entrevista con Francisco, el miembro de NA citado antes, que había vivido parte de su infancia en Canadá y que habló conmigo en inglés, le pregunté si la maquila había traído el crimen y él respondió:

¿Qué pasa? Usted tiene toda esta gente de las zonas rurales, especialmente las mujeres, verdad, que nunca supieron lo que es vivir en la gran ciudad, ni cosas parecidas. Entonces consiguen un trabajo aquí en las maquiladoras, y entonces puede ser una joven de 16 o 17 años que nunca ha sabido lo que es un maquillaje... Y ellas vienen y consiguen un trabajo aquí, en la gran ciudad, verdad. De repente hacen su propio dinero, pueden pagar su propio apartamento, y así viene alguien más y dice: 'Oye, ¿por qué no nos tomamos un par de cervezas?' y le dice esto y lo otro. Y luego, de repente, esta misma muchacha que te estoy diciendo que sólo tenía 16 o 17, un año más tarde o dos años más tarde ha cambiado completamente. Completamente ha cambiado la personalidad. Un cambio de 180 grados. Pero es por eso, es porque trajiste a esa gente de un medio totalmente diferente aquí... a la ciudad. Eso es probablemente lo que sucede. Y eso tiene mucho que ver con el SIDA, un montón, con que se haya propagado a través de esas personas en San Pedro

Sula, que es el ejemplo perfecto. En San Pedro Sula hay más mujeres que hombres. Quiero decir que no hay equilibrio. [En las maquilas] tienen empleados cuatro o cinco hombres, el resto son mujeres, como 30 o 40 mujeres. Así que ¿cómo trabajar en ese medio? Creo que todas esas cosas que estoy mencionando son factores claves en estas enfermedades sociales que tenemos. Usted sabe. Nosotros tenemos el alcoholismo, el uso de drogas, el contagio del SIDA, todo eso.

En el análisis de Francisco, las mujeres de las maquiladoras son fáciles de corromper, son portadoras de enfermedades y son sexualmente libres. Este argumento es usado tanto por los críticos como por los defensores de las maquiladoras, a lo que los últimos añaden que entre otras cosas el empleo de mujeres jóvenes las rescata de la prostitución. De hecho es mucho más probable que las empleadas de las maquiladoras hagan este tipo de trabajo para evitar caer en el servicio doméstico. No por casualidad, las empleadas domésticas son otro grupo que ha sufrido históricamente por los mismos prejuicios. Esto ha llevado a traer cada vez más empleadas jóvenes de las áreas rurales, lo que ha redundado tanto en el contento como en la frustración de los miembros más ricos de la clase trabajadora. Wendy, la hermana de Teto, por ejemplo, tuvo que enseñar a su empleada Martina, venida de una aldea rural del Departamento de Lempira, cómo hacer las más simples tareas, desde ponerse los zapatos en los pies que corresponden, hasta usar agua corriente. Las mujeres trabajadoras, especialmente las pobres, son víctimas de una ideología del logro de género (la noción de que el trabajo duro y los buenos valores morales traen consigo el éxito económico y que lo contrario, la pobreza, resulta de la indolencia y la inmoralidad). Cuando las mujeres rechazan las viejas concepciones de la moralidad para convertirse en trabajadoras "modernas", son despreciadas por hacerlo. Aunque la mayoría de las mujeres trabajadoras alcanzan una cierta independencia económica, en la práctica son más explotadas que los hombres y raramente son capaces de ganar lo suficiente como para sacarse a ellas mismas o a sus familias de la pobreza.

Carlos del IHADFA sostuvo (como se expuso en el Capítulo 2) que las mujeres no debían beber porque eso les asemejaba a los hombres. Se refería específicamente a las trabajadoras de las maquiladoras con el argumento de que dada su solvencia económica podían permitirse beber e imitar el comportamiento masculino. Y continuó diciendo:

Muy bien, así que tenemos el fenómeno de la maquiladora. Usted sabe, es la gente que invierte en estos países, porque la mano de obra es doce veces más barata que en sus propios países. Por eso es por lo que lo hacen aquí. Nosotros en nuestras condiciones de extrema pobreza, bueno, apreciamos esas oportunidades de trabajo. El problema que nosotros hemos visto es que son en su mayoría mujeres pobres. Estamos hablando de 110,000... digamos 90, 100,000 mujeres trabajando ahí. Bueno, obviamente el país se beneficia con eso, pero ah, como yo digo, son mujeres jóvenes que no están preparadas para recibir esas cantidades de dinero en sus condiciones de extrema pobreza. Como le dije, el dinero puede darte esperanza de salud física, pero puede provocar un problema de salud mental. Ellas consiguen dinero y a veces... no saben qué hacer con él, y eso es lo que yo estaba diciéndole con respecto al intercambio de roles.

Con el argumento de Carlos retomamos al tema tratado en el Capítulo 2 con respecto a que los hondureños pobres no están preparados para recibir ni siquiera pequeñas cantidades de dinero, por lo que consecuentemente no deben recibirlo. En la narrativa colonialista, los pobres, en este caso las mujeres pobres, son intrínsecamente muy volátiles para poder manejar las trampas de la riqueza. Lejos de la solución a su situación, el dinero solo saca a relucir sus más bajos instintos. El dinero obtenido hace menos femeninas a las mujeres (dado que esta categoría se define en gran medida por la dependencia económica de los hombres) así como el dinero en manos de los pobres (representados como criminales) sólo les hace parecer más criminales. De hecho, el dinero puede hacer más vulnerables a los pobres: en el día de pago, las trabajadoras de las maquilas son objetivo fácil para los ladrones de su propia clase social. Estos ladrones son usualmente hombres jóvenes con escasas posibilidades de empleo. Es la vulnerabilidad estructural de los pobres, más que los rasgos violentos que les atribuye el imaginario colonial, lo que hace peligroso al dinero.

Si el trabajo expone a las mujeres a un mayor peligro y a la etiqueta negativa, ¿por qué quieren ese trabajo? En parte porque como mujeres pobres se encuentran de todos modos propensas a ser etiquetadas negativamente. La mayoría de las trabajadoras prefieren la disciplina de la fábrica a aquella de ser una sirvienta. Como las obreras me dijeron repetidas veces, la fábrica brinda camaradería y un salario relativamente decente, mientras que ser una criada es una humillación, pura y simple.

En 1999 escuché otro argumento en un taxi que me llevaba a casa desde San Pedro a Choloma. En el camino, más allá de las barriadas de pandillas y de trabajadoras de maquilas de la Colonia López Arellano, el conductor me preguntó qué estaba haciendo en el país. Cuando le dije que estudiaba los efectos de las maquilas en la región, expresó: "¡Aah, la maquila! Las maquilas han venido aquí a liberar a la mujer".

"¿Cómo es eso?" —le pregunté.

"Antes una mujer no podía hacer nada. Ahora está liberada: libre para ir a McDonald's en San Pedro, libre para ir al cine, libre para comprar ropas si quiere".

Cuando los activistas internacionales hablan de las posibilidades emancipadoras para las mujeres del empleo en las maquiladoras, no suelen referirse al aumento del consumismo como lo hacía el taxista. Sin embargo, en Honduras este es a menudo el caso: como Nelly del Cid, Carla Castro y Yadira Rodríguez puntualizaron: "El dinero les da poder de compra a estas mujeres, lo que les permite salir de su invisibilidad y sentirse importantes".[26] Para mejor o para peor, la moralidad de género del dinero es fundamental para la formulación del problema de la maquila.

Las maquiladoras hondureñas son representadas de distintas formas, cada una simplificadora a su manera. Para hacer más tangibles las complejidades del encuadramiento de la maquila, podemos explorar la historia de Lesly Rodríguez, una mujer joven que se convirtió en una pieza clave en el planteamiento local e internacional del problema de las maquiladoras en los 90.

LESLY Y LA NARRATIVA DEL SUFRIMIENTO

Lesly Rodríguez tenía 14 años de edad y era una organizadora sindical cuando conoció a Charlie Kernaghan del Comité

---

26 Nelly del Cid, Carla Castro, and Yadira Rodríguez, "Maquila Workers: A New Breed of Women?," Envío 218 (1999).

Nacional del Trabajo, fuera de la fábrica donde trabajaba en Choloma en 1994. Al darse cuenta de que Kernaghan investigaba vínculos con minoristas estadounidenses, le facilitó etiquetas de la ropa que se producía en su fábrica. Más tarde ese año, guiada por Kernaghan, brindó su historia en una convención obrera de United Auto Workers (UAW), al Congreso de los Estados Unidos y en una emisión nocturna de noticias de la cadena ABC. Lesly apareció en la portada de la revista *Solidaridad* de United Auto Workers en noviembre de 1994. En 1996 visitó nuevamente los Estados Unidos, donde testificó ante el Congreso junto con Wendy Díaz, otra trabajadora; se reunió con Kathie Lee Gifford y fue invitada junto con Díaz y Kernaghan al programa de entrevistas de Sally Jesse Rafael y al de Cristina Saralegui (en el canal en español de Univisión).

Lesly construyó de modo muy consciente el relato de su vida en la maquila, con la ayuda de Kernaghan y de otros. Me percaté de esto cuando la entrevisté en 1997 y me contó la historia con tal facilidad y fluidez, que ya no me sorprendió después encontrar una correspondencia casi literal con el texto que ella y otros habían preparado para su comparecencia ante el Congreso de los Estados Unidos. Al igual que los miembros de AA, Lesly había ganado mucha experiencia ofreciendo su narración. Al mismo tiempo conseguía construir una identidad que se ajustaba a los deseos de ciertas audiencias. Algunos elementos de su narrativa sólo cobraban sentido para los extranjeros. En nuestra entrevista, me contó que cuando había visto que llevaban en autobuses escolares a las trabajadoras a las fábricas había pensado que debía ser algo divertido, como ir a una gran escuela. Lo cual tenía sentido para mí que fui a la escuela elemental en un gran bus amarillo *Blue Bird* como los que ahora (retirados del servicio en Estados Unidos) circulan en Honduras. Pero en Honduras los *Blue Birds*, como los de otras marcas, no se tienen por buses escolares. Algunos son usados por escuelas, pero la mayoría se usan en el transporte público y privado, sirven a fábricas y a innumerables colectivos.

En 1997 Choloma, la ciudad natal de Lesly, acogía la mayor concentración de maquilas del país con más de 90 fábricas. Cuando la visité me dio un paseo por la plaza donde un predicador callejero lanzaba advertencias de Dios y después pasamos por la fábrica abandonada de béisbol, una reliquia de la era pre-maquila. Lesly vestía una camiseta Grateful Dead de teñido rudo que, según me dijo, le había dado un miembro de la NLC cuando visitó los Estados Unidos. Cuando llegamos a la pequeña casa de cemento de una sola estancia, donde vivía con su madre, sacó una gruesa carpeta de recortes de periódico. Contenía relatos de trabajadoras sobre abusos, que ella había tomado por escrito cuando trabajó en el CODEH después de haber regresado de los Estados Unidos. También contenía documentos de su estadía en aquel país: varias fotocopias de la transcripción mecanografiada de su testimonio durante las audiencias sobre trabajo infantil ante el Subcomité de Trabajo del Senado el 21 de septiembre de 1994. Lo que sigue es mi traducción de ese documento:

Mi nombre es Lesly Margoth Rodríguez. Soy de Honduras. Cumplí 15 años de edad el 5 de agosto [de 1994].

Comencé a trabajar en una maquiladora haciendo suéteres Liz Claiborne cuanto tenía 13 años de edad. Trabajaba para una empresa coreana, Galaxi Industriales, localizada en la ZIP Galaxi Industrial. Hay muchas jóvenes de mi edad que trabajan ahí y algunas tienen 13 años como los tenía yo cuando comencé a trabajar.

Me gustaría contarles a Ustedes sobre nuestro día de trabajo. Comienza a las 7:30 de la mañana y trabajamos hasta las 7:00 de la noche. Durante la semana trabajamos muchas veces hasta las 9:30 o las 10:30 de la noche. Nos dan media hora para almorzar. Muchas semanas trabajamos hasta 80 horas.

[Nuestros jefes] nos exigen que cumplamos cuotas muy altas de producción y nosotras no podemos hacerlo. Si alguna vez nos acercamos a la cuota, el día siguiente ellos la aumentan, así que siempre estamos luchando para mantener alta la producción.

Algunas de las jóvenes son forzadas a llevarse el trabajo a sus casas cuando no pudieron alcanzar la cuota que la empresa les exigía. Somos entre 70 y 80 compañeras las que trabajamos bajo estas condiciones. A veces ellas trabajan de ese modo hasta la 1:00 de la madrugada sin que les paguen por eso. Tenemos que levantarnos a las 5:00 de la mañana para conseguir estar puntuales en el trabajo.

A mí me pagan 188 lempiras a la semana, lo que según me dicen son 21.36 dólares.

Nos cachean cuando llegamos al trabajo. No nos permiten llevar ningún tipo de bocadillo porque dicen que podemos ensuciar el producto.

No nos dejan hablar entre nosotras durante las horas de trabajo. Nos castigan si nos encuentran hablando. Los supervisores nos gritan o nos mandan a la casa por tres o cinco días sin pago. Los gerentes nos están gritando siempre para que trabajemos más rápido y más rápido. A veces golpean a las jóvenes en la cabeza o en la espalda.

Si alguien dice que cometimos un error, el supervisor nos tira el suéter en que estamos trabajando en la cara y nos grita diciéndonos que somos unas perras.

Al gerente le gusta tocar a las jóvenes. Nos agarra las nalgas o los pechos. Algunas de las jóvenes piensan que pueden conseguir algo más de salario al final de la semana si dejan que las toquen.

No hay períodos de descanso durante el día, con la excepción del almuerzo. Para ir al sanitario tenemos que levantar nuestra mano y pedir permiso. Los sanitarios permanecen cerrados. Sólo se nos permite ir una vez en la mañana y una vez en la tarde, y nos toman el tiempo. Si Usted se tarda mucho la castigan.

Hay un montón de pelusa en el aire que nos hace sentir sofoco. Todo el mundo tiene problemas respiratorios como asma y bronquitis. Antes de planchar los suéteres, cuando uno los tiene en las manos, la pelusa está por todas partes. La empresa no paga por servicios de salud ni por días de enfermedad.

Dejé la escuela después de quinto grado para ayudarle a mi mamá. Ella no quería que yo fuera a trabajar, quería que me quedara en la escuela y que terminara sexto grado. Pero la empresa me dijo que no me preocupara, que podía ir a la escuela en la noche. Nosotros tenemos escuelas públicas que abren de 6:00 a 9:00 p.m. Pero ellos nunca me dejan ir porque tenemos que trabajar todas las noches hasta las 6, 7, 8 o 9 de la noche.

Hace un año me uní al sindicato. Todas queríamos un sindicato para que los coreanos nos trataran mejor y respetaran nuestros derechos. Cuando se dieron cuenta de que nos estábamos organizando, despidieron ilegalmente a 35 jóvenes y al resto nos amenazaron. Nosotras incluso hicimos una huelga, las 600 que éramos, al principio de este año. Pero la empresa continuó despidiendo a más de nosotras hasta que prometieron beneficios de salud, una cafetería, y dijeron que no iban a maltratarnos más. Pero nada ha cambiado.

A los funcionarios del gobierno, [incluido] el inspector del Ministerio del Trabajo, ni siquiera les permitieron entrar a la planta de la fábrica. La empresa no los dejó entrar.

A mí me gustaría que la gente de los EEUU supiera sobre el sufrimiento que esos suéteres nos causan. Aquí en los EEUU he visto que los suéteres Liz Claiborne cuestan 90 dólares. Yo gano 38 centavos la hora.

Además de mi trabajo sindical, pertenezco a una iglesia evangélica donde soy diácono, y además soy miembro de CODEMUH, una organización de mujeres. Mi sueño es ser abogada o activista sindical y ayudar a mi gente, a mi país.

La narración de Lesly es convincente y su presentación, bajo la guía de Kernaghan, consiguió colocar las maquiladoras hondureñas en la mente de los consumidores y los políticos estadounidenses. Como señala Pérez Sainz en la Introducción de *Desde la finca hasta la maquila*,[27] su narrativa es sorprendentemente similar a la de Rigoberta Menchú, en la que las humillaciones encarnadas juegan un papel fundamental.[28] Lesly no solamente describe una terrible explotación sino que se muestra a sí misma como una digna mensajera de su narrativa. Lo hace poniendo en juego el más sagrado de los mitos americanos: la ideología del logro, al afirma que comenzó a trabajar para ayudar a su madre, presumiendo que iba a poder continuar su educación. Ello prueba que ella no huía de su casa sino que era una buena hija con aspiraciones de trabajar duro y obtener éxito. Más adelante, Lesly demuestra su rectitud moral con su involucramiento en las actividades de la Iglesia y las metas de su carrera, en las que se aprecia su abnegación y sus aspiraciones de ascenso social.

En una entrevista grabada, Lesly me habló directamente de las preocupaciones morales que circundan localmente la cuestión de la maquila. Me contó de sus problemas con Jacobo Kattán, un miembro de una de las familias maquiladoras más poderosas de Honduras.

27 Pérez Sáinz, *From the Finca to the Maquila: Labor and Capitalist Development in Central America.*

28 Rigoberta Menchú and Elisabeth Burgos-Debray, *I, Rigoberta Menchú: An Indian Woman in Guatemala* (London: Verso, 1984).

Entonces un periodista se acerca y me dice: 'Lesly Rodríguez, el presidente de la maquiladora dice que ellos las contratan a todas ustedes porque si no lo hacen, ustedes se irán a la prostitución'. Y así me sale con esas tonterías y yo le digo que eso es abusivo y que la verdad es que somos seres humanos. Todo lo que sé es que somos humanos y que estamos reclamando nuestros derechos como seres humanos, los derechos que están establecidos en la Declaración Universal de los Derechos Humanos y en la Constitución de la República. Y como esto no se compone, podemos exigir ser respetadas. Y nosotras no deberíamos estar felices de que ellos nos cuiden, porque esa es su obligación. Y [Kattán] me critica y dice, 'bueno, todo lo que estas jóvenes hacen es causar problemas'. Y muchas trabajadoras dicen 'bueno, es cierto lo que dice Jacobo Kattán'. Así es que ellas no entienden, no han tomado conciencia —esta es gente que viene con sexto grado de educación, quiero decir que para mí no tienen educación suficiente, pudieron completar un período de estudio pero no ven la realidad de las cosas, y cuando ellas escuchan hablar a una persona importante aquí en Honduras, dicen 'bueno, debe ser cierto'.

Lesly fue entrenada de forma precisa en cómo comportarse y hablar para la audiencia norteamericana, y desempeñó su papel de manera brillante. Usó de forma magistral el discurso de los derechos humanos, siendo la protagonista de su historia, pero también fue una persona usada por otros, para quienes representó el medio de obtener un fin —tal vez el fin noble de detener la explotación. Kernaghan y los demás no se percataron a cabalidad de las implicaciones que iban a tener para Lesly las acciones de denuncia de las maquiladoras en que la involucraron. Implicaciones tanto en términos de las reacciones que tuvo que encarar cuando volvió a su casa como en términos de su propia subjetividad y de sus deseos.

Leslie era optimista sobre su futuro cuando la conocí en 1997. Me dio la impresión de que había sido caracterizada con precisión en el artículo de portada de *Solidaridad* de 1994 que había abundado en elogios hacia ella. El artículo había dicho "Kernaghan estaba tan impresionado con su madurez y confianza que pensó 'algún día puede ser la primer presidenta mujer de Honduras".[29]

29 Dave Elsila, "A Child's Crusade to End Sweater Sweatshops," *Solidarity*, November 1994, 14.

Kernaghan se decepcionó notablemente cuando le conté, seis años después en una conferencia en la Universidad de Berkeley, cómo le iba a Lesly. Le dije que estaba casada con un joven desempleado con quien había tenido una hija, y que hacía poco había sido despedida de un trabajo en una maquiladora con el que a duras penas se ganaba la vida. Kernaghan replicó molesto diciendo que Lesly desperdiciaba su vida. Me dijo que ella simplemente no había querido aprovechar las oportunidades que su organización le había ofrecido.

Kernaghan había hecho arreglos para que a través del CODEH Lesly recibiera una beca para terminar la secundaria. Cuando la conocí, estaba emocionada de realizar ese plan que, sin embargo, optó por abandonar después de tener varios conflictos con el director del CODEH —un hombre que acosaba a muchas de las jóvenes que se acercaban a él buscando ayuda, incluida yo misma (sobra decir que yo estaba en una posición de mucho mayor poder que las jóvenes y mujeres hondureñas que llegaban a su oficina). De modo que una vez me echó por argumentar que los homosexuales merecían protección de sus derechos humanos. A finales de 1997 Lesly se enamoró de un joven que conoció en una discoteca a las afueras de una maquiladora de Choloma, salió embarazada y se casaron, con lo que ella se entregó de lleno a su maternidad. En 1999 había estado viviendo en las zonas bajas más pobres de Choloma hasta que la represa de El Cajón se desbordó y las aguas inundaron su casa y la dejaron a ella y a su pequeña familia sin hogar. Los tres se quedaron conmigo el resto del verano, y se propusieron regresar a la pequeña parcela que poseían, la cual hasta la construcción de El Cajón rara vez se había inundado.

Al final, la vida de Lesly no se ajustó a la narrativa que Kernaghan y los demás habían prefigurado para ella. El poder de la industria maquiladora y las estructuras sociales que la soportaban eran muy fuertes. Yo también me decepcioné cuando me encontré con Lesly en 1999 y la hallé buscando otra vez empleo en las maquilas para mantener a su pequeña hija. Como otros de su audiencia en los Estados Unidos, yo había encontrado inspiradora su historia y había albergado la esperanza de que tuviera un igualmente heroico próximo capítulo. Su narrativa no era sui generis, estaba construida para una audiencia de personas como yo, con deseos e ideales compartidos y profundamente arraigados en nuestros *habitus* de que los pobres distantes mejoraran sus condiciones de vida. Cuando volvió a su casa en Honduras, la reacción contra la campaña que había desplegado en el extranjero fue otra cosa. Los medios de comunicación —propiedad de los mismos capitalistas que poseen las maquilas— respondieron con indignación a sus actuaciones. Lesly fue retratada como una marioneta de Kernaghan, quien igualmente fue representado como un enemigo de la nación, como una *persona non grata*.

A pesar de la mala prensa que Lesly recibió a su regreso, el ruido sobre las maquilas que ella contribuyó a levantar tuvo algunas consecuencias positivas en Honduras. Como resultado del activismo en que Lesly participó, pude constatar —mientras duró mi trabajo de campo— que las jóvenes ahora debían presentar una identificación que probara que tenían al menos 18 años para poder trabajar. En la práctica esto supuso que muchas de las jóvenes con 15 y 16 años ahora tuvieron que pedir prestadas las identificaciones a sus hermanas, primas o amigas, pero en todo caso las trabajadoras con 13 años de edad en las maquilas pasaron a ser mayormente algo del pasado. Algunas fábricas llegaron incluso a estar de acuerdo en permitir la muy problemática, pero antes impensable práctica, de una supervisión independiente.

Lesly no había perdido nada de su elocuencia, asertividad y conciencia política cuando vivimos juntas en 1999. La línea que los trabajadores siguen en Honduras es mucho más compleja que la implicada en un discurso que confronta la emancipación a la explotación, como demuestran las opciones de Lesly. Ya no era la niña mimada del movimiento internacional anti-maquiladoras, había elegido su propio camino en lugar de lo que consideró una indigna dependencia del CODEH en aras de un lejano e incierto futuro. Es fácil argumentar que su elección contradijo el modelo del actor racional. ¿Por qué alguien renunciaría a una educación garantizada y a la promesa de ascenso social para elegir lo que parecía un ciclo de pobreza? En la consideración de Lesly, la humillación de la fábrica era a fin de cuentas menor que la de depender de la oficina de derechos humanos. La situación de la maternidad, que se mantiene en alta estima en Honduras, le brindó felicidad y distinción, sin forzarla a dejar su entorno. El empleo de la maquila, aunque no era ideal, le brindaba a ella y a su familia la oportunidad de sobrevivir.

HABITUS Y ALIENACIÓN

Escribí lo siguiente en mi registro de las tomas de video que hizo Juli Kang en una fábrica de bordado computarizado en la media noche del 5 de julio de 2000:

Filas de máquinas idénticas perforan rítmicamente filas de idénticos cortes de tela de color, mientras el tímido joven supervisor se balancea hacia atrás y hacia delante en una sensual danza androide. Uno de los jóvenes coreanos asistentes del gerente, el señor Paek, abre una caja lista para embarque y nos muestra las piezas de espalda cortadas de camisetas de baloncesto Nike con "Toronto" y el número "15" bordados. "Vince Carter, Air Canada". El joven modela una sosteniéndola orgulloso a la altura de su pecho.

Para examinar las subjetividades de los trabajadores, es preciso volver a la cuestión de la encarnación. El *habitus* propio de una persona, tal como se explicó en el Capítulo 1, es la internalización del propio medio estructural y cultural bajo la forma de disposiciones para actuar, pensar y sentir de determinadas maneras. En el Capítulo 1 presenté a los pandilleros como sujetos que viven una existencia hiperencarnada. En muchos sentidos, lo mismo es válido para las trabajadoras de las maquilas. Estas empleadas fabriles se involucran en una (re)definición fundamental de su yo, tanto en su trabajo como en su tiempo libre. Al igual que en otros trabajos en los que se realizan tareas repetitivas que requieren de una gran coordinación, los cuerpos de las obreras de las maquilas son parte integral del desarrollo de su subjetivación como trabajadoras. Además, el producto en sí es vestuario, prendas de vestir producidas para un idealizado cuerpo moderno. Este cuerpo deseado —que en el caso mencionado arriba es el del jugador de baloncesto Vince Carter— es el cuerpo del poder, el cuerpo norteamericano. Las vestimentas tienen diferentes significados para las trabajadoras, cuyos cuerpos participan de su producción, de los que tienen para los consumidores que toman las prendas incorpóreas y ajenas de los exhibidores. Asimismo, los hondureños reconocen el poder de la ropa y han engendrado deseos influidos por la publicidad exactamente como lo hacen los norteamericanos. Gran parte de lo

Figura 11.
Una camiseta de Vince Carter en la maquila de Mr. Paek.

que los hondureños producen es hecho para cuerpos más grandes que los suyos, lo que no impide que los trabajadores ocasionalmente roben prendas de la fábrica —prendas que les costarían semanas de salario por el trabajo de producir miles de los mismos artículos.

Cuando empecé a estudiar la industria maquiladora en 1997, mi pregunta central era: "Si las maquiladoras son instituciones tan violentas, ¿por qué tantas mujeres y hombres jóvenes escogen trabajar en ellas?" Yo quería ir más allá de la explicación relativista que se ofrecía comúnmente: "Es el mejor trabajo que pueden conseguir". Quería examinar algo del proceso que hacía cierta esta afirmación para esos trabajadores. La primera vez que entré en una maquiladora, me sorprendió encontrar un ambiente muy limpio, bien iluminado y muy ordenado. Y las muchas otras fábricas que visité desde entonces (tres de ellas sin previo aviso) las encontré en condiciones similares de limpieza.

Una de las principales dificultades que enfrentan quienes no son etnógrafos cuando examinan la violencia simbólica y la violencia de los lugares de trabajo, es que, como la mayoría de los procesos de control, esas formas de violencia son difíciles de

Figura 12.
Vista panorámica de la maquila de Mr. Lee.

reconocer a primera vista. La gama de horrores viscerales que suscitan en la mente las campañas anti-maquila internacionales (lúgubres lugares clandestinos, inodoros asquerosos, abusos físicos violentos, explotación infantil y trabajos forzados) son más la excepción que la regla en las maquilas hondureñas. La percepción de los activistas del Primer Mundo contradice la experiencia de las maquiladoras de muchos hondureños. Los reclamos que la mayoría de las trabajadoras me expresaron tuvieron que ver con asuntos poco evidentes en una inspección superficial: los químicos usados en la producción (formaldehído y otros), las partículas de pelusa conocidas como *tamo* —que Lesly mencionaba en su relato— los dolores y el hastío asociados con las tareas repetitivas, lo mismo que la implacable disciplina (y las humillaciones asociadas) del trabajo de la fábrica. Después de una media hora en una fábrica, yo comenzaba a sentirme mareada por el brillo de las luces, por los químicos, por el *tamo*, o por alguna conjunción de estos tres elementos. Tan sólo podía imaginar lo que podía sentirse trabajar en estas condiciones durante horas continuas.

La fusión de los seres humanos con las máquinas en el contexto de la fábrica puede dificultar ver que, aunque los cuerpos son notablemente adaptables a las necesidades del capital, siguen siendo cuerpos de personas, de unas personas que se enferman como tales, más que descomponerse como las máquinas. La percepción de los cuerpos de las clases bajas como casi máquinas, o de un valor inferior respecto del manejo de los cuerpos ricos, se hace también evidente en el tratamiento médico que se dispensa en las fábricas.

En 1999, después de haber recibido una dolorosa y cara inyección de antibióticos de parte de un doctor de apellido Zavela, contra lo que podía ser una laringitis, le entrevisté en su clínica en la planta baja del edificio de apartamentos en que yo vivía en Choloma. El doctor Zavela dijo que se había dado cuenta, después de trabajar varios años en una maquila, que prefería la práctica privada, que no solamente era más lucrativa sino más satisfactoria profesionalmente. Me habló de su frustración creciente con la práctica dentro de la fábrica.

Económicamente y también profesionalmente no puedes tratar bien a la gente en las fábricas, ¿me entiendes? Porque tú tienes tan poco tiempo y son tantas personas. [Es] la misma cosa que pasa, tal vez, en los hospitales públicos o en otras clínicas... donde hay tanta gente y se tiene tan poco tiempo que ves a las personas muy rápido y no les das un buen servicio. Por eso al final yo no quise continuar ahí.

La estructura social se proyecta sobre los cuerpos individuales en la fábrica como en la sociedad. Los pobres se enferman como resultado de su pobreza y su enfermedad es a menudo exacerbada por el tipo de tratamiento que los cuerpos de los pobres reciben. El doctor Zavela me contó acerca de los sistemas de rotación mediante los cuales se les permite a las trabajadoras ir al doctor. En primer lugar, tenían que presentarse a trabajar y después, para evitar pérdidas de productividad, recibían un boleto numerado que les permitía seguir trabajando en lugar de esperar en la fila de la clínica de la fábrica.

Eso es mucho para ellas porque todo se hace en función de las cuotas, ¿ves? Y ellos tienen que sacarles provecho en todo momento, esa gente. También había problemas cuando les dabas licencia médica de incapacidad porque eso afectaba a la línea de producción. Ellos tenían sus metas, lo que les tocaba completar, un cierto número de pantalones o camisas o lo que fuera. Y cuando en una de esas líneas había una o dos, a veces tres personas de la línea que se enfermaban, yo les daba permiso de enfermedad. Entonces el supervisor venía a ver qué pasaba y lo que ellos hacían a veces era que no permitían dar los permisos de enfermedad. O a veces simplemente no dejaban que las trabajadoras se fueran, aunque yo les hubiera dado permiso ellos no las dejaban ir para garantizarse sus metas.

Marx sostuvo que cuando el trabajador es despojado del producto de su trabajo por la propiedad externa de los medios de producción, también resulta alienado de su trabajo, de él mismo y de los demás.[30] En la maquiladora, las necesidades del capital de hecho han alienado a los trabajadores de sus propios cuerpos. La evidencia de la afirmación de Marx con respecto a que "cuanto más confiere forma a su producto, más el trabajador se deforma" puede apreciarse en el tratamiento de los cuerpos de los trabajadores.[31] Las subjetividades de los trabajadores son determinadas por la alienación en el lugar de trabajo y por el hecho (explícito o no) de que la salud de sus cuerpos importa menos al capital que la calidad del producto —un producto que no está hecho para su consumo.

MITCH Y LA MUJER MODERNA

Las formas particulares en que el trabajo en las maquiladoras modela las subjetividades hondureñas, resultaron muy evidentes para mí cuando ocurrió un acontecimiento extraordinario que afectó todos los aspectos de la sociedad: el Huracán Mitch. Cuando este huracán azotó Honduras en octubre de 1998, los medios locales e internacionales afirmaron que el país había retrocedido 20, 30 o incluso 50 años. Este argumento también fue recurrido por muchos de mis informantes durante los tres viajes que hice en 1999. A pesar de los repetidos intentos de mi parte por entender exactamente en qué se había retrocedido, lo único que se me dijo fue que en el "desarrollo". Los ejemplos concretos de este retroceso se encontraban en las estructuras e infraestructuras físicas: casas, carreteras, edificios comerciales y de gobierno, parques, puentes

---

30 Karl Marx and Friedrich Engels, "Estranged Labour," en *Economic and Philosophic Manuscripts of 1844, Great Books in Philosophy* (Amherst, NY: Prometheus Books, 1988 (1844)).

31 Ibid.

y tierras de cultivo que habían sido barridos en todo el país. No obstante, el modo en que esta destrucción se convertía en años de retroceso permaneció siendo un misterio para mí. Los habitantes de Choloma, que había sido devastada por el Huracán Fifí en 1974, me dijeron: "Apenas nos habíamos recuperado del Fifí y ahora estamos otra vez igual". El Huracán Mitch llegó a convertirse en un marcador absoluto del tiempo tanto como del tiempo perdido.

Para comprender cómo se entiende el tiempo en Honduras y, en consecuencia, el progreso, y cómo imprime sus marcas en los cuerpos, debemos reconocer lo que Braudel ha llamado "la pluralidad del tiempo social" mediante el examen de la intersección de la línea del tiempo de evolución abstracta con una línea de tiempo determinada por eventos.[32] Esta última se encuentra marcada por intrusiones coloniales y de otro tipo, por dictaduras militares y civiles, y como en el caso del Fifí y del Mitch, por desastres naturales. La línea del tiempo del desarrollo es la escala socio-evolutiva a través de la cual una nación dada progresa para pasar de ser "poco desarrollada" a "desarrollada". Fuera del tiempo histórico, los supuestos que subyacen a este modelo proceden en gran medida de las narrativas del desarrollo de los países de industrialización temprana. La economía avanza para ajustarse a un modelo de mercado industrial abierto y libre; la política "progresa" en la medida en que se acerca a la democracia electoral; y la sociedad igualmente progresa si sus miembros obtienen los beneficios de la modernización en términos de mayores estándares de vida y mayores oportunidades de superación personal mediante el trabajo y la educación.[33] Nada de esto ha sido cierto para Honduras, a pesar de que sus gobernantes han cumplido voluntariamente con los mandatos neoliberales de desarrollo dictados por gobiernos e instituciones de crédito internacionales. Como señala André-Marcel d'Ans, "es importante rechazar la lógica del progreso implacable que trata de convencernos de que todos los defectos que Honduras padece deben interpretarse como *retrasos*

---

32 Fernand Braudel, "History and the Social Sciences," en *Economy and Society in Early Modern Europe*, ed. Peter Burke (New York: Harper Torchbooks, 1972), 13.

33 Arturo Escobar, *Encountering Development: The Making and Unmaking of the Third World*, Princeton Studies in Culture/Power/History (Princeton, N.J.: Princeton University Press, 1995), James C. Scott, *Seeing Like a State: How Certain Schemes to Improve the Human Condition Have Failed*, Yale Agrarian Studies (New Haven: Yale University Press, 1998).

(demoras/muestras de encontrarse a la zaga)".[34]

Después del huracán, la retórica del tiempo del desarrollo se juntó con la de responsabilizar a los pobres por la destrucción del Mitch para favorecer la agenda de los poderosos en Honduras. El oportunismo político y la corrupción, florecieron.[35] La corporación Chiquita aprovechó la oportunidad para plantar palma africana en los campos bananeros destruidos por el huracán, lo que requirió de menos trabajadores y aumentó los beneficios de las compañías, que consiguieron despedir empleados sindicalizados de sus puestos de trabajo.[36] A diferencia de la industria agrícola, el paso del Huracán Mitch produjo daños físicos muchísimo menores a las industrias maquiladoras y solo leves retrasos de producción. Sin embargo, se puso en marcha una congelación de salarios en diciembre de 1998 para ayudar a los dueños de las maquiladoras a recuperarse de sus pérdidas. Además, el entonces presidente Carlos Flores amplió el alcance de las maquiladoras al declarar todo el territorio nacional como zona de libre comercio industrial. Este movimiento pre-CAFTA estaba en consonancia con la agenda neoliberal más amplia promovida por los organismos financieros internacionales.

Como Boyer y Pell han señalado, a pesar de que Mitch pusiera al descubierto que el modelo de desarrollo orientado a la exportación era insostenible, pasado el huracán el gobierno se limitó a reforzarlo.[37] En la "Carta de Intenciones" suscrita con el FMI en 1999, el gobierno prometió ajustes estructurales drásticos a cambio del dinero necesario para el pago de la deuda y la reconstrucción de los daños provocados por el Mitch.[38] De este modo las empresas multinacionales obtuvieron beneficios del huracán y los pobres quedaron incluso

34 André-Marcel d'Ans, *Honduras: Emergencia Difícil de una Nación, de un Estado*, 1. ed. (Tegucigalpa: Renal Video Producción, 1998), 458.

35 Ver por ejemplo, Meza y Centro de Documentación de Honduras, *Corrupción y Transparencia en Honduras*, Elaine Lafferty, "Back to Honduras," The Nation, December 28 1998.

36 Frank, *Bananeras: Women Transforming the Banana Unions of Latin America,* 12.

37 Jefferson C. Boyer and Aaron Pell, "Report on Central America: Mitch in Honduras, a Disaster Waiting to Happen.," NACLA Report on the Americas 33, no. 2 (1999).

38 Gabriela Nuñez de Reyes and Emin Barjum M., "Letter of Intent of the Government of Honduras," International Monetary Fund, http://www.imf.org/country/HND/index.htm.

peor que antes. Otro beneficiario del Huracán Mitch fue Franklin Graham (hijo de Billy Graham), cuya organización evangélica Bolsa Samaritana recibió 4.6 millones de dólares norteamericanos de USAID para construir viviendas para los sobrevivientes del Mitch.[39]

La referencia al Huracán Mitch como un marcador tanto del tiempo absoluto como del desarrollo, lo demuestra una publicidad a toda página (imagen 11) patrocinada por la Secretaría de la Presidencia de la República y la Secretaría de Recursos Naturales y Medioambiente que apareció en *La Tribuna* el 18 de octubre de 1999. A la izquierda, la publicidad muestra tres recuadros de rollo fotográfico, cada uno en correspondencia con la imagen de un reloj y un texto a la derecha. El marco superior representa el tiempo antes del Mitch junto con un reloj etiquetado A.M. o Antes del Mitch: un tiempo (según explica el texto) cuando los ciudadanos no eran conscientes y tiraban basura en las calles. El marco de en medio muestra el Mitch, el mediodía de esta línea de tiempo en el que la basura se acumulaba en los drenajes y obstruía las compuertas de las represas, lo que supuestamente causó la inundación que se sufrió después. En el tercer y último recuadro, la gente del tiempo Post-Mitch o P.M., (según establece la publicidad), ha aprendido la lección y no tira más su basura en las calles (respeta el medioambiente y enseña a los niños a amar y cuidar su país). Esta publicidad ignora los serios problemas de la construcción de represas, los servicios inadecuados de recolección y eliminación de basura, y el hecho de que, con mucho, los peores contaminadores pre y post Mitch fueron las industrias agrícolas y manufactureras carentes de regulación. En su lugar, se hace recaer la responsabilidad moral de la destrucción del Mitch en los individuos considerados no-modernos, anti-higiénicos y tiradores de basura.

Una prueba más de la falta de desarrollo de Honduras se encuentra en los cuerpos de los hondureños. Una de las consecuencias del crecimiento económico dentro del modelo de desarrollo es la transición demográfica, un paso de altas tasas de mortalidad y fertilidad a bajas tasas de mortalidad y fertilidad. En materia de tener más nacimientos y muertes que los países desarrollados, los hondureños prueban continuamente ser no-modernos.

---

39 Carol Byrne Hall and Yonat Shimron, "Tar Heel of the Year, 1999: Franklin Graham," *The News & Observer* December 26, 1999 1999.

Los científicos sociales han creado una serie de métodos para cuantificar el concepto abstracto de desarrollo. Una de esas medidas es el Índice de Desarrollo Humano (IDH) de la Organización de las Naciones Unidas (ONU). El IDH considera estadísticas sobre variables económicas, políticas y sociales con un énfasis demográfico para decirnos dónde se encuentra un país determinado en su versión de la línea del tiempo del desarrollo. La situación de la mujer —estrechamente ligada a una baja fertilidad— recibe una alta ponderación en estas mediciones del progreso. Se asume que una baja fertilidad es en parte el resultado de que las mujeres aprovechan las mejores oportunidades disponibles para ellas con la modernización. Los bebés marcan el tiempo del desarrollo al igual que el Huracán Mitch.

En 1998, Honduras tenía una Tasa Total de Fertilidad (TTF) de aproximadamente 4.4. Las proyecciones oficiales de la ONU sostenían que Honduras no iba a alcanzar una TTF de 2.1 —el nivel de reemplazo— hasta llegado un momento comprendido entre el 2030 y el 2035, lo que colocaba a Honduras en el momento del huracán a una distancia de entre 32 y 37 años aproximadamente por detrás de la medida de modernidad demográfica y a la zaga de la mayoría de sus vecinos latinoamericanos.[40] Desde la década pasada y especialmente desde el Huracán Mitch, la industria maquiladora ha sido expresión de los moralizados y renovados esfuerzos del gobierno de Honduras y de distintas agencias internacionales de desarrollo, como la USAID, de fortalecer los índices de desarrollo de Honduras. Los cuerpos de las mujeres (fenomenológicamente experimentados por ellas como sujetos individuales más que como un agregado colectivo) son el epicentro de esta empresa en términos de producción y reproducción.

¿Por qué se concibe el cambio de la reproducción a la producción como un mejoramiento en la situación de las mujeres cuando se mide el progreso del desarrollo? Los teóricos de la población frecuentemente asumen que si las mujeres están teniendo menos niños y están trabajando por dinero, es debido a que están teniendo mejor control de sus opciones de fertilidad que en el escenario

---

40 United Nations, *World Population Prospects: The 2000 Revision*, ed. United Nations. Dept. of Economic and Social affairs. Population Division (New York: United Nations, 2001), 206.

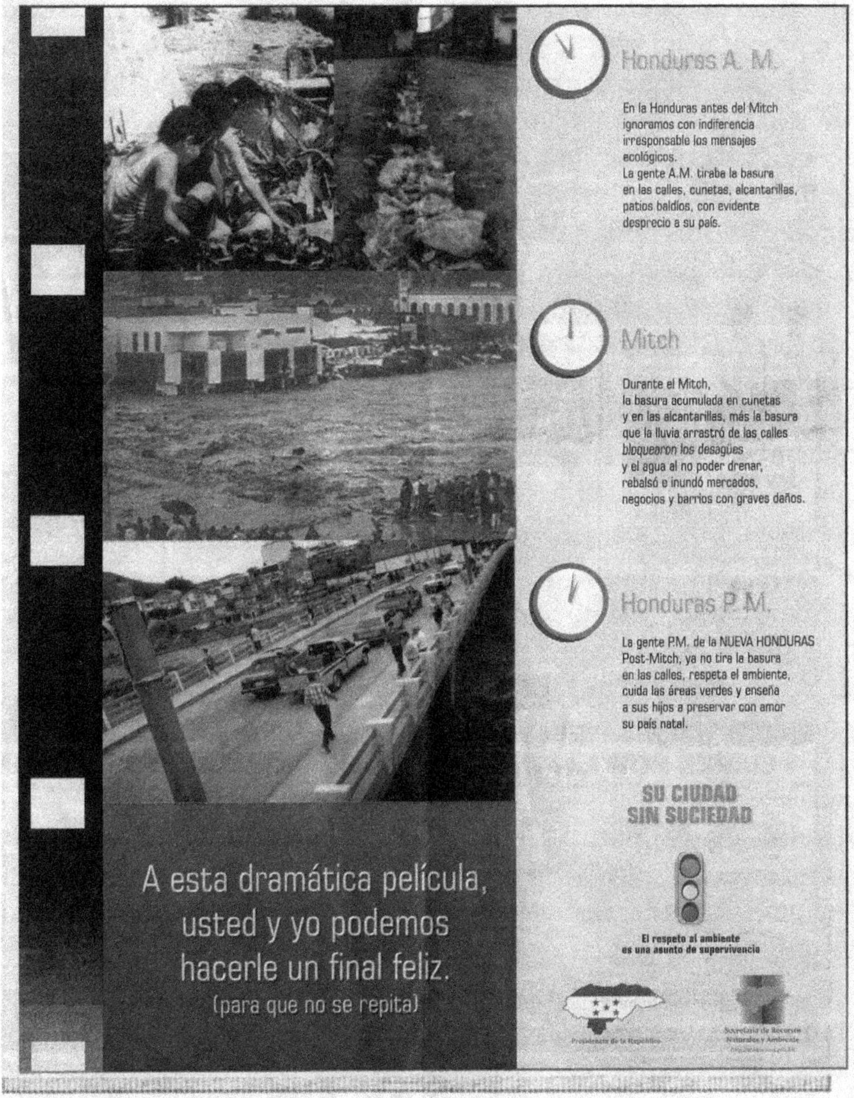

La Tribuna, October 18, 1999

Figura 13.
Publicidad en los diarios nacionales pagada por el gobierno en torno al huracán Mitch, 1999. El encabezado se lee: "A esta dramática película usted y yo podemos hacerle un final feliz (para que no se repita)".

inverso. No obstante, la mayoría de las mujeres que trabajan en las maquiladoras se encuentran sujetas a un control directo y estricto de su fertilidad. El embarazo es una gran amenaza a la productividad y representa un alto costo para los empleadores, quienes tienen la obligación legal de pagar la licencia de maternidad. Una mujer joven cuando aplica a un puesto de trabajo en una maquiladora debe someterse a un test de embarazo y debe hacerlo nuevamente después de los dos meses de prueba, durante los cuales los nuevos empleados son remunerados en una escala menor. Si el test resulta positivo, la joven no es contratada, con lo cual el "período de prueba" ofrece mano de obra barata a los empleadores. Como me dijo el doctor Zavela, "el test de embarazo es el verdadero test de empleo". Los empleadores tratan de eludir el pago de la licencia de maternidad mediante el recurso de hacer tan inhóspito el lugar de trabajo para las obreras embarazadas que éstas optan por renunciar, con lo cual pierden el derecho a su indemnización por despido (o prestaciones).

En algunas fábricas se obliga a las mujeres a tomar píldoras anticonceptivas y si salen embarazadas se enfrentan a la alternativa de conservar su trabajo o su bebé. El doctor Zavela me informó que en la maquila en la que trabajaba, la gerencia incitaba a los doctores a practicar abortos como una medida para recortar costos. Además, las mujeres experimentaban una serie de problemas, algunos de los cuales afectaban su salud reproductiva. De modo que, más que el ejercicio de un control creciente de su fertilidad, tal pareciera que las mujeres han cambiado un conjunto de restricciones por otro, en flagrante y violenta demostración de la alienación del propio cuerpo de quienes trabajan.

Las maquiladoras son la primera industria en emplear mujeres como obreras asalariadas a gran escala en Honduras. Estas mujeres han sido integradas en un sistema moderno de trabajo de ensamblaje repetitivo, bajo programas modernos de operación regidos por tiempo-reloj. Para estas trabajadoras, para quienes en su mayoría el trabajo en la maquila es su primer empleo, esta operación contra reloj y las tarjetas personales de marcación horaria representan una nueva manera de entender el tiempo mismo.[41] Ir al sanitario,

---

41 Ver: E. P. Thompson, "Time, Work-Discipline, and Industrial Capitalism," *Past and Present* 38 (1967).

beber agua y los recesos para comer son interrupciones breves y estrictamente controladas. Al igual que su tiempo, se restringe el modo en que se involucran con el producto, lo que conlleva su alienación del mismo. En la producción de la fábrica, una trabajadora puede ver una sola pieza de una camisa cientos de veces al día, con lo que aprende una tarea pero no un oficio.

El énfasis en la limpieza, en la puntualidad y la disciplina en las fábricas maquiladoras y en la retórica hondureña del desarrollo, ha reemplazado las nociones previas de la mujer reproductora por la de la mujer higienizada y productiva que felizmente ha elegido un modo de vida moderno de trabajadora/consumidora en lugar del de la maternidad. Las mujeres han sido liberadas en términos de restricciones de sus recursos económicos, como el conductor de mi taxi recalcaba, pero esto ha sido al costo de aceptar nuevas formas de control externo de sus cuerpos. Dentro de esta definición de liberación, el progreso de las mujeres es medido no en términos de un amplio repertorio de opciones de fertilidad, como tampoco respecto de mejoras en los estándares de vida, sino más bien de su perfeccionamiento respecto del consumismo.

Una parte esencial de la "modernidad" está constituida por el control corporativo y gubernamental del tiempo del trabajo y de la fertilidad, lo mismo que por la creación de una nueva clase de consumidores con capacidad de compra pero sin el tipo de poder económico suficiente para efectuar cambios reales a gran escala en sus estándares de vida. Su poder adquisitivo puede haber mejorado, pero no ha sido acompañado de un mejor acceso individual a educación de calidad, a servicios públicos, o a futuras oportunidades de empleo. Este control se auxilia de un discurso que muestra a las mujeres y a los pobres como obstáculos del desarrollo, así sean elementos necesarios del mismo. En tanto se achaquen las consecuencias de la violencia estructural (incluida en gran parte la destrucción del Mitch) a estos grupos, la respuesta seguirá siendo aumentar la disciplina más que cambiar las estructuras sociales.

JESÚS EN LA FÁBRICA

En la industria maquiladora, hombres y mujeres jóvenes aprenden a disciplinar sus cuerpos para ir al sanitario, para comer, para dormir y trabajar, regidos por el reloj más que por lo que sus cuerpos pudieran dictarles, lo cual los convierte en extensiones encarnadas de esa industria, en "apéndices de la máquina", de esa máquina que ellos operan durante la mayor parte del tiempo en que permanecen despiertos.[42] Por supuesto que los cuerpos disciplinados son fundamentales para el éxito económico, no obstante, cuanto más exitosos se convierten los cuerpos de las mujeres para el capitalismo tanto más peligrosos vienen a ser.[43] Las mujeres de las maquiladoras se enfrentan a estereotipos que las etiquetan como propensas a la inmoralidad y a su resultado encarnado que es la enfermedad (como señalaba Francisco antes). Estas mujeres también representan una gran amenaza para los hombres, en tanto que adoptan rasgos "masculinos", como se argumentó en el Capítulo 2.

La Iglesia evangélica ofrece un complemento ideológico a la disciplina del cuerpo de la fábrica y al mismo tiempo proporciona a las mujeres una manera de reafirmar su feminidad esencial. Igualmente, da a entender a los trabajadores —hombres y mujeres— que la disciplina que viven es producto de su elección. Frente a la absoluta falta de control sobre sus condiciones de trabajo, muchos encuentran consuelo dominando el alma de sus cuerpos.

Por esta razón, la Iglesia Evangélica, que alcanza todo el territorio de Honduras, es particularmente popular entre los trabajadores de las maquiladoras. En una encuesta de hogares que realicé en Choloma en 1999, pude encontrar que la mayoría de los trabajadores de las maquilas se identificaban como evangélicos y que se inclinaban más a identificarse como tales que la población hondureña en general, que es mayoritariamente católica. Además estos trabajadores de maquiladoras evangélicos asistían a servicios religiosos con mayor

---

42 Karl Marx et al., *The Communist Manifesto* (New York: Penguin Books, 2006 (1848)).

43 Foucault, *Discipline and Punish: The Birth of the Prison*, 195-228, Marx, Fernbach, and Fowkes, *Capital: A Critique of Political Economy*, Paul E. Willis, *Learning to Labour: How Working Class Kids Get Working Class Jobs* (Farnborough, Eng.: Saxon House, 1977).

frecuencia de lo que lo hacían sus contrapartes católicos y los hondureños de otros lugares.

Los evangélicos en Honduras (y en todas partes) hablan de su relación con Jesús como algo personal, a diferencia de los católicos que afirman que su fe se encuentra mediada por instituciones o por figuras internacionales. En la práctica, las estructuras institucionales de los cristianos evangélicos son muy fuertes, como lo son sus vínculos con grupos internacionales y con los adinerados y poderosos de Honduras.

Los evangélicos tienden a representarse su sistema de creencias como más moderno que el del catolicismo. Mis compañeros de audiencia en el Estadio Olímpico se asombraron cuando Lee Jae Rock habló a través de su complicada línea de traductores (coreano-inglés-español) de su orgullo por haber sanado con éxito a numerosas personas vía Internet. Los Televangelistas, que disfrutan de estrechas relaciones con los políticos y los propietarios de medios de comunicación, han demostrado mayor destreza mediática que sus contrapartes de la Iglesia Católica, para lo que se valen de los mismos tropos y recursos que prevalecen en los medios principales. Aunque el cardenal Óscar Andrés Rodríguez Maradiaga es una personalidad muy reconocida de Honduras (quien antes de la elección del Papa Benedicto XVI fue considerado como uno de los candidatos para ocupar ese sitial), en lo que se refiere a presencia en las transmisiones son los pastores evangélicos reconocidos local y nacionalmente los que obtienen más tiempo en el aire.

La conexión entre el trabajo y la religión es profunda. El cristianismo evangélico y la fuerza laboral disciplinada y no organizada (especialmente en el sector de las maquiladoras) son elogiados por sus promotores por servir de contrapuntos a lo que es más "natural" en los hondureños: la pereza, la violencia y en general la mentalidad colonizada. Los pastores predican abiertamente sobre la ética del trabajo y son tomados muy en serio. En una mañana de julio de 2000 presencié una entrevista con el pastor Evelio Reyes, quien inexplicablemente había sido buscado como experto en asuntos laborales frente al creciente aumento de huelgas en los sectores público y privado. A continuación ofrezco mi transcripción de lo que dijo (como quedó registrado en un video que después obtuve del productor del programa, un miembro de la congregación del pastor).

Presentador: ...en el Aeropuerto Internacional de Toncontín, nuestro colega Aldo Enrique Romero... con alguna información desde el principal aeropuerto del país. Buenos días, adelante Aldo.

[Arte gráfico de un globo giratorio con las palabras "Enlace Patrulla" debajo].

Aldo: Buenos días Jorge, buenos días amigos televidentes de TVC de la Corporación Televicentro, llegando en vivo a Ustedes desde el Aeropuerto Toncontín a las 6:52 de la mañana con el doctor Evelio Reyes, pastor de la Iglesia Vida Abundante, una de las personas que se ha encontrado más cerca del actual presidente Carlos Flores en términos espirituales. Eh... yo quisiera preguntarle esta mañana, doctor, los conflictos sociales que han surgido en nuestro país —hay huelgas, protestas, hay un aumento en el costo de los productos, la gente está insatisfecha— se dice que es muy probable que este país pueda entrar en erupción en un futuro próximo...

Evelio: Sí, bueno, yo creo que estamos en un gran país, en un rico país, este es un país tremendamente bendecido por Dios, y yo pienso que nosotros los hondureños debemos apreciarlo. Yo creo que se necesita urgentemente cambiar la mentalidad. Recientemente... nosotros hemos tenido reuniones con los trabajadores de la salud, y después de tres días de talleres, una de las conclusiones fue que el problema de Honduras no es el del dinero, el problema de Honduras no es el de los recursos naturales o materiales, el problema de Honduras es con su gente, con la actitud de su gente. Yo creo que debemos trabajar con excelencia, ver el trabajo no como un castigo, no como una carga. La varita mágica que sacó adelante a países como Alemania, como Japón y tantos otros que entraron en crisis y salieron victoriosos, la varita mágica se llama trabajo, se llama devoción, se llama excelencia, se llama dedicación. Yo creo que nuestro sector trabajador no debe esperar un aumento de salario para trabajar más duro sino que en cambio, debe trabajar más, producir más, y el incremento en el pago vendrá como una consecuencia. Creo que es un asunto de mentalidad. Naturalmente que hay sectores que no son bien pagados, hay sectores que no ganan mucho. Pienso que hay una responsabilidad de parte de los patronos pero también en su mayor parte es que nuestra gente no quiere trabajar de verdad, no quiere producir. Así que en realidad, los hombres de empresa, los patronos no tienen motivos para dar aumentos de salario. Yo creo que todos necesitamos un reajuste, todos necesitamos un cambio de actitud, todos necesitamos un cambio en la mentalidad. Honduras es grande, Honduras es bella, tenemos todo lo que necesitamos. Creo que tiene que ver con el corazón, la actitud. Debemos trabajar en serio, tenemos todo lo que necesitamos. Podemos salir adelante.

Aldo: Háblenos un poco de esto. Por ejemplo, sectores como educación, salud y también vivienda, estos son sectores que el gobierno está constitucionalmente obligado a atender, pero las protestas de los trabajadores se centran más en reclamar la falta de atención de estos sectores por parte del gobierno. Uh... ¿qué se debe hacer, cómo abordarlo y si deberíamos ver más la espiritualidad para lograr un poco de mejora?

Evelio: Honduras tiene tal necesidad y yo he dicho y lo diré otra vez que Honduras está lista para salir de la situación. Debemos hacerlo. Ese es otro error. La gente espera a que el gobierno les resuelva todos sus problemas. Los padres están esperando del gobierno la ropa de sus niños, que les pongan zapatos a sus niños, que les den útiles escolares, que los eduquen. Esto no es correcto. El gobierno nunca será capaz de resolver todos los problemas de la familia hondureña. Cada individuo tiene que hacer un esfuerzo, cada individuo tiene que luchar. Todo el mundo tiene que hacer el mejor uso de sus dones y de sus talentos. Y naturalmente, vuelvo a repetir, la plataforma del verdadero desarrollo a través de los tiempos y para todos los pueblos ha sido espiritual, porque si el espíritu no está ahí, el resto no va a funcionar. Si el corazón no está en eso, entonces el resto es inútil. Así que sí, definitivamente, tenemos que volver a Dios, creer en Dios, luchar con fe y optimismo y entonces veremos los resultados —por supuesto que los veremos porque Dios no miente.

Aldo: Doctor, buenos días, se lo agradecemos mucho. Doctor Evelio Reyes, pastor de la Iglesia cristiana Vida Abundante, aquí en el Aeropuerto Toncontín, hablando sobre estos temas que preocupan a algunos sectores gubernamentales, las protestas, las huelgas, las constantes... marchas de diferentes sectores contra um, bueno, contra lo que ellos declaran ser una explotación del gobierno.

Evelio Reyes y otros pastores como él, junto con los medios de comunicación, se constituyen en un poderoso aliado para la industria maquiladora, que a cambio provee importante financiación para la propaganda cristiana. Un ejemplo es Esteban "El toro colorado" Handal, miembro de una poderosa familia maquiladora, excandidato presidencial y propietario de la Jesús Broadcasting Network (JBN-TV), quien fue en gran parte responsable de la visita de Lee Jae Rock a Honduras en 2002.

Evelio Reyes, valiéndose de la retórica de la ideología del logro, culpa a los hondureños de su propia pobreza y equipara las luchas de los trabajadores con la pereza. Aunque incluso una mirada superficial a sus contraejemplos de Alemania y Japón demuestra que en esos países el cristianismo no fue la principal fuerza propulsora del desarrollo económico después de la Segunda Guerra Mundial, el pastor sostiene que ese sistema de creencias y el trabajo duro son la cura definitiva para los males sociales de Honduras. Esta posición permite que las raíces estructurales más profundas de esos males permanezcan intactas y que al mismo tiempo se fortalezca la legitimidad de las instituciones violentas. Aceptar estos argumentos y abrazar esta versión del cristianismo, que son mutuamente excluyentes con la lucha de los trabajadores por sus derechos, supone participar de la violencia simbólica.

La actitud expresada por Evelio Reyes también es compartida por los líderes católicos, aunque no con tanta intensidad ni tan frecuentemente. Como Dan Graham ha hecho ver, el mismo cardenal Óscar Andrés Rodríguez expresó en un discurso a la Policía Nacional el 31 de agosto de 2001 que "Si nosotros continuamos instigando una cultura de la huelga, el problema es que no vamos a tener ni inversiones ni desarrollo, porque lógicamente nadie quiere invertir en un país donde no se trabaja".[44] Como mencionaba en la Introducción, dado que esta ética de ninguna manera es exclusiva del protestantismo, he preferido referirme a ella más como a una "ideología del logro" que como a la "ética protestante" de Weber. No obstante, los trabajadores de las maquiladoras son ambas cosas, evangélicos y activamente religiosos en números mayores que otros hondureños, y este aumento de la religiosidad —fomentado por la evangelización— se puede entender como un intento de reconciliar las contradicciones que encarnan en su vida cotidiana.

---

44 "Gerente de Enee: Este Gobierno Tiene Récord en Electrificación," *Tiempo* December 12 2001 citado en Graham, "Globalization at the Level of the People: The Plan Puebla-Panamá," 12.

VIOLENCIA Y RESISTENCIA EN LA MAQUILA

En el Capítulo 1 argumenté que la violencia simbólica que resulta de la fijación de ciertas formas de violencia real, es una condición necesaria para la aceptación de las formas violentas de la modernidad y del capitalismo. Estas últimas se vuelven especialmente evidentes en el contexto de la maquila, pero también es cierto que donde hay violencia hay resistencia.

En 1995 más de una década después de haberse involucrado con los movimientos revolucionarios de la escuela secundaria de la Honduras de la época, Rebeca había trabajado en Yoo Yang, una fábrica de propiedad coreana en la Lima. Cuando hablamos sobre ese período, me contó historias que me iban a resultar familiares: sobre el monitoreo en los recesos para ir al baño o la cancelación por completo de esos recesos; sobre no poder ir a consulta con el médico de planta, incluso estando con fiebres; o sobre la retención de dinero de los salarios para el sistema de salud pública sin que después se recibieran los beneficios.

Como lo hacía Lesly en su narrativa y en su conversación, Rebeca se refería a sus jefes por su origen étnico. Cuando le pregunté al respecto, me dijo que ella presumía que sus jefes eran una muestra de los coreanos en general. Dijo que no solo eran más explotadores que otros gerentes sino también racistas. "'*Negrita*' dicen, no... lo que dicen es '*negrito*' [Rebeca se rió] 'negrito aquí no, sólo plancha... negrito' como animal eso es lo que dicen". A Rebeca y a las otras mujeres que los gerentes identificaban como "*negrito*" les tocaba planchar 650 camisas al día con una plancha común de vapor. Las camisas eran enormes, según me decía: "me imaginaba que eran para gringos gigantes".

Dentro de la fábrica, la segregación por raza y por género reflejaba el sistema clasificatorio de la gerencia que se materializaba en los propios trabajadores. Esto da lugar a lo que Burgois, al escribir sobre los trabajadores bananeros en Centroamérica, ha llamado una "opresión conjugada", en la cual la dominación ideológica "se combina o 'conjuga' con la marginación económica para producir una dinámica de opresión institucionalizada".[45] En Honduras,

---

45 Phillippe Bourgois, "Conjugated Oppression: Class and Ethnicity among

una mujer de piel clara de ascendencia parcialmente africana, no necesariamente va a ser identificada en primer lugar como negra —como sí lo sería en los Estados Unidos como representante de la otredad negra. En la fábrica, sin embargo, Rebeca era puesta en este papel por sus supervisores extranjeros, quienes le asignaban un trabajo humillante y peligroso en comparación con los de trabajadores a quienes ellos identificaban como pertenecientes a otras categorías raciales. Esto a su vez afectaba sus relaciones fuera de la fábrica. Del mismo modo, es más común que se asignen hombres en lugar de mujeres para los puestos de supervisión que no requieren de educación formal. Una forma en que dichos trabajadores enfatizaban su autoridad dentro de la fábrica, según me contaba Rebeca, era encarnando rasgos de los gerentes:

A: ¿Y cómo es que era más difícil ahí?

R: Era más difícil porque nosotras también teníamos que trabajar temprano en la mañana. Podíamos quedarnos por ejemplo todo el día de un miércoles, podíamos trabajar toda la noche y teníamos que regresar el jueves a la una de la tarde, y tenías que trabajar o si no ellos te despedían.

A: ¿Y los supervisores eran coreanos ahí?

R: Bueno, había un supervisor inmediato que era hondureño. Él andaba por ahí y era un poco… Cuando se hacen supervisores piensan que son coreanos, incluso hablan como coreanos. No sé si los has escuchado…

A: No sé cómo hablan.

R: '¿Por qué, por qué no trabajar Usted?' No, no dicen '¿Por qué no trabaja Usted?' sino que '¿Por qué Usted no querer trabajar?' ¡Ah sí…! La gente que trabaja en las maquilas sólo te va a hablar así.

A: Los hondureños.

R: Los hondureños, ellos son los que trabajan, los que nos hablan a nosotras así. 'Trabajar muy despacio'. Dicen: 'Usted trabajar muy despacio. No trabajar muy despacio. Más rápido, trabajar más rápido'. Así dicen, como los coreanos cuando hablan español, así es como lo hablan. Así somos los hondureños, desgraciadamente, somos igualados.

A: ¿Igualados?

Figura 14. Una huelga de trabajadores de la maquila.

R: Queremos copiar, siempre estamos tratando de imitar cosas, y casi siempre solo imitamos cosas malas, no imitamos cosas buenas.

A: Eso me recuerda el libro *Prisión Verde*, donde utilizan el "Míster"...

R: ¡Míster, tú lo has dicho! Te acuerdas [en el libro] que hay uno que habla como un gringo, un hondureño que habla... ¿Quién era? ¡Oh Dios mío! ¡Míster Benítez! Habla un poco con acento, bueno, así es como ellos tienen un poco el acento de los coreanos. Y él quería que le dijeran 'Míster Benítez', no quería que le dijeran solo Benítez o *Sargento*.

Abrazar la ideología y encarnar la identidad del opresor sirve para justificar las prácticas violentas hacia quienes están subordinados a uno y es también una forma de violencia simbólica. Alude a esto el argumento de Rebeca con respecto a que los hondureños son *igualados,* como también la afirmación que hacía el Teniente Rodríguez a la clase de Daisy de que "los hondureños tienen un grave defecto porque solo sabemos imitar a otros". No obstante, al negar la capacidad de actuar de forma autónoma de los hondureños, Rebeca, el Teniente Rodríguez y muchos otros hondureños que escuché hacer semejantes afirmaciones pierden de vista las muchas cosas que los

[275]

hondureños en efecto hacen para luchar contra la violencia en todas sus manifestaciones. Cuando dicen que pertenecen a una nación de imitadores, los hondureños repudian su ingenuidad y su modo de comportarse, y se echan la culpa a sí mismos como individuos de las consecuencias de la violencia estructural e institucional.

Rebeca no se limitaba a imitar a otros en la fábrica, más bien causaba problemas. Una vez viajó a las oficinas del Ministerio del Trabajo en San Pedro Sula para quejarse de que su prima, en avanzado estado de embarazo, había sido obligada a trabajar más allá de la extenuación. Le dijeron que tales decisiones eran asunto de la gerencia. Rebeca me comentó que estaba segura de que "los coreanos" habían estado pagando "por fuera" (sobornando) al Ministerio del Trabajo.

De hecho, el Ministerio del Trabajo se encuentra descontrolado por los conflictos de intereses y la corrupción. Al dejar el Ministerio, los funcionarios reciben a menudo lucrativos puestos de gerencia o de relaciones públicas dentro de la industria maquiladora —lo que funciona como un poderoso desincentivo de la regulación efectiva mientras se encuentran empleados por el gobierno. Un informe del Departamento de Estado de los Estados Unidos encontró que inspectores del Ministerio del Trabajo, responsables de acreditar las elecciones en los sindicatos de Honduras, habían vendido nombres de organizadores sindicales a las empresas, de modo que éstas pudieran despedirlos antes de que obtuvieran reconocimiento legal.[46] La corrupción del Ministerio del Trabajo fue también un factor que incidió en la represión que hicieran la industria y el gobierno de la Plataforma de Lucha para la Democratización de Honduras, que entre 1989 y 1993 acuerparon los sindicatos de las maquiladoras y otras organizaciones de izquierda.[47]

Rebeca fue finalmente despedida después de organizar una recolección de firmas para protestar contra el requerimiento de la empresa de trabajar un domingo para recuperar la falta del lunes de Semana Santa (cuando usualmente los domingos contaban como horas extras con doble paga). Rebeca me dijo: "Me acusaron

46 U.S. State Department, "Country Reports on Human Rights Practices for 1999: Honduras," (Bureau of Democracy, Human Rights, and Labor, 2000), 18.

47 Henry Frundt, "Cross-Border Organizing in Apparel: Lessons from the Caribbean and Central America," *Labor Studies Journal* 24, no. 1 (1999).

de ser una organizadora sindical y eso no tenía nada que ver con sindicatos, era solo lo que era". Ella había adoptado una postura valiente al resistir de forma abierta un trato injusto en varias ocasiones, aunque rebajaba estas acciones cuando me las contaba. En sus relatos, tendía a favorecer explicaciones que mezclaban las maquinaciones explotadoras de la gerencia con la incapacidad de los hondureños para la creatividad o para tomar la iniciativa.

Las hijas de Rebeca, Vanesa y Dulce Cristina también tenían alguna experiencia en las maquilas. En 1999, cuando su padre le hizo imposible asistir a la escuela secundaria, Vanesa se fue a trabajar en una maquila cercana. Durante un breve período en 2000, Dulce Cristina, aun siendo menor de edad, le había tomado prestada la tarjeta de identidad a Vanesa para trabajar en una fábrica en San Pedro Sula, pero tuvo que renunciar porque su jefe la llegó a acosar sexualmente tanto que ya no pudo aguantar trabajar ahí. En 2003 Vanesa estaba trabajando en una maquiladora llamada Garan, en el ZIP Buena Vista en Villanueva. Tardaba una hora en llegar al trabajo y debía salir de la casa a las 5:15 a.m.

Vanesa tenía muchas amigas en la maquiladora y disfrutaba el trabajo a pesar de haber sufrido una serie de experiencias traumáticas como obrera. Su primer puesto fue como operadora de una máquina de coser en la fábrica coreana Cheil en el ZIP continental por la carretera de La Lima. Ahí había cosido camisas "Gap" y de otras marcas.

Las fábricas que obtienen subcontratos para producir artículos para minoristas, como los de Gap, hacen lo imposible para que las corporaciones se hagan de la vista gorda ante los abusos que ocurren durante el proceso de manufacturación. Los subcontratos son una práctica global dentro de la industria textil, y también tienen su historia en Honduras. Después de las huelgas de 1954, las tres grandes compañías bananeras rehuyeron la propiedad directa de las plantaciones y en su lugar subcontrataron productores locales quienes, como señala Dana Frank, "absorben los riesgos y tienen que responder a estándares estrictamente controlados de calidad, al tiempo que ayudan a las transnacionales a evadir responsabilidad respecto de sus trabajadores".[48] Lo mismo es cierto en la industria

48 Frank, *Bananeras: Women Transforming the Banana Unions of Latin America*, 10.. See also Laura T. Raynolds, "The Global Banana Trade," in *Banana Wars:*

maquiladora. Los minoristas norteamericanos, temerosos de posibles escándalos a lo Kathie Lee, buscan escudarse en códigos de conducta. Estos documentos detallan las regulaciones oficiales para los subcontratistas, incluida la ética, los salarios, los cuidados de salud y otros beneficios, el trabajo infantil, el trabajo forzado y las normas medioambientales, aunque no incluyen mecanismos de implementación. Cuando visité Yoo Yang en 1997, una copia enmarcada del código de conducta de Phillips-Van Heusen colgaba inofensivamente en lo alto de la sección ejecutiva, a donde los trabajadores de planta tenían prohibida la entrada.

Vanesa me refirió que había comenzado a trabajar en Cheil el 8 de agosto de 1999. En junio y a comienzos de julio de 2001 hubo rumores de que Cheil podría cerrar, pero nadie estaba seguro. La fábrica ya estaba en quiebra, me dijo Vane, pero no se informó a los trabajadores. La gerencia se había retrasado varias semanas en entregar a sus empleados la bonificación (por valor de un mes de salario) que la legislación hondureña requiere y que es conocida como "decimocuarto". Cheil decía a sus trabajadores que se les pagaría la próxima semana, sólo para prolongar más la fecha de pago. En respuesta a la presión laboral, a principios de julio Cheil accedió a pagar a los trabajadores el 21 de ese mes. Llegado el día, los 980 trabajadores esperaron a que se abrieran los portones a las 6:45 a.m. como era lo usual, pero a las 9:00 a.m. aún no se habían abierto.[49] Todo el mundo estaba tratando de averiguar qué pasaba, me contó Vanesa, "y tú imagínate… había mujeres llorando, madres solteras que no tenían dinero para alimentar a sus hijos".

Vanesa me contó que más tarde llegó una abogada diciendo que ayudaría a los trabajadores. Dado que los propietarios habían abandonado la fábrica, las máquinas y todo, la abogada les dijo a los trabajadores que trataría de obtener en nombre suyo la posesión legal de los bienes para después vender y darles el dinero. "Ella nos hizo firmar cosas" —me dijo Vanesa— "y hemos estado firmando cosas desde entonces, pero no hemos visto un centavo del dinero".

Power, Production, and History in the Americas, ed. Steve Striffler and Mark Moberg (Durham: Duke University Press, 2003).

49 Ver Comisionado Nacional de los Derechos Humanos, "Maquila de Coreanos se Marcha y Deja Mendigando a Mil Obreros," en *Boletín Informativo* (2001), Se-moon Chang, "Story of an Old Man Who Drowned," *Korea Times,* November 12 2001.

Vanesa y sus amigas de la fábrica, intentaron contactar a la abogada pero ella no devolvió las llamadas telefónicas. Al final concluyeron que habían sido estafadas. La abogada de hecho consiguió y vendió lo que quedó en la fábrica pero los trabajadores nada obtuvieron. El 8 de marzo de 2002, los trabajadores protestaron en las afueras de la oficina de la abogada en Tegucigalpa para reclamar el dinero de la venta del equipo y los terrenos de Cheil.[50] Había gente a la que se le debía más de 9,000 lempiras sólo por el décimo cuarto, me dijo Vanesa. A ella le debían 1,500 del décimo cuarto, 1,000 de salario y 13,000 lempiras de prestaciones o indemnización por despido, en total alrededor de 900 dólares americanos.

Vanesa y sus compañeros de trabajo habían confiado en una abogada que no había acogido con entusiasmo sus intereses. Contratar un asesor legal privado es uno de los distintos recursos disponibles con los que los trabajadores pueden enfrentar la violencia laboral, junto con la presentación de denuncias directamente ante el Ministerio del Trabajo o ante las organizaciones de derechos humanos (que con frecuencia simplemente presentan los reclamos por escrito al Ministerio). Estas opciones requieren que los trabajadores depositen su confianza en la honestidad y las habilidades de alguien externo que abogue por ellos, en tanto que carecen por sí mismos del capital social y cultural para tener éxito en los canales legales y normativos institucionalizados. Como en los casos de Rebeca y Vanesa, confiar en personas ajenas resulta casi siempre contraproducente.

Un conjunto de ONG locales también ofrece sus servicios a los trabajadores de las maquiladoras. Desafortunadamente, estas organizaciones dependen a menudo de los intereses de las fundaciones internacionales. Una representante de una de las organizaciones de mujeres me dijo en una entrevista que su grupo había cerrado su oficina en Tegucigalpa porque había "mucha competencia". Durante varios años, pude ser testigo de los cambios en el grupo en el que activaba Elena cuando la conocí en 1997, una organización de mujeres con una agenda profundamente política y anti-imperialista. Las integrantes se fueron dando cuenta de que, cada vez más, solo sus proyectos "suaves" (por ejemplo seminarios de empoderamiento, asistencia en casos de crisis, orientación profesional), obtenían financiamiento en detrimento de sus

---

50 Martín Fernández y Juan Chaves, "Región Norte, Honduras," *OSAL: Revista del Observatorio Social de América Latina,* no. 7 (2005): 133.

proyectos anti-militares y anti-corrupción que quedaban excluidos. El grupo atravesó un período de dificultades durante el cual Elena y otras integrantes renunciaron al encontrarse con que no podían respaldar financieramente su visión política. "Han bajado el perfil", me dijo Elena con disgusto años después de haber dejado el grupo. "Han entrado en alianzas con el gobierno. Ya no son confrontativas". Similares frustraciones me expresaron repetidamente integrantes de grupos de mujeres que se centraban en la acción individual hasta el punto de negar las condiciones estructurales. Como me dijo Lesly, respecto de un grupo de mujeres que la había dejado exasperada por lo que ella sentía ser la falta de una agenda política abierta: "Me cansé de tanta autoestima".

Los trabajadores también ejercen resistencia de formas más directas, con sus propias manos: en ocasiones utilizan "las armas de los débiles", como el sabotaje y el robo.[51] También participan en la resistencia organizada. Ciertamente, La recolección de firmas de Rebeca se ajustaba a esta categoría aunque ella dijera que no era sindical. Tanto antes de contratar a la abogada como después de su engaño, Vanesa y sus compañeros de trabajo en Cheil adoptaron acciones colectivas. Los sindicatos han sido una fuerza importante en la historia laboral de Honduras. Por ejemplo en 1954, el mismo año en que el gobierno de los Estados Unidos se encontraba ocupado derrocando la administración de Árbenz en Guatemala, la gran huelga bananera en la United Fruit y la Standard Fruit (con la intervención de la CIA y la AFL-CIO) presionó a las compañías y al gobierno de Honduras a que otorgaran mayores concesiones a los trabajadores, con lo que se estableció "un importante precedente para el futuro de las relaciones obrero-patronales".[52] Estas concesiones fueron consignadas en el Código del Trabajo hondureño (República de Honduras Decreto 189) en 1957, en el que se reconocen los derechos a la sindicalización, las jornadas laborales de 8 horas, las horas extras, el pago de vacaciones, la protección pre y postnatal para las mujeres, la indemnización por despido, el derecho a huelga y el derecho a la negociación colectiva. No obstante, como la Ley

---

51 James C. Scott, *Weapons of the Weak: Everyday Forms of Peasant Resistance* (New Haven; London: Yale University Press, 1986).

52 Euraque, *Reinterpreting the Banana Republic: Region and State in Honduras, 1870-1972*, 96.

Wagner en los EEUU (también conocida como la National Labor Relations Act), esta ley ha demostrado valer menos que el papel en que se imprime cuando se enfrentan los intereses corporativos y un poder judicial hostil a los derechos de los trabajadores.

Los trabajadores de las maquiladoras han organizado sindicatos en varias fábricas con la ayuda de las federaciones fundadas a lo largo de los años por trabajadores de diferentes sectores de la industria bananera, como el SITRATERCO (Sindicato de Trabajadores de la Tela Railroad Company, surgido tras la masiva huelga de 1954) y su brazo más radical la COSIBAH (Coordinadora de Sindicatos Bananeros y Agroindustriales de Honduras organizada en 1994). Como muestra Dana Frank, los sindicatos de las maquiladoras pueden integrarse abiertamente al trabajo de activistas feministas que luchan tanto contra la violencia doméstica como contra las políticas excluyentes y que han tenido luchas *exitosas* contra la globalización corporativa.[53] Los sindicatos de las maquiladoras también reciben apoyo de uniones, federaciones y organizaciones no lucrativas internacionales, tales como la Unión de Trabajadores de la Industria y Textiles (UNITE por sus siglas en inglés), la Confederación Internacional de Organizaciones Sindicales Libres (ICFTU en inglés), la Federación Internacional de Textiles, Vestuario y Curtido de cuero (ITGLW en inglés), la Federación de Sindicatos de los Países Bajos (FNV por sus siglas en holandés) y el Proyecto de Educación Laboral en las Américas de Estados Unidos (U.S./LEAP).[54]

AFL-CIO arrastra una aborrecible historia de control paternalista ejercido sobre numerosos sindicatos hondureños como parte de su colaboración con el gobierno de los Estados Unidos y con las fuerzas contrainsurgentes en Centroamérica.[55] Los trabajadores también han chocado con sus propios sindicatos hondureños y con sus organizaciones paraguas o confederaciones cuando, desde su

---

53 Frank, *Bananeras: Women Transforming the Banana Unions of Latin America.*

54 Ralph Armbruster-Sandoval, "Globalization and Transnational Labor Organizing: The Honduran Maquiladora Industry and the Kimi Campaign," *Social Science and History* 27, no. 4 (2003), John Eden, "Honduras: Avanzada Sindical en las Maquilas," in *Detrás de la Etiqueta: Las Condiciones de Trabajo y los Derechos Sindicales en las Zonas Francas Industriales*, ed. Natacha David (International Confederation of Free Trade Unions, 2004).

55 Frank, *Bananeras: Women Transforming the Banana Unions of Latin America*, 6.

punto de vista, sus líderes se corrompen, se identifican mucho con los intereses del capital o cesan de luchar por los intereses de aquellos a quienes dicen representar.[56] No obstante, las organizaciones laborales, especialmente las que tienen cierto grado de control local, ofrecen una mejor promesa de cambio que las ONG que dependen en su mayoría de recursos externos para su financiamiento. Dana Frank y otros han escrito sobre una serie de luchas exitosas ocurridas en años recientes, en las que las mujeres han conducido a victorias significativas a los sindicatos bananeros, de las maquilas y del sector público.[57]

Aunque los sindicatos tienen un gran potencial para mejorar las condiciones de vida y de trabajo de muchos hondureños, los obstáculos son formidables. Uno de los casos más publicitados de resistencia organizada de trabajadores de maquilas ocurrido durante mi trabajo de campo fue la lucha en Kimi, una maquiladora coreana de La Lima donde los trabajadores realizaron una organización clandestina en 1993. Kimi se encuentra situada en el ZIP Continental, en el mismo parque industrial que albergaba las viejas maquilas de Cheil de Vanesa y de Yoo Yang de Rebeca. Ahí iba a tomar lugar la exitosa campaña de organización. La fábrica producía ropa para minoristas estadounidenses de alto perfil localizados en Estados Unidos, entre ellos J.C.Penney, Macy's y Gap. En 1995, los trabajadores de Kimi comenzaron a colaborar con UNITE y el 27 de julio de 1996, su sindicato SITRAKIMIH, solicitó los derechos de representación ante el Ministerio del Trabajo. Esa misma tarde, más de la mitad de los trabajadores de Kimi realizó un paro de labores al que se unieron cientos de otros trabajadores del ZIP Continental. Kimi se vengó: primero despidió a la mayoría de los miembros de la junta directiva del sindicato y después a 48 de sus seguidores.[58] SITRAKIMIH respondió en octubre con una

---

56 Ricardo Falla, "Questioning the Unions and Monitoring Corruption," *Envío* 214 (1999).

57 Frank, *Bananeras: Women Transforming the Banana Unions of Latin America*, ICFTU, "Export Processing Zones: Symbols of Exploitation and a Development Dead-End," (Brussels, Belgium: International Confederation of Free Trade Unions, 2003), 19-20.

58 Mucho de este recuento proviene de Armbruster-Sandoval, "Globalization and Transnational Labor Organizing: The Honduran Maquiladora Industry and the Kimi Campaign."

huelga de cinco días que paralizó la fábrica, forzó a reintegrar a la mayoría de los trabajadores despedidos, y obtuvo la promesa de que iba a reconocerse el sindicato en el plazo de seis meses.

En junio de 1997, por temor a la organización de los trabajadores y a la amenaza de que se retiraran los compradores estadounidenses como consecuencia de la mala publicidad (Gap de hecho se fue y J.C. Penney canceló sus órdenes), Kimi optó por aceptar observadores independientes. La supervisión independiente había ganado relevancia a partir de las recomendaciones del Grupo de Trabajo de la Asociación de la Industria de la Ropa (AIP por sus siglas en inglés) establecido por Bill Clinton, por entonces presidente de Estados Unidos, en respuesta al testimonio de Lesly Rodríguez y al escándalo de Kathie Lee Gifford.[59] Este tipo de supervisión se promovió en Honduras juntamente con un nuevo Código de Conducta de los propietarios de maquiladoras. El Código fue dado a conocer (sin que hubiera habido recomendaciones para asegurar su aplicación) en la inauguración del Primer Congreso de la Industria Maquiladora, organizado por la AHM en julio de ese año.[60] El que la supervisión fuera apoyada por la NLC, el CODEH, la CODEMUH y grupos de iglesias afiliadas, que afirmaban que ésta beneficiaba a los trabajadores, supuso un revés para el SITRAKIMIH. La empresa podría mostrar la asociación de supervisión como evidencia de su buena voluntad y erosionar el apoyo público a los sindicatos que representan un modelo más local y confrontativo de relaciones laborales. La supervisión privilegia las voces de los trabajadores previamente filtradas por la gerencia y silencia efectivamente a los trabajadores al impedirles ser sus propios representantes ante la empresa y ante el público (lo que en el caso de Kimi habían estado haciendo muy exitosamente). SITRAKIMIH se opuso a la práctica de los observadores de negociar informalmente con Kimi, como lo había hecho el CODEH en reuniones a puerta cerrada sin que el sindicato estuviera presente.[61] Dirigentes sindicales y empleados del CODEH (que contradecían la postura oficial de su organización) se quejaron conmigo con respecto a que los observadores tenían que llamar con

---

59 Ibid.

60 "Al Inaugurar Congreso de la Maquila: Inversionistas de Acuerdo con Aplicar Código de Conducta," *La Prensa*, July 29 1997.

61 Frundt, "Cross-Border Organizing in Apparel: Lessons from the Caribbean and Central America."

anticipación y fijar fecha y hora para su visita. A los observadores se les permitía reunirse con trabajadores previamente escogidos, quienes muy probablemente no formularían quejas. Además, como he mencionado antes, las fábricas normalmente lucen bien a primera vista. A menos que los supervisores estuvieran bien informados sobre el contexto de la fábrica, la mayoría de los problemas podían fácilmente ocultarse.

Aunque en 1997 Kimi finalmente reconoció al SITRAKIMIH, estallaron divisiones internas en gran parte debido a problemas entre el sindicato y los observadores independientes. Este conflicto, por supuesto, resultó muy conveniente para la empresa. Kimi mantuvo a raya las negociaciones de un primer contrato laboral por cerca de dos años; aprovechó el Huracán Mitch para mantener cerrada la fábrica durante tres meses (a pesar de haber sufrido solo daños menores), lo que supuso un movimiento calculado para debilitar aún más la movilización de los trabajadores de la maquila. Por último, debido a las presiones desde la base y a una amplia coalición internacional que incluyó defensores del monitoreo como la NLC, la compañía cedió: en marzo de 1999, los trabajadores de Kimi ratificaron su primer contrato por dos años. Semanas más tarde, Jaime Rosenthal, propietario del ZIP Continental, manifestó que no deseaba un sindicato en el parque y anunció que no iba a renovar el contrato de arrendamiento. Kimi anunció a su vez que operaría la fábrica en otra parte. Los trabajadores, temerosos de perder sus empleos, coordinaron una campaña de presión internacional contra Rosenthal y Kimi, y consiguieron una extensión por un año del contrato de arrendamiento de la empresa en el parque. Casi al mismo tiempo, las conversaciones para resolver las faltas de Kimi a lo estipulado en el contrato colectivo (específicamente la regresión en cuanto al salario mínimo de la fábrica, acordado en las negociaciones) terminaron con la ruptura del diálogo por parte de la gerencia de Kimi, lo que desencadenó una huelga de tres días de los trabajadores. El tercer día de la huelga, los trabajadores de Kimi unidos con los demás trabajadores del ZIP Continental, fueron recibidos por la policía antidisturbios enviada por el gobierno, la cual usó contra ellos bombas lacrimógenas y golpes de garrotes. La connivencia de propietarios nacionales e internacionales y del gobierno de Honduras para violar públicamente los derechos y los cuerpos de los trabajadores se convirtió en grito de guerra para el SITRAKIMIH y sus aliados internacionales. Una vez más, tuvieron éxito en presionar a Kimi para que diera marcha atrás y accediera a respetar el contrato laboral. Cuando Rosenthal dio por terminado el contrato de arrendamiento en el parque, esta vez de forma definitiva, Kimi llegó a un acuerdo con SITRAKIMIH para mudarse localmente.

El 5 de mayo de 2000, poco después de trasladar la fábrica a un nuevo lugar, la gerencia de Kimi anunció que iba a cerrar operaciones en Honduras debido a "dificultades financieras". En el transcurso de una semana, la fábrica fue cerrada. La empresa reabrió sus puertas en Guatemala con el nombre de Modas Cielo, una maquila sin sindicato a la que Kimi había transferido secretamente sus operaciones desde la firma del contrato laboral en marzo de 1999. A pesar de las peticiones interpuestas por los trabajadores, por los activistas internacionales anti-maquila y por otros aliados laborales, Kimi se mantuvo cerrada.

El caso de Kimi demuestra cuán difícil puede ser resistir para los trabajadores, incluso cuando consiguen hacerlo de manera abierta y fuerte con el respaldo de una amplia coalición internacional. A pesar de que tuvieron un éxito notable en la afirmación de sus derechos, su poder como empleados terminaba en última instancia donde se levantaban los muros de la fábrica. Había muchas fuerzas para impedirles recuperar sus puestos de trabajo y para hacer rendir cuentas a la empresa. Aunque indiscutiblemente Kimi fue apoyada en sus violentos arrestos antisindicales por los líderes empresariales, por los medios de comunicación y por el Estado de Honduras, lo mismo que se vio favorecida por la tolerancia a estrategias contenciosas de los derechos humanos, muchos achacaron la responsabilidad de la violencia de la empresa contra sus trabajadores al origen étnico de sus gerentes: ellos eran coreanos.

LA PRESENCIA COREANA Y EL ABUSO DE LA CULTURA

Los mayores inversionistas de la industria maquiladora provienen de los Estados Unidos, quienes en 2002 sostenían representar el mayor porcentaje de inversión (40%), seguidos por los hondureños con un 31%.[62] El tercer grupo en importancia lo representan los

---

62 Asociación Hondureña de Maquiladores, "El Tejedor Magazine: Estadísticas."

inversores coreanos, que en 2002 controlaban el 15 por ciento del mercado. Aunque no es el grupo de inversores más grande, se cree en Honduras y entre los críticos internacionales que los coreanos son los empleadores más abusivos. Mucho del activismo internacional de derechos humanos en la región, incluidas las acciones de Lesly y de la NLC, han tenido como objetivos empresas de propiedad coreana.

Temprano en mi investigación pude darme cuenta de que la comunidad de empresarios coreanos era muy consciente de esta imagen. En 1997 asistí a un evento que era patrocinado por la Cámara de Comercio de San Pero Sula. Sung Ki Park, el representante comercial de la embajada coreana en Guatemala y director de la oficina regional de la Agencia Coreana de Promoción de Comercio e Inversión (KOTRA por sus siglas en inglés), había venido con el fin de reunirse con empresarios para considerar nuevas oportunidades de inversión. Como resultado de una mala publicidad, sólo tres personas asistieron y yo tuve la oportunidad de entrevistar al señor Park, quien me habló en inglés de su frustración con respecto a la imagen negativa de los coreanos:

Los alemanes nos molestan mucho. Nos llegan 20 cartas al día de alemanes a la Embajada de Corea. Dicen de la maquiladora: malo. No hay derechos humanos. Pero no es así. Ahora se siguen las leyes y se paga por lo menos el salario mínimo. Ganan más que en puestos de trabajo guatemaltecos. Debe haber algún error o algún problema con el idioma o con la cultura. Hay muchos malos sentimientos contra los asiáticos.

Los "malos sentimientos" hacia los asiáticos —que en Honduras son conocidos como "chinos" independientemente de su nacionalidad— juegan un papel importante en distintos escenarios. En 1996 y 1997, el gobierno de Honduras se vio envuelto en el escándalo del "Chinazo", que estalló con el descubrimiento de la venta ilegal de pasaportes y visas de entrada a los Estados Unidos por empleados del consulado hondureño en Hong Kong y de la Embajada de Estados Unidos en Honduras.[63] El "Chinazo" fue

---

63 Ver "Key Witness in Passport Scandal Arrested in Miami " http://www.marrder.com/htw/aug96/national.htm, Carlos Enrique Girón, "Por Decisión del Juez Roy Medina, Giran Orden de Captura contra Julie Ng y René Contreras," La Prensa, January 10 1997, Armida López de Mazier, *Testimonio de una Víctima del "Pasaportazo"* (Tegucigalpa, M.D.C., Honduras, C.A.: [s.n., 1996).

motivo de indignación para los hondureños que vieron cómo su nacionalidad se había vendido barato. Otra gran noticia ese verano fueron los esfuerzos conjuntos de las iglesias hondureñas y del Estado para librar al país de los seguidores de la Iglesia de la Unificación ("Moonies") que habían estado haciendo campañas proselitistas en Tegucigalpa. Mis informantes se refirieron de forma unánime a estos misioneros como miembros de "la religión coreana". Perfilados como una amenaza contra la soberanía nacional, los "Moonies" finalmente salieron de Honduras. La fuerte crítica con la que se rechazó el percibido asalto contra las formas aceptables del cristianismo, resultó mucho más consistente que, por ejemplo, las reacciones contradictorias contra los abusos en las fábricas coreanas. No obstante, ese verano me di cuenta de que los hondureños con frecuencia relacionaban ambos asuntos en su conversación como si las maquiladoras coreanas tuvieran vínculos con la Iglesia de la Unificación. De hecho la mayoría de los coreanos que viven en Honduras pertenecen a iglesias protestantes reconocidas y rehúyen la iglesia del carismático líder Sun Myung Moon.

En julio del año 2000 acompañé a mis amigas norteamericanas Alison Oestreicher y Juli Kang a cenar con tres empresarios coreanos a Hodory, un restaurante coreano en San Pedro Sula con el nombre de la mascota de los Juegos Olímpicos de Seúl de 1988. Nuestro anfitrión era el señor Paek, un coreano que se había hecho ciudadano norteamericano. Frustrado por el fracaso de una franquicia de Subway en San Jose, California, había decidido trasladarse a Honduras cuando un pariente le había ofrecido un puesto de gerencia en una fábrica de bordado computarizado. Su esposa y sus hijos se quedaron en California. El señor Paek argumentaba que la tendenciosidad racista de los medios de comunicación era en gran parte culpable de los sentimientos anti-coreanos en Honduras. Hablamos principalmente en inglés:

Señor Paek: Esa es mi opinión. En todo el mundo [hay] tipos buenos y tipos malos. Pero, más importante, como en los disturbios que ocurrieron en Los Ángeles, que los [periodistas pusieron] en primer plano a los tipos malos, aquí en Honduras me siento igual. La gente piensa que los coreanos tratan mal a la gente local. Pero supongo que sólo [están] pensando en los tipos malos, no en los tipos buenos. Hay muchas buenas empresas, como la suya [el señor Paek señala a uno de sus amigos, y ambos ríen tímidamente]. Pero la gente siempre culpa al tipo malo. Así que un representante de los coreanos arruina la reputación [de todos]. Es por eso que a veces tenemos una mala reputación, pero [la] mayoría de la gente coreana que está en Honduras es buena. Soy positivo [sonríe, gesticulando]. Lo soy. ¿De acuerdo?

Alison: ¿Qué ha sido lo peor que los malos coreanos han hecho?

Señor Paek: Bueno... lo que es malo para... viniendo... de los coreanos. Bueno, primero... varias empresas coreanas cerraron sus negocios y no pagaron a su gente, a sus empleados ¿me entiende? Ellos tienen algunos... derechos cuando [han] sido despedidos. Tal vez eso es lo más importante... de la mala reputación de los coreanos pero pienso que han sido solo cuatro o cinco empresas. Pero además tenemos 40 o 50 empresas que hacen buenos negocios y dan un buen servicio a la gente local. Pero los periodistas, la prensa nunca se fija en esas empresas... Siempre se centran en la empresa que está cerrada o en la que tiene problemas. Y aquí la televisión local también. Siempre están mostrando a la empresa que [da] malos tratos a la gente local. Pero nunca muestran a las empresas que tratan... [bien] a sus empleados. Ese es el mayor problema que nosotros tenemos aquí. Pero siempre —Usted sabe— como en los Estados Unidos o en Corea, siempre hay delitos. Aquí también hay delitos. Aquí también la gente extranjera [está] pensando permanentemente 'este es un país de crimen'. Pero eso no es cierto.

Según el señor Paek los medios de comunicación incendiarios son los responsables de las actitudes negativas hacia los coreanos por centrarse en los pocos que abusan, ignorando los ejemplos más positivos del comportamiento de otros nacionales de ese país. Reconoce la queja más común que escuché de los trabajadores: el no pago o el pago insuficiente de la indemnización por despido como uno de los ejemplos de las malas prácticas. También afirma que muchos coreanos son "buenos tipos". De hecho, conocí numerosos hondureños que estaban muy contentos con sus trabajos, incluso hallándose esta satisfacción condicionada por unas bajas expectativas y por la violencia estructural. Uno de estos trabajadores satisfechos, casualmente trabajaba en la maquila del señor Paek. Descubrí que mi joven amiga Leti estaba empleada ahí cuando después de la cena con el señor Paek hicimos una visita nocturna a la fábrica. Me rogó que no le dijera al señor Paek que la conocía porque no quería que se diera cuenta de que había usado una identificación prestada para conseguir el empleo —pues todavía era menor de edad. El señor Paek le había permitido a Leti tener un horario flexible para que pudiera ir a la escuela secundaria durante el día y ella estaba feliz con su empleo— como me había contado varias veces antes de que yo supiera dónde trabajaba exactamente.

Una tarde, mientras estaba sentada viendo telenovelas con Rebeca en casa de su madre, su vecino Javier llegó de visita. Iba elegantemente vestido, era de baja estatura y de aspecto fuerte. Cuando entró, Rebeca me susurró: "Éste trabaja en las maquilas, pero está del lado de los coreanos. *Es culebra*". Le pregunté a Javier sobre su trabajo. Me refirió que trabajaba en el parque del ZIP Continental donde supervisaba aproximadamente 50 hondureños que hacían cajas de cartón para Silver Star, una fábrica coreana. Me dijo que probablemente yo no querría oír su historia porque a él le gustaba su trabajo. Dijo que podía presentarme a muchas jóvenes con quienes estaría bien que hablara. Continuó cuando le aseguré que también valía la pena entrevistar a un trabajador feliz. Javier había defendido antes a los coreanos y parecía asumir que, puesto que era una extranjera interesada en estudiar las maquiladoras, yo era anti-coreana. "Mire", me dijo, "igual como hay malos hondureños y buenos hondureños, hay malos coreanos pero hay buenos también".

A veces, como Javier en nuestra conversación, los coreanos prestan atención a sus similitudes con los hondureños. En 1996, en respuesta a las acciones de Kernaghan y Lesly Rodríguez, el Consejo de Empresas Industriales de Corea (COEICO) difundió una Carta Abierta dirigida al COHEP y al público en general en un campo pagado de página completa en el Diario Tiempo (propiedad de Jaime Rosenthal, también dueño del ZIP Continental y quien pelearía por expulsar al SITRAKIMIH). En un fragmento de la carta se leía:

Las costumbres de Corea no difieren en gran medida del estilo de vida que llevan los países occidentales, lo que es decir que hemos estado trabajando a la par para transformarnos en una sociedad eminentemente moderna y desarrollada; por ejemplo, las mujeres han sido incorporadas de manera eficiente en el mercado laboral, no sólo en términos de producción sino de educación, porque participar activamente en este proceso requiere de educación formal, proveer conocimientos y habilidades mediante un sistema pertinente, lo cual es importante para una sociedad en desarrollo como Honduras.

La industria de la maquila ha sido vehículo de enormes cambios en esta sociedad al proveer elementos vitales para el desarrollo de recursos humanos competentes. Por supuesto que esto requiere de un enorme entendimiento de la importancia pura del aprendizaje... sin olvidar la necesidad de apreciar y aprovechar de forma inteligente la capacitación de los recursos humanos.[64]

Al leer esta carta, suscrita en un momento de nerviosismo por 30 propietarios de fábricas y dos representantes de COEICO, uno podría pensar que las maquilas en verdad representan el camino hacia una interpretación del desarrollo compartida por todos, y que las recientes protestas habían sido meramente el producto no intencional de un malentendido cultural.

La propuesta de nuestro amigo el señor Paek para solucionar el problema que había surgido en torno a los coreanos en Honduras, que para él resultaba de la suma de las actuaciones de coreanos y del periodismo amarillista, se encontraba en la cultura:

Juli: ¿Cree Usted que ha habido muchas ocasiones en que los coreanos han sido malentendidos por los hondureños? ¿La cultura coreana, los empresarios coreanos, por las autoridades o por la gente común?

Señor Paek: Sí, de acuerdo. Bueno nosotros vinimos aquí a trabajar, ¿no es cierto? No a jugar, no [por simple voluntad]. Entonces nosotros trabajamos la mayor parte del tiempo y ahora nos damos cuenta que tenemos un pequeño problema con la gente local. Así que ahora traemos algunos grupos de danza de corea y mostramos nuestra cultura. Y a nosotros nos gusta compartir, sus culturas, nuestras culturas. Ahora funciona. La gente local ahora [está] comenzando a entender a los coreanos. Nosotros tratamos de comprenderlos a ellos también. Así que hacemos algo de trabajo voluntario, y pagamos... becas... y el gobierno coreano... construyó un centro [vocacional] aquí, y funciona.

AP: ¡Ah, yo lo he visto, en el camino a Choloma...!

Señor Paek: Sí... ¡Así que ahora compartimos más con la gente local!

---

64 Kwang Woong Choi and Yoon Ki Han, "Carta Abierta," *Tiempo* Noviembre 26 1996.

La noción de la cultura es de hecho fundamental tanto para los hondureños como para los coreanos al momento de interpretar sus interacciones. Una de las razones por las que el señor Paek hacía un esfuerzo consciente para compartir más con la gente local radica en que, como Kurt Peterson ha señalado para el contexto guatemalteco, los coreanos tienen poco contacto con los hondureños fuera del escenario de la fábrica, con algunas raras excepciones que se discuten a continuación.[65] Los coreanos han establecido su propia y exclusiva red social, incluidas asociaciones económicas, escuelas, restaurantes y el principal sitio de encuentro: la iglesia. Los programas de caridad y los esfuerzos por traer "cultura" bajo la forma de actividades festivas de entretenimiento, mencionados por el señor Paek, venían a ser un intento de contrarrestar la segregación.

De hecho, como descubrí después por su chofer Geovanny, el señor Paek compartía más con la gente local de lo que nos había indicado. Un día le pregunté a Geovanny qué tanto le gustaba su trabajo, y me dijo que el señor Paek lo trataba muy bien, por supuesto, porque "Yo soy su cuñado". Quedó claro después que el señor Paek mantenía una familia en Honduras, además de su familia en San José. Este tipo de arreglo es común entre hombres coreanos y mujeres hondureñas, como lo son los matrimonios legales, con lo que la comunidad ha ido creciendo. El asistente del señor Paek, Charlie Park, y su esposa Isabela (ver imagen 13), me llevaron después a una concurrida fiesta de celebración de los cuatro años de edad de Laura Kang, realizada durante la reunión mensual de hombres coreanos con novias o esposas hondureñas.

Las opiniones del señor Paek con respecto a Honduras eran mucho más indulgentes que las del señor Chang, el gerente de una maquiladora que conocí en enero de 1998 en el bar del club de golf de la Zona Americana. Nos invitó a mi amiga Sara y a mí a comer comida coreana con un grupo de amigos suyos coreanos. Después de unos pocos whiskies y de mucho *hwe* (pescado crudo estilo coreano), el señor Chang comenzó a quejarse conmigo de que los hombres hondureños se erguían demasiado alto. Le pregunté por qué eso era un problema. "¿Has visto a los japoneses que se inclinan

65 Kurt Peterson, "The Maquila Revolution in Guatemala," in Global Production: The Apparel Industry in the Pacific Rim, ed. Edna Bonacich (Philadelphia: Temple University Press, 1994).

así…?" Reaccionó poniéndose de pie e inclinándose bastante. "Son humildes. Nosotros los coreanos, sólo nos inclinamos hasta aquí. No somos tan humildes como los japoneses, y mira, hacen las cosas mejor que nosotros. Pero los hondureños son tan orgullosos, ¡se ponen de pie tan rectos como si fueran reyes!" Arqueó su espalda y puso una cara orgullosa. "Son perezosos y no trabajan pero piensan que son importantes. En Corea nosotros también éramos pobres como ellos, pero trabajamos muy duro y ahora nuestro país es fuerte. Los hondureños no entienden que tienes que ser humilde y trabajar duro, a veces 15, 20 horas al día. De lo que se ocupan es de erguirse con la espalda recta". Le pregunté por qué los Estados Unidos eran tan poderosos a pesar del hecho de que inclinarse no fuera una costumbre ahí. Se rio de mi pregunta y dijo "¡No necesitan inclinarse, ya son fuertes!".

El análisis del señor Chang de la situación económica de Honduras comparada con la de otros países, aunque desprovista de la retórica cristiana, resulta notablemente similar a la de Evelio Reyes. La ideología del logro en sus muchas formas es usada para argumentar que el trabajo duro, motivado por un apropiado sistema de valores (del protestantismo, del confucionismo, del patriotismo, etc.) conduce a un *statu quo* en el que uno se gana el lugar que se merece en la escala social. Es un argumento fundamentalmente cultural y fundamentalmente erróneo, en tanto ignora las fuerzas políticas y estructurales que impiden a los pobres hacerse ricos en los puestos de trabajo de las maquilas, al tiempo que resguardan a los ricos de hacerse pobres.

Gran parte de la desconfianza mutua y del antagonismo entre coreanos y hondureños se atribuye a malentendidos culturales de los actores involucrados, lo que conduce a que los asuntos de poder en el lugar de trabajo se entiendan en términos culturales. Lesly y Rebeca, por ejemplo, destacaban el concepto de cultura en sus críticas a los coreanos. En una entrevista con Margarita, una empleada del CODEH, le pregunté por qué se creía que los coreanos eran más abusivos que otros propietarios de maquilas. Su respuesta refleja un argumento estándar:

Mira, nosotros hemos llegado a la conclusión, con la investigación que hemos hecho, de que es su cultura. Es su cultura. Para ellos el jefe que da trabajo a una persona debe ser reverenciado, [el trabajador]

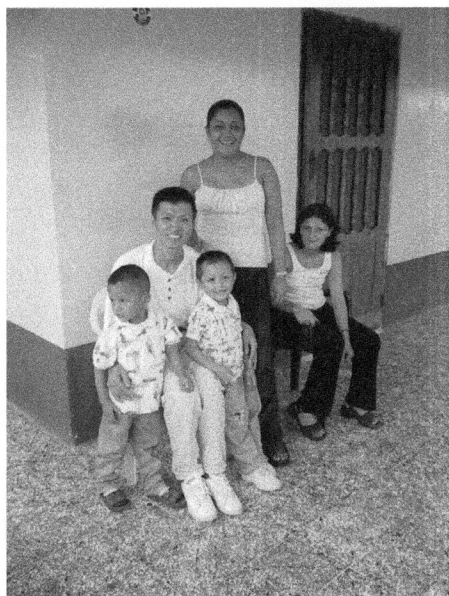

Figura 15.
Una feliz familia honduro coreana.

es prácticamente un esclavo y tiene que obedecerle en todo. Y aquí
en Honduras la esclavitud terminó hace siglos pero parece que allá,
su cultura es que la gente se mantenga trabajando sin poder levantar
sus cabezas, produciendo.

El análisis de Margarita de la inclinación de la cabeza brinda
un contraste interesante con respecto al del señor Chang. Para
ella representa no humildad sino humillación, una humillación
vinculada directamente con la opresión colonial. Como demuestra
su argumento, las historias nacionales se inscriben en los cuerpos
tanto como en los *habitus*, y se interpretan como cultura.

La valoración del señor Chang con respecto a que los hondureños
son demasiado orgullosos como para poder triunfar se desprende de
uno de los muchos modelos explicativos que los coreanos emplean
en Honduras para racionalizar el origen de sus malentendidos
con la población local, las causas de la pobreza de la gente y por
extensión de la situación de subdesarrollo del país.[66] La mayoría
de estos modelos explicativos se centran en torno a alguna de las
versiones de la ideología del logro. En la cena en Hodory, uno de los

---

66 Tomado de Arthur Kleinman, *Patients and Healers in the Context of Culture:*
An Exploration of the Borderland between Anthropology, Medicine, and Psychiatry,
Comparative Studies of Health Systems and Medical Care; (Berkeley: University
of California Press, 1980).

amigos del señor Paek nos dijo:

Nosotros siempre estamos diciendo 'rápido', [en coreano] 'balli balli...'
La gente conoce la palabra, 'balli balli'. Y ellos piensan [que es]
explotación o algo así [puesto] que estamos muy apresurados. Pero
los hondureños no se apresuran, son... Hay una tipo diferente de
[mentalidad], eso es lo que pienso.

Un gerente de maquila de nombre David, nos dijo a Juli y a mí que
los hondureños son difíciles de entender para los coreanos porque
"hablando en términos generales esta gente [no] tiene... esperanza,
y no piensan en el futuro". Según él, este era el caso porque: "Creo
que son muy felices. [Son] felices y por eso no quieren ahorrar algo
de dinero para mejorar su vida en el futuro. Ahora, son felices". Uno
de los modelos explicativos de David era que a los hondureños no
les importaba su pobreza, no se preocupaban. David nos dijo que
los coreanos eran diferentes y citó como prueba la superación de
la pobreza en Corea. Nos proporcionó otro modelo explicativo
cuando pasó a argumentar que un clima cálido y abundantes
alimentos estaban detrás de la aparente falta de motivación de los
hondureños. "¿Podrías encontrar un país, [algún] país que haya
tenido éxito en un [sitio] verdaderamente caliente como el de los
países centroamericanos? No puedes. En los países calientes, la gente
no quiere trabajar muy duro". [Se encogió de hombros]. Interrogado
nuevamente, David reconoció que algunos hondureños buscaban
mejorar sus vidas con trabajo duro, pero que la falta de motivación
mantenía a la mayoría atrasados.

En un artículo de *Honduras This Week* titulado "Las diferencias
culturales pueden complicar las relaciones obrero-patronales" un
director de maquila, M.S. Ock, dilucidaba otro modelo explicativo:

Una diferencia que veo es el alto porcentaje de madres solteras
que trabajan aquí. La institución familiar es menos sólida que
en Corea. Creo que las familias hacen las comunidades y las
comunidades hacen el país. Si la familia está destruida, el país no
se puede desarrollar.[67]

Este tipo de argumentos sobre los "valores familiares" sirve para
desviar la atención de los abusos institucionales al responsabilizar

---

67 Ana Cecilia Membreño, "Cultural Differences Can Complicate Worker-Management Relations," http://www.marrder.com/htw/special/maquilas/2.htm.

a los hondureños por motivos morales de su fracaso económico, y recuerda las líneas similares de razonamiento que culpan a las madres solteras de la "epidemia" de las pandillas. Esto oculta las dinámicas de las relaciones laborales al encuadrarlas dentro del ámbito de la cultura y resitúa los abusos laborales como aspectos integrales del mejoramiento cultural y moral de los trabajadores. La dictadura bajo la cual creció la economía de Corea, la ayuda de los Estados Unidos y las masivas huelgas de trabajadores coreanos en 1987 (que fueron en parte responsables del traslado al extranjero de la industria textil coreana), son factores que no se toman en cuenta en este tipo de narrativas de ideología del logro. Tampoco se considera la historia de la brutal represión y resistencia dentro de la industria textil coreana misma, encarnada por el mártir Jeon Tae-Il, quien se auto-inmoló en 1970 con el código del trabajo en la mano para protestar por los abusos contra los trabajadores textiles coreanos. El conflicto laboral en curso en Corea demuestra que lo que es definido como "cultura" por la gerencia coreana tanto como por los trabajadores hondureños y quienes abogan por los derechos humanos en Honduras, no ha sido aceptada como tal por los trabajadores coreanos.

El concepto de coreanidad también se inventa y materializa de otras maneras tanto por los hondureños como por los coreanos. Honduras no es un destino de prestigio para los coreanos; vienen, como el señor Paek decía, a trabajar. Los coreanos que vienen no habrían tenido acceso en su país a las casas amplias, al trato especial y a los campos de golf de que disfrutan en Honduras. En muchos aspectos son equiparables a los miembros de las "clases baja-alta y media" descritas por Orwell en *El Camino a Wigan Pier*. Dado su estatus colonizador (como los británicos en la India colonial), los coreanos y otros extranjeros privilegiados encuentran "muy fácil jugar a ser un caballero".[68] Una vez en Honduras, sacan partido a la ideología del logro para justificar su propio ascenso de clase a través de estructuras inaccesibles para la mayoría de los hondureños.

Los argumentos de la ideología del logro y de la cultura, aunque extendidos, no son los únicos que escuché para explicar las contradicciones de la industria maquiladora. En el Quinto Torneo Anual de Golf Centroamericano Coreano, Juli, Alison y

---

68 George Orwell, *The Road to Wigan Pier*, 1st American ed. (San Diego; New York: Harcourt Brace Jovanovich, 1958), 124.

yo conocimos al señor Lee, un rico propietario de fábricas que había manejado maquiladoras en Centroamérica desde hacía 15 años. Lo siguiente es un extracto de las notas de campo que tomé en tal ocasión:

Al principio desconfía y no quiere ser fotografiado ni entrevistado. Después de hablar con él y de que se tomara un par de copas, nos dijo que se debía a que todos los estudiantes universitarios que se ocupaban de derechos humanos y que venían de los Estados Unidos, estaban del lado de los sindicatos estadounidenses y ciegamente compartían su agenda. 'Quiero decir, si quieres observar los derechos humanos aquí, ¡mira las carreteras! ¡No tienen carriles, no hay luces, cualquiera puede matarse así!' Algo en lo que, en sentido estricto, estoy de acuerdo con él.

Después nos contó una historia (en tiempo presente, de modo que no sé si era un resumen de distintos acontecimientos o un ejemplo o algo que pasó alguna vez en particular o muchas veces). La historia fue sobre una joven menor de edad que llega a buscar trabajo a su fábrica en Tegucigalpa. No tiene la edad suficiente, tiene 17, así que le dice que no puede trabajar. Pero ella le ruega y ruega y dice que necesita desesperadamente un trabajo, que sus hermanos y hermanas no tienen qué comer, que necesita llevarles algo. Él dice que no, ella le ruega más y él accede a darle un trabajo fácil. Algo muy simple que no la sobrecargara, a tiempo parcial y con menos paga que si fuera a tiempo completo. Además le promete darle un verdadero trabajo cuando tenga la edad. 'Entonces viene la gente de derechos humanos y [haciendo exagerados movimientos de shock] ¡Trabajadores menores de edad! ¡Explotación!' Pero es porque el gobierno no se preocupa por ellos por lo que están así.

El argumento del señor Lee difiere de la postura del relativismo cultural que podría excusar el abuso basándose en supuestas normas de una cultura circunscrita en un tiempo y en un espacio geográfico. Las actuales condiciones de trabajo en Honduras tienen raíces históricas, no son *emic*, no son nativas ni autodelimitadas, ni de ningún modo son naturales. El señor Lee hablaba de la violencia estructural que hace atractivo el trabajo en las maquilas para muchos hondureños. Las maquiladoras no son el origen de la violencia estructural, sin embargo, hondureños, coreanos y otros inversionistas internacionales del sector, abogan y se benefician de leyes e instituciones que ejercen violencia sobre la mayoría pobre. La reducción de estas fuerzas a "cultura", le hace un mal servicio tanto a los coreanos como a los hondureños. Si la cultura realmente fuera la culpable, no sería la de los coreanos la que habría que responsabilizar sino la cultura del capitalismo neoliberal que puesta al servicio de las corporaciones multinacionales está destruyendo el sector público y todas las protecciones medioambientales y laborales que habrían podido amparar a los trabajadores ante las imposibles alternativas actuales. Los coreanos, como los miembros de las pandillas y los alcohólicos, en ocasiones actúan mal, pero también son un chivo expiatorio —como decía el señor Lee— de un gobierno irresponsable que se endeuda con los representantes globales del capital corporativo como lo son el FMI y el Banco Mundial.

Las maquiladoras tienen un efecto profundo en las subjetividades hondureñas, como lo tienen las políticas e instituciones de la *mano dura*, Alcohólicos Anónimos o las iglesias evangélicas, que ofrecen a los hondureños la disciplina como solución modernizadora frente a la omnipresente violencia callejera. En el trabajo, los empleados de las maquiladoras encuentran una violencia mucho más ordenada que la que confrontan diariamente en los medios de comunicación, en las calles o en sus hogares. La violencia de las maquiladoras entrena los cuerpos de los trabajadores para la repetición y las bajas expectativas, con lo que produce una alienación que se extiende más allá del lugar de trabajo. Aunque los trabajadores resisten de muchas maneras, esta subyugación encarnada, unida a la violencia estructural, hace de esa resistencia algo difícil (aunque no inútil). Cuando los trabajadores aceptan las ideologías de género, del logro o las ideologías religiosas que acuerpan la industria maquiladora, participan de la violencia simbólica, incluso si la industria les ofrece empleo y la dignidad mínima que una pequeña cantidad de dinero puede comprar.

CONCLUSIÓN

A pesar de los cambios en los gobiernos y en las actitudes que han podido ocurrir en los cerca de diez años transcurridos desde que comencé a investigar en Honduras, la violencia ha permanecido como característica central de la subjetivación para los hondureños, con la disciplina como remedio. Los cuerpos disciplinados son, por supuesto, primordiales para el éxito del capitalismo. También son los cuerpos el eslabón de la cadena que une al alcohol, a las maquiladoras y a la violencia de Estado. La violencia omnipresente en la sociedad hondureña, es generalmente entendida como un resultado directo de una falta de disciplina de los cuerpos de sus ciudadanos. En los reinos del consumo, la producción y la represión gubernamental, la disciplina provee de una solución que, en caso de fallar, ofrece igualmente una explicación para la violencia.

En Alcohólicos Anónimos y en las iglesias evangélicas, los miembros aprenden a controlar lo que ingieren sus cuerpos, a vestirse, y a exteriorizar sus emociones en formas nuevas que los identifican (o al menos así lo esperan) como candidatos para el ascenso social. La industria maquiladora disciplina a las mujeres jóvenes y pobres en un nuevo régimen de trabajo y en una modalidad moderna de subjetividad femenina. Las políticas de control de los delitos violentos, llevadas a cabo en conjunción con un discurso corporativamente controlado del crimen, enseñan a los sujetos hondureños a vigilar de cerca las interacciones encarnadas en sus cuerpos y a temer de sí mismos y de los otros.

La historia de Rebeca es un ejemplo de la interrelación de la violencia con el alcohol y con las maquiladoras. A pesar de que en su juventud participó en actividades de resistencia al gobierno, y a pesar del hecho de que dos de sus hijos estuvieron cerca de ser asesinados por gente que actuaba con la aprobación tácita del Estado, ella misma va a llegar a ver el asesinato extrajudicial de jóvenes del vecindario como una respuesta apropiada a la violencia de las pandillas. En la maquila, donde se le dio un trabajo indeseable por ser negra, Rebeca fue despedida al tomar iniciativas de organización en defensa de sus derechos. Cuando su esposo se hizo alcohólico, ella usó subterfugios y el miedo para que dejara la bebida. Cuando él se hizo adicto al crack y se volvió violento y abusivo, ella se unió a una iglesia evangélica en busca de consuelo en un Dios que no podría protegerla de su marido.

Cuando la visité en 2003, Rebeca era feliz. "Por fin estoy sola" me dijo. Dada la insistencia de sus cuatro hijos y la ayuda del abogado para quien trabajó como empleada doméstica, Rebeca había obtenido una orden para que Omar se alejara. Esto fue posible gracias a una ley de 1997, la primera que proscribió la violencia doméstica en Honduras. De hecho, las feministas hondureñas lograron considerables progresos en la lucha contra esta forma de violencia durante el período en que yo realizaba mi trabajo de campo. Maduro incluso, incorporó el tema en su campaña presidencial de 2001, cuando declaró que como presidente, uno de sus objetivos sería "la erradicación de la violencia doméstica en el cumplimiento del principio de Cero Tolerancia que el gobierno iba a aplicar como política".[1]

Reflexioné sobre el cambio de actitudes hacia la violencia doméstica en mis notas de campo después de leer el titular de un periódico del 9 de julio de 2003 que decía: "La alcaldesa de Choloma denuncia violencia doméstica: Sandra Deras [la alcaldesa] acusó a su marido Alfonso Godoy [de violencia doméstica] el lunes, pero ayer pidió que fuera liberado".[2]

Caminé con Teto hacia la estación de buses que se encontraba después de una valla que contenía un mensaje para la ciudadanía: 'La violencia en el hogar es un asunto público: el Estado y la sociedad tienen la obligación de combatirlo y evitarlo de acuerdo con la ley. ¡Denunciémoslo!' El mensaje es patrocinado por un par de empresas de alimentos, marcas de pan y de pollo, y por el gobierno local. Es increíble lo público que se ha convertido este tema en los últimos años desde que se aprobó la ley contra la violencia doméstica. El revuelo que se levantó porque la alcaldesa de Choloma le echó la policía a su esposo, no ha sido desfavorable para ella. Estos cambios de actitud ciertamente ayudaron a Rebeca a hacer lo mismo con Omar.

---

1 En Meza et al., *Proceso Electoral 2001: Monitoreo Desde la Sociedad Civil*, 246.

2 Tania Corona, "Alcaldesa de Choloma Denuncia Violencia Doméstica," *La Prensa*, Julio 9 2003.

Encontré, sin embargo, que el valiente paso de Rebeca no había tenido consecuencias en las creencias conservadoras que ella había comenzado a albergar crecientemente desde que la conocí en 1997. Una noche durante la cena, expresé mi opinión de que encontraba despreciables los sermones del doctor Evelio Reyes con respecto a la necesidad de que las mujeres debían estar subordinadas a los hombres, y usé su propio caso como ejemplo. En mis notas de campo escribí sobre esto:

Rebeca corrigió mi equivocación: 'Pero Adriana, el hombre debe tener el control de la casa. En mi caso fue diferente porque mi marido no funcionaba y no nos apoyaba, pero el hombre debe trabajar y debe estar a cargo. Él debe tomar las decisiones —con su mujer, por supuesto— pero él debe tener la última palabra. Los hombres tienen mayor capacidad para el razonamiento intelectual, Adriana, y es mejor para ellos estar a cargo'. Yo me limité a asentir, muda.

Para Rebeca, Omar había perdido el lugar que le correspondía como jefe de familia, primero por borracho y después por drogadicto, pero sobre todo por no proveer lo necesario económicamente, por no ser un verdadero hombre. En lugar de ver su matrimonio como una prueba de que la subordinación de las mujeres a los hombres es peligrosa e injustificada, ella lo veía como la excepción que probaba la regla.

La mayoría de los hondureños pobres que llegué a conocer (y la mayoría de los hondureños *son pobres*), al igual que Rebeca, no conciben la pobreza como un problema principalmente estructural. Más bien la representan como un fracaso colectivo de los individuos para adherirse adecuadamente a la ideología del logro —el complemento ideológico de la disciplina de los cuerpos que promueven las instituciones que aquí se examinan. En las iglesias evangélicas, en AA y en el discurso del progreso utilizado por los promotores de la industria maquiladora, la ideología del logro defiende el *statu quo*. Los ricos se entiende que son ricos por ser merecedores de su riqueza (independientemente de que sea cierto), y el fracaso de los pobres para convertirse en ricos les prueba que no son merecedores de esa riqueza. Estas creencias —comúnmente implícitas— son encarnadas en *habitus* y cobran gran importancia en las subjetividades hondureñas. En conjunción con la ideología colonialista prevaleciente que sitúa a los hondureños en el peldaño inferior de la escala social evolutiva, la ideología del logro defiende un orden "natural" que es peligroso desafiar. Por lo tanto, ganar dinero propio hace de las mujeres sujetos menos femeninos (ya que la categoría se define en gran parte por la dependencia económica de los hombres), y el dinero en manos de pobres (que se conciben como criminales), hace que parezcan más criminales.

En Rebeca pude apreciar una desconcertante coexistencia de coraje para resistir junto a una mansa rendición a la violencia simbólica. Esta dualidad es evidente en distintos ámbitos. De existir un pequeño espacio para la resistencia, los hondureños se resistirán. Si ese espacio está bloqueado, es más probable que la resistencia cobre manifestaciones externas (como cuando Rebeca se involucró en la insurgencia de izquierda a mediados de los 80, o como cuando una década más tarde iba a luchar contra la maquiladora que la empleaba) que se manifieste a través de una parálisis de auto-aversión. Sin embargo, la adhesión de Rebeca a ideologías que fomentaban la pasividad y la sumisión, le impidió reconocer, y en muchos casos resistir, la violencia de las instituciones que promovían esas ideologías (por no hablar de la violencia que ejercieron directamente sobre ella).

Esta historia de Rebeca, aunque no representa a todos los hondureños, sirve para ilustrar los procesos de control que enlazan las esferas de la violencia, el alcohol y las maquilas. Los cambios de género en el trabajo que ha traído sobre todo la industria maquiladora (como la de la planta en la que trabajaba Rebeca) y las ideologías y políticas que los promueven, vienen a ser factores responsables de los excesos en que incurren los hombres jóvenes desempleados. Estos jóvenes castrados tienen una serie de opciones, ninguna de las cuales puede brindarles el éxito económico (y la masculinidad concomitante) que promete la ideología del logro. Pueden migrar a los Estados Unidos, donde se encontrarán con nuevas formas de violencia estructural y con el problema asociado de ser identificados como inmigrantes latinos.[3] En el ámbito interno, pueden acceder a

3 James Quesada, "From Central American Warriors to San Francisco Latino Day Laborers: Suffering and Exhaustion in a Transnational Context," *Transforming Anthropology* 8, no. 1-2 (1999), Schmalzbauer, *Striving and Surviving: A Daily Life Analysis of Honduran Transnational Families*.

un (sub)empleo, pueden unirse a las fuerzas de seguridad nacional, civil o militar, y también pueden unirse a una pandilla. Muchos jóvenes experimentan con distintas de estas opciones. También pueden emborracharse, drogarse, estar sobrios o encontrar a Jesús. Lo único que no pueden, es hacerse ricos.

Las pandillas han proporcionado uno de los pocos ámbitos en los que los jóvenes pobres hondureños han tenido la oportunidad de construir una imagen de sí mismos desafiante, positiva y basada en su conciencia de clase —si bien es importante no idealizar la solidaridad que se da al interior de estos grupos. Las experiencias diarias de los hondureños se encuentran repletas de violencia estructural y simbólica. Por ejemplo en el caso de AA, los miembros pobres aprenden a afianzar el desdén del *habitus* y del capital simbólico de las clases bajas. El énfasis de AA en el mejoramiento de sus miembros encaja perfectamente dentro de un modelo burgués de valor, en el que los medios para la mejora consisten en adoptar gestos y costumbres propias de la clase superior, en lugar de desafiar las contradicciones y la violencia del sistema de clases en sí.

En gran parte, las características que presento en estas páginas no son exclusivas de Honduras (aunque su particular configuración lo sea). Hoy en día las personas en mi país de origen, los Estados Unidos, no se encuentran más inclinadas a desafiar las contradicciones y la violencia de clases que los hondureños. Lo cual es especialmente cierto para aquellos de nosotros que, como yo, no confrontan las peores consecuencias de la violencia estructural.

Los paralelismos culturales y económicos, y los vínculos directos de Honduras con el resto del mundo son numerosos. Esta imbricación es especialmente evidente en la relación desigual que existe, cargada de todo tipo de violencia, entre Honduras y los Estados Unidos. El desarrollo de la Guerra contra el Terrorismo en ambos países es un buen ejemplo. En noviembre de 2001, el Senado y el Congreso de los EEUU, instigados por un furioso miedo patriótico, votaron de forma prácticamente unánime (con la sola excepción de mi entonces representante Bárbara Lee) una iniciativa que otorgaba al presidente Bush el poder de desplegar el ejército para luchar contra enemigos vagamente definidos desde una perspectiva de Cero Tolerancia ("o estás con nosotros o estás contra nosotros"). En agosto de 2003, el Congreso de Honduras instigado por un igualmente furioso miedo patriótico, votó de forma unánime la aprobación de la Ley Antimaras, que le dio a Maduro el poder de emplear a los militares contra enemigos también vagamente definidos desde una perspectiva de Cero Tolerancia. Una conexión con el terror que no acabó aquí...

En un discurso ofrecido en la Fundación Heritage el 31 de octubre de 2002, Otto Reich, el encargado especial del Departamento de Estado estadounidense para el Hemisferio Occidental (miembro de la Junta Directiva de la Escuela de las Américas y anteriormente un actor principal en la guerra de Reagan contra los sandinistas nicaragüenses), aplaudió al presidente Maduro por su "trabajo para fortalecer el régimen de la ley en Honduras".[4] El 4 de noviembre de 2003, el Secretario de Estado estadounidense Colin Powell se hizo eco de estas afirmaciones cuando en su visita a Tegucigalpa para agradecer al presidente hondureño el envío de tropas a Irak, elogió a Ricardo Maduro por sus esfuerzos en la lucha contra el crimen.[5]

A finales de 2003, Teto me escribió emocionado para contarme de una gran oportunidad; la Embajada de Estados Unidos en Tegucigalpa estaba facilitando el reclutamiento de trabajadores hondureños por contratistas privados para ayudar en la "reconstrucción" de Irak. Para mi gran alivio, tuve la oportunidad de hacerlo reconsiderar sus primeros argumentos de que cualquier cosa sería mejor que vivir en Tegucigalpa, sin trabajo y con miedo. En ese momento, aproximadamente 370 soldados hondureños estaban ya en Irak. Tras la retirada del destacamento militar de España por el Primer Ministro de ese país, José Luis Zapatero, las tropas hondureñas fueron retiradas también de Irak por Maduro (el mismo día en que el presidente George W. Bush nombró a John Negroponte como embajador de los Estados Unidos en Irak). Mientras tanto, el Ministro de Seguridad hondureño, Óscar Álvarez, afirmaba que

---

4 Otto Reich, "Remarks by Otto Reich, Assistant Secretary of State for Western Hemisphere Affairs at the Heritage Foundation," *Federal News Service*, October 31 2002.

5 U.S. Department of State, "Remarks with Honduran President Ricardo Maduro after Their Working Lunch: Secretary Colin L. Powell, Casa Presidencial, Tegucigalpa, Honduras, November 4, 2003," http://www.state.gov/secretary/former/powell/remarks/2003/25956.htm.

miembros de las pandillas centroamericanas estaban ayudando a terroristas de Al Qaeda a que se infiltraran en los Estados Unidos —a pesar de carecer por completo de pruebas.[6] En 2005, agentes de la Oficina Federal de Investigaciones (FBI) estuvieron en Honduras y otros países centroamericanos "para averiguar de qué manera habían conseguido combatir exitosamente las peligrosas y temidas pandillas de jóvenes o 'maras' que aterrorizaban a la región".[7] En San Pedro Sula, un pandillero con el sobrenombre de Osama Bin Laden (nacido José Geovanny Sevilla López) fue asesinado por tres hombres desconocidos con una lluvia de balas.[8] En diciembre de 2006, días antes de que Negroponte anunciara que iba a dejar su cargo como director de la Inteligencia Nacional para ocupar el de Subsecretario de Estado del Ejército de los Estados Unidos, el funcionario estaba considerando la creación de puestos de reclutamiento en el extranjero, en los que se ofrecería la ciudadanía como un incentivo para los potenciales reclutas —hombres y mujeres jóvenes que en Honduras son víctimas de políticas genocidas de control de la criminalidad generada en el país.[9]

En 2002, las actitudes prevalecientes con respecto a la Guerra contra el Crimen comenzaron a vacilar entre el entusiasmo y una cautelosa aprobación, como se discutió en el Capítulo 1. Un año después, más y más personas hablaban en contra de las políticas de Maduro —y en general en contra de la violencia de Estado— tanto de forma privada como pública. Un día que leía el periódico, Teto me dijo que pensaba que no tenía excusa el encarcelamiento y el asesinato de gente sólo porque tuviera un tatuaje o porque perteneciera a una pandilla. Cuando le señalé la discrepancia entre su afirmación y la posición que había tenido sobre el mismo asunto el año anterior, Teto admitió que el año que se había sumado a

6 Associated Press, "Al-Qaida Recruiting Central American Gangs? Honduran Official Insists, but U.S., Other Latin Leaders Skeptical," *http://msnbc.msn.com*, October 21, 2004 2004.

7 ——, "FBI Conocerá Cómo Centroamérica Combate las Pandillas," *El Bohemio*, January 14 2005.

8 "'Osama Bin Laden' Muere Acribillado," *La Tribuna*, June 30 2003.

9 Bryan Bender, "Military Considers Recruiting Foreigners: Expedited Citizenship Would Be an Incentive," *The Boston Globe*, December 26 2006.

la Guerra contra el Crimen lo había hecho cambiar de forma de pensar. Las fuerzas de seguridad son tan solo otra pandilla, me dijo. Para entonces, se refería al presidente Maduro como "Masburro", en el sentido de más que tonto.

Unas semanas después, doña Elodia trajo a colación el hecho de que la policía había estado matando de forma indiscriminada a los jóvenes. Yo registré nuestra conversación en mis notas:

"¿Qué piensa Usted de eso?" —le pregunté.

"Bueno, por un lado es bueno porque son miembros de pandillas, pero por otro lado es malo porque todos somos seres humanos a los ojos de Dios". Don Jacinto añadió: "La gente no tiene trabajo, no tiene nada de dinero. Tienen que robar".

En 2003 los medios de comunicación del Partido Liberal estaban plagados de críticas contra Maduro (del Partido Nacional) y sus políticas. A medida que las discrepancias con respecto a la aplicación de la Cero Tolerancia comenzaron a ser más evidentes, los periodistas parecieron tener mayor libertad para criticarla aunque cuidando de dar la impresión de que los dueños de los medios fueran suaves con el crimen. No obstante, la violencia de Estado continuó sin disminuir. Los asesinatos extrajudiciales de niños alcanzaron promedios de 60 al mes entre enero y octubre de 2003.[10] Los incendios en prisiones en 2003 y 2004, que dejaron 170 muertos y que pudieron ser vistos internacionalmente, sirvieron para resaltar aún más las contradicciones inherentes de las políticas de "seguridad" de Maduro.

Las fallas en la lógica de la política de Maduro se hicieron patentes para muchos hondureños. Un cambio discursivo había comenzado, lo que evidencia la naturaleza cambiante de los procesos de control.[11] Un escritor, miembro del partido demócrata cristiano de la oposición, en repetidas ocasiones afirmó que los lemas del presidente ("Maduro Escucha" y "El gobierno de la gente") se habían

---

10 Casa Alianza, "Honduras Child Murders Start to Drop but No Convictions on Casa Alianza Cases."

11 Nader, "Controlling Processes," 712.

disuelto "como sal en el agua".[12] Durante mi breve visita de 2003, fueron capturados dos diputados por tráfico de drogas; hubo mucho cinismo acerca de cómo serían castigados estos ricos y poderosos criminales en comparación con el tratamiento que recibía la mayoría de delincuentes. Durante años, muchos hondureños han considerado los señalamientos de excesiva corrupción hechos por Transparencia Internacional como una afrenta a la nación; sin embargo, después de unos pocos años de Cero Tolerancia, el tópico pasó a ser central en el examen de conciencia de los hondureños.

Löic Wacquant ha sostenido, basado en su investigación en Brasil, que la importación de políticas de Cero Tolerancia, junto con las políticas fiscales neoliberales promovidas por las instituciones internacionales de crédito en un contexto de pobreza masiva, de violencia policial y de corrupción estatal, conducen a una dictadura contra los pobres.[13] Este, sin duda, ha sido el caso de Honduras, donde los métodos del gobierno para conseguir una "seguridad" con el propósito de atraer inversiones, en realidad han aumentado la inseguridad en todos los puntos del continuo de violencia para la mayoría pobre, desde la violencia cotidiana de la pobreza y del racismo hasta la constante encarnación del miedo a la muerte violenta.

En los Estados Unidos, la Guerra contra las Drogas (predecesora de la Guerra contra el Terrorismo) ha probado ser una guerra contra la clase baja. Una guerra que ha criminalizado el uso de drogas en formas que desproporcionadamente penalizan a los pobres y a las minorías en desventaja. Una guerra que se lleva a cabo contra la gente, no contra la categoría abstracta de "drogas", y que ciertamente no se dirige contra la violencia estructural subyacente. En Honduras, donde el lenguaje y los castigos de la Guerra contra las Drogas son frecuentemente invocados en referencia al alcohol, son los indigentes —y no los ricos— quienes son arrestados por ser borrachos. Del

---

12 Héctor Longino Becerra, "Honduras: Elecciones, Deuda Externa y Pobreza," *Reporte Político: Panorama Centroamericano* 35, no. 203 (2005): 19, Héctor Longino Becerra, "Reformas para Desarrollar a Honduras: Plan de Gobierno para el Período 2006-2010," ed. Partido Demócrata Cristiano de Honduras (Tegucigalpa: 2005), 11.

13 Löic Wacquant, "Toward a Dictatorship over the Poor? Notes on the Penalization of Poverty in Brazil," *Punishment and Society* 5, no. 2 (2003).

mismo modo, la Guerra contra el Crimen de Maduro, criminalizó la propia existencia de muchos jóvenes pobres. La ideología tras estas "guerras contra todo" se centra en la responsabilidad individual y en la capacidad de elegir. Cuando es posible "sólo decir no" (*di no a las drogas y al alcohol*), luego aquellos que no lo hacen son ciertamente culpables por solo decir "sí".

Aunque a primera vista las reuniones de AA pudieran parecer muy diferentes de una guerra que patrocinara el Estado, en la práctica existe una convergencia ideológica entre ambas. La idea de que instituciones como AA y las maquiladoras son medios apropiados y adecuados para enfrentar problemas sociales, se deriva de una ideología colonialista que estas instituciones contribuyen a reforzar. Al mismo tiempo que AA lucha contra el estereotipo de que solamente los pobres son borrachos y de que los pobres son necesariamente borrachos, involuntariamente promueve la idea de que aquellos que no se mantienen sobrios o que rehúsan a unirse a su organización son merecedores de violencia. La retórica del progreso industrial está ligada a una ideología del logro también básica para AA, de acuerdo con la cual los individuos son vistos como responsables o incapaces individualmente del mejoramiento de sí mismos. Las maquiladoras, también concebidas como una fuerza civilizadora, tienen el mismo efecto. Ambas instituciones pretenden ofrecer mejoras en los estándares de vida de aquellos a quienes integran, aunque en la práctica las mejoras económicas son mínimas. E igualmente, los integrantes de ambas instituciones al afirmar que éstas son bastiones de civilización y progreso, refuerzan la noción de que los pobres no integrados son peligrosos e incivilizados. Estas personas sobrantes —en su mayoría hombres jóvenes desempleados— son las que se han convertido en pasto de la Guerra contra el Crimen.

De hecho existen iniciativas para concatenar de forma explícita las maquiladoras y las políticas de control del crimen estatales con miras a disciplinar el exceso demográfico de Honduras. En 2006 los periódicos *Honduras This Week* y *La Prensa*, entre otros, condenaron el que el gobierno aún no hubiera aprobado la propuesta del Grupo Noa —una empresa dirigida por exagentes de inteligencia israelíes— de construir una prisión privada para albergar 2,400 reclusos en

Choloma.[14] Al menos siete propietarios de maquiladoras se habían comprometido a construir fábricas dentro de la prisión, tal como se lo propusieron al gobierno del presidente Maduro a inicios de 2005.[15]

Si bien mi argumento no es el de que AA o la industria maquiladora causen un genocidio —dado que estas instituciones operan en muchos lugares donde el genocidio no ocurre— la idea de los pobres como un peligro, que los miembros de ambas instituciones promueven activamente, cumplió una función instrumental para la aceptación popular de la política de Maduro. Las guerras lanzadas sobre la base de abstracciones —como la guerra contra las drogas, la guerra de George W. Bush contra el terrorismo, y la guerra de Maduro contra la delincuencia— pueden librarse porque cobran sentido en el marco de una ideología. Las maquilas, AA y el control de la delincuencia promovido por el Estado, son instituciones sociales modernas dirigidas al mantenimiento de un orden social particular que limita tanto a los potenciales reformistas como a los revolucionarios.

Las ideologías que culpan a los pobres de su destino, y la encarnación de estas ideologías en las subjetividades hondureñas, sólo pueden impugnarse desde la resistencia activa. Esto requiere de un reconocimiento de las fuerzas estructurales mayores que perduran la colonización de los países y los pueblos que viven en sus dominios. Los efectos negativos de la globalización de métodos de control de clase —ya sean las guerras postmodernas, la autoayuda o el "progreso" industrial— no se contrarrestarán mediante la disciplina de los cuerpos individualizados.

En 2006 el recién electo presidente Manuel Zelaya se distanció de la Cero Tolerancia. Al inicio de su mandato anunció su plan de ofrecer a los miembros de pandillas programas de rehabilitación que incluyeran capacitación para el trabajo y educación.[16] No obstante,

---

14 Howard Rosenzweig, "Copan Update," *Honduras This Week*, June 19 2006, Jackie Cole, "Firma del Presidente Maduro Detiene Solución en Los Penales," *La Prensa*, January 11 2006.

15 "Honduras: Privatization of Prisons?," *Central America Report* 32, no. 18 (2005).

16 Lisa J. Adams, "Central American Prisons Plagued by Violence, Corruption, Substandard Living Conditions," Associated Press Worldstream, February 2 2006.

Zelaya desmanteló la Unidad de Crímenes Contra Menores, una comisión de supervisión creada bajo presión por el gobierno de Maduro. El 5 de septiembre de 2006, Zelaya lanzó la "Operación Trueno" mediante la cual alrededor de 3,000 miembros de la policía y del ejército fueron designados por decreto presidencial para patrullar las 24 horas del día en las áreas identificadas como violentas. De acuerdo con el decreto presidencial, este número iba a aumentarse con la integración de guardias de seguridad privada, cuyo número en Honduras es de entre 30 y 60 mil miembros.[17] Elena se mostró escéptica cuando hablé con ella respecto de la declaración de Zelaya de favorecer la rehabilitación más que el castigo. "Él es igual a los demás, está implementando las mismas políticas neoliberales de todos sus predecesores. No tiene una visión de país diferente".

Los hechos iban a respaldar, aparentemente, la afirmación de Elena. En 2006, un cierto número de figuras principales del Batallón 3-16 ocuparon cargos en el gobierno de Zelaya.[18] Gabriela Núñez fue nombrada por Zelaya a la cabeza del Banco Central, a pesar de haber sido la Ministra de Finanzas que durante la administración de Flores Facussé, "entregó a Honduras atada de pies y manos a los dictados del FMI".[19]

Mientras tanto, la violencia continuó sin tregua.[20] Entre enero y noviembre de 2006, Casa Alianza registró 400 asesinatos de niños y jóvenes menores de 23 años de edad.[21] En marzo de ese año, el Ministro de Seguridad Álvaro Romero declaró que la mayoría de los

---

17 Thelma Mejía, "A Violent Death Every Two Hours," *Inter Press Service News Agency*, October 27 2006, Eytan Starkman, "Honduras' Operación Trueno: An Audacious Proposal That Must Be Reformed and Renovated," in Press Releases, ed. Council on Hemispheric Affairs (Washington, D.C.: 2006), "Government Fails to Halt Crime Wave," *Central America Report*, December 1 2006.

18 "Former Human Rights Abusers Now in Govt.," *Central America Report*, June 2 2006.

19 "Zelaya: Progressive but Pro-Business," *Central America Report*, March 3 2006.

20 Por ejemplo, Carlos Enrique Girón and Xiomara Orellana, "A 23 de cada 100 mil personas asesinan en Honduras: Copán y Cortés, los más violentos," *La Prensa*, November 22 2006.

21 Casa Alianza, "Análisis Mensual sobre Problemáticas de la Niñez Hondureña," (Tegucigalpa: 2006), 3.

oficiales de policía realizaban pagos a las pandillas por protección.[22] Por supuesto que esta declaración era dudosa dada la proclividad a la inflación de los problemas de los gobiernos anticrimen. Las pandillas declararon lo contrario. Independientemente, las empresas de seguridad privada se beneficiaron generosamente.[23] En junio de 1997, un líder del grupo que secuestró y asesinó al hijo del presidente Maduro, escapó de la prisión posiblemente con la ayuda de los guardias.[24] El Observatorio de la Violencia de la Universidad Nacional Autónoma de Honduras y el Programa de Naciones Unidas para el Desarrollo indicaron en diciembre que las muertes violentas estaban ocurriendo en Honduras a un ritmo tres veces mayor que el promedio mundial.[25]

A medida que ha ido quedando claro el fracaso de la Cero Tolerancia y de su sucesora Operación Trueno en su cometido de proveer seguridad, la oposición a la dictadura contra los pobres en Honduras ha ido creciendo y haciéndose más fuerte tanto dentro del país como en el extranjero. Para que esta oposición pueda tener éxito de algún modo, los hondureños y sus aliados deben tener un común entendimiento del problema y un lenguaje compartido. Pero el lenguaje no puede expresar adecuadamente lo que hay en un *habitus*, incluso teniéndolo cerca. La comunicación es frágil, dado que como señala Susan Sontag, "la compasión es una emoción inestable, que necesita traducirse en acción o se marchita".[26]

En mi caso particular pude experimentar una especie de compasión (en el sentido literal de "sentir con") al ligar mi experiencia encarnada de Honduras con mi vida en Alta California cuando hojeé un ejemplar del periódico *Oakland Tribune* el 16 de marzo de 2006. La fotografía a todo color de la portada mostraba a

---

22 "Security Minister: Even Honduran Police Pay Gang Extortion," *Associated Press Worldstream*, March 30, 2006 2006.

23 Jenalia Moreno, "Crime; Thriving on Danger; Gangs Make Security Big Business in This Economic Capital of Honduras," *The Houston Chronicle*, September 1 2006.

24 Freddy Cuevas, "Leader of Gang That Killed of Ex-President's Son among 4 Prisoners That Escape from Honduras Jail," *Associated Press Worldstream*, June 7 2006.

25 "Government Fails to Halt Crime Wave."

26 Sontag, Regarding the Pain of Others, 101.

un hombre que parecía atormentado por el dolor. El texto decía: "Un Iraquí llora el cuerpo de un pariente muerto en una explosión de bomba, en el momento en que llega a un hospital en Baquoba". Los restos del cuerpo que yacían a su lado, parcialmente cubiertos por una sábana blanca ensangrentada, sólo pudieron ser reconocidos gracias a un pie que había quedado intacto. Todo lo demás que podía verse parecían cortadas sangrantes en la carne (algo que nosotros rara vez vemos en nuestro país). Guardé la fotografía porque era la primera vez que sentía el mismo tipo de abyecto horror encarnado como reacción a una imagen de los medios, que tan frecuentemente había experimentado en Honduras. Podría describirlo en términos médicos —con síntomas de náusea y escalofríos, como se dice en Honduras— pero con ello reduciría el *habitus* a estados discretos y reconocibles que lo harían comprensible y controlable. Para mí no fue ni lo uno ni lo otro. Por el contrario, curiosamente me reafirmó en la impresión de que este espectáculo volvía a provocar en mí un sentimiento de horror comparable al que había sentido ante la fotografía de un cuerpo humano carbonizado apenas reconocible que era arrastrado fuera de una prisión de Honduras, y que había aparecido en la portada de *La Tribuna* alrededor de la misma fecha.

A pesar de lo anterior, cuando en 2006 yo dudé sobre si enviar mi manuscrito incompleto por correo electrónico a un defensor de derechos humanos en Honduras y en su lugar ofrecí enviarle una copia en papel, su respuesta fue un escalofriante recordatorio de cómo mi encarnación del horror difería de la experiencia diaria de encarnación que pueden experimentar los que resisten la dictadura de los pobres en Honduras:

Muchas gracias Adriana y espero que no se ofenda, pero yo viajo mucho y dado el clima de inseguridad del país, generalmente no digo dónde estoy exactamente. Espero que comprenda. Por eso es que no tengo un lugar específico donde Usted pudiera enviarme algo. No se preocupe, cuando Usted lo termine y pueda enviar copias electrónicas, o cuando el libro se encuentre disponible (por ejemplo en Amazon), yo lo voy a leer de inmediato y se lo voy a recomendar a mis contactos. Gracias de todas formas.

Personalmente no corro prácticamente ningún riesgo al escribir estas palabras en estas páginas. De hecho, un resultado perverso de la creciente industria de los Estudios de Violencia es que yo me beneficio económicamente de ellos. La gente que lucha contra la violencia estructural extrema en Honduras, desde dentro del país, como el amigo que citaba antes, no son recompensados con derechos de autor, becas u ofertas de trabajo, sino con amenazas de muerte.*

Espero no volver a cometer un error semejante otra vez. En un tiempo tan generalizadamente entendido por los hondureños como de desesperación, es mi esperanza que se apoyen entre sí plenamente y que reciban el apoyo de aquellos de nosotros que no podemos declarar que entendemos el *habitus* hondureño, pero que nos encontramos luchando contra muchos de los mismos agentes de la violencia en el día a día de nuestras vidas: las políticas económicas neoliberales de instituciones internacionales de crédito, la codicia corporativa, el patriarcado, el miedo mismo, las guerras contra todo, y nuestras propias tendencias a cometer actos de violencia simbólica. Puede ser inestable, pero nuestra compasión no debe marchitarse.

---

* Amnesty International's urgent actions for Honduras, archivado en http://web. amnesty.org/library/eng-hnd/index, incluye una larga lista de ejemplos bajo la categoría de "Fear for Safety/Death Threats."

BIBLIOGRAFÍA

ADAMS, LISA J. "CENTRAL AMERICAN PRISONS PLAGUED BY VIOLENCE, CORRUPTION, SUBSTANDARD LIVING CONDITIONS." ASSOCIATED PRESS WORLDSTREAM, FEBRUARY 2 2006.

AGENCE FRANCE PRESSE. "AFGHAN GOVERNMENT CONDEMNS GERMAN TROOP SKULL SCANDAL." OCTOBER 27 2006.

AGUIRRE, CARLOS, AND ROBERT BUFFINGTON. RECONSTRUCTING CRIMINALITY IN LATIN AMERICA, JAGUAR BOOKS ON LATIN AMERICA ;. WILMINGTON, DEL: SCHOLARLY RESOURCES, 2000.

"AL INAUGURAR CONGRESO DE LA MAQUILA: INVERSIONISTAS DE ACUERDO CON APLICAR CÓDIGO DE CONDUCTA." LA PRENSA, JULY 29 1997.

ALANIZ, JOSÉ. ""DEATH PORN: MODES OF MORTALITY IN POST-SOVIET RUSSIAN CINEMA"." IN INTERPRETATION OF CULTURE CODES: MADNESS AND DEATH, EDITED BY VADIM MIKHAILIN, 185-211: SARATOV STATE UNIVERSITY LABORATORY OF HISTORICAL, SOCIAL AND CULTURAL ANTHROPOLOGY, 2005.

AMAYA AMADOR, RAMÓN. PRISIÓN VERDE. MÉXICO: EDITORIAL LATINA, 1950.

AMAYA BANEGAS, JORGE ALBERTO. LOS ARABES Y PALESTINOS EN HONDURAS TEGUCIGALPA: EDITORIAL GUAYMURAS, 1995

———. LOS JUDIOS EN HONDURAS. TEGUCIGALPA: EDITORIAL GUAYMURAS, 2000.

ANDERSON, BENEDICT R. IMAGINED COMMUNITIES : REFLECTIONS ON THE ORIGIN AND SPREAD OF NATIONALISM. LONDON: VERSO, 1983.

APPADURAI, ARJUN "GRASSROOTS GLOBALIZATION AND THE RESEARCH IMAGINATION." PUBLIC CULTURE 12, NO. 1 (2000): 1-19.

ARGUETA, MARIO R. "XX CENTURY: NOT EVERYTHING IS DISCOURAGING IN OUR HISTORY." HONDURAS THIS WEEK, JANUARY 31 2000.

ARMBRUSTER-SANDOVAL, RALPH. "GLOBALIZATION AND TRANSNATIONAL LABOR ORGANIZING: THE HONDURAN MAQUILADORA INDUSTRY AND THE KIMI CAMPAIGN." SOCIAL SCIENCE AND HISTORY 27, NO. 4 (2003): 551-76.

ASOCIACIÓN HONDUREÑA DE MAQUILADORES. "EL TEJEDOR MAGAZINE: ESTADÍSTICAS." ASOCIACIÓN HONDUREÑA DE MAQUILADORES, HTTP://WWW.AHM-HONDURAS.COM/HTML/STATISTICS.HTML.

ASSOCIATED PRESS. "AL-QAIDA RECRUITING CENTRAL AMERICAN GANGS? HONDURAN OFFICIAL INSISTS, BUT U.S., OTHER LATIN LEADERS SKEPTICAL." HTTP://MSNBC.MSN.COM, OCTOBER 21, 2004 2004.

———. "DEATH SQUAD REVIVED IN HONDURAS, RIGHTS GROUP SAYS; KILLINGS MORE COMMON THAN IN WAR-TORN 1980S." THE BALTIMORE SUN, JANUARY 15 1998, 15A.

———. "FBI CONOCERÁ CÓMO CENTROAMÉRICA COMBATE LAS PANDILLAS." EL BOHEMIO, JANUARY 14 2005.

AVILA, MARLIN OSCAR, LOURDES YASMIN SAGASTUME, AND JANETH FLORES IZAGUIRRE. "EJECUCIÓN DE MENORES EN HONDURAS." EDITED BY COMISIONADO NACIONAL DE LOS DERECHOS HUMANOS (CONADEH), 75. TEGUCIGALPA: COMISIONADO NACIONAL DE LOS DERECHOS HUMANOS (CONADEH), PROGRAMA DE LAS NACIONES UNIDAS PARA EL DESARROLO (PNUD), 2001.

BANCO CENTRAL DE HONDURAS. "INDICADORES ECONÓMICOS." TEGUCIGALPA: BANCO CENTRAL DE HONDURAS, 2003.

BARAHONA, MARVIN, AND JULIO C. RIVERA. EL SILENCIO QUEDÓ ATRÁS : TESTIMONIOS DE LA HUELGA BANANERA DE 1954. 1. ED. TEGUCIGALPA, HONDURAS: EDITORIAL GUAYMURAS, 1994.

BASSO, KEITH H. PORTRAITS OF "THE WHITEMAN" : LINGUISTIC PLAY AND CULTURAL SYMBOLS AMONG THE WESTERN APACHE. CAMBRIDGE ENGLAND; NEW YORK: CAMBRIDGE UNIVERSITY PRESS, 1979.

BAUDELAIRE, CHARLES. INTIMATE JOURNALS. TRANSLATED BY CHRISTOPHER ISHERWOOD. SAN FRANCISCO: CITY LIGHTS BOOKS, 1983.

BENDER, BRYAN. "MILITARY CONSIDERS RECRUITING FOREIGNERS: EXPEDITED CITIZENSHIP WOULD BE AN INCENTIVE." THE BOSTON GLOBE, DECEMBER 26 2006.

BONACICH, EDNA, AND DAVID V. WALLER. "MAPPING A GLOBAL INDUSTRY: APPAREL PRODUCTION IN THE PACIFIC RIM TRIANGLE." IN GLOBAL PRODUCTION : THE APPAREL INDUSTRY IN THE PACIFIC RIM, EDITED BY EDNA BONACICH, 21-41. PHILADELPHIA: TEMPLE UNIVERSITY PRESS, 1994.

BOURDIEU, PIERRE. DISTINCTION : A SOCIAL CRITIQUE OF THE JUDGEMENT OF TASTE. CAMBRIDGE, MASS.: HARVARD UNIVERSITY PRESS, 1984.

———. "THE FORMS OF CAPITAL." IN HANDBOOK OF THEORY AND RESEARCH FOR THE SOCIOLOGY OF EDUCATION, EDITED BY JOHN G. RICHARDSON, 241-58 NEW YORK: GREENWOOD PRESS, 1986.

BOURDIEU, PIERRE, AND PIERRE BOURDIEU. OUTLINE OF A THEORY OF PRACTICE. CAMBRIDGE ; NEW YORK: CAMBRIDGE UNIVERSITY PRESS, 1977.

BOURDIEU, PIERRE, AND LOÏC J. D. WACQUANT. AN INVITATION TO REFLEXIVE SOCIOLOGY. CHICAGO: UNIVERSITY OF CHICAGO PRESS, 1992.

BOURGOIS, PHILIPPE I. IN SEARCH OF RESPECT : SELLING CRACK IN EL BARRIO. CAMBRIDGE ; NEW YORK: CAMBRIDGE UNIVERSITY PRESS, 1995.

BOURGOIS, PHILLIPPE. "CONJUGATED OPPRESSION: CLASS AND ETHNICITY AMONG GUAYAMI AND KUNA BANANA WORKERS." AMERICAN ETHNOLOGIST 15, NO. 2 (1988): 328-48.

BOYER, JEFFERSON C. , AND AARON PELL. "REPORT ON CENTRAL AMERICA: MITCH IN HONDURAS, A DISASTER WAITING TO HAPPEN." NACLA REPORT ON THE AMERICAS 33, NO. 2 (1999): 36-43.

BRANDES, STANLEY H. STAYING SOBER IN MEXICO CITY. 1ST ED. AUSTIN: UNIVERSITY OF TEXAS PRESS, 2002.

BRAUDEL, FERNAND. "HISTORY AND THE SOCIAL SCIENCES." IN ECONOMY AND SOCIETY IN EARLY MODERN EUROPE, EDITED BY PETER BURKE. NEW YORK: HARPER TORCHBOOKS, 1972.

BROWN, ANDREW. "THE NEW PORNOGRAPHY OF WAR." THE GUARDIAN, SEPTEMBER 28 2005.

BUTLER, JUDITH P. THE PSYCHIC LIFE OF POWER : THEORIES IN SUBJECTION. STANFORD, CALIF.: STANFORD UNIVERSITY PRESS, 1997.

CALDEIRA, TERESA P.R. "THE PARADOX OF POLICE VIOLENCE IN DEMOCRATIC BRAZIL." ETHNOGRAPHY 3, NO. 3 (2002): 235-63.

CARTER, JON. "CONFRONTING THE WAR MACHINE: ZERO-TOLERANCE AND THE PRACTICE OF "POLICING" IN TEGUCIGALPA, HONDURAS." PAPER PRESENTED AT THE AMERICAN ANTHROPOLOGICAL ASSOCIATION, NEW ORLEANS, LA 2002.

———. "'FORGIVE ME MOTHER, FOR MY CRAZY LIFE': STREET GANGS, MOTHERDOM, AND THE MAGIC OF SYMBOLS IN COMAYAGÜELA, HONDURAS." LOUISIANA STATE UNIVERSITY AND AGRICULTURAL AND MECHANICAL COLLEGE, 2001.

CASA ALIANZA. "ANÁLISIS MENSUAL SOBRE PROBLEMÁTICAS DE LA NIÑEZ HONDUREÑA." TEGUCIGALPA, 2006.

———. "HONDURAS CHILD MURDERS START TO DROP BUT NO CONVICTIONS ON CASA ALIANZA CASES." CASA ALIANZA RAPID RESPONSE NETWORK, NOVEMBER 13 2003.

———. "LISTA DE ASESINATOS EXTRAJUDICIALES DE NIÑOS Y JÓVENES EN HONDURAS 2002." HTTP://WWW.CASA-ALIANZA.ORG/ES/HUMAN-RIGHTS/VIOLATIONS/HONDURAS/2002/LIST.PHTML.

CASTELLANOS, JULIETA, LETICIA SALOMÓN, AND FORO CIUDADANO (TEGUCIGALPA HONDURAS). REFORMA POLICIAL Y SEGURIDAD CIUDADANA. TEGUCIGALPA, HONDURAS: FORO CIUDADANA, 2002.

CASTILLO, HUGO, AND VICTORIA ASFURA DE DIAZ. "SUPPLEMENTARY LETTER OF INTENT OF THE GOVERNMENT OF HONDURAS." GOVERNMENT OF HONDURAS, 2000.

CHANG, SE-MOON. "STORY OF AN OLD MAN WHO DROWNED." KOREA TIMES, NOVEMBER 12 2001.

CHIRINOS, CARLOS. "MADURO: "VINIMOS A APOYAR A BUSH"." BBC MUNDO MAY 12 2005

CHOI, KWANG WOONG, AND YOON KI HAN. "CARTA ABIERTA." TIEMPO NOVEMBER 26 1996, 6.

CHOMSKY, NOAM. "FROM CENTRAL AMERICA TO IRAQ." KHALEEJ TIMES ONLINE, AUGUST 6 2004.

COCKBURN, ALEXANDER, AND JEFFREY ST. CLAIR. WHITEOUT : THE CIA, DRUGS, AND THE PRESS. LONDON ; NEW YORK: VERSO, 1998.

COHN, GARY , AND GINGER THOMPSON. "UNEARTHED: FATAL SECRETS WHEN A WAVE OF TORTURE AND MURDER STAGGERED A SMALL U.S. ALLY, TRUTH WAS A CASUALTY. WAS THE CIA INVOLVED? DID WASHINGTON KNOW? WAS THE PUBLIC DECEIVED? NOW WE KNOW: YES, YES AND YES." THE BALTIMORE SUN, JUNE 11 1995, 1A.

COLE, JACKIE. "FIRMA DEL PRESIDENTE MADURO DETIENE SOLUCIÓN EN LOS PENALES." LA PRENSA, JANUARY 11 2006.

COMAROFF, JEAN, AND JOHN COMAROFF. "OCCULT ECONOMIES AND THE VIOLENCE OF ABSTRACTION: NOTES FROM

THE SOUTH AFRICAN POSTCOLONY." AMERICAN ETHNOLO-
GIST 26, NO. 2 (1999): 279-301.

COMISIONADO NACIONAL DE LOS DERECHOS HUMANOS.
"MAQUILA DE COREANOS SE MARCHA Y DEJA MENDINGAN-
DO A MIL OBREROS." IN BOLETÍN INFORMATIVO, 2001.

COMMITTEE OF FREE TRADE ZONES IN THE AMERICAS. "A DIF-
FERENT POINT OF VIEW ABOUT LABOR CONDITIONS IN
THE FREE TRADE ZONES OF LATIN AMERICA." 69, 2006.

COOPER, FREDERICK , AND ROGERS BRUBAKER. "IDENTITY." IN
COLONIALISM IN QUESTION : THEORY, KNOWLEDGE, HIS-
TORY

EDITED BY FREDERICK COOPER, 59-90. BERKELEY: UNIVERSITY
OF CALIFORNIA PRESS, 2005.

CORONA, TANIA. "ALCALDESA DE CHOLOMA DENUNCIA VIO-
LENCIA DOMÉSTICA." LA PRENSA, JULY 9 2003.

CRUZ, DANIEL, AND EFRAÍN DÍAZ. "INVESTIGACIÓN SOBRE LOS
EFECTOS DEL CAFTA-RD EN EL SECTOR RURAL DE HONDU-
RAS." CENTRO DE DESARROLLO HUMANO, 2005.

CUEVAS, FREDDY. "LEADER OF GANG THAT KILLED OF EX-
PRESIDENT'S SON AMONG 4 PRISONERS THAT ESCAPE FROM
HONDURAS JAIL." ASSOCIATED PRESS WORLDSTREAM, JUNE
7 2006.

D'ANS, ANDRÉ-MARCEL. HONDURAS : EMERGENCIA DIFÍCIL DE
UNA NACIÓN, DE UN ESTADO. 1. ED. TEGUCIGALPA: RENAL
VIDEO PRODUCCIÓN, 1998.

DAS, VEENA. LIFE AND WORDS : VIOLENCE AND THE DESCENT
INTO THE ORDINARY. BERKELEY: UNIVERSITY OF CALIFOR-
NIA PRESS, 2007.

DAS, VEENA, ARTHUR KLEINMAN, MAMPHELA RAMPHELE,
AND PAMELA REYNOLDS. VIOLENCE AND SUBJECTIVITY.
BERKELEY: UNIVERSITY OF CALIFORNIA PRESS, 2000.

DAVIS, MIKE. PLANET OF SLUMS. LONDON ; NEW YORK: VERSO,
2006.

DEL CID, NELLY, CARLA CASTRO, AND YADIRA RODRÍGUEZ.
"MAQUILA WORKERS: A NEW BREED OF WOMEN?" ENVÍO
218 (1999).

"DEROGACIÓN DEL SERVICIO MILITAR OBLIGATORIO EN HON-
DURAS: UN CASO DE INCIDENCIA: HONDURAS/SISTEMATI-
ZACIÓN DE LA INFORMACIÓN, MOVIMIENTO DE MUJERES
POR LA PAZ "VISITACIÓN PADILLA"." IN FORJANDO CULTURAS
DEMOCRÁTICAS. SAN JOSÉ, COSTA RICA: FUNDACIÓN ARIAS

PARA LA PAZ Y EL PROGRESO HUMANO, 1997.

"DISTINTA MARIONETA." LA PRENSA, MAY 1 1996.

DURBACH, NADJA. BODILY MATTERS : THE ANTI-VACCINATION MOVEMENT IN ENGLAND, 1853-1907, RADICAL PERSPECTIVES. DURHAM: DUKE UNIVERSITY PRESS, 2005.

ECLAC. "SOCIAL PANORAMA OF LATIN AMERICA 2002-2003." EDITED BY ECLAC: ECONOMIC COMMISSION FOR LATIN AMERICA AND THE CARIBBEAN, UNITED NATIONS, 2003.

EDEN, JOHN. "HONDURAS: AVANZADA SINDICAL EN LAS MAQUILAS." IN DETRÁS DE LA ETIQUETA: LAS CONDICIONES DE TRABAJO Y LOS DERECHOS SINDICALES EN LAS ZONAS FRANCAS INDUSTRIALES, EDITED BY NATACHA DAVID, 40-43: INTERNATIONAL CONFEDERATION OF FREE TRADE UNIONS, 2004.

"EDITORIAL: VENCIENDO EL MIEDO." EL HERALDO, SEPTEMBER 2 2003.

ELSILA, DAVE. "A CHILD'S CRUSADE TO END SWEATER SWEATSHOPS." SOLIDARITY, NOVEMBER 1994, 11-14.

ELTON, CATHERINE. "HONDURAN PRESIDENT TAKES TOUGH STANCE ON FIGHTING GANGS: CONTROVERSIAL NEW LAW CAN PUNISH YOUNG OFFENDERS WITH LONG PRISON TERMS." SAN FRANCISCO CHRONICLE, SEPTEMBER 8 2003.

"ES UN INUSUAL OPERATIVO CREADO PARA COLABORAR EN LA PREVENCIÓN DEL DENGUE: ALCOHÓLICOS A TRABAJAR." LA PRENSA, JULY 23 2002, 37A.

ESCOBAR, ARTURO. ENCOUNTERING DEVELOPMENT : THE MAKING AND UNMAKING OF THE THIRD WORLD, PRINCETON STUDIES IN CULTURE/POWER/HISTORY. PRINCETON, N.J.: PRINCETON UNIVERSITY PRESS, 1995.

ESPETIA, TONY. "HONDURAN MILITARY PURGE NO THREAT TO U.S." UNITED PRESS INTERNATIONAL, APRIL 7 1984.

ESPINOZA MURRA, DAGOBERTO, KENNETH W. VITTETOE BUSTILLO, AND ENIO ADÁN ALVARENGA CH. "INVESTIGACIÓN SOBRE EL USO Y ABUSO DE BEBIDAS ALCOHÓLICAS EN HONDURAS." 57, APPENDICES. TEGUCIGALPA: INSTITUTO HONDUREÑO PARA LA PREVENCIÓN DEL ALCOHOLISMO, DROGADICCIÓN Y FARMACODEPENDENCIA (IHADFA), 1997.

EURAQUE, DARÍO A. REINTERPRETING THE BANANA REPUBLIC : REGION AND STATE IN HONDURAS, 1870-1972. CHAPEL HILL ; LONDON: UNIVERSITY OF NORTH CAROLINA PRESS, 1996.

———. "THE THREAT OF BLACKNESS TO THE MESTIZO NATION:

RACE AND ETHNICITY IN THE HONDURAN BANANA ECON-
OMY, 1920S AND 1930S." IN BANANA WARS : POWER, PRODUC-
TION, AND HISTORY IN THE AMERICAS, EDITED BY STEVE
STRIFFLER AND MARK MOBERG, 229-52. DURHAM: DUKE
UNIVERSITY PRESS, 2003.

FALLA, RICARDO. "QUESTIONING THE UNIONS AND MONITOR-
ING CORRUPTION." ENVÍO 214 (1999).

―――. "RESEARCH AND SOCIAL ACTION." LATIN AMERICAN
PERSPECTIVES 27 (2000): 45-55.

FANON, FRANTZ. THE WRETCHED OF THE EARTH. NEW YORK:
GROVE PRESS, 1963.

FARMER, PAUL. "ON SUFFERING AND STRUCTURAL VIOLENCE:
A VIEW FROM BELOW." IN VIOLENCE IN WAR AND PEACE :
AN ANTHOLOGY, EDITED BY NANCY SCHEPER-HUGHES
AND PHILIPPE I. BOURGOIS, 281-89. MALDEN, MA: BLACK-
WELL PUB., 2004.

FEDERAL TRADE COMMISSION. "COMPLYING WITH THE MADE
IN THE USA STANDARD." HTTP://WWW.FTC.GOV/BCP/CON-
LINE/PUBS/BUSPUBS/MADEUSA.SHTM.

FERNÁNDEZ-KELLY, MARÍA PATRICIA. FOR WE ARE SOLD, I AND
MY PEOPLE: WOMEN AND INDUSTRY IN MEXICO'S FRON-
TIER, SUNY SERIES IN THE ANTHROPOLOGY OF WORK. AL-
BANY: STATE UNIVERSITY OF NEW YORK PRESS, 1983.

FERNÁNDEZ, MARTÍN. "CRONOLOGÍA DEL CONFLICTO SEP-
TIEMBRE-DICIEMBRE 2005, REGIÓN NORTE, HONDURAS."
OSAL: REVISTA DEL OBSERVATORIO SOCIAL DE AMÉRICA
LATINA, NO. 18 (2005): 228-33.

FERNÁNDEZ, MARTÍN , AND JUAN CHAVES. "REGIÓN NORTE,
HONDURAS." OSAL: REVISTA DEL OBSERVATORIO SOCIAL DE
AMÉRICA LATINA, NO. 7 (2005): 132-35.

"FLORES EN MENSAJE DE AÑO NUEVO: NO HABRÁ UNA NUEVA
HONDURAS PARA NADIE SI NO HAY UN DIFERENTE HONDU-
REÑO." LA PRENSA, JANUARY 6 1999.

FLORES, WILFREDO. "CAMPOS DE CONCENTRACIÓN." IN AR-
CHIVES FROM FLORES' HONDURAN BLOG, 2006.

―――. "CERO TOLERANCIA O LIMPIEZA SOCIAL." IN ARCHIVES
FROM FLORES' HONDURAN BLOG, 2006.

―――. "POBRES Y DEPENDIENTES." IN ARCHIVES FROM FLORES'
HONDURAN BLOG, 2006.

"FORMER HUMAN RIGHTS ABUSERS NOW IN GOVT." CENTRAL
AMERICA REPORT, JUNE 2 2006.

FOSDEH, AND SOREN KIRK JENSEN. "HONDURAS: PUSHED TO THE EDGE." PAPER PRESENTED AT THE SPRING MEETINGS OF THE IMF AND THE WORLD BANK, WASHINGTON DC, APRIL, 2004 2004.

FOUCAULT, MICHEL. DISCIPLINE AND PUNISH : THE BIRTH OF THE PRISON. 2ND VINTAGE BOOKS ED. NEW YORK: VINTAGE BOOKS, 1995.

FRANK, DANA. BANANERAS : WOMEN TRANSFORMING THE BANANA UNIONS OF LATIN AMERICA. CAMBRIDGE, MASS.: SOUTH END PRESS, 2005.

FRUNDT, HENRY. "CROSS-BORDER ORGANIZING IN APPAREL: LESSONS FROM THE CARIBBEAN AND CENTRAL AMERICA." LABOR STUDIES JOURNAL 24, NO. 1 (1999): 89-106.

FUNDACIÓN PAZ Y SOLIDARIDAD "SERAFÍN ALIAGA" DE CO-MISIONES OBRERAS. "CENTROAMERICANAS NADANDO A CONTRACORRIENTE: EXPERIENCIAS DE TRABAJO EN LA MAQUILA." MADRID, 2005.

GALLARDO, GLENDA, FERNANDO CALDERÓN, AND NATASHA LOAYZA. "INFORME SOBRE DESAROLLO HUMANO HONDU-RAS 2006: HACIA LA EXPANSIÓN DE LA CIUDADANÍA." HON-DURAS: PROGRAMA DE LAS NACIONES UNIDAS PARA EL DE-SAROLLO (PNUD), 2006.

GARCÍA CARRANZA, TONY. "UN POQUITO DE NACIONALISMO, POR FAVOR." LA PRENSA, AUGUST 1 1999, 16A.

GARCÍA, ROBERT MARIN. "ORGANIZACIÓN ALCOHÓLICOS ANÓNIMOS RECIBE ORDEN DE MORAZÁN." LA PRENSA, JULY 1997.

"GERENTE DE ENEE: ESTE GOBIERNO TIENE RÉCORD EN ELEC-TRIFICACIÓN." TIEMPO DECEMBER 12 2001

GILL, LESLEY. THE SCHOOL OF THE AMERICAS : MILITARY TRAINING AND POLITICAL VIOLENCE IN THE AMERICAS, AMERICAN ENCOUNTERS/GLOBAL INTERACTIONS. DUR-HAM: DUKE UNIVERSITY PRESS, 2004.

GIRÓN, CARLOS ENRIQUE. "POR DECISIÓN DEL JUEZ ROY MEDI-NA, GIRAN ORDEN DE CAPTURA CONTRA JULIE NG Y RENÉ CONTRERAS." LA PRENSA, JANUARY 10 1997.

GIRÓN, CARLOS ENRIQUE, AND XIOMARA ORELLANA. "A 23 DE CADA 100 MIL PERSONAS ASESINAN EN HONDURAS: COPÁN Y CORTÉS, LOS MÁS VIOLENTOS." LA PRENSA, NOVEMBER 22 2006.

GONZÁLEZ CARÍAS, SILVIA, ROSA MARGARITA MONTENEGRO,

AND PASTORAL SOCIAL/CÁRITAS (HONDURAS). SUEÑOS TRUNCADOS : LA MIGRACIÓN DE HONDUREÑOS HACIA ESTADOS UNIDOS. 1. ED. TEGUCIGALPA, HONDURAS: PASTORAL SOCIAL/CARITAS, 2003.

GONZÁLEZ, NANCIE L. SOLIEN. DOLLAR, DOVE, AND EAGLE : ONE HUNDRED YEARS OF PALESTINIAN MIGRATION TO HONDURAS. ANN ARBOR: UNIVERSITY OF MICHIGAN PRESS, 1992.

"GOVERNMENT FAILS TO HALT CRIME WAVE." CENTRAL AMERICA REPORT, DECEMBER 1 2006.

GOVERNMENT OF HONDURAS. "POVERTY REDUCTION STRATEGY PAPER (2001-2015)." 168. TEGUCIGALPA, 2001.

GRAHAM, DANIEL A. "GLOBALIZATION AT THE LEVEL OF THE PEOPLE: THE PLAN PUEBLA-PANAMÁ." IN ASSOCIATION OF AMERICAN GEOGRAPHERS MEETING. LOS ANGELES, CA, 2002.

GRAHAM, DANIEL AARON. "PAPER ARROWS : PEASANT RESISTANCE AND TERRITORIALITY IN HONDURAS ", UNIVERSITY OF CALIFORNIA, BERKELEY, 2002.

GRANDIN, GREG. THE LAST COLONIAL MASSACRE : LATIN AMERICA IN THE COLD WAR. CHICAGO: UNIVERSITY OF CHICAGO PRESS, 2004.

GREEN, LINDA. FEAR AS A WAY OF LIFE : MAYAN WIDOWS IN RURAL GUATEMALA. NEW YORK: COLUMBIA UNIVERSITY PRESS, 1999.

GUTMANN, MATTHEW C. THE MEANINGS OF MACHO : BEING A MAN IN MEXICO CITY. BERKELEY: UNIVERSITY OF CALIFORNIA PRESS, 1996.

HAGEDORN, JOHN. GANGS IN THE GLOBAL CITY : ALTERNATIVES TO TRADITIONAL CRIMINOLOGY. URBANA: UNIVERSITY OF ILLINOIS PRESS, 2007.

HALL, CAROL BYRNE , AND YONAT SHIMRON. "TAR HEEL OF THE YEAR, 1999: FRANKLIN GRAHAM." THE NEWS & OBSERVER DECEMBER 26, 1999 1999.

HAMANN, BYRON. "THE MIRRORS OF LAS MENINAS: COCHINEAL, SILVER, AND CLAY." IN 25TH LATIN AMERICAN STUDIES ASSOCIATION MEETINGS. LAS VEGAS, NV, 2004.

HARVEY, DAVID. THE CONDITION OF POSTMODERNITY : AN ENQUIRY INTO THE ORIGINS OF CULTURAL CHANGE. CAMBRIDGE, MASS.: BLACKWELL, 1990.

HAYDEN, TOM. "HOMIES WERE BURNING ALIVE." ALTERNET,

JUNE 2 2004

———. STREET WARS : GANGS AND THE FUTURE OF VIOLENCE. NEW YORK: NEW PRESS, 2004.

———. "WHEN DEPORTATION IS A DEATH SENTENCE: SENDING U.S. GANG MEMBERS BACK TO HONDURAS CAN AMOUNT TO KILLING THEM." LOS ANGELES TIMES, JUNE 28 2004.

HEATH, DWIGHT. "ANTHROPOLOGY AND ALCOHOL STUDIES: CURRENT ISSUES." ANNUAL REVIEW OF ANTHROPOLOGY 16 (1987): 99-120.

HENRY, O. CABBAGES AND KINGS. GARDEN CITY, N. Y.: DOUBLE-DAY PAGE FOR REVIEW OF REVIEWS CO., 1904.

HERNÁNDEZ, ALCIDES. EL NEOLIBERALISMO EN HONDURAS. 2A ED. TEGUCIGALPA, HONDURAS: EDITORIAL GUAYMU-RAS, 1987.

———. POLÍTICA ECONÓMICA Y DESARROLLO : EL CASO DE HONDURAS. [TEGUCIGALPA]: EDICIONES POSCAE, 2005.

HIRSCH, SEYMOUR M. "TORTURE AT ABU GHRAIB." THE NEW YORKER, MAY 10 2004.

HITZ, FREDERICK PORTER, A. R. CINQUEGRANA, AND UNIT-ED STATES. CENTRAL INTELLIGENCE AGENCY. INSPECTOR GENERAL. REPORT OF INVESTIGATION : SELECTED ISSUES RELATING TO CIA ACTIVITIES IN HONDURAS IN THE 1980S. WASHINGTON, D.C.: THE AGENCY, 1997.

HOESSLI, ANDREAS, ISABELLA HUSER, MATTHIAS KÄLIN, FEE LIECHTI, JACOBO ARBENZ GUZMÁN, AND FIRST RUN/ ICARUS FILMS. DEVILS DON'T DREAM! NEW YORK, NY: FIRST RUN/ICARUS FILMS, 1995. VIDEORECORDING.

HOFFMAN, FRED. "CULTURAL ADAPTATIONS OF ALCOHOL-ICS ANONYMOUS TO SERVE HISPANIC POPULATIONS." THE INTERNATIONAL JOURNAL OF THE ADDICTIONS 29, NO. 4 (1994): 445-60.

HOLLOWAY, THOMAS H. "QUERY: BANANA REPUBLIC." UNIVER-SITY OF TEXAS, HTTP://LANIC.UTEXAS.EDU/LA/REGION/ NEWS/ARC/LASNET/1996/0367.HTML.

HOLSTON, JAMES. " GANG TALK/RIGHTS TALK." IN CONFERENCE ON VIOLENCE AND THE AMERICAS. UC BERKELEY, 2005.

"HONDURAN HIGH COURT STRIKES DOWN DESACATO PROVI-SION." COMMITTEE TO PROTECT JOURNALISTS NEWS ALERT, MAY 26 2005.

"HONDURAS: PRIVATIZATION OF PRISONS?" CENTRAL AMERI-CA REPORT 32, NO. 18 (2005).

"HONDURAS: SECURITY POLICIES CONDEMNED." INFORPRESS 31, NO. 21 (2004): 1.

HUNT, GEOFFREY, AND J C BARKER. "SOCIO-CULTURAL AN-THROPOLOGY AND ALCOHOL AND DRUG RESEARCH: TO-WARDS A UNIFIED THEORY." SOCIAL SCIENCE AND MEDI-CINE 53, NO. 2 (2001): 165-88.

HUNT, SARAH. "HONDURAS UPDATE." EDITED BY TROCAIRE. TEGUCIGALPA, 2004.

ICFTU. "EXPORT PROCESSING ZONES: SYMBOLS OF EXPLOITA-TION AND A DEVELOPMENT DEAD-END." BRUSSELS, BEL-GIUM: INTERNATIONAL CONFEDERATION OF FREE TRADE UNIONS, 2003.

INTERNATIONAL MONETARY FUND. "HONDURAS AND THE IMF." HTTP://WWW.IMF.ORG/COUNTRY/HND/INDEX.HTM.

INTERNATIONAL TRADE ADMINISTRATION. "FREQUENTLY ASKED QUESTIONS ON CBI." HTTP://WWW.MAC.DOC.GOV/CBI/FAQS/FAQCBI-ALL.HTM#TWO.

JAHANGIR, ASMA, AND UNITED NATIONS. "CIVIL AND POLITI-CAL RIGHTS, INCLUDING THE QUESTION OF DISAPPEAR-ANCES AND SUMMARY EXECUTIONS." EDITED BY COM-MISION ON HUMAN RIGHTS, 27: ECONOMIC AND SOCIAL COUNCIL, UNITED NATIONS, 2002.

"JOURNALIST MURDERED NEAR BORDER WITH GUATEMALA." REPORTERS WITHOUT BORDERS, NOVEMBER 27 2003.

KARNES, THOMAS L. TROPICAL ENTERPRISE : THE STANDARD FRUIT AND STEAMSHIP COMPANY IN LATIN AMERICA. BA-TON ROUGE: LOUISIANA STATE UNIVERSITY PRESS, 1978.

KATZ, MICHAEL B. THE UNDESERVING POOR : FROM THE WAR ON POVERTY TO THE WAR ON WELFARE. NEW YORK: PAN-THEON BOOKS, 1989.

KENNEDY, MIRTA, SUYAPA MARTINEZ, ANA MARÍA FERRERA, FILADELFO MARTINEZ, AND "CENTRO DE ESTUDIOS DE LA MUJER (CEM-H)". "COUNTRY BY COUNTRY - HONDURAS: 2004 REPORT." HTTP://WWW.SOCIALWATCH.ORG.

"KEY WITNESS IN PASSPORT SCANDAL ARRESTED IN MIAMI " HTTP://WWW.MARRDER.COM/HTW/AUG96/NATIONAL. HTM.

KLEINMAN, ARTHUR. PATIENTS AND HEALERS IN THE CON-TEXT OF CULTURE : AN EXPLORATION OF THE BORDER-LAND BETWEEN ANTHROPOLOGY, MEDICINE, AND PSYCHI-ATRY, COMPARATIVE STUDIES OF HEALTH SYSTEMS AND

MEDICAL CARE ;. BERKELEY: UNIVERSITY OF CALIFORNIA PRESS, 1980.

———. " "THE VIOLENCES OF EVERYDAY LIFE: THE MULTIPLE FORMS AND DYNAMICS OF SOCIAL VIOLENCE"." IN VIOLENCE AND SUBJECTIVITY, EDITED BY VEENA DAS, 226-41. BERKELEY: UNIVERSITY OF CALIFORNIA PRESS, 2000.

KRISTOF, NICHOLAS D. . "IN PRAISE OF THE MALIGNED SWEATSHOP." NEW YORK TIMES, JUNE 6 2006.

LAFEBER, WALTER. INEVITABLE REVOLUTIONS : THE UNITED STATES IN CENTRAL AMERICA. 2ND ED. NEW YORK: W.W. NORTON, 1993.

LAFFERTY, ELAINE. "BACK TO HONDURAS." THE NATION, DECEMBER 28 1998, 7,24.

LANGLEY, LESTER D., AND THOMAS DAVID SCHOONOVER. THE BANANA MEN : AMERICAN MERCENARIES AND ENTREPRENEURS IN CENTRAL AMERICA, 1880-1930. LEXINGTON, KY.: UNIVERSITY PRESS OF KENTUCKY, 1995.

LAVERTY, PAUL. "WE MUST NOT MOVE ON: GIVEN HIS RECORD IN HONDURAS, JOHN NEGROPONTE SHOULD HAVE NO DIFFICULTY SPOTTING TERRORISTS." THE GUARDIAN, APRIL 13 2005.

LEOGRANDE, WILLIAM M. OUR OWN BACKYARD : THE UNITED STATES IN CENTRAL AMERICA, 1977-1992. CHAPEL HILL, NC: UNIVERSITY OF NORTH CAROLINA PRESS, 1998.

LEWIS, OSCAR. THE CHILDREN OF SÁNCHEZ, AUTOBIOGRAPHY OF A MEXICAN FAMILY. NEW YORK,: RANDOM HOUSE, 1961.

———. LA VIDA; A PUERTO RICAN FAMILY IN THE CULTURE OF POVERTY--SAN JUAN AND NEW YORK. NEW YORK,: RANDOM HOUSE, 1966.

LOMBRAÑA, MARTINIANO, ANGEL DARÍO BANEGAS, AND CLARETIAN MISSIONARIES. REALIDAD SOCIO-ECONÓMICA DE HONDURAS. LA CEIBA [HONDURAS]: TALLERES "CLARET", MISIONEROS CLARETIANOS, 1996.

LOMNITZ-ADLER, CLAUDIO. DEEP MEXICO, SILENT MEXICO : AN ANTHROPOLOGY OF NATIONALISM, PUBLIC WORLDS ;. MINNEAPOLIS: UNIVERSITY OF MINNESOTA PRESS, 2001.

———. EXITS FROM THE LABYRINTH : CULTURE AND IDEOLOGY IN THE MEXICAN NATIONAL SPACE. BERKELEY: UNIVERSITY OF CALIFORNIA PRESS, 1992.

LONGINO BECERRA, HÉCTOR. "REFORMAS PARA DESARROLLAR A HONDURAS: PLAN DE GOBIERNO PARA EL PERÍODO

2006-2010." EDITED BY PARTIDO DEMÓCRATA CRISTIANO DE HONDURAS. TEGUCIGALPA, 2005.

LONGINO BECERRA, HÉCTOR "HONDURAS: ELECCIONES, DEUDA EXTERNA Y POBREZA." REPORTE POLÍTICO: PANORAMA CENTROAMERICANO 35, NO. 203 (2005): 18-21.

LÓPEZ DE MAZIER, ARMIDA. TESTIMONIO DE UNA VÍCTIMA DEL "PASAPORTAZO". TEGUCIGALPA, M.D.C., HONDURAS, C.A.: [S.N., 1996.

LUXNER, LARRY. "COUNTRIES PAY FOR INFLUENCE ON THE HILL." THE MIAMI HERALD, FEBRUARY 8 1999.

MACANDREW, CRAIG, AND ROBERT B. EDGERTON. DRUNKEN COMPORTMENT: A SOCIAL EXPLANATION. CHICAGO,: ALDINE PUB. CO., 1969.

MACLEOD, JAY. AIN'T NO MAKIN' IT : ASPIRATIONS AND ATTAINMENT IN A LOW-INCOME NEIGHBORHOOD. BOULDER: WESTVIEW PRESS, 1995.

MANDELBAUM, DAVID. "ALCOHOL AND CULTURE." CURRENT ANTHROPOLOGY 6 (1965): 281-93.

MARX, KARL, AND FRIEDRICH ENGELS. "ESTRANGED LABOUR." IN ECONOMIC AND PHILOSOPHIC MANUSCRIPTS OF 1844. AMHERST, NY: PROMETHEUS BOOKS, 1988 (1844).

MARX, KARL, FRIEDRICH ENGELS, GARETH STEDMAN JONES, AND KARL MARX. THE COMMUNIST MANIFESTO. NEW YORK: PENGUIN BOOKS, 2006 (1848).

MARX, KARL, DAVID FERNBACH, AND BEN FOWKES. CAPITAL : A CRITIQUE OF POLITICAL ECONOMY. HARMONDSWORTH, ENG. ; NEW YORK: PENGUIN BOOKS, 1976.

MATTHEWS, MARK. "SENATE HEARINGS TO EXAMINE ENVOY'S ROLE IN 1980S ABUSES; CRITICS SAY NEGROPONTE, BUSH NOMINEE TO U.N., IGNORED HONDURAN AGONY." THE BALTIMORE SUN, SEPTEMBER 7 2001, 14A.

MEJÍA, THELMA. "HONDURAS: GOVERNED BY VESTED INTERESTS." INTER PRESS NEWS SERVICE AGENCY, DECEMBER 15 2006.

―――. "A VIOLENT DEATH EVERY TWO HOURS." INTER PRESS SERVICE NEWS AGENCY, OCTOBER 27 2006.

MEMBREÑO, ANA CECILIA. "CULTURAL DIFFERENCES CAN COMPLICATE WORKER-MANAGEMENT RELATIONS." HTTP://WWW.MARRDER.COM/HTW/SPECIAL/MAQUILAS/2.HTM.

MENCHÚ, RIGOBERTA, AND ELISABETH BURGOS-DEBRAY. I, RIGOBERTA MENCHÚ : AN INDIAN WOMAN IN GUATEMALA.

LONDON: VERSO, 1984.

MENCÍA, IRIS. "RESPUESTA A UN "GRAN DIALOGO", CON UN MONOLOGO." HTTP://LISTAS.RDS.HN/ETNIAS/MSG00043. HTML.

MÉNDEZ, JENNIFER BICKHAM. FROM THE REVOLUTION TO THE MAQUILADORAS : GENDER, LABOR, AND GLOBALIZATION IN NICARAGUA. DURHAM: DUKE UNIVERSITY PRESS, 2005.

MEZA, VÍCTOR. HISTORIA DEL MOVIMIENTO OBRERO HONDU-REÑO. 1A ED, COLECCIÓN CÓDICES. TEGUCIGALPA, HON-DURAS: EDITORIAL GUAYMURAS, 1980.

———. POLÍTICA Y SOCIEDAD EN HONDURAS : COMENTARIOS. 1A ED. TEGUCIGALPA, HONDURAS: EDITORIAL GUAYMU-RAS, 1981.

MEZA, VÍCTOR, AND CENTRO DE DOCUMENTACIÓN DE HON-DURAS. CORRUPCIÓN Y TRANSPARENCIA EN HONDURAS. 1. ED. TEGUCIGALPA, HONDURAS: CENTRO DE DOCUMENT-ACIÓN DE HONDURAS, 2002.

———. HONDURAS : SISTEMA POLÍTICO, CRISIS Y REFORMAS : MONITOREO DESDE LA SOCIEDAD CIVIL. 1. ED. TEGUCIGAL-PA, HONDURAS: CENTRO DE DOCUMENTACIÓN DE HON-DURAS (CEDOH), 2003.

MEZA, VÍCTOR, LETICIA SALOMÓN, JULIETA CASTELLANOS, MIRNA FLORES, EUGENIO SOSA, FÉLIX MOLINA, AND CEN-TRO DE DOCUMENTACIÓN DE HONDURAS. HONDURAS : HACIA UNA POLÍTICA INTEGRAL DE SEGURIDAD CIU-DADANA. 1. ED. HONDURAS: CENTRO DE DOCUMENTACIÓN DE HONDURAS, 2004.

MEZA, VÍCTOR, LETICIA SALOMÓN, AND CENTRO DE DOCU-MENTACIÓN DE HONDURAS. HONDURAS : ESTADO, SOCIE-DAD Y DESARROLLO : MONITOREO DESDE LA SOCIEDAD CIVIL. 1. ED. TEGUCIGALPA, HONDURAS: CENTRO DE DOCU-MENTACIÓN DE HONDURAS, 2004.

MEZA, VÍCTOR, LETICIA SALOMÓN, MIRNA FLORES, AND CEN-TRO DE DOCUMENTACIÓN DE HONDURAS. DEMOCRACIA Y PARTIDOS POLÍTICOS EN HONDURAS. 1. ED. TEGUCIGALPA: CENTRO DE DOCUMENTACIÓN DE HONDURAS, 2004.

MEZA, VÍCTOR, LETICIA SOLOMÓN, CENTRO DE DOCUMENT-ACIÓN DE HONDURAS., AND FORO DE FORTALECIMIENTO A LA DEMOCRACIA (HONDURAS). PROCESO ELECTORAL 2001 : MONITOREO DESDE LA SOCIEDAD CIVIL. 1A ED. TEGU-CIGALPA, HONDURAS: CENTRO DE DOCUMENTACIÓN DE

HONDURAS (CEDOH), 2002.

MILLER, DANIEL. "CONSUMPTION AS THE VANGUARD OF HIS-TORY." IN ACKNOWLEDGING CONSUMPTION : A REVIEW OF NEW STUDIES, EDITED BY DANIEL MILLER, 1-57. LONDON ; NEW YORK: ROUTLEDGE, 1995.

MILLER, T. CHRISTIAN. "DYING YOUNG IN HONDURAS: GANGS WITH ROOTS IN L.A. ARE LARGELY TO BLAME FOR THE IN-CREASING VIOLENCE. BUT ANOTHER GROUP HAS BLOOD ON ITS HANDS AS WELL: THE POLICE." LOS ANGELES TIMES, NOVEMBER 25 2002, A1.

MINIÑO AM, HERON M, SMITH BL. "DEATHS: PRELIMINARY DATA FOR 2004. HEALTH E-STATS." EDITED BY CENTER FOR DISEASE CONTROL NATIONAL CENTER FOR HEALTH STATIS-TICS, 2006.

MINTZ, SIDNEY W. "CONSUMING HABITS: DRUGS IN HISTORY AND ANTHROPOLOGY." THE JOURNAL OF THE ROYAL AN-THROPOLOGICAL INSTITUTE 2, NO. 3 (1996): 550-51.

MOHANTY, JITENDRA MOHANTY. "THE STATUS OF THE SUB-JECT IN FOUCAULT." IN FOUCAULT AND THE CRITIQUE OF INSTITUTIONS, EDITED BY JOHN D. CAPUTO AND MARK YOUNT, VIII, 271. PENNSYLVANIA: PENNSYLVANIA STATE UNIVERSITY PRESS, 1993.

MONCADA VALLADARES, EFRAÍN. "LAS DOS CARAS DE LA MAQUILA EN HONDURAS." REVISTA CENTROAMERICANA DE ECONOMÍA 2, NO. 46-47 (1996): 182-276.

MONSIVÁIS, CARLOS, AND JOHN KRANIAUSKAS. MEXICAN POSTCARDS, CRITICAL STUDIES IN LATIN AMERICAN AND IBERIAN CULTURES. LONDON ; NEW YORK: VERSO, 1997.

MORENO, BLANCA. "MADURO ENCOURAGES SOCIETY TO JOIN "ZERO TOLERANCE" STRATEGY." HTTP://WWW.MARRDER. COM/HTW/2002FEB/NATIONAL.HTM.

MORENO, JENALIA. "CRIME; THRIVING ON DANGER; GANGS MAKE SECURITY BIG BUSINESS IN THIS ECONOMIC CAPITAL OF HONDURAS." THE HOUSTON CHRONICLE, SEPTEMBER 1 2006.

MUMMOLO, JONATHAN. "SHE'S A 'DOOR PERSON.'" NEWSWEEK JULY 17 2006

NADER, LAURA. "CONTROLLING PROCESSES." CURRENT AN-THROPOLOGY 38, NO. 5 (1997): 711-37.

———. "UP THE ANTHROPOLOGIST: PERSPECTIVES GAINED FROM STUDYING UP." IN REINVENTING ANTHROPOLOGY,

EDITED BY DELL H. HYMES, VI, 470. NEW YORK,: PANTHEON BOOKS, 1972.

"NON GRATO." LA PRENSA, JUNE 16 1996.

NUÑEZ DE REYES, GABRIELA , AND EMIN BARJUM M. "LETTER OF INTENT OF THE GOVERNMENT OF HONDURAS." INTERNATIONAL MONETARY FUND, HTTP://WWW.IMF.ORG/COUNTRY/HND/INDEX.HTM.

ONG, AIWA. "THE PRODUCTION OF POSSESSION: SPIRITS AND THE MULTINATIONAL CORPORATION IN MALAYSIA." AMERICAN ETHNOLOGIST 15 (1988): 28-42.

ORWELL, GEORGE. THE ROAD TO WIGAN PIER. 1ST AMERICAN ED. SAN DIEGO ; NEW YORK: HARCOURT BRACE JOVANOVICH, 1958.

"'OSAMA BIN LADEN' MUERE ACRIBILLADO." LA TRIBUNA, JUNE 30 2003, 97.

"PARLIAMENTARIAN TRIES TO STRANGLE INDIGENOUS COMMUNITY JOURNALIST " REPORTERS WITHOUT BORDERS, APRIL 4 2006.

PAZ, OCTAVIO. THE LABYRINTH OF SOLITUDE ; THE OTHER MEXICO ; RETURN TO THE LABYRINTH OF SOLITUDE ; MEXICO AND THE UNITED STATES ; THE PHILANTHROPIC OGRE. NEW YORK: GROVE PRESS, 1985.

PÉREZ BRIGNOLI, HÉCTOR. A BRIEF HISTORY OF CENTRAL AMERICA. BERKELEY: UNIVERSITY OF CALIFORNIA PRESS, 1989.

PÉREZ SÁINZ, JUAN PABLO. FROM THE FINCA TO THE MAQUILA : LABOR AND CAPITALIST DEVELOPMENT IN CENTRAL AMERICA. BOULDER, COLO.: WESTVIEW PRESS, 1999.

PETERSON, KURT. "THE MAQUILA REVOLUTION IN GUATEMALA." IN GLOBAL PRODUCTION : THE APPAREL INDUSTRY IN THE PACIFIC RIM, EDITED BY EDNA BONACICH, 268-86. PHILADELPHIA: TEMPLE UNIVERSITY PRESS, 1994.

"POR LA INGESTA DE ALCOHOL SUBE NÚMERO DE MUERTES VIOLENTOS EN SAN PEDRO SULA." LA PRENSA, JULY 23 2002, 15A.

PORCELLINI, LORRAINE, AND CELESTE SCHOR LOMBARD. "1995 NATIONAL ALCOHOL SURVEY (NAS): SAMPLING, WEIGHTING AND SAMPLING ERROR METHODOLOGY." PHILADELPHIA: INSTITUTE FOR SURVEY RESEARCH, TEMPLE UNIVERSITY, 1997.

QUESADA, JAMES. "FROM CENTRAL AMERICAN WARRIORS TO

SAN FRANCISCO LATINO DAY LABORERS: SUFFERING AND EXHAUSTION IN A TRANSNATIONAL CONTEXT." TRANSFORMING ANTHROPOLOGY 8, NO. 1-2 (1999): 162-85.

RADCLIFFE-BROWN, A. R. "ON JOKING RELATIONSHIPS " AFRICA: JOURNAL OF THE INTERNATIONAL AFRICAN INSTITUTE 13, NO. 3 (1940): 195-210.

"RADIO JOURNALIST FLEES TO US AFTER BEING THREATENED BY STATE PHONE COMPANY OFFICIAL." REPORTERS WITHOUT BORDERS, MAY 12 2006.

RAMOS, GERTRUDIS, CARLOS SOSA, AND DANIEL AMAYA. "ASPECTOS EPIDEMIOLÓGICOS DEL ABUSO DE DROGAS EN HONDURAS." TEGUCIGALPA: INSTITUTO HONDUREÑO PARA LA PREVENCIÓN DEL ALCOHOLISMO, DROGADICCIÓN Y FARMACODEPENDENCIA (IHADFA), 1993.

RAUDALES, MAGDA. "HONDURAS." IN LA CARA DE LA VIOLENCIA URBANA EN AMÉRICA CENTRAL, EDITED BY EUGENIA ZAMORA CHAVARRÍA AND ANA YANCY ESPINOZA QUIRÓS, 201-42. SAN JOSÉ, COSTA RICA: LA FUNDACIÓN ARIAS PARA LA PAZ Y EL PROGRESO HUMANO, 2006.

RAYNOLDS, LAURA T. "THE GLOBAL BANANA TRADE." IN BANANA WARS : POWER, PRODUCTION, AND HISTORY IN THE AMERICAS, EDITED BY STEVE STRIFFLER AND MARK MOBERG, 23-47. DURHAM: DUKE UNIVERSITY PRESS, 2003.

REICH, OTTO. "REMARKS BY OTTO REICH, ASSISTANT SECRETARY OF STATE FOR WESTERN HEMISPHERE AFFAIRS AT THE HERITAGE FOUNDATION." FEDERAL NEWS SERVICE, OCTOBER 31 2002.

ROBINSON, WILLIAM I. TRANSNATIONAL CONFLICTS : CENTRAL AMERICA, SOCIAL CHANGE, AND GLOBALIZATION. LONDON ; NEW YORK: VERSO, 2003.

ROOM, ROBIN. "ALCOHOL AND ETHNOGRAPHY: A CASE OF PROBLEM DEFLATION?" CURRENT ANTHROPOLOGY 25 (1984): 169-91.

ROSENZWEIG, HOWARD "COPAN UPDATE." HONDURAS THIS WEEK, JUNE 19 2006.

ROSS, ROBERT J. S. SLAVES TO FASHION : POVERTY AND ABUSE IN THE NEW SWEATSHOPS. ANN ARBOR, MICH.: UNIVERSITY OF MICHIGAN PRESS, 2004.

RYAN, RAMOR. CLANDESTINES : THE PIRATE JOURNALS OF AN IRISH EXILE. OAKLAND: AK PRESS, 2006.

SALOMÓN, LETICIA. MILITARISMO Y REFORMISMO EN HONDU-

RAS. 1A ED, COLECCIÓN CÓDICES. TEGUCIGALPA, HONDU-
RAS: EDITORIAL GUAYMURAS, 1982.

SCHEPER-HUGHES, NANCY. DEATH WITHOUT WEEPING : THE
VIOLENCE OF EVERYDAY LIFE IN BRAZIL. BERKELEY: UNI-
VERSITY OF CALIFORNIA PRESS, 1992.

———. "SMALL WARS AND INVISIBLE GENOCIDES." SOCIAL SCI-
ENCE AND MEDICINE 43, NO. 5 (1982): 889-900.

SCHEPER-HUGHES, NANCY, AND PHILIPPE I. BOURGOIS. VIO-
LENCE IN WAR AND PEACE : AN ANTHOLOGY, BLACKWELL
READERS IN ANTHROPOLOGY ;. MALDEN, MA: BLACKWELL
PUB., 2004.

SCHMALZBAUER, LEAH. STRIVING AND SURVIVING : A DAILY
LIFE ANALYSIS OF HONDURAN TRANSNATIONAL FAMILIES.
NEW YORK: ROUTLEDGE, 2005.

SCHULZ, DONALD E., AND DEBORAH SUNDLOFF SCHULZ. THE
UNITED STATES, HONDURAS, AND THE CRISIS IN CENTRAL
AMERICA, THEMATIC STUDIES IN LATIN AMERICA. BOUL-
DER: WESTVIEW PRESS, 1994.

SCOTT, JAMES C. SEEING LIKE A STATE : HOW CERTAIN SCHEMES
TO IMPROVE THE HUMAN CONDITION HAVE FAILED, YALE
AGRARIAN STUDIES. NEW HAVEN: YALE UNIVERSITY PRESS,
1998.

———. WEAPONS OF THE WEAK : EVERYDAY FORMS OF PEAS-
ANT RESISTANCE. NEW HAVEN ; LONDON: YALE UNIVERSI-
TY PRESS, 1986.

SCOTT, PETER DALE, AND JONATHAN MARSHALL. COCAINE
POLITICS : DRUGS, ARMIES, AND THE CIA IN CENTRAL
AMERICA. UPDATED ED. BERKELEY: UNIVERSITY OF CALI-
FORNIA PRESS, 1998.

"SECURITY MINISTER: EVEN HONDURAN POLICE PAY GANG EX-
TORTION." ASSOCIATED PRESS WORLDSTREAM, MARCH 30,
2006 2006.

SINGER, MERRILL. "TOWARD A POLITICAL ECONOMY OF AL-
COHOLISM: THE MISSING LINK IN THE ANTHROPOLOGY OF
DRINKING." SOCIAL SCIENCE AND MEDICINE 23, NO. 2 (1986):
113-30.

SONTAG, SUSAN. REGARDING THE PAIN OF OTHERS. 1ST ED.
NEW YORK: FARRAR, STRAUS AND GIROUX, 2003.

STARKMAN, EYTAN. "HONDURAS' OPERACIÓN TRUENO: AN
AUDACIOUS PROPOSAL THAT MUST BE REFORMED AND
RENOVATED." IN PRESS RELEASES, EDITED BY COUNCIL ON

HEMISPHERIC AFFAIRS. WASHINGTON, D.C., 2006.

STARN, ORRIN. "MISSING THE REVOLUTION: ANTHROPOLO-GISTS AND THE WAR IN PERU." CULTURAL ANTHROPOLOGY 6, NO. 1 (1991): 63-91.

STOLL, DAVID. IS LATIN AMERICA TURNING PROTESTANT? : THE POLITICS OF EVANGELICAL GROWTH. BERKELEY: UNI-VERSITY OF CALIFORNIA PRESS, 1990.

STONICH, SUSAN C. "I AM DESTROYING THE LAND!" : THE PO-LITICAL ECOLOGY OF POVERTY AND ENVIRONMENTAL DESTRUCTION IN HONDURAS, CONFLICT AND SOCIAL CHANGE SERIES. BOULDER, CO: WESTVIEW PRESS, 1993.

STRIFFLER, STEVE, AND MARK MOBERG. BANANA WARS : POW-ER, PRODUCTION, AND HISTORY IN THE AMERICAS. DUR-HAM: DUKE UNIVERSITY PRESS, 2003.

STRUNIN, LEE. "ASSESSING ALCOHOL CONSUMPTION: DEVEL-OPMENTS FROM QUALITATIVE RESEARCH METHODS." SO-CIAL SCIENCE AND MEDICINE 53, NO. 2 (2001): 215-26.

TÁBORA, ROCÍO. MASCULINIDAD Y VIOLENCIA EN LA CULTU-RA POLÍTICA HONDUREÑA. TEGUCIGALPA, HONDURAS: C.H HONDURAS : CENTRO DE DOCUMENTACIÓN DE HONDU-RAS, 1995.

TAUSSIG, MICHAEL T. THE NERVOUS SYSTEM. NEW YORK: ROUT-LEDGE, 1992.

TAYLOR, CHARLES. "THE POLITICS OF RECOGNITION." IN MUL-TICULTURALISM : A CRITICAL READER, EDITED BY DAVID THEO GOLDBERG, 75-106. CAMBRIDGE, MASS.: BLACKWELL PUBLISHERS, 1994.

TAYLOR, MARY CATHERINE. "ALCOHOLICS ANONYMOUS: HOW IT WORKS; RECOVERY PROCESSES IN A SELF-HELP GROUP." UNPUBLISHED PH.D. DISSERTATION, UNIVERSITY OF CALI-FORNIA, SAN FRANCISCO, 1977.

THOM, BETSY. "WOMEN AND ALCOHOL: THE EMERGENCE OF A RISK GROUP." IN GENDER, DRINK, AND DRUGS, EDITED BY MARYON MCDONALD, 33-54. OXFORD ; PROVIDENCE, RI: BERG, 1994.

THOMPSON, CHRIS "WAR PORNOGRAPHY: IN AN ECHO OF THE ABU GHRAIB FIASCO, GRISLY IMAGES OF DEAD, MUTILATED IRAQIS ARE TRADED FOR ACCESS TO PORNOGRAPHY, AN APPARENT BREACH OF GENEVA CONVENTIONS." EAST BAY EXPRESS, SEPTEMBER 21 2005.

THOMPSON, E. P. . "TIME, WORK-DISCIPLINE, AND INDUSTRIAL

CAPITALISM." PAST AND PRESENT 38 (1967): 56-97.

THOMPSON, GINGER. "HONDURANS DEBATE AMNESTY FOR OFFICERS; 10 TIED TO RIGHTS ABUSES BY BATTALION 316 IN '80S." THE BALTIMORE SUN, OCTOBER 17 1995.

THUNE, CARL E. "ALCOHOLISM AND THE ARCHETYPAL PAST: A PHENOMENOLOGICAL PERSPECTIVE ON ALCOHOLICS ANONYMOUS." JOURNAL OF STUDIES ON ALCOHOL 38, NO. 1 (1977): 75-88.

TIANO, SUSAN. PATRIARCHY ON THE LINE : LABOR, GENDER, AND IDEOLOGY IN THE MEXICAN MAQUILA INDUSTRY. PHILADELPHIA: TEMPLE UNIVERSITY PRESS, 1994.

TORRES-RIVAS, EDELBERTO. HISTORY AND SOCIETY IN CENTRAL AMERICA. AUSTIN: UNIVERSITY OF TEXAS PRESS, 1993.

TORRES, OLGA ESTHER. "HONDURAS: LA INDUSTRIA MAQUILADORA." 95. MEXICO CITY: ECLAC/UNITED NATIONS, 1997.

U.S. CENSUS BUREAU. "INTERNATIONAL DATA BASE." U.S. CENSUS BUREAU, POPULATION DIVISION, INTERNATIONAL PROGRAMS CENTER, HTTP://WWW.CENSUS.GOV.

U.S. DEPARTMENT OF STATE. "REMARKS WITH HONDURAN PRESIDENT RICARDO MADURO AFTER THEIR WORKING LUNCH: SECRETARY COLIN L. POWELL, CASA PRESIDENCIAL, TEGUCIGALPA, HONDURAS, NOVEMBER 4, 2003." HTTP://WWW.STATE.GOV/SECRETARY/FORMER/POWELL/REMARKS/2003/25956.HTM.

U.S. STATE DEPARTMENT. "COUNTRY REPORTS ON HUMAN RIGHTS PRACTICES FOR 1999: HONDURAS." BUREAU OF DEMOCRACY, HUMAN RIGHTS, AND LABOR, 2000.

———. "COUNTRY REPORTS ON HUMAN RIGHTS PRACTICES FOR 2000: HONDURAS." BUREAU OF DEMOCRACY, HUMAN RIGHTS, AND LABOR, 2001.

———. "COUNTRY REPORTS ON HUMAN RIGHTS PRACTICES FOR 2005: HONDURAS." BUREAU OF DEMOCRACY, HUMAN RIGHTS, AND LABOR, 2005.

UMANZOR, SERAPIO , AND CARLOS GIRÓN. "150 MIL PANDILLEROS HAN SEMBRADO EL TERROR EN CENTROAMÉRICA." LA PRENSA, FEBRUARY 7 2002.

UNITED NATIONS. WORLD POPULATION PROSPECTS : THE 2000 REVISION. EDITED BY UNITED NATIONS. DEPT. OF ECONOMIC AND SOCIAL AFFAIRS. POPULATION DIVISION. NEW YORK: UNITED NATIONS, 2001.

VALLADARES LANZA, LEO. LOS HECHOS HABLAN POR SÍ MIS-

MOS : INFORME PRELIMINAR SOBRE LOS DESAPARECIDOS EN HONDURAS 1980-1993. EDITED BY COMISIONADO NACIONAL DE PROTECCIÓN DE LOS DERECHOS HUMANOS. 1. ED. TEGUCIGALPA, HONDURAS: EDITORIAL GUAYMURAS, 1994.

VARIOUS HUMAN RIGHTS ORGANIZATIONS. "DESAPARECIDOS." HTTP://WWW.DESAPARECIDOS.ORG.

VER BEEK, KURT ALAN. "MAQUILADORAS: EXPLOITATION OR EMANCIPATION? AN OVERVIEW OF THE SITUATION OF MAQUILADORA WORKERS IN HONDURAS." WORLD DEVELOPMENT 29, NO. 9 (2001): 1553-67.

"VIGÉSIMA ENCUESTA PERMANENTE DE HOGARES SEPTIEMBRE 1988." COMAYAGÜELA, M.D.C.: SECRETARIA DE INDUSTRIA Y COMERCIO, DIRECCIÓN GENERAL DE ESTADÍSTICAS, PROGRAMA DE ENCUESTA DE HOGARES, 1999.

VIGIL, JAMES DIEGO. A RAINBOW OF GANGS : STREET CULTURES IN THE MEGA-CITY. AUSTIN: UNIVERSITY OF TEXAS PRESS, 2002.

VIGIL, JAMES DIEGO "GROUP PROCESSES AND STREET IDENTITY: ADOLESCENT CHICANO GANG MEMBERS." ETHOS 16, NO. 4 (1988): 421-45.

"W.S. VALENTINE DIES IN ATLANTIC CITY." NEW YORK TIMES, MARCH 18 1920.

WACQUANT, LOÏC. "TOWARD A DICTATORSHIP OVER THE POOR? NOTES ON THE PENALIZATION OF POVERTY IN BRAZIL." PUNISHMENT AND SOCIETY 5, NO. 2 (2003): 197-205.

WEBER, MAX. THE PROTESTANT ETHIC AND THE SPIRIT OF CAPITALISM. [STUDENT'S ED. NEW YORK,: SCRIBNER, 1958.

WEISSERT, WILL. "LA ADICCION AL PEGAMENTO PARECE INCONTROLABLE EN CALLES HONDURENAS." EL HERALDO, MAY 27 2000.

WELLS, WILLIAM V. EXPLORATIONS AND ADVENTURES IN HONDURAS, COMPRISING SKETCHES OF TRAVEL IN THE GOLD REGIONS OF OLANCHO, AND A REVIEW OF THE HISTORY AND GENERAL RESOURCES OF CENTRAL AMERICA. NEWYORK,: HARPER & BROTHERS, 1857.

WHITEHEAD, JAY "IS OUTSOURCING THE NEW UNION MOVEMENT? ANDY STERN, PRESIDENT OF THE SEIU, ON WHY UNIONS CAN'T TURN BACK THE CLOCK ON OUTSOURCING." HUMAN RESOURCES OUTSOURCING TODAY 4, NO. 3 (2005).

WILLIS, PAUL E. LEARNING TO LABOUR : HOW WORKING CLASS

KIDS GET WORKING CLASS JOBS. FARNBOROUGH, ENG.: SAXON HOUSE, 1977.

WILSON, CHRIS. "NOW THAT'S FUCKED UP." HTTP://NOWTHATS-FUCKEDUP.COM/.

WIRE AND STAFF REPORTS. "KEY HONDURAN JUDGE MAY HAVE WORKED FOR MILITARY; ATTORNEY GENERAL PLANS TO APPEAL AMNESTY RULING." THE BALTIMORE SUN, JANUARY 22 1996, 16A.

WOLF, DIANE L. FACTORY DAUGHTERS: GENDER, HOUSEHOLD DYNAMICS, AND RURAL INDUSTRIALIZATION IN JAVA. BERKELEY: UNIVERSITY OF CALIFORNIA PRESS, 1992.

WOLF, ERIC R. EUROPE AND THE PEOPLE WITHOUT HISTORY. BERKELEY: UNIVERSITY OF CALIFORNIA PRESS, 1982.

WOLSETH, JON. "TAKING ON VIOLENCE : GANGS, FAITH, AND POVERTY AMONG YOUTH IN A WORKING-CLASS COLONIA IN HONDURAS." UNIVERSITY OF IOWA, 2004.

WORLD BANK. "ECONOMIC POLICY AND DEBT - THE ENHANCED HIPC INITIATIVE." HTTP://WWW.WORLDBANK.ORG/.

"ZELAYA: PROGRESSIVE BUT PRO-BUSINESS." CENTRAL AMERI-CA REPORT, MARCH 3 2006.

www.ingramcontent.com/pod-product-compliance
Lightning Source LLC
Chambersburg PA
CBHW020823270326
41928CB00006B/419